KB164848

IT 분야 **1위 저자** 집필!

세상의 속도를
따라잡고 싶다면

백엔드 기초 완성!

키보드 잡고 15일이면

점프 투 스프링부트 3

위키독스 운영자 **박응용** 지음

게시판 하나 만들며 **개발부터 배포, 운영까지**
막힘 없이 배워 보자!

이지스퍼블리싱

세상의 속도를 따라잡고 싶다면 **Do it!**
변화의 속도를 즐기게 됩니다.

Do it!
점프 투 스프링 부트 3
Do it! Jump to Spring Boot 3

초판 발행 • 2023년 12월 20일
초판 2쇄 • 2024년 8월 30일

지은이 • 박응용
펴낸이 • 이지연
펴낸곳 • 이지스퍼블리싱(주)
출판사 등록번호 • 제313-2010-123호
주소 • 서울특별시 마포구 잔다리로 109 이지스빌딩 4층(우편번호 04003)
대표 전화 • 02-325-1722 | **팩스** • 02-326-1723
홈페이지 • www.easyspub.co.kr | **페이스북** • www.facebook.com/easyspub
Doit! **스터디룸 카페** • cafe.naver.com/doitstudyroom | **이메일** • service@easyspub.co.kr

총괄 • 최윤미 | **기획 및 책임 편집** • 신지윤 | **IT 2팀** • 한승우, 신지윤, 이소연
교정교열 • 박명희 | **표지 및 본문 디자인** • 박세진, 트인글터 | **인쇄** • 명지북프린팅
마케팅 • 박정현, 한송이, 이나리 | **독자지원** • 박애림, 오경신 | **영업 및 교재 문의** • 이주동, 김요한(support@easyspub.co.kr)

ISBN 979-11-6303-539-8 13000
가격 26,000원

"웹 개발의 한 사이클을 배울 수 있는 책!"
이 책을 먼저 만난 베타 테스터가 추천합니다

◆ 자바는 알지만 아직 백엔드 지식이 부족해서 스프링 부트를 이해할 수 있을지 걱정이었는데, 설명 없이 넘어갈 만한 부분까지도 짚어 주어 좋았습니다. 그리고 라이브러리, 도메인 등 **여러 IT 용어가 잘 설명되어 있어 비전공자나 저 같은 저학년 전공자들도 읽기에 부담 없는 책**이라고 생각합니다. 지루하게 개념 설명만 나오는 게 아니라 실습을 진행하며 개념 설명이 함께 이뤄지기 때문에 시간 가는 줄 모르고 재밌게 읽었습니다. 스프링 부트 입문을 고민하고 있다면, 이 책을 꼭 읽어 보셨으면 좋겠습니다

- 개발 공부에 진심인 대학생 **강다빈** 님

◆ 이 책은 단순히 스프링 부트 관련 개념만 알려 주는 것이 아닌 실습을 진행하는 과정에서 필요한 지식을 팁과 코너로 다루면서 이해시켜 줍니다. 다르게 말하면 따로 인터넷에서 **찾아보는 번거로움을 줄여 주는 책**입니다. '이 코드를 치면 이 결과가 나옵니다' 라고 주입하는 책이 아니라 '이 코드를 치면 이렇게 작동하기 때문에 이런 결과가 출력되네?' 라고 이해하는 힘을 길러 주는 책입니다. **이 코드를 왜 작성하는지를 구체적이고 친절히 설명**해 주고 있어 독학용으로 추천합니다

- 자바 웹 개발 분야 취업을 준비하는 **고태경** 님

◆ 6개월 동안 학원에서 스프링 부트를 배운 뒤, 팀 프로젝트에 투입된 경험이 있습니다. 이 책은 다른 책들과는 달리 **테스트 개발이나 운영 및 배포 부분을 이해하기 쉽게 설명하고 있어 개인의 업무 능력 향상이나 강의 목적으로 추천합니다.** 그리고 개인적으로 독학을 하기 쉬운 책이 기초를 다지기 좋다고 생각하는 데 바로 이 책이 그렇습니다! 실무 기준으로 설명하지만 입문자 수준에도 알맞게 구성되어 있어 너무 좋습니다.

- 스프링 부트를 1년 정도 공부한 개발자 **윤수정** 님

◆ 누구나 스프링 부트를 쉽게 입문할 수 있도록 기초 개념부터 실습까지 다룬 입문서입니다. CRUD의 기본이라 할 수 있는 게시판을 직접 만들어 보며, 로그인 및 사용자 정보 추가 그리고 검색까지 하나의 서비스를 제대로 배울 수 있도록 구성되어 있습니다. **특히 AWS 배포를 다루고 도메인과 SSL 적용까지 실습해 볼 수 있어 남달랐습니다.** 스프링 부트로 웹 개발의 한 사이클을 익히고 싶은 입문자분들에게 이 책을 추천합니다.

- 프런트엔드에서 백엔드 개발을 담당하게 된 **이호철** 님

이런 분이라면 이 책으로 시작하세요!

◆ 자바를 배우고 나서 **무엇을 배울지 고민하는 분**

◆ **웹 개발 분야에 취업**하고 싶은 분

◆ **새롭게 바뀐 스프링 부트의 기능**을 빠르게 공부하고 싶은 분

◆ 프런트엔드 개발자에서 **백엔드 개발자로 전향하고 싶은 분**

스프링 부트와 함께 자바 웹 개발에 필요한 개념과 원리를 알고, 성장하는 백엔드 개발자가 되어 보세요!

자바 기초를 공부한 사람들이 "이제 무엇을 공부해야 할까요?"와 같은 질문을 한다. 그래서 이번에는《Do it! 점프 투 스프링 부트 3》로 돌아왔다!

자바를 더 능숙하게 다루고 싶다면 이 책으로 스프링 부트를 시작하자!

사실 자바를 활용하는 방법은 다양하지만, 필자는 웹 프로그래밍을 추천한다. 웹 프로그래밍을 하려면 웹 관련 개념, 데이터베이스, 모델링, 네트워크, 서버 등 다양한 개발 지식을 알아야 하고, 또 이런 지식이 어떻게 조합되어 동작하는지 그 원리도 이해하고 있어야 하기 때문이다. 짧은 시간에 습득하기란 쉽지 않겠지만《Do it! 점프 투 스프링 부트 3》로 공부한다면 분명 많은 지식을 얻을 수 있을 것이라 자부한다.

웹 프로그래밍은 많은 분야에서 사용되는 기술이므로 한번 공부해 두면 개발자를 꿈꾸는 여러분에게 큰 도움이 될 것이다. 챗GPT 또한 인공지능과 웹 프로그래밍이 함께 어우러진 서비스이다. 이 사실만으로도 필자가 왜 웹 프로그래밍을 시작하라고 하는지 알 수 있을 것이다.

'코끼리 다리'만 만지지 말고 코끼리를 보자!

'장님과 코끼리 이야기'를 들어 본 적이 있는가? 코끼리의 상아를 만져 본 장님은 코끼리를 무와 같다고 하고, 머리는 돌, 다리는 널빤지, 꼬리는 새끼줄과 같다고 했다는 이야기이다. 필자가 개발자로 첫발을 내디뎠을 때 '코끼리를 만지는 장님'과 같았다. 전체가 아닌 부분만 보며 일했다. 물론 현장에서 좌충우돌하며 오랜 기간의 경험으로 마침내 코끼리를 제대로 볼 수 있게 되었지만 이미 너무나 많은 세월이 지나 버렸다.

그런 의미에서 여러분에게《Do it! 점프 투 스프링 부트 3》를 권하고 싶다. 이 책은 다리만이 아니라 코끼리 전체를 볼 수 있게 도와주는 책이다. 자바, 데이터베이스, HTML 등의 지식이 코끼리의 머리나 다리라면 개발자에게 코끼리란 이 전체를 활용할 줄 아는 능력이다. 따라서 이 책을 따라 하며 게시판 하나를 완성하면 코끼리 전체를 알고 나서 다리를 관찰하는 것과 같을 것이다.

감사의 말씀을 전하며…

'점프 투 스프링 부트'가 위키독스에 계속 공개될 수 있도록 도움을 주신 이지스퍼블리싱 이지연 대표님과 책의 내용을 초보자의 입장에서 이해하기 쉽게 만들어 준 신지윤 편집자님께 감사의 마음을 전하고 싶다. 그리고 오랜 시간 동안 이 책을 검토하고 읽어 주신 위키독스의 '점프 투 스프링 부트' 독자 여러분 모두에게 무한한 감사를 전한다.

박응용 드림
pahkey@gmail.com

이 책을 읽기 전에 알아 두면 좋아요!

이 책을 읽기 전에 다음과 같은 내용을 미리 공부하면 좋습니다.

- **자바**: 《Do it! 점프 투 자바》 수준의 기초가 있다면 OK!
- HTML: <table>, <div>, <form> 등의 태그가 무엇인지 알고 있다면 OK!
- **CSS, 자바스크립트**: 스타일시트 또는 자바스크립트 파일을 간단하게 작성해 본 적이 있다면 OK!
- **데이터베이스**: 테이블이나 SQL 문의 개념이 잡혀 있다면 OK!

하지만 이 내용을 몰라도 괜찮습니다! 《Do it! 점프 투 스프링 부트 3》를 공부하면서 찬찬히 알아 갈 수 있도록 구성했습니다.

'Do it! 점프 투' 시리즈로 개발 로드맵을 펼쳐 보세요!

Do it!의 서브 브랜드 '점프 투Jump to' 시리즈는 첫날부터 예제를 직접 따라 하며 내용을 익힐 수 있는 실습 중심의 '초.고.속' 프로그래밍 입문서입니다. IT 분야 1위 도서를 집필하고 현재 개발자로 활약 중인 박응용 선생님의 노하우를 담은 '점프 투' 시리즈로 해당 분야를 쉽고 빠르게 정복해 봅시다!

독학을 위한 30일 계획표

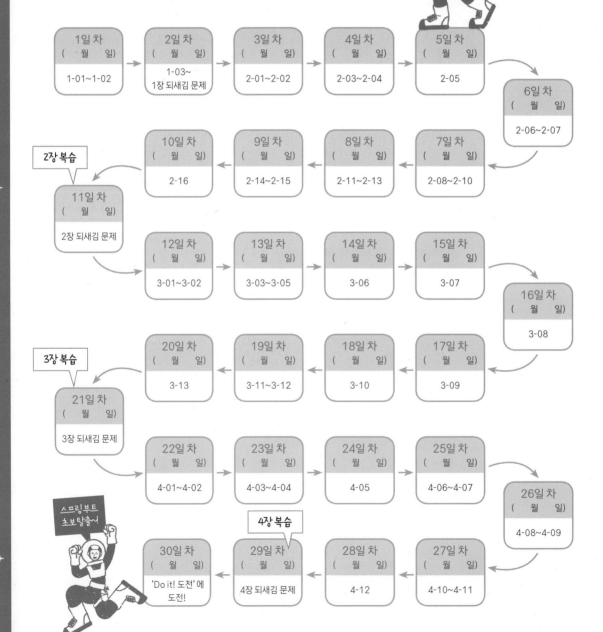

이 계획표에 따라 하루 한 시간씩 한 달을 공부하면 스프링 부트 초보를 탈출할 수 있습니다. 목표한 날짜를 기록하며 《Do it! 점프 투 스프링 부트 3》를 스스로 학습해 보세요!

바쁘지만 틈 내어 프로그래밍을 공부하려는 분이라면!

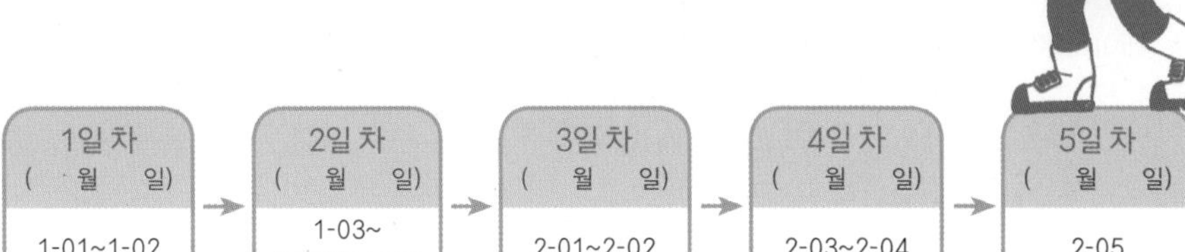

일차	날짜	학습 범위
1일 차	(월 일)	1-01~1-02
2일 차	(월 일)	1-03~ 1장 되새김 문제
3일 차	(월 일)	2-01~2-02
4일 차	(월 일)	2-03~2-04
5일 차	(월 일)	2-05
6일 차	(월 일)	2-06~2-07
7일 차	(월 일)	2-08~2-10
8일 차	(월 일)	2-11~2-13
9일 차	(월 일)	2-14~2-15
10일 차	(월 일)	2-16
11일 차 (2장 복습)	(월 일)	2장 되새김 문제
12일 차	(월 일)	3-01~3-02
13일 차	(월 일)	3-03~3-05
14일 차	(월 일)	3-06
15일 차	(월 일)	3-07
16일 차	(월 일)	3-08
17일 차	(월 일)	3-09
18일 차	(월 일)	3-10
19일 차	(월 일)	3-11~3-12
20일 차	(월 일)	3-13
21일 차 (3장 복습)	(월 일)	3장 되새김 문제
22일 차	(월 일)	4-01~4-02
23일 차	(월 일)	4-03~4-04
24일 차	(월 일)	4-05
25일 차	(월 일)	4-06~4-07
26일 차	(월 일)	4-08~4-09
27일 차	(월 일)	4-10~4-11
28일 차	(월 일)	4-12
29일 차 (4장 복습)	(월 일)	4장 되새김 문제
30일 차	(월 일)	'Do it! 도전'에 도전!

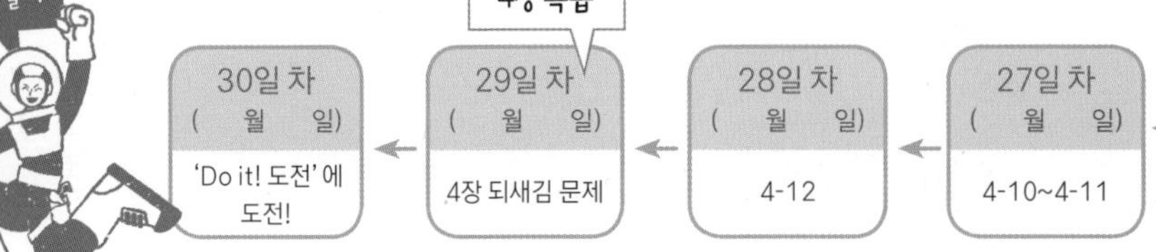

스프링부트 초보탈출~!

이미
프로그래밍
경험이 있는
분이라면!
15회

◈ 강의와 중급자를 위한 15일 계획표

이 계획표에 따라 한 학기 수업이 가능합니다. 이미 자바, SQL, HTML, CSS 등의 기본 이해가 있다면 15일 계획표에 맞춰 《Do it! 점프 투 스프링 부트 3》를 학습해 보세요!

회	진도	주요 내용	날짜
01회	1장 전체	JDK와 STS 설치, 웹 서비스의 동작 원리, Spring Boot Devtools과 롬복 설치 등	(　/　)
02회	2-01절 ~ 2-04절	스프링 부트 프로젝트 구조, URL 매핑, 컨트롤러, ORM, JPA, H2 데이터베이스, 엔티티 등의 개념과 활용	(　/　)
03회	2-05절 ~ 2-06절	리포지터리, JUnit, 의존성 주입(DI), 패키지 분류 등의 개념과 활용	(　/　)
04회	2-07절 ~ 2-11절	템플릿, 타임리프, 루트 URL, 서비스, URL 프리픽스 등의 개념과 활용	(　/　)
05회	2-12절 ~ 2-15절	스태틱 디렉터리, 스타일시트(CSS), 부트스트랩, HTML 표준 구조 등의 개념과 활용	(　/　)
06회	2-16절 ~ 2장 되새김 문제 중간고사 또는 중간 점검	폼 클래스 등의 개념과 활용	(　/　)
07회	3-01절 ~ 3-05절	내비게이션 바 및 페이징 구현, 스프링 시큐리티의 개념과 활용 등	(　/　)
08회	3-06절 ~ 03-07절	회원 가입, 로그인, 로그아웃 기능 구현 등	(　/　)
09회	3-08절 ~ 3-09절	게시판 CRUD, 게시판 작성자 기능 구현 등	(　/　)
10회	3-10절 ~ 3-12절	추천 및 앵커 기능 구현, 마크다운 적용 등	(　/　)
11회	3-13절 ~ 3장 되새김 문제	검색 기능 구현 등	(　/　)
12회	4-01절 ~ 4-04절	서버의 개념, AWS 라이트세일 가입, 고정 IP 생성, MobaXterm, 파일질라 등 설치	(　/　)
13회	4-05절 ~ 4-08절	서버 환경 설정, 배포 파일 생성 및 전송, 서버 스크립트 생성, 서버 환경 분리, 엔진엑스 설치 등	(　/　)
14회	4-09절 ~ 4장 되새김 문제	로그 관리, 도메인 사용, HTTPS로 전환, PostgreSQL로 전환 등	(　/　)
15회	기말고사 또는 최종 점검	배운 내용을 점검해 보세요.	

학습에 필요한 소스 코드 내려받기

실습과 관련된 소스 코드 파일은 이지스퍼블리싱 홈페이지의 자료실 또는 저자 깃허브에서 내려받을 수 있습니다. 다음 설명을 참고하여 실습 파일을 내려받으세요.

방법 1 이지스퍼블리싱 자료실에서 내려받기

이지스퍼블리싱 홈페이지(www.easyspub.co.kr)에 접속해 '회원 가입 없이' 실습 파일을 내려받을 수 있습니다. 상단 메뉴에서 [자료실]을 클릭한 뒤, 검색 창에 '스프링 부트' 또는 도서명을 검색해 보세요

방법 2 깃허브에서 실습 파일 내려받기

저자 깃허브(github.com/pahkey/sbb3)에 접속하여 [Code → Download ZIP]을 클릭하여 실습 파일을 내려받으면 됩니다.

'Do it! 스터디룸' 활용하기

공부도 하고 책 선물도 받고!

네이버 카페 'Do it! 스터디룸'에서 다른 독자들과 함께 공부해 보세요! 궁금한 것을 서로 질문하기도 하고, 답변할 수도 있습니다. 이와 더불어 'Do it! 공부단'을 신청해 보세요! 공부단을 신청하고 구매한 책을 완독한 뒤, 인증하면 책 선물을 드립니다.

- Do it! 스터디룸: cafe.naver.com/doitstudyroom

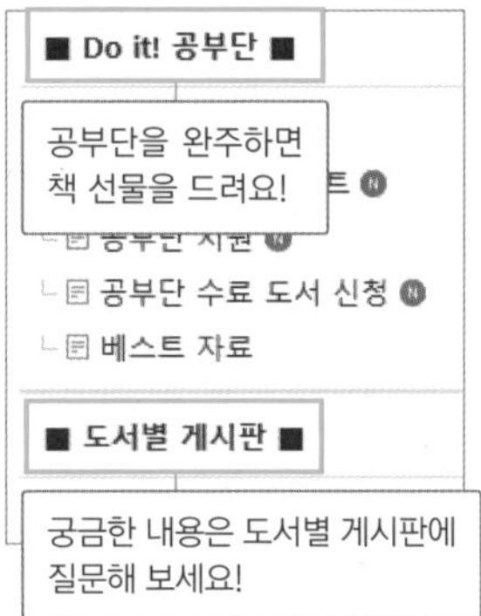

이지스퍼블리싱 소식지 구독하기

매달 전자책 한 권 무료 제공!

이지스퍼블리싱 홈페이지에서 회원 가입을 해보세요! 가입 시 소식지 구독에 동의하면 신간은 물론 다양한 도서 이벤트 소식을 누구보다 빠르게 받아 볼 수 있습니다. 이와 더불어 매달 전자책 한 권을 무료로 공개하니 놓치지 마세요.

온라인 독자 설문

의견도 보내고 선물도 받고!

QR코드를 스캔하여 이 책에 대한 의견을 보내 주세요. 더 좋은 책을 만들도록 노력하겠습니다. 의견을 남겨 주신 독자 분께는 보답하고자 다음 혜택을 드립니다!

1. 추첨을 통해 소정의 선물 증정
2. 이 책의 업데이트 정보 및 개정 안내
3. 저자가 보내는 새로운 소식
4. 출간될 도서의 베타테스트 참여 기회
5. 출판사 이벤트 소식
6. 이지스 소식지 구독 기회

저자 유튜브 채널에 방문해 보세요!

박응용 선생님의 유튜브 채널에서 학습에 도움이 되는 정보를 얻을 수 있습니다. 공부하다가 막히는 부분이 있다면 관련 영상을 찾아보거나 채널을 통해 선생님에게 질문을 남겨 보시기 바랍니다.

- **박응용 유튜브 채널:** www.youtube.com/@pahkey

저자가 만든 지식 공유 웹 서비스, 위키독스에 접속해 보세요!

'위키독스'는 온라인에서 책을 만들고 공유할 수 있는 웹 서비스입니다. 여기서 《Do it! 점프 투 스프링 부트 3》가 시작되었습니다! 이곳은 여러분도 참여할 수 있는 공간입니다. 'Do it! 점프 투' 시리즈 독자분들도 위키독스와 함께 자신의 지식과 경험을 다른 사람과 공유하는 기쁨을 누려 보세요.!

- **위키독스:** wikidocs.net

01

스프링 부트 개발 준비하기

02

스프링 부트의 기본 기능 익히기

03

SBB 서비스 개발하기

04

세상에 선보이는 SBB 서비스!

01 스프링 부트 개발 준비하기

이 책을 펼친 여러분은 이미 스프링 부트를 향해 첫걸음을 내디뎠으니 절반은 성공을 이룬 셈이다. 이 책은 처음부터 끝까지 모든 내용이 이어진다. 따라서 이 책은 '흐름'이 중요하며 특히 시작이 가장 중요하다.
이 장에서는 스프링 부트를 활용하여 본격적으로 개발하기에 앞서 먼저 자바와 STS Spring Tool Suite 에디터를 설치하고, 스프링 부트 프로젝트를 생성해 보자.

1-01 » 스프링 부트란?
1-02 » 스프링 부트 개발 환경 준비하기
1-03 » 스프링 부트 맛보기
1-04 » 스프링 부트 도구 설치하기

- 자바와 STS를 설치하고 개발 환경을 준비한다.
- 스프링 부트 프로젝트를 만들어 첫 번째 프로그램을 만든다.
- 스프링 부트 서버를 실행하여 결과를 확인한다.

1-01
스프링 부트란?

스프링 부트Spring Boot는 웹 프로그램(웹 애플리케이션)을 쉽고 빠르게 만들 수 있도록 도와주는 자바의 웹 프레임워크이다. 스프링 부트는 스프링Spring 프레임워크에 톰캣Tomcat이라는 서버를 내장하고 여러 편의 기능들을 추가하여 개발자들 사이에서 꾸준히 인기를 누리고 있다.

톰캣은 클라이언트의 요청을 해석하여 그에 맞는 자바 프로그램을 실행한 후 그 결과를 응답해 주는 웹 애플리케이션 서버이다.

스프링과 스프링 부트

웹 프레임워크란?

웹 프레임워크라는 단어를 처음 듣는 사람을 위해 잠시 웹 프레임워크에 대해 먼저 알아보자.

웹 프로그램을 만들어 본 경험이 있다면 웹 프로그램을 완성하기 위해 얼마나 많은 기능을 생성해야 하는지 잘 알 것이다.

예를 들어 쿠키나 세션 처리, 로그인/로그아웃 처리, 권한 처리, 데이터베이스 처리 등 웹 프로그램을 완성하기 위해 만들어야 할 기능이 정말 산더미처럼 많다. 하지만 웹 프레임워크를 사용하면 이런 기능들을 여러분이 일일이 만들 필요가 없다. 왜냐하면 웹 프레임워크에는 그런 기능들이 이미 만들어져 있기 때문이다. 그저 웹 프레임워크에 있는 기능을 익혀서 사용하기만 하면 된다. 쉽게 말해 웹 프레임워크는 웹 프로그램을 만들기 위한 스타터 키트라고 생각하면 된다. 그리고 자바로 만든 웹 프레임워크 중 하나가 바로 스프링 부트이다.

스프링 부트의 몇 가지 규칙만 익히면 기존에 자바로 웹 프로그램을 작성하는 방식보다 빠르게 웹 프로그램을 만들 수 있다. 크롬이나 사파리와 같은 웹 브라우저에 'Hello World'를 출력하려면 다음과 같은 클래스 하나만 작성하면 된다.

스프링 부트의 빠른 개발 속도를 보여 주는 예

```
@Controller
public class HelloController {
    @GetMapping("/")
    @ResponseBody
    public String hello() {
        return "Hello World";
    }
}
```

스프링 부트를 배워야 하는 이유

스프링 부트는 웹 프로그램을 쉽고 빠르게 만들어 준다는 것 외에도 많은 장점이 있다. 어떤 장점이 있어 개발자들이 배우고 싶어 하고 자주 사용하는 것일까?

스프링 부트는 튼튼한 웹 프레임워크이다

개발자가 웹 프로그램을 만들 때 어렵게 느끼는 기능 중 하나는 바로 보안 기능이다. 이 세상에는 여러 가지 방법으로 웹 사이트를 괴롭히는 사람들이 있다. 이런 공격에 개발자 홀로 신속하게 대응하기는 무척 어려운 일이다. 하지만 걱정할 필요는 없다. 스프링 부트가 이런 보안 공격을 기본으로 아주 잘 막아 주기 때문이다.

그만큼 스프링 부트는 튼튼한 웹 프레임워크다. 예를 들어 SQL 인젝션, XSScross-site scripting, CSRFCross-Site Request Forgery, 클릭재킹clickjacking과 같은 보안 공격을 막아 준다. 즉, 스프링 부트를 사용하면 이런 보안 공격을 막아 주는 코드를 여러분이 짤 필요가 없다는 뜻이다!

웹 사이트로 들어오는 보안 공격은 다양하다

앞서 언급한 보안 공격의 종류를 간단히 살펴보고 넘어가자. 이러한 보안 공격으로 웹 사이트의 방문자나 사용자가 직간접적으로 피해를 입으므로 미리 알아 두는 것이 좋다.

- SQL 인젝션은 악의적인 SQL을 주입하여 공격하는 방법이다.
- XSS는 자바스크립트를 삽입해 공격하는 방법이다.
- CSRF는 위조된 요청을 보내는 공격 방법이다.
- 클릭재킹은 사용자가 의도하지 않은 클릭을 유도하는 공격 방법이다.

스프링 부트에는 여러 기능이 준비되어 있다

스프링 부트는 2012년에 등장하여 10년 이상의 세월을 감내한 '베테랑' 웹 프레임워크이다. 그동안 정말 무수히 많은 기능이 추가되고 또 다듬어졌다. 혹시 로그인 기능을 원하는가? 페이징 기능을 원하는가? 이미 스프링 부트에 있다. 이미 있을 뿐 아니라 너무나도 잘 만들어져 있다!

로그인 기능은 네이버나 구글 로그인처럼 사용자를 인증하는 기능을 말하고, 페이징 기능은 한 페이지에 데이터가 많으면 페이지별로 나누어 조회할 수 있게 하는 기능을 말한다.

한마디로 스프링 부트에는 웹 프로그램을 개발하는 데 필요한 도구와 기능이 대부분 준비되어 있다. 스프링 부트를 공부할 여러분에게 '이미 만들어져 있는 기능을 새로 만드느라 애써 고생하지 말라'는 이야기를 꼭 해주고 싶다.

바퀴를 다시 발명하지 마라(Don't reinvent the wheel)!

스프링 부트는 WAS가 필요없다

스프링 부트 대신 스프링만 사용하여 웹 애플리케이션을 개발한다면 실행할 수 있는 톰캣과 같은 WASWeb Application Server가 필요하다. WAS의 종류는 매우 다양하며 설정 방식도 제각각이어서 WAS만으로

스프링 부트로 작성하더라도 톰캣 대신 다른 WAS를 사용할 수 있다.

도 공부해야 할 내용도 상당하다. 하지만 스프링 부트에는 톰캣 서버가 내장되어 있고 설정도 자동 적용되기 때문에 여러분은 WAS에 대해서 전혀 신경 쓸 필요가 없다. 심지어 배포되는 jar 파일에도 톰캣 서버가 내장되어 실행되므로 서로 다른 WAS들로 인해 발생되는 문제들도 사라진다.

jar 파일은 자바 클래스들을 담고 있는 압축 파일이다.

WAS란?

WAS는 웹 애플리케이션과 서버 환경을 연결하는 중간 역할을 하는 소프트웨어 플랫폼이다. 예를 들어 사용자가 웹 브라우저로 서버에 요청을 보내면 WAS는 사용자의 요청을 해석하여 그에 맞는 서버 프로그램을 구동한 후 그 결과를 사용자에게 보여준다. WAS의 종류로는 아파치 톰캣, 오라클 웹 로직Weblogic, IBM 웹스피어WebSphere, 제이보스JBoss(와일드플라이WildFly), 제우스Jeus 등이 있다.

스프링 부트는 설정이 쉽다

스프링 부트가 등장하기 전 개발자들은 스프링을 사용하여 웹 애플리케이션을 개발했다. 스프링의 복잡한 설정 때문에 개발자들은 많은 어려움을 겪었다. 심지어 한번 설정한 기능들이 스프링의 버전업으로 변경되거나 없어지는 일도 비일비재했다. 하지만 스프링 부트는 스프링의 복잡한 설정을 자동화·단순화하여 누구나 쉽게 스프링을 사용할 수 있도록 한 프레임워크이다.

필자는 스프링으로 웹 애플리케이션을 만들 때 파이썬으로 작성된 장고Django, 루비로 작성된 레일즈Rails와 같은 웹 프레임워크의 간결함을 많이 부러워했는데 스프링 부트의 등장과 발전으로 이제는 더 이상 부러워할 이유가 없을 듯하다.

스프링 부트는 재미있다

스프링 부트로 웹 프로그램을 만드는 것이 게임을 하는 것보다 재밌다고 하면 믿겠는가? 약간 과장된 이야기이긴 하지만 가끔 무언가에 홀린 듯이 코딩을 하고 있는 필자 자신을 발견하곤 하는데, 그때가 바로 웹 프로그램을 만들고 있을 때였다. 레고를 조립하는 것처럼 웹 애플리케이션이 조금씩 완성되어 가는 과정을 즐기게 된다. 정말이니 의심하지 말고 지금 당장 스프링 부트로 웹 프로그래밍을 시작해 보자!

1-02
스프링 부트 개발 환경 준비하기

앞에서 언급했듯이 스프링 부트는 자바로 만든 웹 프레임워크이다. 그래서 스프링 부트를 실행하기 위해서는 먼저 자바 설치가 필수이다!

Do it! 실습 JDK 설치하기

자바 프로그래밍을 하려면 꼭 필요한 JDK Java Development Kit를 먼저 설치해 보자. JDK는 자바로 코드를 실행하는 도구와 코드를 번역하는 컴파일러 등으로 이루어져 있다. JDK를 내려받을 수 있는 URL은 다음과 같다. 만약 이 URL이 유효하지 않다면 검색창에서 'JDK Download'로 검색하고 들어가면 된다.

```
https://www.oracle.com/java/technologies/downloads/
```

자바는 기본적으로 무료로 사용할 수 있지만, 기업용이나 상업용은 사용 조건이 달라진다는 점에 유의하자.

이 책에서는 여러분이 윈도우 또는 macOS를 사용한다고 가정하고 진행한다. 하지만 리눅스나 기타 다른 운영체제 사용자도 설치를 제외하면 나머지 실습 과정은 모두 동일하게 따라 할 수 있을 것이다.

윈도우에 JDK 설치하기

1. 윈도우에 설치한다면 [Windows] 탭을 선택한 후, [x64 MSI Installer] JDK를 내려받는다.

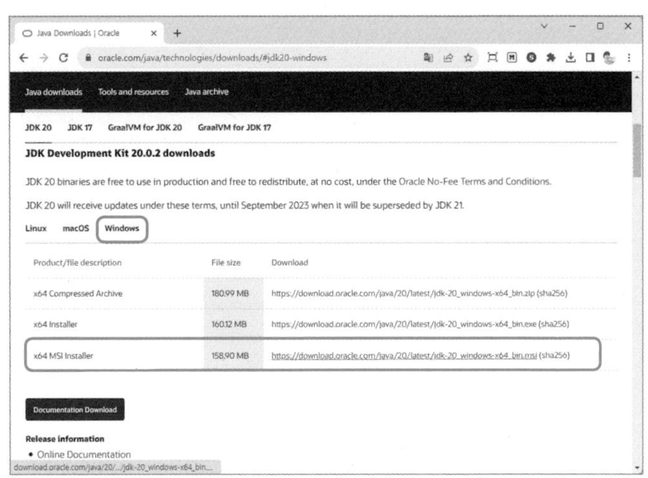

2. 오른쪽 아이콘을 더블클릭하여 설치한다.

3. Setup 창이 뜨면 [Next] 버튼을 클릭하고, [Close] 버튼이 나올 때까지 설치를 진행한다.

'이 앱이 디바이스를 변경할 수 있도록 허용하시겠어요?' 라고 묻는다면 [예] 버튼을 클릭한다.

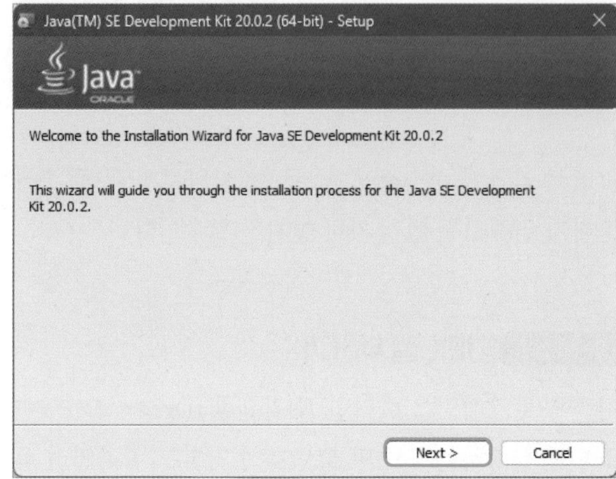

4. JDK를 설치했다면 아마도 다음과 비슷한 디렉터리에 설치될 것이다.

JDK 설치 버전에 따라 디렉터리명이 다르다.

자바와 마찬가지로 디렉터리는 파일이 저장되는 위치로, 폴더라고 생각하면 쉽다.

macOS에 JDK 설치하기

1. macOS 환경에 설치한다면 [macOS] 탭을 선택한 후, 자신의 환경에 맞는 dmg 파일을 내려받는다.

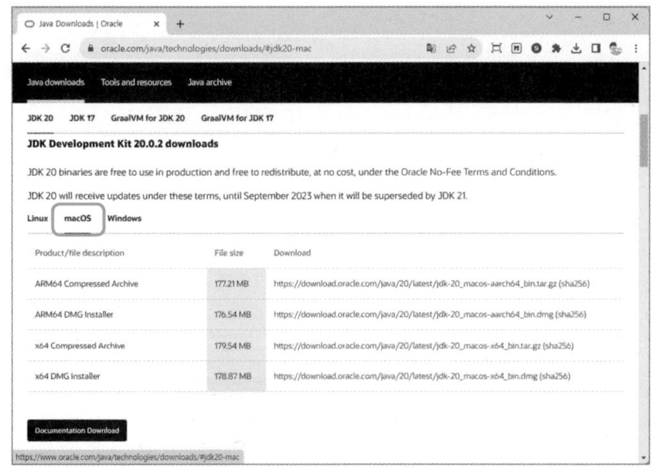

어떤 dmg 파일을 설치해야 하는지 잘 모르겠다면?

내 환경에 맞는 dmg 파일을 설치하기 위해 터미널에서 다음 명령을 실행해 보자.

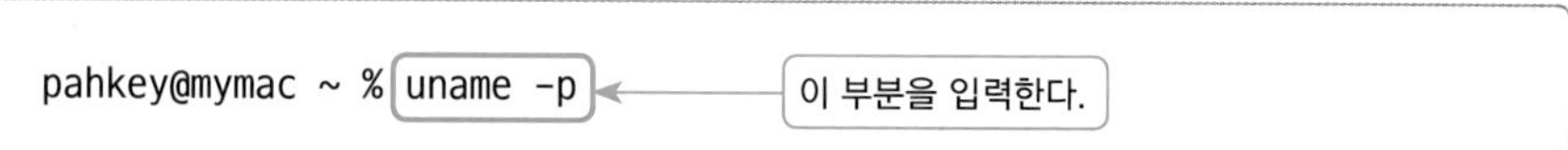

```
pahkey@mymac ~ % uname -p
```


만약 i386 또는 x86_64이 출력되면 [x64 DMG Installer]를 내려받으면 되고, arm64가 출력되면 [Arm 64 DMG Installer]를 내려받으면 된다.

2. 다음 아이콘을 차례로 더블클릭하여 설치한다.

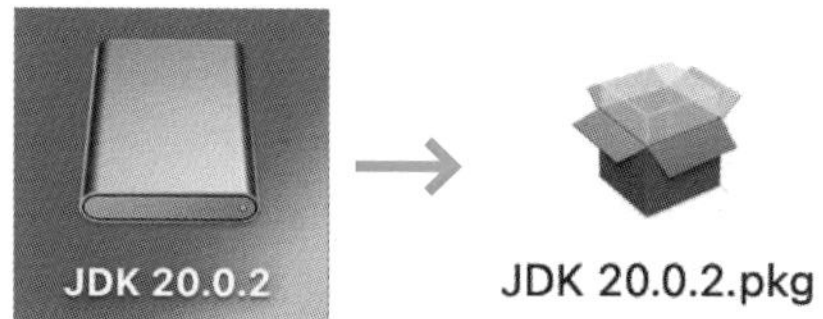

3. JDK 설치 화면이 뜨면 [계속] 버튼을 클릭하고 설치를 진행한다.

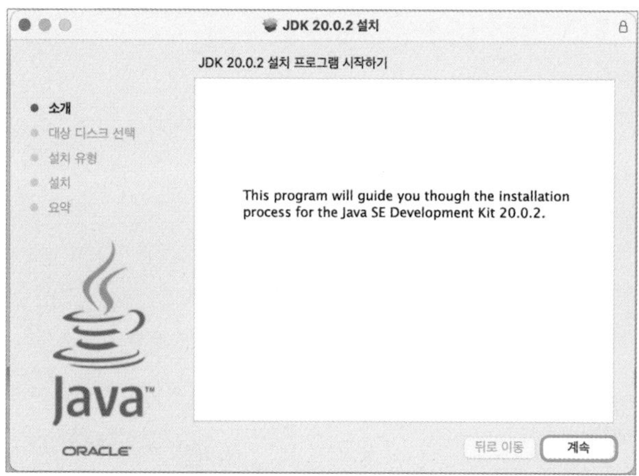

4. dmg 파일을 설치한 후 터미널에서 java -version 명령을 입력하고 실행하여 자바가 잘 설치되었는지 확인해 보자.

```
pahkey@mymac ~ % java -version     ← 이 부분을 입력한다.
java version "20.0.2"
(... 생략 ...)
```

Do it! 실습 STS 설치하기

그럼 이제 본격적으로 스프링 부트 개발 환경을 준비해 보자. JDK를 설치했다면 이번에는 스프링 부트 프로그램을 작성할 수 있도록 도와주는 도구인 STS^Spring Tool Suite^를 설치해야 한다. 문서 작성을 도와주는 도구로 MS 워드나 한글 프로그램이 있는 것처럼 자바 프로그램을 작성할 수 있도록 도와주는 도구들이 있다. 이러한 도구를 IDE^Intergrated Development Environment^ 또는 통합 개발 환경이라고 한다. 스프링 부트 IDE 중 가장 많이 추천하는 것은 STS이다. STS는 스프링 개발에 최적화된 에디터로 이클립스 기반으로 제작되었다.

여기서부터는 윈도우에서 실습하는 방법 위주로 설명하려고 한다. macOS와 같이 다른 운영체제를 사용해도 문제는 없다.

인텔리제이에서도 스프링 부트 프로그래밍이 가능할까?

스프링 부트 IDE로 인텔리제이^IntelliJ^도 많이 사용한다. 스프링 부트로 개발한다면 인텔리제이의 커뮤니티^Community^ 버전보다 얼티밋^Ultimate^ 버전을 사용할 것을 추천한다. 커뮤니티 버전은 스프링 부트 지원이 적기 때문이다. 만약 커뮤니티 버전으로 스프링 부트 개발을 진행한다면 자동 리로딩이나 경고 메시지 끄기와 같은 설정에 꽤나 많은 시간을 보내야 할 것이다. 하지만 얼티밋 버전은 유료이므로 이 책에서는 무료면서, 안정화된 STS를 사용할 것이다. 그래도 인텔리제이 커뮤니티 버전을 사용하고 싶다면 https://wikidocs.net/164891를 참고해도 좋다.

1. STS를 내려받을 수 있는 URL은 다음과 같다.

```
https://spring.io/tools
```

2. 윈도우에 설치한다면 다음과 같이 [WINDOWS X86_64] 버튼을 눌러 STS 프로그램을 내려받자.

macOS에 설치한다면 JDK를 설치할 때와 마찬가지로 자신의 환경을 확인하고 [MACOS X86_64] 또는 [MACOS ARM_64] 버튼을 클릭한다.

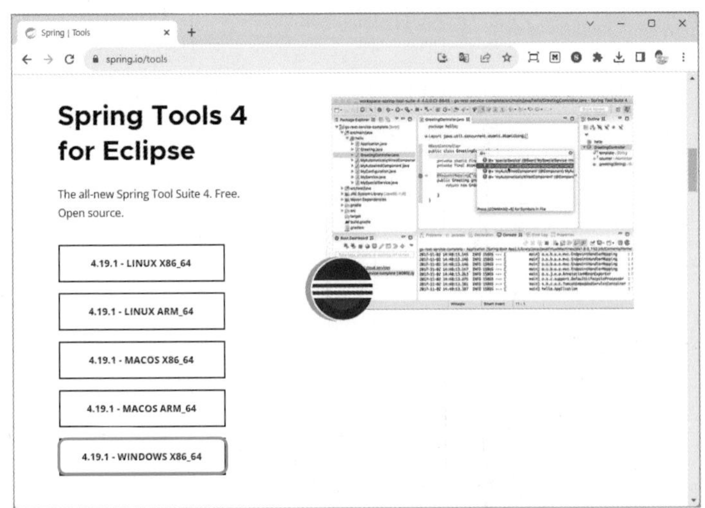

3. 내려받은 파일을 더블클릭하여 실행하자. 그러면 다음과 같이 해당 파일이 있는 위치에 'sts-4.19.1.RELEASE'라는 이름의 디렉터리가 생성된다.

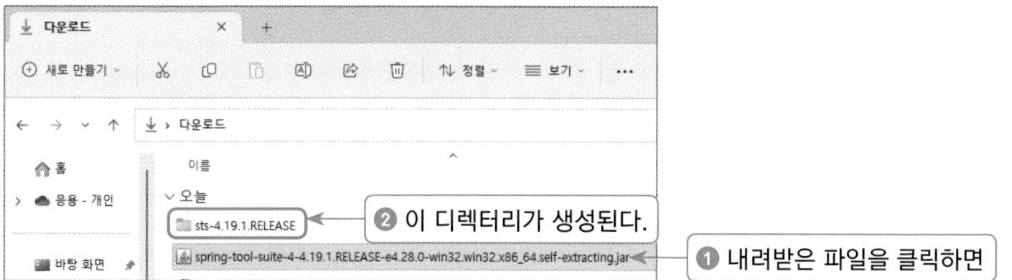

4. 새롭게 생성된 디렉터리를 다음과 같이 C:₩ 디렉터리로 이동시켜 STS 설치를 마무리하자.

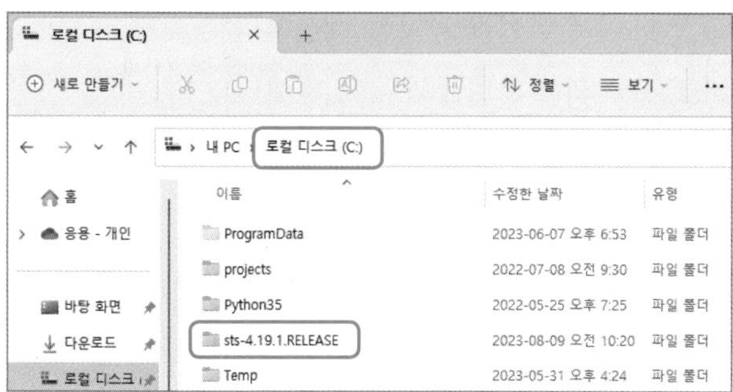

이 책을 집필한 시점에 STS의 최신 버전은 4.19.1이었다.

Do it! 실습 STS 실행하기

1. STS를 설치한 디렉터리에서 SpringToolSuite4.exe 파일을 실행하자.

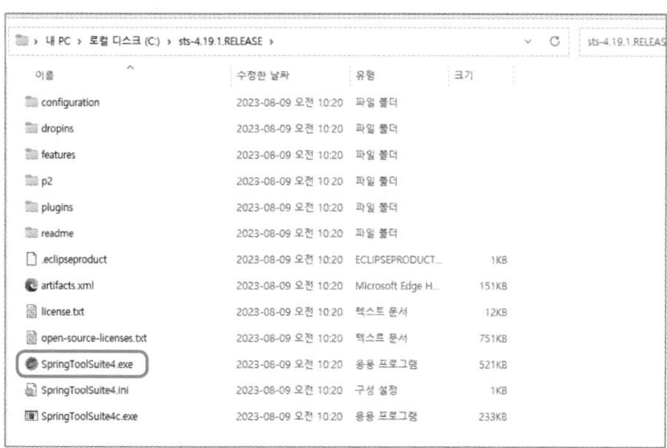

2. 설치한 STS를 실행하면 가장 먼저 다음과 같은 창이 나타난다. STS의 작업 공간workspace 디렉터리를 설정하라는 창이다.

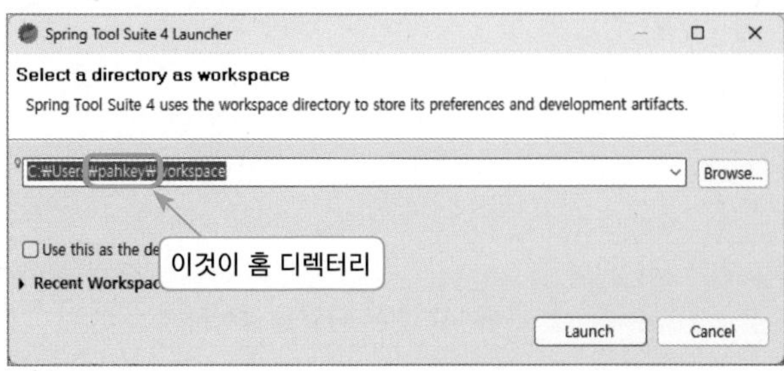

앞으로 STS로 작성하는 모든 파일은 이 디렉터리 안에 있다. 사용자 홈 디렉터리 안에 workspace 디렉터리를 지정한 후 [Launch]를 클릭한다. 이때 여기서 지정한 디렉터리(C:₩Users₩(사용자 홈 디렉터리)₩workspace)는 앞으로 표시되는 파일들의 루트 디렉터리가 된다는 점을 기억하자.

macOS의 사용자 홈 디렉터리는 '/Users/<사용자명>' 이고, 윈도우의 사용자 홈 디렉터리는 'C:/Users/<사용자명>' 이다.

루트 디렉터리란 가장 상위에 있는 디렉터리를 말한다. 이 책에서는 앞으로 파일명의 전체 경로를 루트 디렉터리 이하의 경로만 표시할 것이다.

3. 그러면 다음과 같이 STS가 실행된다.

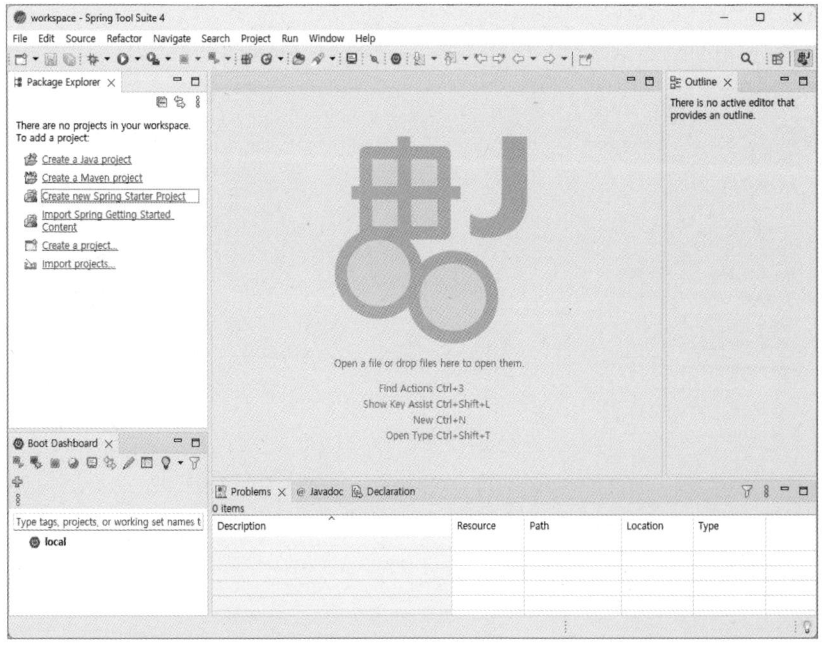

Do it! 실습 스프링 부트 프로젝트 만들기

1. 이번에는 STS 왼쪽에 표시된 'Create new Spring Starter Project'를 클릭해 스프링 부트 프로젝트를 생성해 보자.

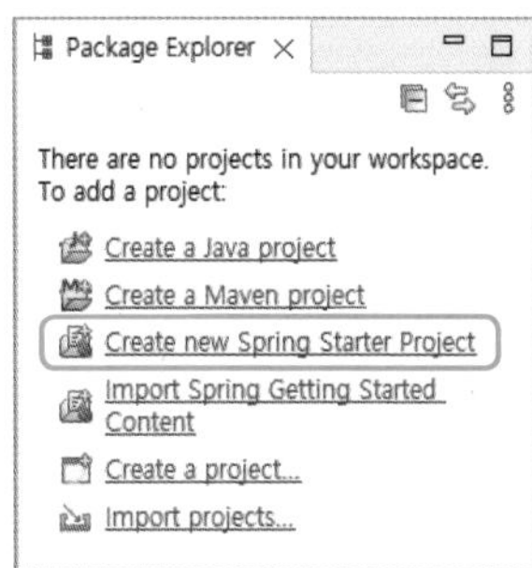

2. 'Create new Spring Starter Project'를 클릭하면 다음과 같은 설정 화면이 나타난다. 이 부분은 매우 중요하므로 각 항목이 무엇인지 살펴보고 주의 깊게 입력해 보자.

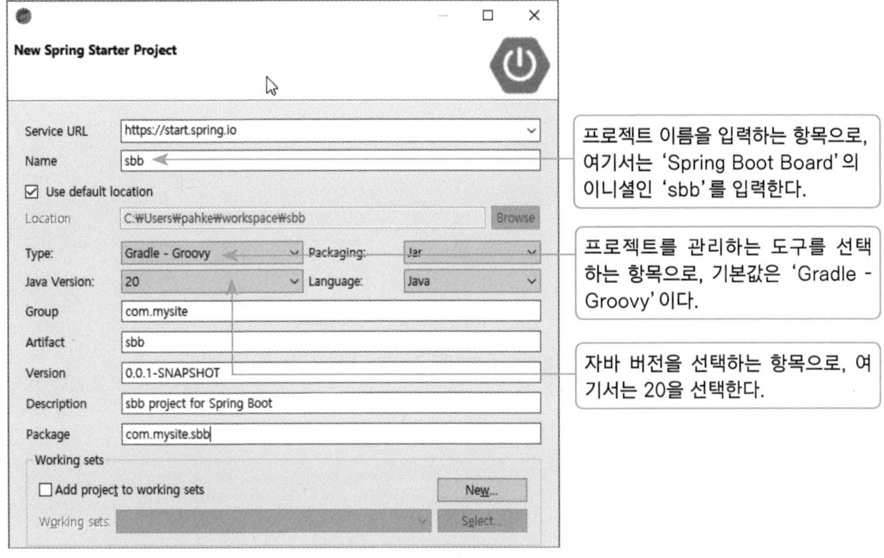

예전 버전에서는 기본값으로 Maven이 설정되어 있기도 하다. Gradle이 Maven보다 나중에 개발되어 성능이 좋고 설정하기도 편리하다. 이 책은 Type 항목에 Gradle 기반으로 설명하므로 꼭 'Gradle - Groovy'를 선택하자.

그 외에 Group, Artifact, Desrciption, Package 등은 여러분 마음대로 설정해도 되지만 이후 예제를 수월하게 진행하기 위해 위와 동일하게 설정하는 것을 추천한다. 이와 같이 설정했으면 [Next]를 클릭하자.

3. 다음과 같이 스프링 부트 버전을 선택하는 화면이 나타난다.

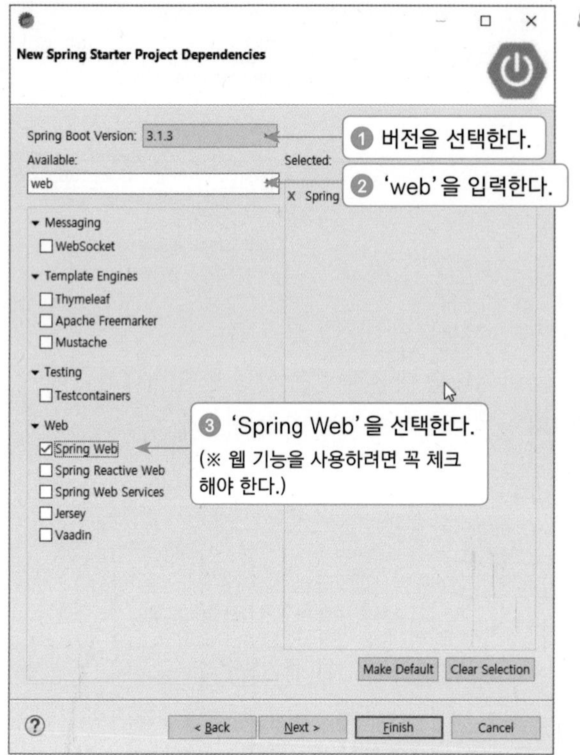

이 책을 쓰는 시점의 최신 안정화 버전은 3.1.3이었다.

4. [Finish]를 클릭해 프로젝트를 생성했다면 다음과 같이 STS가 실행된다.

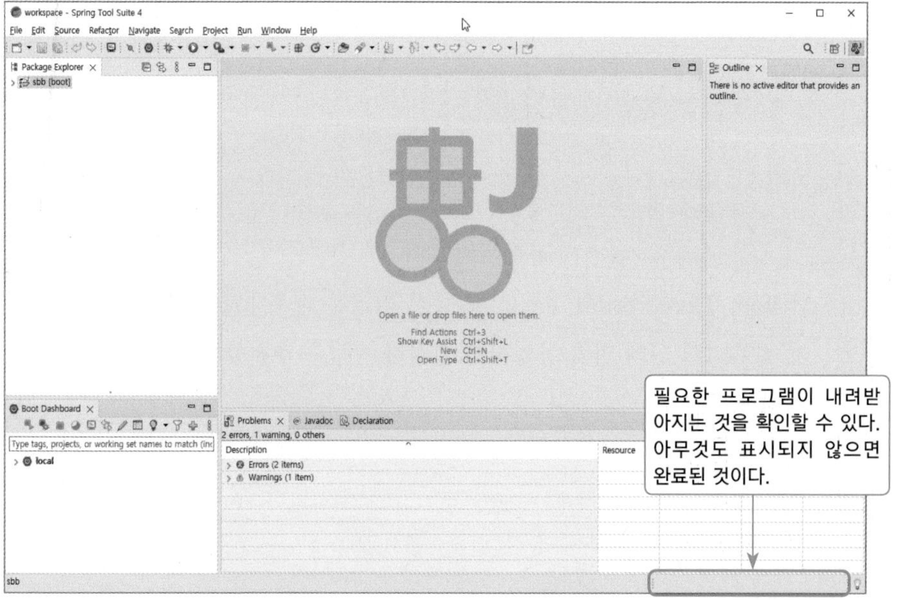

화면 왼쪽 상단에 sbb 프로젝트가 생성된 것을 확인할 수 있다. 그리고 프로젝트를 생성하면 프로젝트에 필요한 프로그램들이 자동으로 내려받아 진다. 조금 기다리면 내려받기가 완료될 것이다.

5. 그런데 내려받기를 완료한 후에 다음과 같이 프로젝트에 오류가 발생할 수 있다.

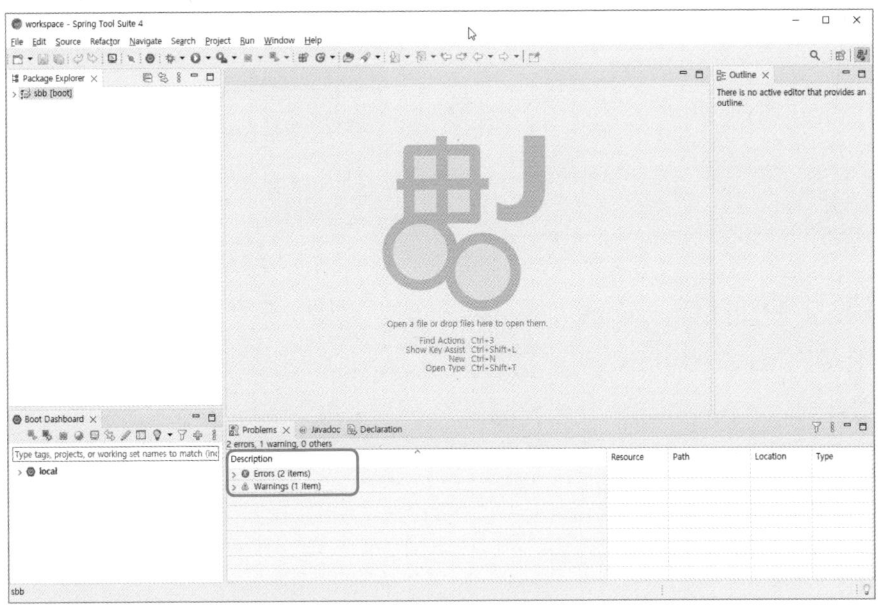

오류가 발생한 이유는 STS에 JDK가 제대로 설정되지 않았기 때문인데, 이 오류를 해결해 보자.

PC 환경에 따라 오류가 발생하지 않을 수도 있다. 오류가 발생하지 않더라도 올바른 JDK 설정을 위해 다음 과정을 진행하는 것이 좋다.

6. STS 상단의 [File → Properties]를 차례로 클릭한다.

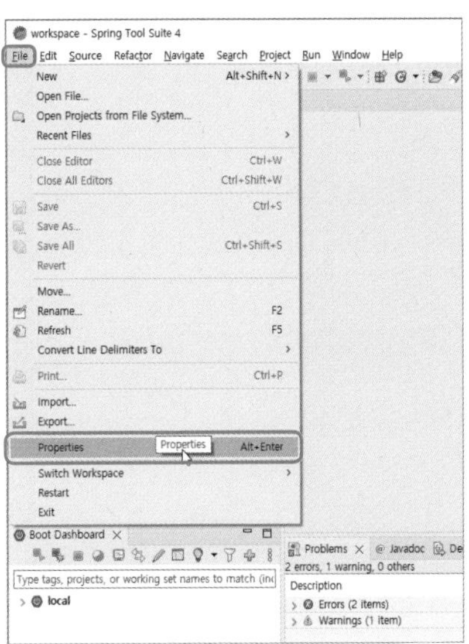

7. 다음 창에서 [Java Build Path → Libraries]을 차례로 클릭하고 오류 표시가 있는 'JRE System Library [JavaSE-20] (unbound)' 항목을 선택한 후 [Edit] 버튼을 클릭한다.

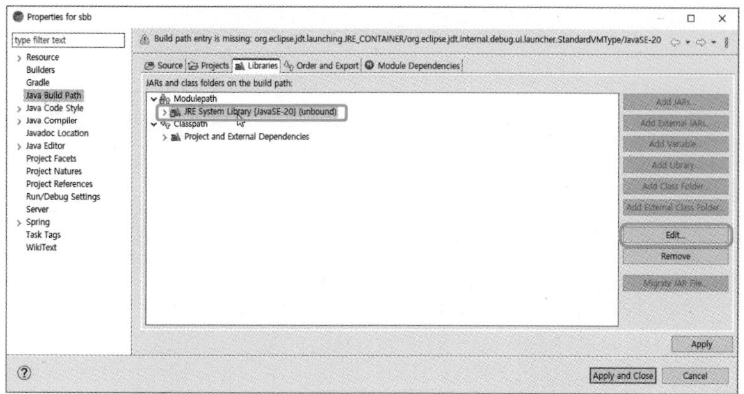

8. 이어 등장한 창에서는 'Alternate JRE'를 선택한 후, [Installed JREs...] 버튼을 클릭한다.

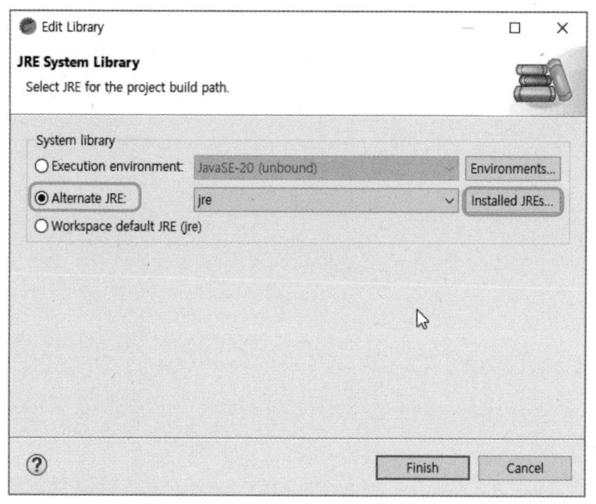

9. [Add] 버튼을 클릭한다.

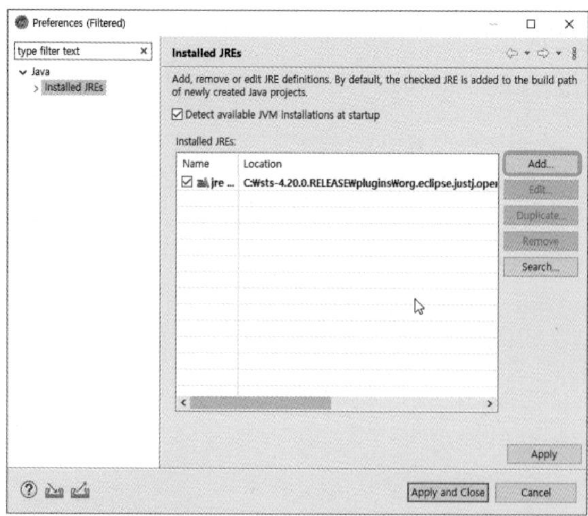

10. 다음 화면에서 'Standard VM'을 선택하고 [Next] 버튼을 클릭한다.

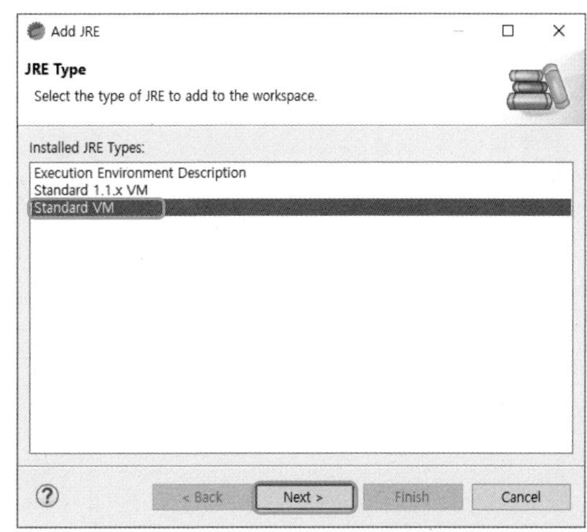

11. 다음 화면에서 [Directory...] 버튼을 클릭하여 앞서 JDK를 설치한 경로(여기서는 C:₩Program Files₩Java₩jdk-20)를 선택한 후, [Finish] 버튼을 클릭하여 jdk-20을 등록한다.

12. 마지막으로 다음 화면에서 새로 등록한 'jdk-20' 항목을 선택한 후, [Apply and Close] 버튼을 클릭하여 마무리한다.

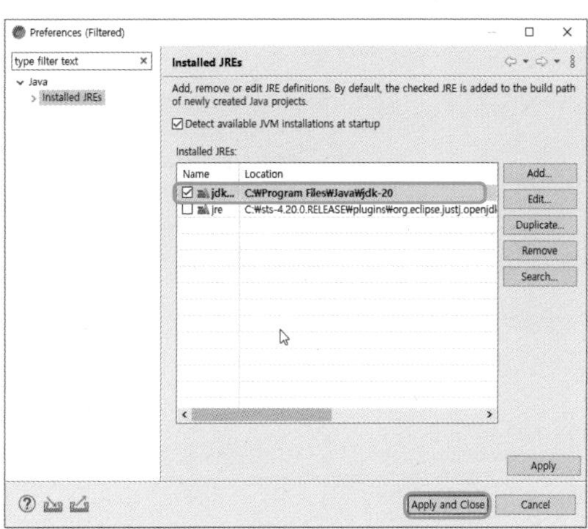

13. 그러면 다음 화면과 같이 오류가 사라진 것을 확인할 수 있다.

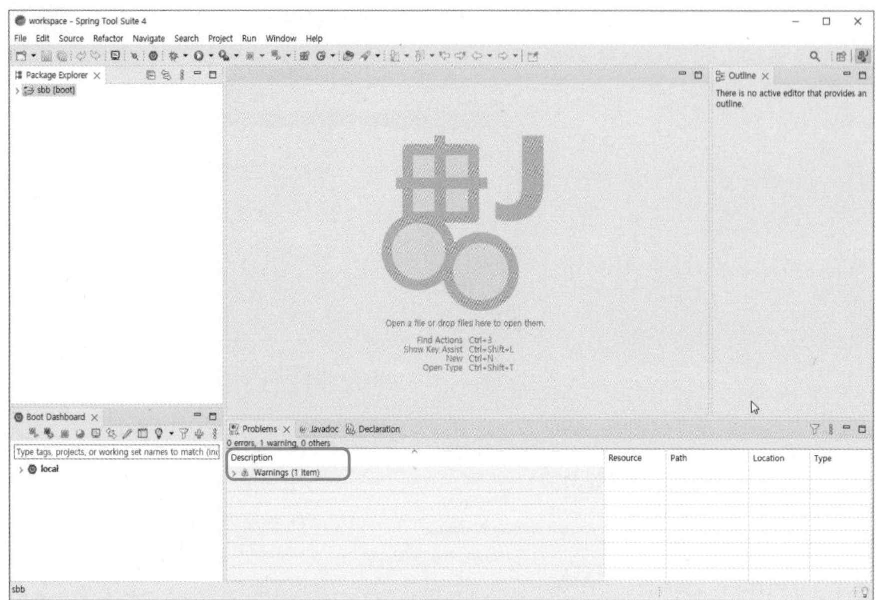

하지만 여전히 'Warnings (1 item)'이라는 경고 항목이 보인다. 이 경고는 프로젝트의 인코딩 방식을 아직 설정하지 않았기 때문에 표시된 것이다.

14. 'Warnings (1 item)'을 클릭하면 'Project 'sbb' has no explicit encoding set'이라는 문구가 보인다. 이 문구를 선택한 후 마우스 오른쪽 버튼을 클릭하고 [Quick Fix]를 클릭해 보자.

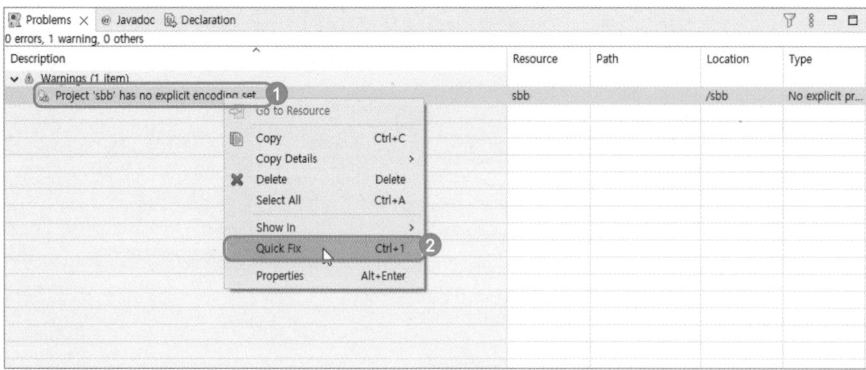

15. Quick Fix 창에서 다음과 같은 설정을 확인한 후 [Finish] 버튼을 클릭하여, 프로젝트의 인코딩 방식을 UTF-8로 설정해 보자.

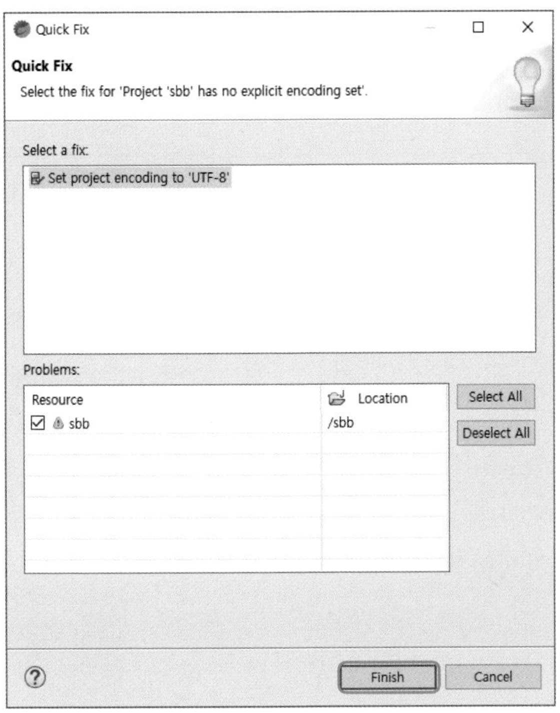

이제 프로젝트에 표시되던 경고 메시지가 사라진 것을 확인할 수 있을 것이다.

앞으로 우리가 이와 같이 생성한 sbb 프로젝트를 활용하여 'SBB'라는 웹 애플리케이션을 만들어 볼 것이다. 이 애플리케이션은 웹상에 질문과 답변을 남길 수 있는 게시판 서비스를 제공할 것이다. 스프링 부트를 활용한 웹 개발부터 배포까지 이 책을 통해 차근차근 배워 보자.

1-03 스프링 부트 맛보기

스프링 부트를 사용하기 위한 준비를 마쳤으니 이번에는 브라우저 주소 창에 'http://localhost:8080/hello'라는 URL을 입력했을 때 브라우저 화면에 'Hello World'라는 문구를 출력하는 웹 프로그램을 작성해 스프링 부트를 살짝 맛보자.

이 프로그램이 동작하려면 여러분의 컴퓨터(localhost)가 웹 서버가 되어 8080 포트에서 실행되어야 하고, http://localhost:8080/hello를 통해 서버에 요청이 발생하면 'Hello World' 문장이 브라우저 화면에 출력되어야 한다. 다소 어렵게 느껴지지만 이 프로그램을 스프링 부트로 얼마나 간편하게 만들 수 있는지 알아보자.

웹 서비스는 어떻게 동작할까?

본격적으로 웹 프로그램을 만들며 스프링 부트를 맛보기 전에 웹 서비스의 동작 원리를 간단히 알고 넘어가자. 로컬 호스트, 웹 서버, 포트 등이 무엇인지 개념을 익혀야 웹 개발이 더 쉬울 것이다.

클라이언트와 서버 구조 이해하기

클라이언트와 서버의 관계는 다음 그림으로 쉽게 이해할 수 있다. 클라이언트는 여러분이 자주 사용하는 브라우저(크롬, 사파리 등)를 말하고, 서버는 브라우저로 접속 가능한 원격 컴퓨터를 의미한다.

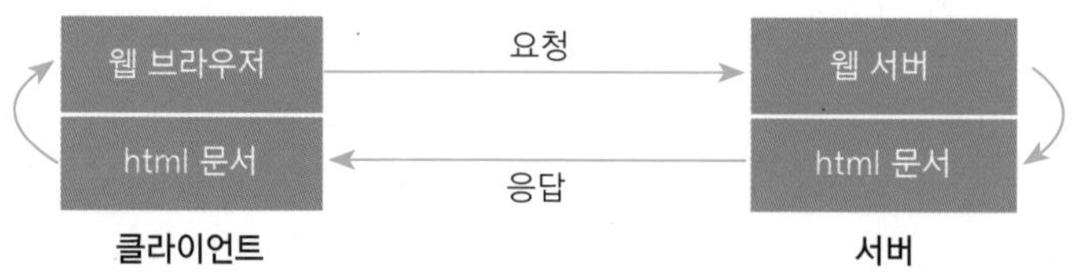

크롬 브라우저에서 서버에 요청을 보낼 때는 서버의 주소(IP 주소) 또는 서버의 주소를 대체할 수 있는 도메인명을 알아야 한다. 가까운 예로 브라우저 주소 창에 naver.com을 입력하면

네이버에 운용하는 웹 서버가 호출되고 서버는 요청에 대한 응답을 브라우저에 돌려준다. 즉, 웹 서버는 요청에 대한 응답으로 HTML 문서나 다른 리소스들을 브라우저에 표시한다.

IP 주소와 포트 이해하기

서버는 브라우저로 접속할 수 있는 웹 서비스뿐만 아니라 FTP, 이메일 서비스 등도 운용할 수 있다. 하지만 보통 서비스별로 다른 IP 주소를 사용하지는 않는다. 왜냐하면 포트로 이러한 서비스들을 구분할 수 있기 때문이다. 포트port는 네트워크 서비스를 구분하는 번호로, 하나의 서버 주소에서 포트를 사용하여 매우 많은 서비스를 운용할 수 있는데, 대표적인 서비스의 종류는 다음과 같다.

프로토콜	서비스 내용	포트
HTTP	웹 서비스	80
HTTPS	SSL을 적용한 웹 서비스	443
FTP	파일 전송 서비스	21
SSH, SFTP	보안이 강화된 TELNET(텔넷), FTP 서비스	22
TELNET	원격 서버 접속 서비스	23
SMTP	메일 전송 서비스	25

이 표에 있는 포트 번호는 기본 포트 번호로, 클라이언트나 서버 등에서는 대부분 이 번호를 기본값으로 설정한다. 하지만 필요에 따라 포트 번호를 별도로 정의하고 변경할 수 있다. 예를 들어 HTTP의 포트를 80 대신 8080을 사용할 수도 있다.

브라우저 주소 창에 naver.com 대신 naver.com:443을 입력해 보자. 443은 HTTPS 서비스의 기본 포트 번호이므로 naver.com만 입력했을 때와 동일하게 동작하는 것을 확인할 수 있다.

localhost:8080 이해하기

여러분은 이제 서버의 주소와 포트가 무엇인지 감을 잡았을 것이다. 이번에는 웹 개발에서 자주 등장하는 localhost:8080을 알아보자. localhost:8080에서 먼저 localhost(로컬 호스트)라는 도메인명은 127.0.0.1이라는 IP 주소를 의미하며, 127.0.0.1 IP 주소는 내 컴퓨터를 의미한다. 즉, 여러분이 사용하는 컴퓨터를 가리키는 말이다. 그리고 8080은 8080번 포트로 서비스를 운용한다는 의미이다. 정리하자면, localhost:8080는 내 컴퓨터(localhost)에 8080번 포트로 실행된 서비스를 의미하는 것이다.

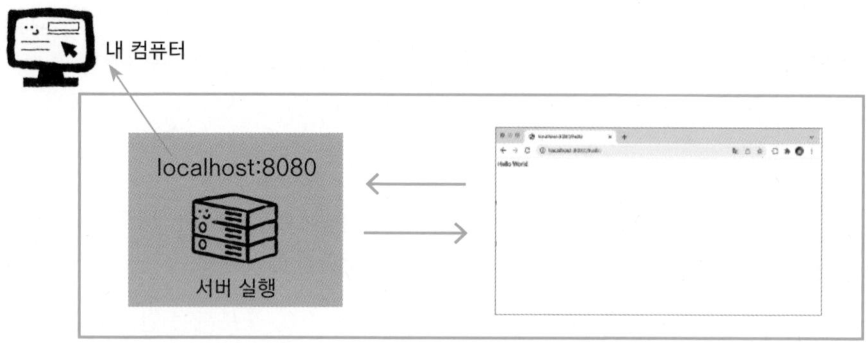

내 컴퓨터(로컬 호스트)에 실행된 서버는 로컬 서버이므로 외부에서는 접속할 수 없다. 외부에서 내가 만든 웹 서비스에 접속하게 하는 방법은 4장에서 자세히 설명할 것이다.

Do it! 실습 컨트롤러 만들기

http://localhost:8080/hello와 같은 브라우저의 요청을 처리하려면 먼저 컨트롤러controller가 필요하다. 컨트롤러는 서버에 전달된 클라이언트의 요청을 처리하는 자바 클래스이다. 이러한 컨트롤러를 한번 만들어 보자.

컨트롤러는 2-02절에서 더 자세히 알아볼 것이므로, 여기서는 가볍게 살펴보고 넘어가자.

1. 다음과 같이 'com.mysite.sbb' 패키지를 선택한 후, 마우스 오른쪽 버튼을 누르고 [New → Class]를 클릭한다.

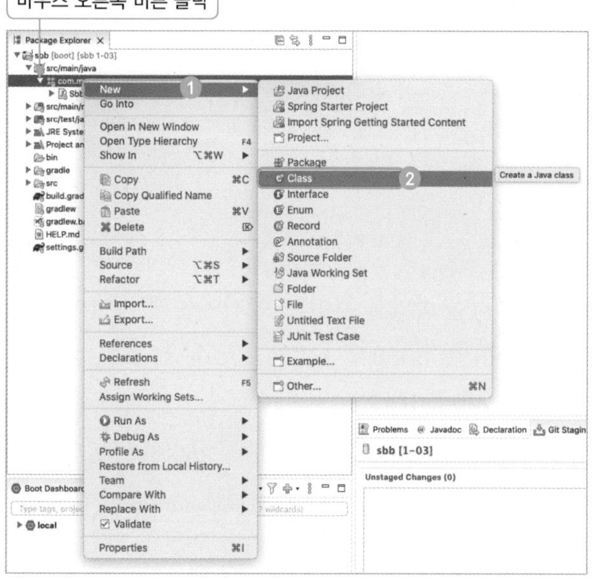

2. 그러면 다음과 같은 화면이 나타나면 Name 항목에 'HelloController'를 입력한 후 [Finish]를 클릭하자.

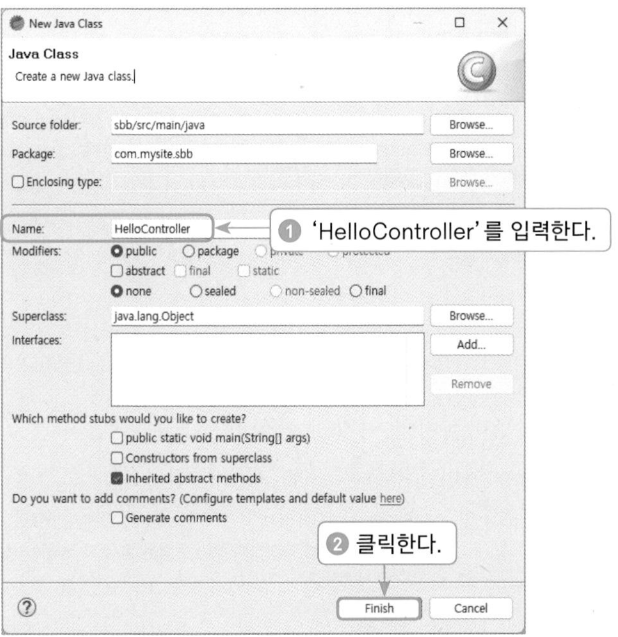

3. 화면에 HelloController.java 파일이 생성된다.

• HelloController.java

```
package com.mysite.sbb;
public class HelloController {
}
```

4. 하지만 지금 작성한 HelloController는 클래스 선언만 있고 내용은 없는 '껍데기' 클래스이므로 컨트롤러의 기능을 갖추려면 다음과 같이 수정해야 한다.

• HelloController.java

```
package com.mysite.sbb;

import org.springframework.stereotype.Controller;
```

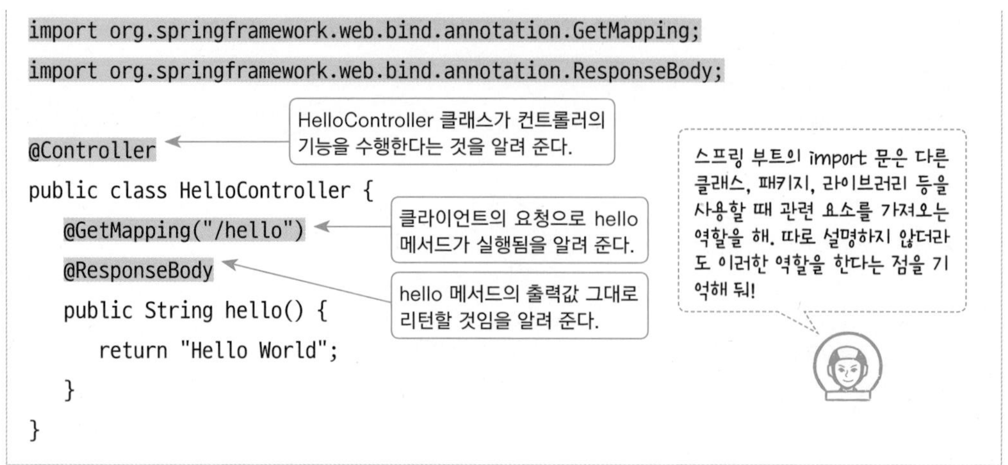

```
import org.springframework.web.bind.annotation.GetMapping;
import org.springframework.web.bind.annotation.ResponseBody;

@Controller
public class HelloController {
    @GetMapping("/hello")
    @ResponseBody
    public String hello() {
        return "Hello World";
    }
}
```

HelloController 클래스가 컨트롤러의 기능을 수행한다는 것을 알려 준다.
클라이언트의 요청으로 hello 메서드가 실행됨을 알려 준다.
hello 메서드의 출력값 그대로 리턴할 것임을 알려 준다.
스프링 부트의 import 문은 다른 클래스, 패키지, 라이브러리 등을 사용할 때 관련 요소를 가져오는 역할을 해. 따로 설명하지 않더라도 이러한 역할을 한다는 점을 기억해 둬!

앞으로 프로젝트를 진행하면서 더 자세히 설명하겠지만 여기서 작성한 코드는 간단히 알고 넘어가자. 클래스명 위에 적용된 @Controller 애너테이션은 HelloController 클래스가 컨트롤러의 기능을 수행한다는 의미이다. 이 애너테이션이 있어야 스프링 부트 프레임워크가 컨트롤러로 인식한다.

> 자바의 애너테이션annotation이란 자바의 클래스, 메서드, 변수 등에 정보를 부여하여 부가 동작을 할 수 있게 하는 목적으로 사용한다.

hello 메서드에 적용된 @GetMapping("/hello") 애너테이션은 http://localhost:8080/hello URL 요청이 발생하면 hello 메서드가 실행됨을 의미한다. 즉, /hello URL과 hello 메서드를 매핑하는 역할을 한다. 이때 URL명과 메서드명이 동일할 필요는 없다. 즉 /hello URL일 때 메서드명을 hello가 아닌 hello2와 같이 써도 상관없다.

> 여기서 '매핑mapping하다'라는 말은 특정 URL 경로를 서버의 특정 메서드와 연결하는 것을 의미한다.

또한 Get 방식의 URL 요청을 위해 GetMapping을 사용하고 Post 방식의 URL 요청을 위해서는 PostMapping을 사용한다. 그리고 @ResponseBody 애너테이션은 hello 메서드의 출력 결과가 문자열 그 자체임을 나타낸다. hello 메서드는 'Hello World' 문자열을 리턴하므로 결과로 'Hello World' 문자열이 출력된다.

> 나중에 공부하겠지만, 출력 결과는 이처럼 간단한 문자열보다 HTML 파일과 같은 템플릿이 주로 사용된다.

Get 방식과 Post 방식은 어떻게 다를까?

Get과 Post는 HTTP 프로토콜을 사용하여 데이터를 서버로 전송하는 주요 방식이다. 먼저, Get 방식은 데이터를 URL에 노출시켜 요청하며, 주로 서버에서 데이터를 조회하거나 읽기 위한 목적로 사용한다. 반면, Post 방식은 데이터를 숨겨서 요청하므로 로그인 정보와 같은 민감한 데이터를 서버에 제출하거나 저장하는 목적으로 사용한다.

Do it! 실습 로컬 서버 실행하기

앞에서 작성한 HelloController가 브라우저의 요청을 제대로 처리하는지 확인하려면 먼저 로컬 서버를 실행해야 한다.

1. 로컬 서버는 다음과 같은 순서로 실행한다.

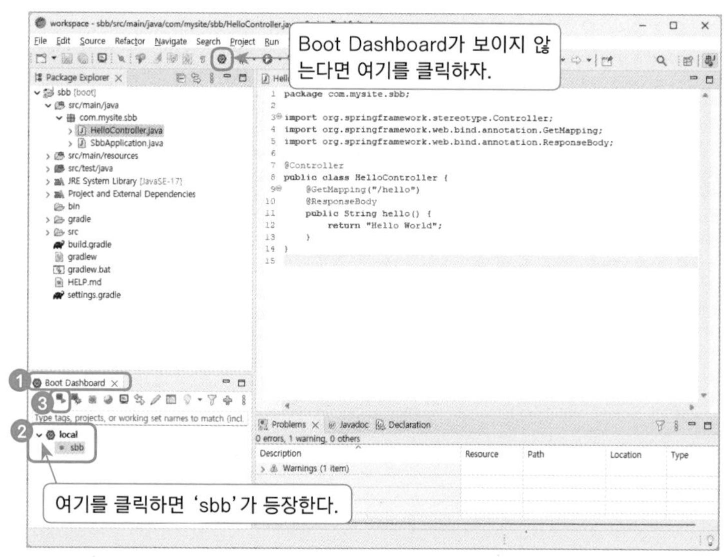

① 화면 왼쪽 하단에 Boot Dashboard가 보이지 않는다면 STS 상단의 툴바에서 [Boot Dashboard] 아이콘을 클릭한다.

② Boot Dashboard에서 'local' 왼쪽에 있는 ⌄을 클릭하면 'sbb'라는 프로젝트명이 보이면 마우스로 선택하자.

③ 'sbb'를 선택하면 로컬 서버를 실행할 수 있는 버튼이 여러 개 활성화 되는데 그중에 가장 왼쪽에 있는 시작 버튼을 클릭해 서버를 실행한다.

이때 액세스 허용을 묻는 창이 나오면 [예]를 선택하고 넘어가자.

2. 순서대로 진행했다면 로컬 서버가 실행되고 STS 콘솔 창에 로컬 서버가 8080 포트로 실행되었다는 메시지가 출력될 것이다.

로컬 서버는 기본값으로 8080 포트에서 실행된다.

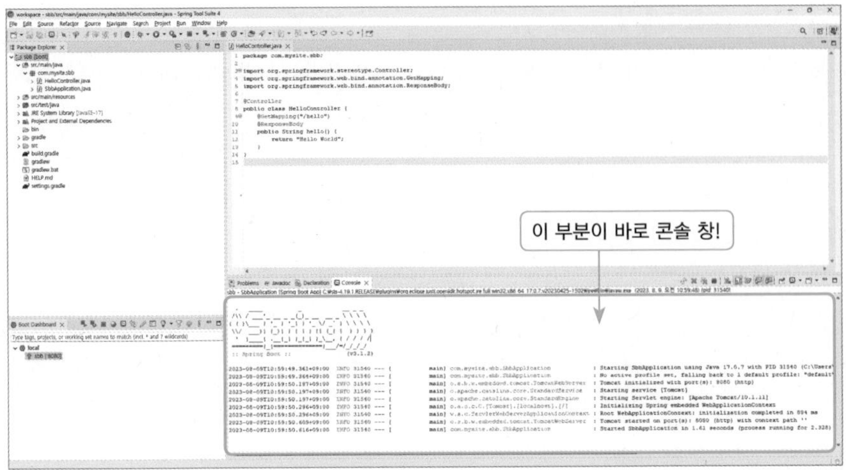

브라우저로 확인하기

로컬 서버를 실행하였으니 이번에는 HelloController가 브라우저의 요청을 처리하는지 확인해 보자. 구글 크롬Google Chrome과 같은 브라우저를 실행하고 주소 창에 http://localhost:8080/hello를 입력해 보자.

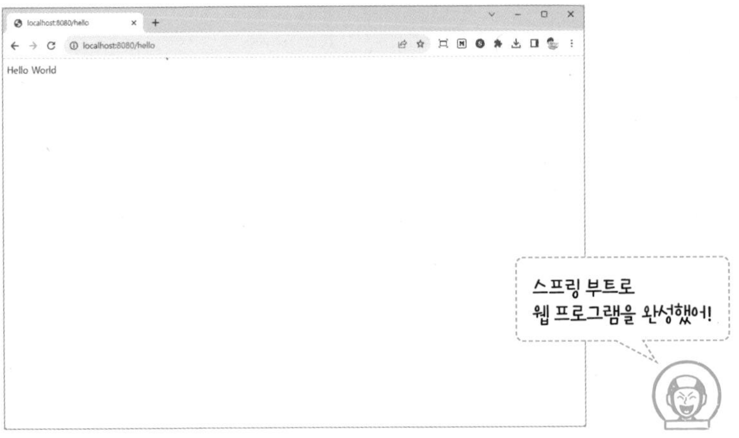

이와 같이 /hello URL이 요청되면 컨트롤러인 HelloController의 /hello URL과 매핑된 hello 메서드가 호출되고 'Hello World' 문자열이 브라우저에 출력되는 것을 확인할 수 있다. 이렇게 우리는 간단하게나마 스프링 부트로 웹 프로그램을 완성해 보았다.

1-04 스프링 부트 도구 설치하기

이번 절에서는 웹 프로그램 개발을 도와주는 스프링 부트의 도구(라이브러리)에 대해 알아보자. 이 도구들이 어디에, 어떻게 쓰이는지 지금은 와닿지 않겠지만, 이 도구들은 앞으로 스프링 부트를 통해 웹 프로그램을 개발할 때 다소 귀찮을 수 있는 작업들을 좀 더 간편하고 빠르게 처리할 수 있도록 도와줄 것이다.

라이브러리[library]는 개발 시 자주 사용하는 코드를 모아 둔 것이라고 할 수 있다.

Do it! 실습 Spring Boot Devtools 설치하기

Spring Boot Devtools 라이브러리를 STS에 추가해 보자. Sping Boot Devtools를 추가하면 서버를 매번 재시작하지 않고도 수정한 내용이 반영된다.

1. 앞에서 작성한 HelloController.java를 다음과 같이 수정해 보자.

• HelloController.java

```
package com.mysite.sbb;

import org.springframework.stereotype.Controller;
import org.springframework.web.bind.annotation.GetMapping;
import org.springframework.web.bind.annotation.ResponseBody;

@Controller
public class HelloController {
    @GetMapping("/hello")
    @ResponseBody
    public String hello() {
        return "Hello SBB ";
    }
}
```

출력하는 문자열을 'Hello World'에서 'Hello SBB'로 변경했다. 하지만 이렇게 수정하고 http://localhost:8080/hello URL을 호출하면 여전히 'Hello World'가 출력된다. 왜냐하면 이와 같이 프로그램이 변경되더라도 별도의 과정 없이는 로컬 서버가 변경된 클래스를 즉시 반영하지 않기 때문이다. 그래서 프로그램을 간단히 수정하더라도 변경된 사항을 확인하기 위해 매번 서버를 재시작해야 하므로 개발 과정이 꽤 번거롭다.

2. 이러한 문제를 해결하려면 Spring Boot Devtools를 설치해야 한다. Spring Boot Devtools를 설치하면 서버를 재시작하지 않아도 클래스를 변경할 때 서버가 자동으로 재가동된다. Spring Boot Devtools를 사용하려면 Spring Boot Devtools를 그레이들Gradle로 설치해야 한다. 다음과 같이 STS 화면 왼쪽에서 build.gradle 파일을 찾아 수정하자.

1-03절에서 STS를 설치할 때 우리는 Gradle-Groovy를 선택했다. Gradle은 자바 프로젝트를 관리하는 빌드 도구로, 더 자세한 내용은 2-01절에서 알아보자.

build.gradle 파일에는 프로젝트를 위해 필요한 플러그인과 라이브러리 등이 기술되어 있다. 이 또한 2-01절에서 더 자세히 알아보자.

• build.gradle

```
plugins {
    id 'java'
    id 'org.springframework.boot' version '3.1.3'
    id 'io.spring.dependency-management' version '1.1.3'
}

group = 'com.mysite'
version = '0.0.1-SNAPSHOT'
sourceCompatibility = '20'

repositories {
    mavenCentral()
}

dependencies {
    implementation 'org.springframework.boot:spring-boot-starter-web'
    testImplementation 'org.springframework.boot:spring-boot-starter-test'
    developmentOnly 'org.springframework.boot:spring-boot-devtools'
}

tasks.named('test') {
    useJUnitPlatform()
}
```

Spring Boot Devtools 추가

해당 라이브러리는 개발 환경에만 적용된다는 의미로, 운영 환경에 배포되는 jar, war 파일에는 이 라이브러리가 포함되지 않는다.

3. build.gradle 파일에 작성한 내용을 적용하려면 build.gradle 파일을 선택한 후 마우스 오른쪽 버튼을 눌러 [Gradle → Refresh Gradle Project]를 클릭하여 필요한 라이브러리를 설치해야 한다.

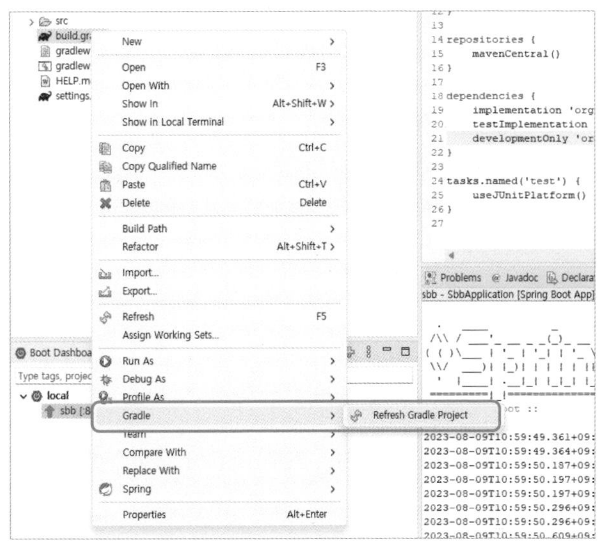

4. 설치가 완료되면 Boot Dashboard의 서버명이 sbb에서 sbb [devtools]로 바뀐다.

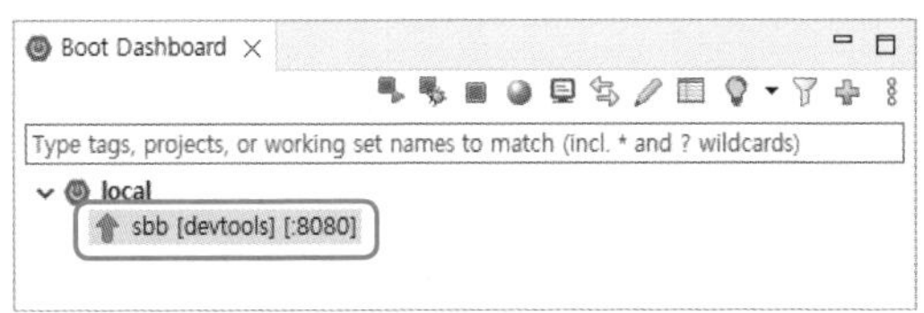

5. 서버를 재시작하자.

이와 같이 표시된 곳을 화면에서 클릭하면 서버가 재시작한다(이때 중지와 시작을 동시에 진행한다.).

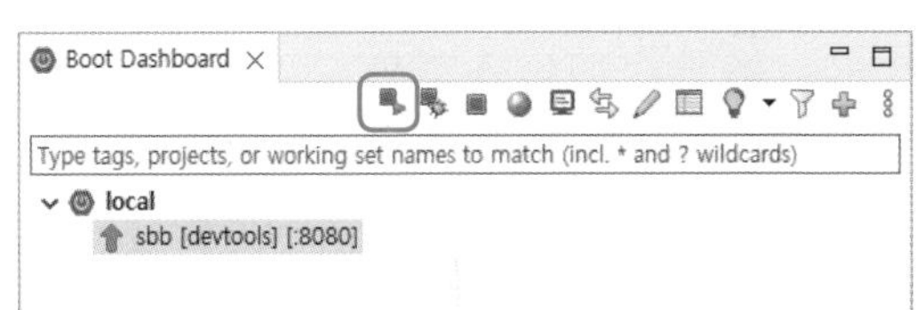

6. 이제 Spring Boot Devtools가 적용되었으니 브라우저에서 다시 http://localhost:8080/hello를 호출해 보자. 서버를 재시작했으므로 'Hello SBB'가 출력된다. 서버 재시작 없이도 변경 사항이 적용되는지 확인하기 위해 출력할 문자열을 다음과 같이 다시 변경해 보자.

• HelloController.java

```
package com.mysite.sbb;

import org.springframework.stereotype.Controller;
import org.springframework.web.bind.annotation.GetMapping;
import org.springframework.web.bind.annotation.ResponseBody;

@Controller
```

```
public class HelloController {
    @GetMapping("/hello")
    @ResponseBody
    public String hello() {
        return "Hello Spring Boot Board";
    }
}
```

7. 수정 사항이 잘 반영되는지 http://localhost:8080/hello을 호출해 확인해 보자. 서버를 재시작하지 않아도 'Hello Spring Boot Board'가 출력된다. 문자열이 잘 출력될 것이다.

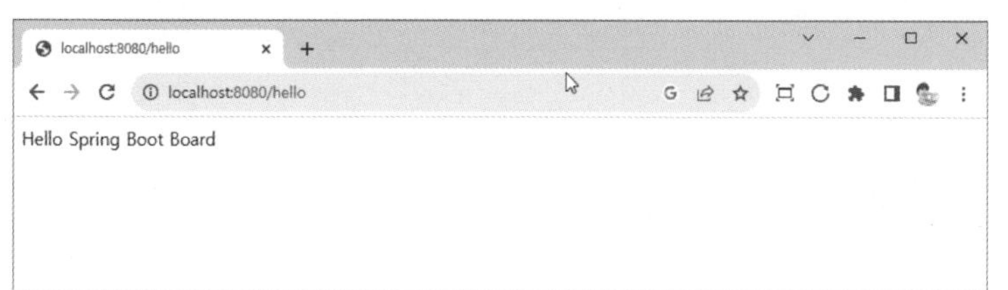

변경된 문자열이 출력되지 않는다면 브라우저를 새로 고침 해 보자.

Do it! 실습 롬복 설치하기

롬복lombok 라이브러리는 소스 코드를 작성할 때 자바 클래스에 애너테이션을 사용하여 자주 쓰는 Getter 메서드, Setter 메서드, 생성자 등을 자동으로 만들어 주는 도구이다.

Getter, Setter 메서드는 자바 클래스의 속성값을 읽거나 저장할 때 사용한다. 이 메서드의 쓰임은 2-04절에서 더 자세히 살펴보자.

이제 SBB 프로그램을 만들면서 게시물과 관련된 데이터를 처리하기 위해 엔티티 클래스나 DTO 클래스 등을 사용해야 하는데 그러기 위해서는 먼저 이 클래스들의 속성값을 읽고 저장하는 Getter, Setter 메서드를 만들어야 한다. 물론 Getter, Setter 메서드를 직접 작성해도 되지만 롬복을 사용하면 좀 더 짧고 깔끔한 소스 코드를 만들 수 있다.

엔티티 클래스는 데이터베이스에 데이터를 저장하고 조회하기 위한 클래스이고 DTO 클래스는 데이터 베이스로 조회한 데이터들을 관리하기 위한 클래스이다. 엔티티에 관한 내용은 2-04절에서, DTO에 관한 내용은 2-09에서 다룰 것이다.

1. 롬복을 사용하려면 먼저 플러그인을 설치해야 한다. 다음 URL에서 롬복 플러그인을 내려받자.

플러그인plug-in이란 응용 프로그램에 추가 기능을 연결하고 확장하는 데 사용하는 소프트웨어 모듈이다.

```
https://projectlombok.org/download
```

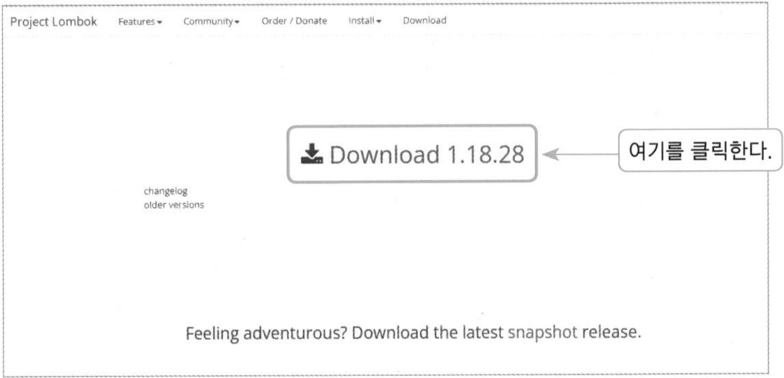

2. 내려받은 lombok.jar 파일을 명령 프롬프트 창에서 다음과 같이 설치하자. lombok.jar 파일이 있는 위치로 이동한 후, 다음 명령을 실행해야 한다. 여기서는 'Downloads' 폴더에 lombok.jar 파일이 있으므로, 다음과 같이 입력했다.

```
java -jar lombok.jar
```

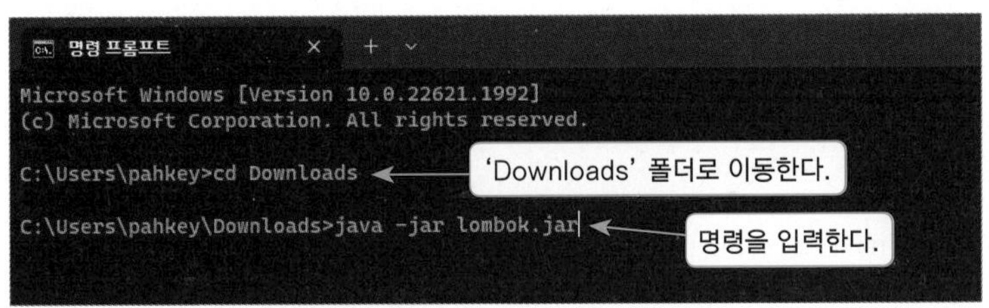

내려받은 lombok.jar 파일을 더블클릭해도 설치할 수 있다.

3. 다음과 같은 설치 창이 등장했다면 [Specify location]을 클릭해 롬복 플러그인을 사용할 IDE인 STS가 설치된 경로를 선택한다(이미 올바른 경로가 선택되어 있다면 이 과정은 생략해도 된다.). 그다음 [Install / Update]를 클릭해 롬복 플러그인을 설치한다.

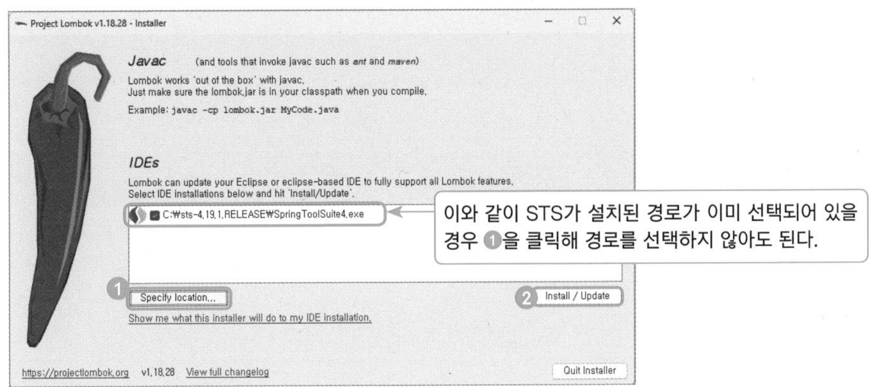

4. 다음과 같이 설치가 성공적으로 완료되었음을 알리는 문구가 뜬다면 [Quit Installer]를 클릭해 설치 프로그램을 종료한다.

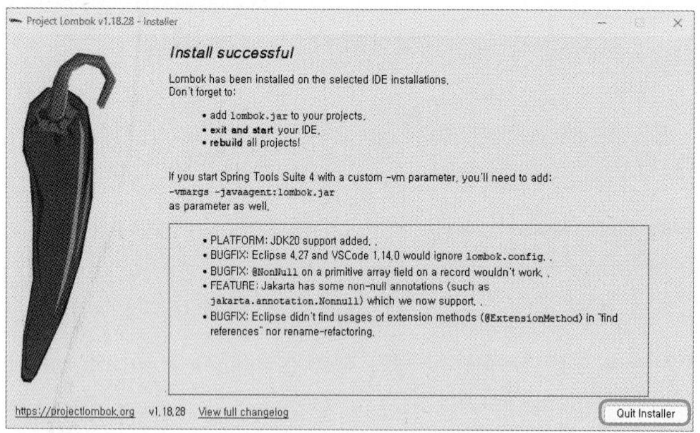

5. 만약 STS가 활성화되어 있다면 종료하고 다시 시작한 후 build.gradle 파일을 다음과 같이 수정하자.

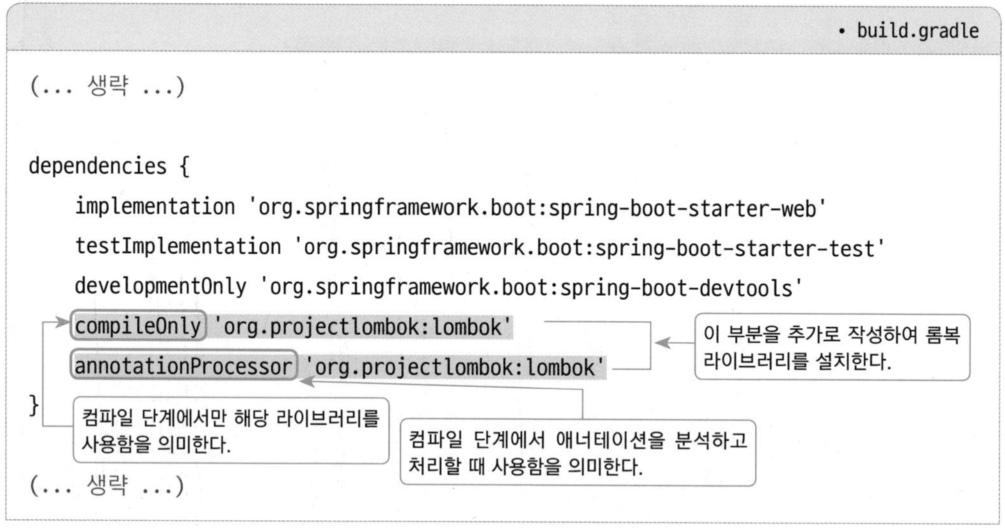

• build.gradle

```
(... 생략 ...)

dependencies {
    implementation 'org.springframework.boot:spring-boot-starter-web'
    testImplementation 'org.springframework.boot:spring-boot-starter-test'
    developmentOnly 'org.springframework.boot:spring-boot-devtools'
    compileOnly 'org.projectlombok:lombok'
    annotationProcessor 'org.projectlombok:lombok'
}

(... 생략 ...)
```


이와 같이 롬복 라이브러리를 설치하고 컴파일할 때 롬복 라이브러리가 적용되도록 코드를 추가했다.

build.gradle 파일을 수정한 후에는 반드시 build.gradle 파일을 선택해 마우스 오른쪽 버튼을 눌러 [Gradle → Refresh Gradle Project]를 클릭해 라이브러리를 설치해야 한다.

롬복으로 Getter, Setter 메서드 만들기

[com.mysite.sbb]에 마우스 오른쪽 버튼을 누르고 [New → Class]를 클릭해 HelloLombok 클래스를 만들어 보자. 그리고 다음과 같이 소스 코드를 작성하여 롬복이 정상적으로 동작하는지 확인해 보자. 다음 코드를 작성했을 때 오류가 없어야 한다.

• HelloLombok.java

```
package com.mysite.sbb;

import lombok.Getter;
import lombok.Setter;

@Getter
@Setter
public class HelloLombok {
    private String hello;
    private int lombok;        ← 클래스의 속성을 추가한다.

    public static void main(String[] args) {
        HelloLombok helloLombok = new HelloLombok();
        helloLombok.setHello("헬로");
        helloLombok.setLombok(5);

        System.out.println(helloLombok.getHello());
        System.out.println(helloLombok.getLombok());
    }
}
```

오류가 발생한다면 [Gradle → Refresh Gradle Project]를 다시 클릭하고 콘솔 창을 통해 라이브러리가 제대로 설치됐는지 확인해 보자.

HelloLombok 클래스에 'hello', 'lombok' 이렇게 2개의 속성을 추가한 후 클래스명 바로 위에 @Getter, @Setter라는 애너테이션을 적용했더니 Getter와 Setter 메서드를 따로 작성하지 않아도 setHello, setLombok, getHello, getLombok 등의 메서드를 사용할 수 있게 되었다. 즉, 롬복을 활용하면 속성에 대한 Setter, Getter 메서드를 별도로 작성하지 않아도 된다.

소스 코드에는 Getter, Setter 메서드가 눈으로 보이지 않지만 컴파일 단계에서 롬복이 대신 생성해 주므로 컴파일된 클래스에는 Getter와 Setter 메서드가 실제로 포함된다.

다음과 같이 Getter, Setter 메서드를 직접 작성한 코드와 비교하며 롬복의 편리함을 느껴 보자. 16줄로 완성했던 코드가 24줄로 표현된다.

Getter, Setter를 직접 작성한 코드

```
package com.mysite.sbb;

public class HelloLombok {
    private String hello;
    private int lombok;

    public void setHello(String hello) {
        this.hello = hello;
    }

    public void setLombok(int lombok) {
        this.lombok = lombok
    }

    public String getHello() {
        return this.hello;
    }

    public int getLombok() {
        return this.lombok;
    }

    public static void main(String[] args) {
        HelloLombok helloLombok = new HelloLombok();
        helloLombok.setHello("헬로");
        helloLombok.setLombok(5);

        System.out.println(helloLombok.getHello());
        System.out.println(helloLombok.getLombok());
    }
}
```

롬복으로 생성자 만들기

이번에는 HelloLombok 클래스를 다음과 같이 수정해 보자.

• HelloLombok.java

```
package com.mysite.sbb;

import lombok.Getter;
import lombok.RequiredArgsConstructor;

@RequiredArgsConstructor
@Getter
public class HelloLombok {
    private final String hello;
    private final int lombok;

    public static void main(String[] args) {
        HelloLombok helloLombok = new HelloLombok("헬로", 5);
        System.out.println(helloLombok.getHello());
        System.out.println(helloLombok.getLombok());
    }
}
```

이와 같이 hello, lombok 속성에 final을 추가하고 @RequiredArgsConstructor 애너테이션을 적용하면 해당 속성(hello와 lombok)을 필요로 하는 생성자가 롬복에 의해 자동으로 생성된다. 즉, 롬복을 활용하면 필요한 생성자를 자동으로 만들어 준다.

final은 뒤에 따라오는 자료형과 변수 등을 변경할 수 없게 만드는 키워드이다. 만약 클래스 속성을 정의한 코드에 final이 없다면 생성자에 포함되지 않는다. 또한 final을 적용하면 속성값을 변경할 수 없기 때문에 @Setter는 의미가 없어지고, Setter 메서드 또한 사용할 수 없다.

@RequiredArgsConstructor 애너테이션은 2장부터 본격적으로 만들어 볼 SBB 프로그램에서 자주 사용하니 꼭 기억해 두자.

다음과 같이 생성자를 직접 작성한 코드와 비교하며 롬복의 편리함을 느껴 보자.

생성자를 직접 작성한 코드

```
package com.mysite.sbb;
import lombok.Getter;
```

```java
@Getter
public class HelloLombok {
    private final String hello;
    private final int lombok;

    public HelloLombok(String hello, int lombok) {
        this.hello = hello;
        this.lombok = lombok;
    }

    public static void main(String[] args) {
        HelloLombok helloLombok = new HelloLombok("헬로", 5);
        System.out.println(helloLombok.getHello());
        System.out.println(helloLombok.getLombok());
    }
}
```

롬복을 사용하지 않는다면 이와 같이 생성자를 직접 작성해야 한다.

1장 • 되/새/김/문/제

포기하지 말고 되새김 문제를 풀면서
실력을 점프해 보세요!

1장 정답 및 풀이: 399~400쪽

Q1 간단한 웹 프로그램 만들기

웹 브라우저에서 http://localhost:8080/jump URL 주소로 접속했을 때, 다음과 같이 '점프 투 스프링 부트' 라는 문자열을 화면에 출력하도록 코드를 작성해 보자. 이때 1-03절과 1-04절에서 작성한 HelloController.java를 활용해 보자.

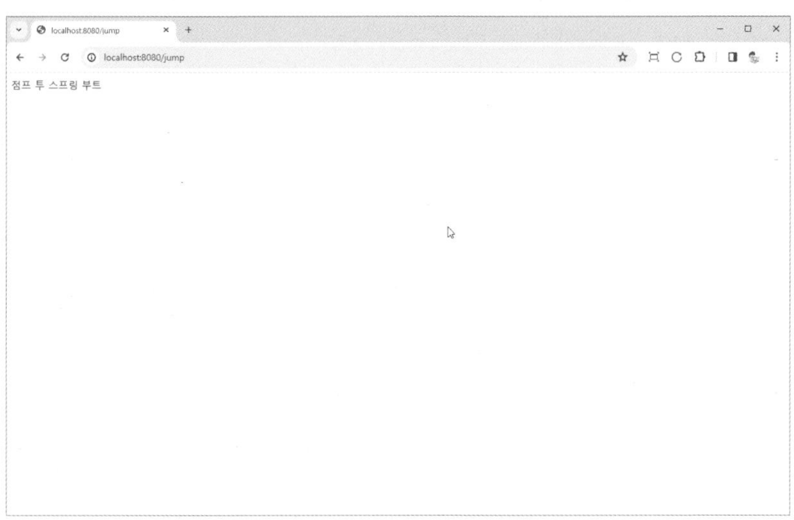

Q2 롬복으로 메서드 만들기

다음은 제목(title)과 저자(author)라는 2개의 속성을 지닌 Book 클래스이다. 이 클래스에는 title, author를 위한 Getter, Setter 메서드가 존재한다. 이와 같이 작성된 Book 클래스에 롬복을 적용하여 코드를 지금보다 간단하게 줄여 보자.

• Book.java

```
package com.mysite.sbb;

public class Book {
    private String title;
    private String author;

    public String getTitle() {
        return title;
    }
    public void setTitle(String title) {
        this.title = title;
    }
    public String getAuthor() {
        return author;
    }
    public void setAuthor(String author) {
        this.author = author;
    }
}
```

02 스프링 부트의 기본 기능 익히기

이 장에서는 스프링 부트 개발을 하는 데 필요한 기본 내용을 모두 다룬다. 여러분이 앞으로 만들어 볼 웹 프로그램인 SBB 게시판 서비스를 완성된 빌딩에 비유한다면, 이 장에서 배우는 스프링 부트의 기본 기능은 기초 공사에 해당한다. 이러한 기초 공사를 탄탄히 하여 안전한 'SBB' 빌딩의 토대를 마련해 보자.

- 컨트롤러를 이용해 URL과 매핑되는 메서드를 관리한다.
- JPA를 이용해 데이터베이스를 제어한다.
- HTML, CSS 등을 활용하여 웹 프로그램을 꾸민다.

2-01
스프링 부트 프로젝트의 구조 이해하기

우리는 1장을 통해 sbb 프로젝트에 HelloController.java와 HelloLombok.java 파일을 생성한 상태다. 자바 파일을 생성하거나 그레이들 파일을 수정하면서 살펴보긴 했지만 지금보다 규모가 더 큰 프로젝트를 만들려면 프로젝트 구조를 자세히 알고 이해해야 한다. 이번 절에서는 스프링 부트 프로젝트의 구조와 파일에 대해서 알아보자. 먼저, STS 화면 왼쪽에 있는 스프링 부트 프로젝트의 전체 구조부터 살펴보자.

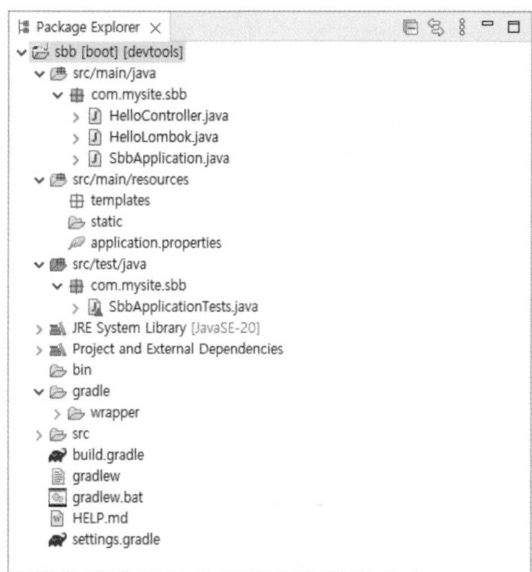

src/main/java 디렉터리 살펴보기

src/main/java 디렉터리는 자바 파일을 저장하는 공간이다.

com.mysite.sbb 패키지

이 패키지는 SBB의 자바 파일을 저장하는 공간이다. HelloController.java와 같은 스프링 부트의 컨트롤러, 폼과 DTO, 데이터베이스 처리를 위한 엔티티, 서비스 등의 자바 파일이 이 곳에 위치한다.

컨트롤러는 URL 요청을 처리하고 폼은 사용자의 입력을 검증한다. DTO, 엔티티, 서비스 파일은 데이터베이스를 처리하기 위해 필요한 파일이다. 이와 관련된 자세한 내용은 모두 2장에서 다룰 예정이니 여기서는 이 정도만 알고 넘어가자.

SbbApplication.java 파일

모든 프로그램에는 프로그램의 시작을 담당하는 파일이 있다. 스프링 부트로 만든 프로그램(스프링 부트 애플리케이션)에도 시작을 담당하는 파일이 있는데 그 파일이 바로 '프로젝트명 + Application.java' 파일이다. 스프링 부트 프로젝트를 생성할 때 프로젝트명으로 'sbb'라는 이름을 입력하면 다음과 같이 SbbApplication.java 파일이 자동으로 생성된다.

• SbbApplication.java

이와 같이 프로젝트명이 앞에 붙는다.

```
package com.mysite.sbb;

import org.springframework.boot.SpringApplication;
import org.springframework.boot.autoconfigure.SpringBootApplication;

@SpringBootApplication
public class SbbApplication {

    public static void main(String[] args) {
        SpringApplication.run(SbbApplication.class, args);
    }
}
```

SbbApplication 클래스에는 반드시 @SpringBootApplication 애너테이션이 적용되어 있어야 한다. @SpringBootApplication 애너테이션을 통해 스프링 부트 애플리케이션을 시작할 수 있다.

src/main/resources 디렉터리 살펴보기

src/main/resources 디렉터리는 자바 파일을 제외한 HTML, CSS, 자바스크립트, 환경 파일 등을 저장하는 공간이다.

환경 파일이란 프로젝트의 설정 정보를 저장하는 파일이다.

HTML, CSS, 자바스크립트란?

웹 개발이 처음이라도 웹 개발의 필수 언어인 HTML, CSS, 자바스크립트라는 용어는 익숙할 것이다. 이를 간단히 소개하면 HTML은 웹 페이지의 기본 구조를 만들 수 있는 마크업 언어다. CSS는 웹 페이지에 옷을 입히는 스타일 시트 언어다. 그리고 자바스크립트는 웹 페이지의 상호 작용과 동작 등을 할 수 있게 만드는 프로그래밍 언어다.

templates 디렉터리

src/main/resources 디렉터리의 하위 디렉터리인 templates에는 템플릿 파일을 저장한다. 템플릿 파일은 자바 코드를 삽입할 수 있는 HTML 형식의 파일로, 스프링 부트에서 생성한 자바 객체를 HTML 형태로 출력할 수 있다. templates에는 SBB 게시판 서비스에 필요한 '질문 목록', '질문 상세' 등의 웹 페이지를 구성하는 HTML 파일을 저장한다.

SBB의 '질문 목록'을 만드는 내용은 2-07절에서 자세히 다룬다. 또한 '질문 상세'를 만드는 내용은 2-10절에서 자세히 다룬다.

static 디렉터리

static 디렉터리에는 sbb 프로젝트의 스타일시트(css 파일), 자바스크립트(js 파일) 그리고 이미지 파일(jpg 파일, png 파일 등) 등을 저장한다.

static 디렉터리는 2-13절의 '스태틱 디렉터리와 스타일시트 이해하기'에서 더 자세히 다룬다.

application.properties 파일

application.properties 파일은 sbb 프로젝트의 환경을 설정한다. sbb 프로젝트의 환경 변수, 데이터베이스 등의 설정을 이 파일에 저장한다.

src/test/java 디렉터리 살펴보기

src/test/java 디렉터리는 sbb 프로젝트에서 작성한 파일을 테스트하는 코드를 저장하는 공간이다. JUnit과 스프링 부트의 테스트 도구를 사용하여 서버를 실행하지 않은 상태에서 src/main/java 디렉터리에 작성한 코드를 테스트할 수 있다.

JUnit은 테스트 코드를 작성하고, 작성한 테스트 코드를 실행할 때 사용하는 자바의 테스트 프레임워크이다.

build.gradle 파일 살펴보기

build.gradle은 그레이들이 사용하는 환경 파일이다. 그레이들은 그루비Groovy를 기반으로 한 빌드 도구로 Ant, Maven과 같은 이전 세대의 단점을 보완하고 장점을 취합하여 만들었다. build.gradle 파일에는 프로젝트에 필요한 플러그인과 라이브러리를 설치하기 위한 내용을 작성한다.

그루비는 그레이들 빌드 스크립트를 작성하는 데 사용하는 스크립트 언어로, 문법이 간결하고 가독성이 높다.

빌드 도구는 소스 코드를 컴파일하고 필요한 라이브러리를 내려받을 때 사용한다. SBB 프로젝트를 완성하면 단 한 개의 jar 파일로 패키징하여 서버에 배포할 수 있는데 이때에도 역시 빌드 도구를 사용한다.

지금까지 설명한 것 외에 나머지 디렉터리와 파일은 프로젝트가 생성되면서 동시에 자동으로 생성되거나 크게 중요하지 않아 여기서는 설명을 생략할게.

2-02
간단한 웹 프로그램 만들기

우리는 1-03절에서 웹 서비스가 어떻게 동작하는지 이해하고, 스프링 부트를 활용하여 웹 프로그램을 간단히 만들어 실행해 보았다. 여기서는 스프링 부트 게시판 즉, SBB를 본격적으로 만들면서 스프링 부트의 기능을 하나씩 익히고 동작 원리에 대해 좀 더 자세히 알아 보자.

먼저, 웹 브라우저에서 http://localhost:8080/sbb 페이지를 요청했을 때 '안녕하세요 sbb에 오신 것을 환영합니다.'라는 문자열을 출력하도록 만들어 보자.

URL 매핑과 컨트롤러 이해하기

1. STS의 왼쪽 하단에 있는 Boot Dashboard에서 시작 버튼을 눌러 로컬 서버를 구동해 보자.

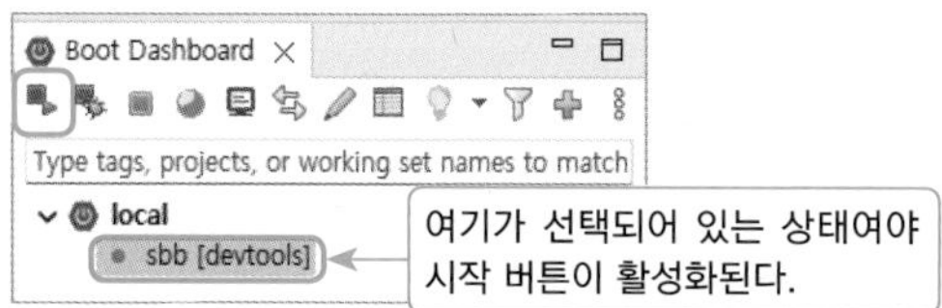

2. 그리고 그냥 한번 다음과 같이 브라우저에서 http://localhost:8080/sbb 페이지를 요청해 보자.

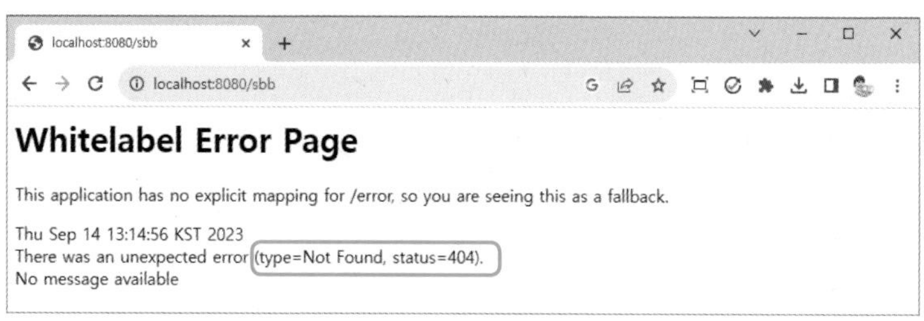

아마 URL을 입력하면 이와 같이 오류를 알리는 화면이 등장할 것이다. 여기서 404는 HTTP 오류 코드 중 하나로, 브라우저가 요청한 페이지를 찾을 수 없다는 의미이다. 즉, 스프링 부트 서버가 http://localhost:8080/sbb라는 요청을 해석할 수 없기 때문에 이와 같은 오류가 발생한 것이다.

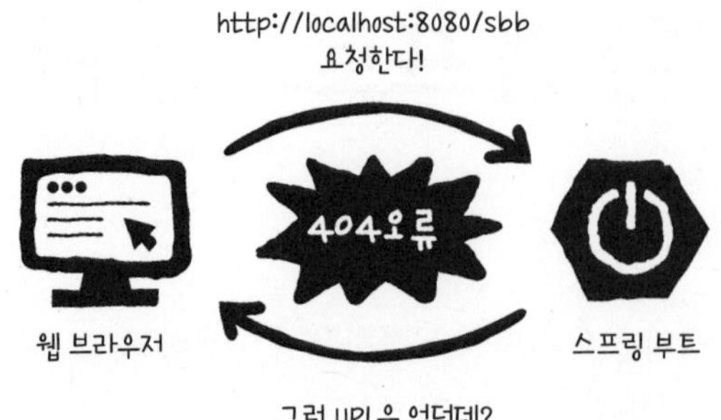

그렇다면 이러한 오류를 해결하기 위해 어떻게 해야 할까? 1-03절에서 잠깐 살펴본 컨트롤러를 작성하여 /sbb URL에 대한 매핑을 추가하면 해결할 수 있다. 브라우저와 같은 클라이언트의 페이지 요청이 발생하면 스프링 부트는 가장 먼저 컨트롤러에 등록된 URL 매핑을 찾고, 해당 URL 매핑을 발견하면 URL 매핑과 연결된 메서드를 실행한다.

URL 매핑이란 URL과 컨트롤러의 메서드를 일대일로 연결하는 것을 말한다. 컨트롤러의 메서드에 @GetMapping 또는 @PostMapping과 같은 애너테이션을 적용하면 해당 URL과 메서드가 연결된다.

Do it! 실습 컨트롤러 만들어서 URL 매핑하기

웹 브라우저와 같은 클라이언트의 요청이 발생하면 서버 역할을 하는 스프링 부트가 응답해야 한다. 그러기 위해서는 URL이 스프링 부트에 매핑되어 있어야 하고 이를 위해서는 먼저 컨트롤러를 만들어야 한다.

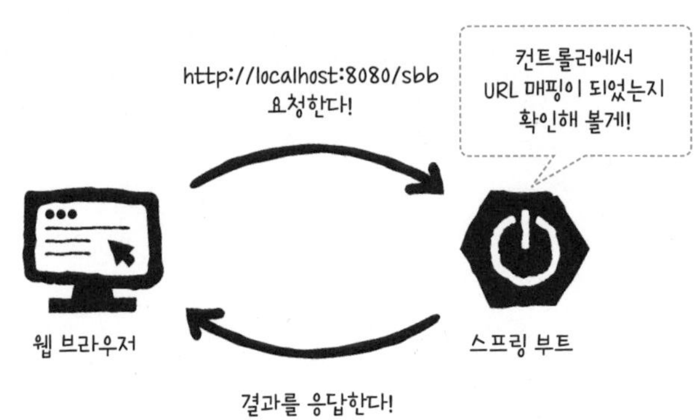

1. 컨트롤러를 작성하여 URL 매핑을 추가하기 위해 다음과 같이 src/main/java 디렉터리의 com.mysite.sbb 패키지에 MainController.java 파일을 작성해 보자.

자바 파일을 만드는 법을 잊었다면 1-03절로 돌아가 살펴보고 오자.

• MainController.java

```
package com.mysite.sbb;

import org.springframework.stereotype.Controller;
import org.springframework.web.bind.annotation.GetMapping;

@Controller
public class MainController {
    @GetMapping("/sbb")
    public void index() {
        System.out.println("index");
    }
}
```

MainController 클래스에 @Controller 애너테이션을 적용하면 MainController 클래스는 스프링 부트의 컨트롤러가 된다. 그리고 index 메서드의 @GetMapping 애너테이션은 요청된 URL(/sbb)과의 매핑을 담당한다. 브라우저가 URL을 요청하면 스프링 부트는 요청 페이지와 매핑되는 메서드를 찾아 실행한다.

정리하자면, 스프링 부트는 웹 브라우저로부터 http://localhost:8080/sbb 요청이 발생하면 /sbb URL과 매핑되는 index 메서드를 MainController 클래스에서 찾아 실행한다.

@GetMapping에는 http://localhost:8080과 같은 도메인명과 포트는 적지 않는다. 도메인명과 포트는 서버 설정에 따라 변하기 때문이다. 서버와 관련해서는 4장에서 더 자세히 다루므로 여기서는 이 정도만 알고 넘어가자.

2. 다시 http://localhost:8080/sbb URL을 호출해 보자.

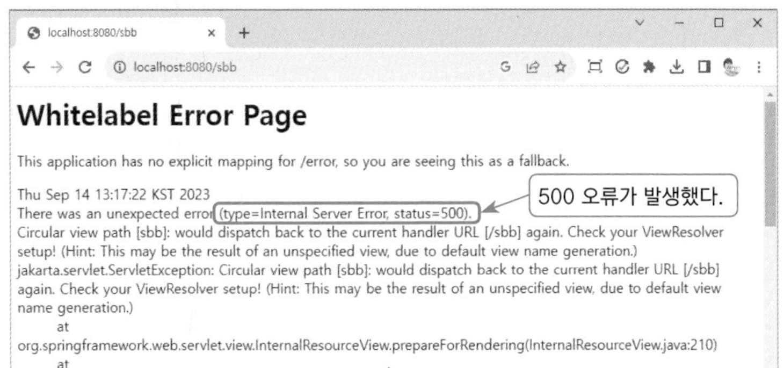

이번에도 오류가 발생한다. 하지만 404가 아닌 500 오류 코드로 바뀐 것을 확인할 수 있다. 브라우저가 http://localhost:8080/sbb 요청했을 때 MainController 클래스의 index 메서드가 호출되긴 했지만 오류가 발생한 것이다. 원래 URL과 매핑된 메서드는 결괏값을 리턴해야 하는데 아무 값도 리턴하지 않아 이와 같은 오류가 발생한 것이다. 즉, 오류를 해결하려면 클라이언트(브라우저)로 응답을 리턴해야 한다.

콘솔 로그를 보면 index 메서드에서 실행한 System.out.println("index");가 실행되어 'index'라는 문자열이 출력된 것을 확인할 수 있다. 따라서 index 메서드가 호출되었음을 알 수 있다.

```
2023-09-16T14:55:09.168+09:00  INFO 10192 --- [nio-8080-exec-1] o.a.c.c.C.[Tomcat].[localhost].[/]       : Initializing Spring Dispatcher
2023-09-16T14:55:09.169+09:00  INFO 10192 --- [nio-8080-exec-1] o.s.web.servlet.DispatcherServlet        : Initializing Servlet 'dispatch
2023-09-16T14:55:09.170+09:00  INFO 10192 --- [nio-8080-exec-1] o.s.web.servlet.DispatcherServlet        : Completed initialization in 1 r
index
2023-09-16T14:55:09.229+09:00 ERROR 10192 --- [nio-8080-exec-1] o.a.c.c.C.[.[.[/].[dispatcherServlet]    : Servlet.service() for servlet

jakarta.servlet.ServletException: Circular view path [sbb]: would dispatch back to the current handler URL [/sbb] again. Check your ViewR
	at org.springframework.web.servlet.view.InternalResourceView.prepareForRendering(InternalResourceView.java:210) ~[spring-webmvc-6.
	at org.springframework.web.servlet.view.InternalResourceView.renderMergedOutputModel(InternalResourceView.java:148) ~[spring-webm
	at org.springframework.web.servlet.view.AbstractView.render(AbstractView.java:314) ~[spring-webmvc-6.0.11.jar:6.0.11]
	at org.springframework.web.servlet.DispatcherServlet.render(DispatcherServlet.java:1415) ~[spring-webmvc-6.0.11.jar:6.0.11]
	at org.springframework.web.servlet.DispatcherServlet.processDispatchResult(DispatcherServlet.java:1159) ~[spring-webmvc-6.0.11.ja
	at org.springframework.web.servlet.DispatcherServlet.doDispatch(DispatcherServlet.java:1098) ~[spring-webmvc-6.0.11.jar:6.0.11]
	at org.springframework.web.servlet.DispatcherServlet.doService(DispatcherServlet.java:974) ~[spring-webmvc-6.0.11.jar:6.0.11]
	at org.springframework.web.servlet.FrameworkServlet.processRequest(FrameworkServlet.java:1011) ~[spring-webmvc-6.0.11.jar:6.0.11]
	at org.springframework.web.servlet.FrameworkServlet.doGet(FrameworkServlet.java:903) ~[spring-webmvc-6.0.11.jar:6.0.11]
	at jakarta.servlet.http.HttpServlet.service(HttpServlet.java:564) ~[tomcat-embed-core-10.1.12.jar:6.0]
	at org.springframework.web.servlet.FrameworkServlet.service(FrameworkServlet.java:885) ~[spring-webmvc-6.0.11.jar:6.0.11]
	at jakarta.servlet.http.HttpServlet.service(HttpServlet.java:658) ~[tomcat-embed-core-10.1.12.jar:6.0]
	at org.apache.catalina.core.ApplicationFilterChain.internalDoFilter(ApplicationFilterChain.java:205) ~[tomcat-embed-core-10.1.12.
	at org.apache.catalina.core.ApplicationFilterChain.doFilter(ApplicationFilterChain.java:149) ~[tomcat-embed-core-10.1.12.jar:10.1
	at org.apache.tomcat.websocket.server.WsFilter.doFilter(WsFilter.java:51) ~[tomcat-embed-websocket-10.1.12.jar:10.1.12]
	at org.apache.catalina.core.ApplicationFilterChain.internalDoFilter(ApplicationFilterChain.java:174) ~[tomcat-embed-core-10.1.12.
	at org.apache.catalina.core.ApplicationFilterChain.doFilter(ApplicationFilterChain.java:149) ~[tomcat-embed-core-10.1.12.jar:10.1
	at org.springframework.web.filter.RequestContextFilter.doFilterInternal(RequestContextFilter.java:100) ~[spring-web-6.0.11.jar:6.
	at org.springframework.web.filter.OncePerRequestFilter.doFilter(OncePerRequestFilter.java:116) ~[spring-web-6.0.11.jar:6.0.11]
	at org.apache.catalina.core.ApplicationFilterChain.internalDoFilter(ApplicationFilterChain.java:174) ~[tomcat-embed-core-10.1.12.
```

3. 다음과 같이 MainController.java를 수정해 보자.

• MainController.java

```java
package com.mysite.sbb;

import org.springframework.stereotype.Controller;
import org.springframework.web.bind.annotation.GetMapping;
import org.springframework.web.bind.annotation.ResponseBody;

@Controller
public class MainController {

    @GetMapping("/sbb")
    @ResponseBody
    public String index() {
        return "index";
    }
}
```

응답으로 'index'라는 문자열을 브라우저에 출력하기 위해 index 메서드의 리턴 자료형을 String으로 변경하고 문자열 'index'를 리턴했다. 여기서 @ResponseBody 애너테이션은 URL 요청에 대한 응답으로 문자열을 리턴하라는 의미로 쓰였다.

만약 @ResponseBody 애너테이션을 생략한다면 스프링 부트는 'index' 라는 문자열을 리턴하는 대신 index라는 이름의 템플릿 파일을 찾게 된다. 템플릿 파일에 관한 내용은 2-07절에서 더 자세히 알아본다.

4. 오류가 해결되었는지 웹 브라우저에서 http://localhost:8080/sbb URL을 호출해 다음과 같은 화면이 등장하는지 확인해 보자.

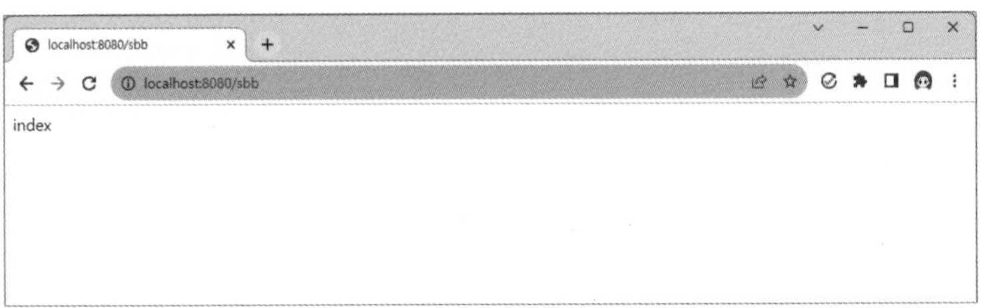

5. 이번에는 MainController.java를 수정하여 문자열 'index' 대신 '안녕하세요 sbb에 오신 것을 환영합니다.'를 출력해 보자.

• MainController.java

```
package com.mysite.sbb;

import org.springframework.stereotype.Controller;
import org.springframework.web.bind.annotation.GetMapping;
import org.springframework.web.bind.annotation.ResponseBody;

@Controller
public class MainController {

    @GetMapping("/sbb")
    @ResponseBody
    public String index() {
        return "안녕하세요 sbb에 오신 것을 환영합니다.";
    }
}
```

6. 그리고 브라우저에서 변경한 문자열이 잘 출력되었는지 확인해 보자.

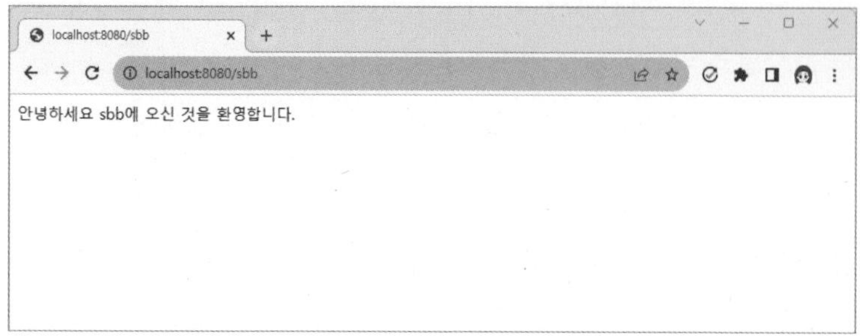

STS의 Spring Boot Devtools에 의해 서버를 재시작하지 않고 브라우저만 새로 고침하여 문자열이 제대로 출력되는지 확인할 수 있다.

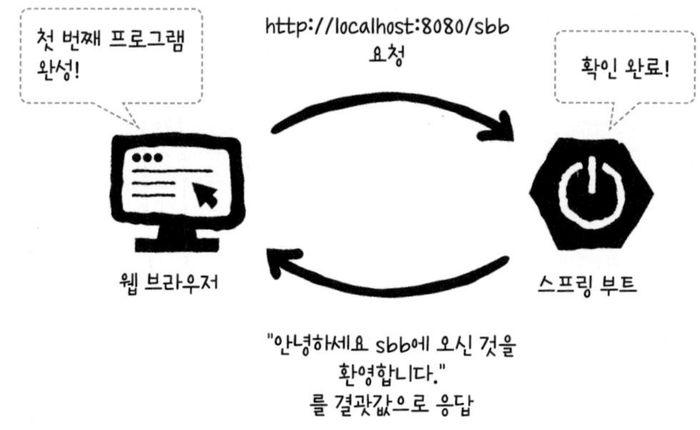

2-03
JPA로 데이터베이스 사용하기

우리가 만들어 볼 SBB는 방문자들이 질문과 답변을 남길 수 있는 게시판 서비스이다. SBB 게시판의 사용자가 질문이나 답변을 작성하면 데이터가 생성되는데, 이러한 데이터를 관리하려면 저장, 조회, 수정하는 등의 기능을 구현해야 한다. 우리가 만들 SBB뿐만 아니라 대부분의 웹 서비스들은 생성되는 데이터를 관리하고 처리하기 위해 데이터베이스를 사용한다. 데이터베이스database, DB는 데이터를 모으고 관리하는 저장소라고 할 수 있다.

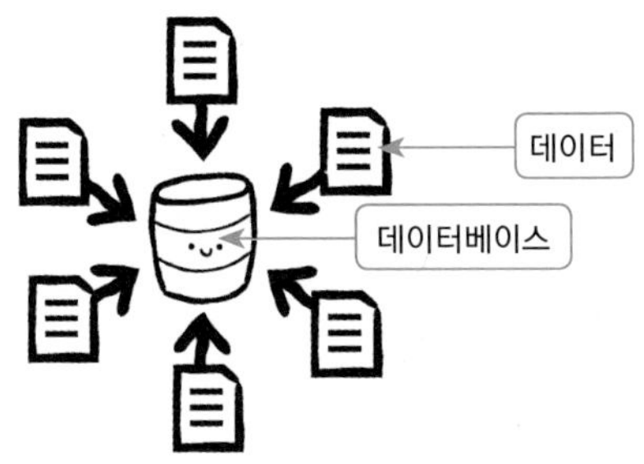

여기서 문제는 데이터베이스를 관리하려면 SQLStructured Query Language이라는 언어를 사용해야 한다는 점이다. 스프링 부트와 달리 데이터베이스는 자바를 이해하지 못한다. 하지만 ORMObject Relational Mapping이라는 도구를 사용하면 자바 문법으로도 데이터베이스를 다룰 수 있다. 즉, ORM을 이용하면 개발자는 SQL을 직접 작성하지 않아도 데이터베이스의 데이터를 처리할 수 있다.

ORM과 JPA 이해하기

ORM이란?

먼저, ORM에 대해 알아보자. 앞서 ORM은 SQL을 사용하지 않고 데이터베이스를 관리할 수 있는 도구라고 설명했다. ORM은 데이터베이스의 테이블을 자바 클래스로 만들어 관리할 수 있다. SQL의 쿼리query문과 ORM 코드(즉, 자바로 작성된 코드)를 비교하며 ORM을 좀 더 이해해 보자. 다음과 같은 'question'이란 이름의 테이블에 데이터를 입력한다고 가정해 보자. 그리고 question 테이블에는 id, subject, content라는 열이 있다고 가정하자.

id	subject	content
1	안녕하세요	가입 인사드립니다 ^^
2	질문 있습니다	ORM이 궁금합니다
...	...	...

이렇게 question 테이블에 데이터를 저장하려면 SQL 쿼리문을 다음과 같이 작성한다.

SQL 쿼리문이란 데이터베이스에 데이터를 저장, 조회, 수정, 삭제 등을 하기 위해 작성하는 명령문이다.

```
insert into question (id, subject, content) values (1, '안녕하세요', '가입 인사드립니다 ^^');
insert into question (id, subject, content) values (2, '질문 있습니다', 'ORM이 궁금합니다');
```

하지만 ORM을 사용하면 이러한 쿼리문 대신 자바 코드로 다음처럼 작성할 수 있다.

자바 클래스이자 엔티티

```
Question q1 = new Question();
q1.setId(1);
q1.setSubject("안녕하세요");
q1.setContent("가입 인사드립니다 ^^");
this.questionRepository.save(q1);

Question q2 = new Question();
q2.setId(2);
q2.setSubject("질문 있습니다");
q2.setContent("ORM이 궁금합니다");
this.questionRepository.save(q2);
```

이 코드를 작성할 필요는 없어! 눈으로만 확인하자.

이와 같이 SQL의 쿼리문과 ORM 코드를 단순히 비교해 보면 ORM 코드의 양이 더 많아 보이지만 별도의 SQL 문법을 배우지 않아도 데이터베이스를 사용할 수 있기 때문에 매우 편리하다. ORM 코드를 간단히 살펴보면 Question은 자바 클래스이며, 이처럼 데이터를 관리하는 데 사용하는 ORM의 자바 클래스를 엔티티entity라고 한다. 엔티티는 데이터베이스의 테이블과 매핑되는 자바 클래스를 말한다.

엔티티는 2-04절에서 더 자세히 살펴보자.

ORM의 장점을 더 알아보자

ORM을 이용하면 MySQL, 오라클 DB, MS SQL과 같은 DBMS의 종류에 관계 없이 일관된 자바 코드를 사용할 수 있어서 프로그램을 유지·보수하기가 편리하다. 또한 코드 내부에서 안정적인 SQL 쿼리문을 자동으로 생성해 주므로 개발자가 달라도 통일된 쿼리문을 작성할 수 있고, 오류 발생률도 줄일 수 있다.

DBMS란?

DBMS(database management system)란 데이터베이스를 관리하는 소프트웨어이다. DB와 DBMS를 구분하지 않고 사용하는 경우가 많은데 엄밀히 말해 DB는 데이터를 담은 통이라 할 수 있고, DBMS는 이 통을 관리하는 소프트웨어이다.

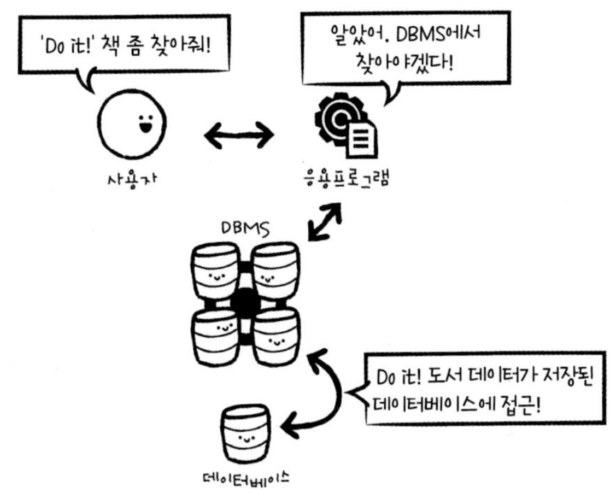

JPA란?

스프링 부트는 JPA(Java Persistence API)를 사용하여 데이터베이스를 관리한다. 스프링 부트는 JPA를 ORM의 기술 표준으로 사용한다. JPA는 인터페이스 모음이므로 이 인터페이스를 구현한 실제 클래스가 필요하다. JPA를 구현한 실제 클래스에는 대표적으로 하이버네이트(Hibernate)가 있다. 정리하자면, 하이버네이트는 JPA의 인터페이스를 구현한 실제 클래스이자 자바의 ORM 프레임워크로 스프링 부트에서 데이터베이스를 관리하기 쉽게 도와준다. 우리가 계속 만들어 갈 SBB도 JPA와 하이버네이트 조합으로 데이터베이스를 관리한다.

인터페이스(interface)란 클래스가 구현해야 하는 메서드 목록을 정의한 틀이다.

Do it! 실습 H2 데이터베이스 설치하기

JPA를 사용해 데이터를 관리하기 위해 먼저 데이터베이스를 설치해 보자. 여기서는 MySQL, 오라클 DB, MS SQL 등의 굵직한 DBMS보다 설치하기도 쉽고 사용하기도 편리한 H2 데이터베이스를 사용해 보자. H2 데이터베이스는 주로 개발 환경에서 사용하는 자바 기반의 경량 DBMS이다. 개발 시에는 H2 데이터베이스를 사용하여 빠르게 개발하고 실제 운영 시스템에는 좀 더 규모 있는 DBMS(앞서 언급한 MySQL, 오라클 DB, MS SQL 등)를 사용하는 것이 일반적이다.

1. build.gradle 파일에 다음과 같이 입력해 H2 데이터베이스를 설치해 보자.

• build.gradle

```
dependencies {
  implementation 'org.springframework.boot:spring-boot-starter-web'
  testImplementation 'org.springframework.boot:spring-boot-starter-test'
  developmentOnly 'org.springframework.boot:spring-boot-devtools'
  compileOnly 'org.projectlombok:lombok'
  annotationProcessor 'org.projectlombok:lombok'
  runtimeOnly 'com.h2database:h2'
}

(... 생략 ...)
```

해당 라이브러리가 런타임 시에만 사용됨을 의미한다.

그다음 build.gradle 파일을 선택한 후 마우스 오른쪽 버튼을 눌러 [Gradle → Refresh Gradle Project]를 클릭하여 필요한 라이브러리를 설치하자.

이 과정이 잘 생각이 나지 않는다면 1-04절에서 다시 한번 익히고 돌아오자.

2. 설치한 H2 데이터베이스를 사용하려면 src/main/resources 디렉터리의 application.properties 파일에 새로운 설정을 추가해야 한다. 다음과 같이 application.properties 파일을 작성해 보자.

파일을 열었을 때 application.properties 파일에는 아무런 내용이 없을 것이다.

• application.properties

```
# DATABASE
spring.h2.console.enabled=true
spring.h2.console.path=/h2-console
spring.datasource.url=jdbc:h2:~/local
```

```
spring.datasource.driverClassName=org.h2.Driver
spring.datasource.username=sa
spring.datasource.password=
```

작성한 설정 항목들을 하나하나 살펴보자.

- **spring.h2.console.enabled**: H2 콘솔에 접속할 것인지를 묻는 항목이다. 여기서는 true로 설정한다. H2 콘솔은 H2 데이터베이스를 웹 UI로 보여 준다.
- **spring.h2.console.path**: H2 콘솔로 접속하기 위한 URL 경로이다.
- **spring.datasource.url**: 데이터베이스에 접속하기 위한 경로이다.
- **spring.datasource.driverClassName**: 데이터베이스에 접속할 때 사용하는 드라이버 클래스명이다.
- **spring.datasource.username**: 데이터베이스의 사용자명이다(사용자명으로 기본값인 sa로 설정한다.).
- **spring.datasource.password**: 데이터베이스의 비밀번호이다(여기서는 로컬에서 개발 용도로만 사용하므로 비밀번호를 설정하지 않고 비워 두었다.).

3. spring.datasource.url에 설정한 경로에 해당하는 데이터베이스 파일을 만들어야 한다. 여기서는 spring.datasource.url을 jdbc:h2:~/local로 설정했으므로 사용자의 홈 디렉터리(코드에서 ~에 해당하는 경로) 아래에 H2 데이터베이스 파일로 local.mv.db라는 파일을 생성해야 한다.

이 파일을 생성하기 위해 다음과 같이 명령 프롬프트를 실행해 보자. 사용자의 홈 디렉터리(여기서는 C:₩Users₩(사용자명))에 copy con local.mv.db 명령을 입력한 후 Ctrl+Z 키를 누른 뒤, 이어서 Enter 키를 눌러 파일을 생성해 보자. 이때 파일은 아무 내용이 없는 빈 파일로 생성된다.

윈도우 검색창에서 '명령 프롬프트'를 검색하거나 ⊞+R키를 입력하여 실행 창을 연 후 'cmd'를 입력하여 실행할 수 있다.

4. 그러면 홈 디렉터리에 다음과 같이 새로 만들어진 local.mv.db 파일을 확인할 수 있다.

만약 예를 들어 jdbc:h2:~/test라고 설정했다면 test.mv.db라는 파일을 생성해야 한다. 그리고 local.mv.db 파일을 새로 만들 때 파일명 뒤에 txt 확장자가 붙으면 오류가 발생하므로 반드시 파일명에 주의해야 한다.

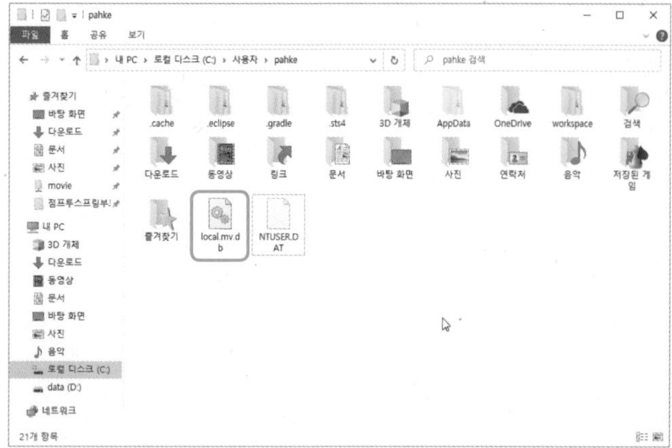

macOS 환경이라면 사용자의 홈 디렉터리는 /Users/(사용자명)이다. 여기에 local.mv.db 파일을 생성한다. 예를 들면, pahkey@mymac ~ % touch local.mv.db와 같이 생성한다.

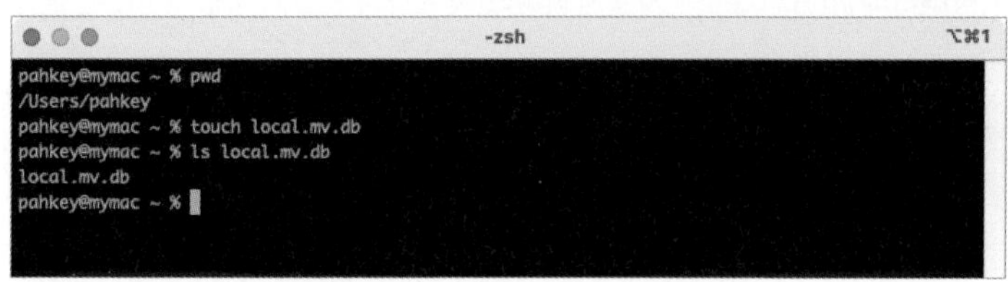

5. 여기까지 따라왔다면 이제 H2 콘솔을 통해 데이터베이스에 접속할 수 있다. 로컬 서버를 다시 시작한 후 브라우저에서 다음 URL 주소로 H2 콘솔에 접속해 보자.

```
http://localhost:8080/h2-console
```

6. 그러면 다음과 같은 H2 콘솔 화면을 확인할 수 있다. 이때 한국어를 지원하므로 이와 같이 언어 설정을 '한국어'로 설정할 수 있다.

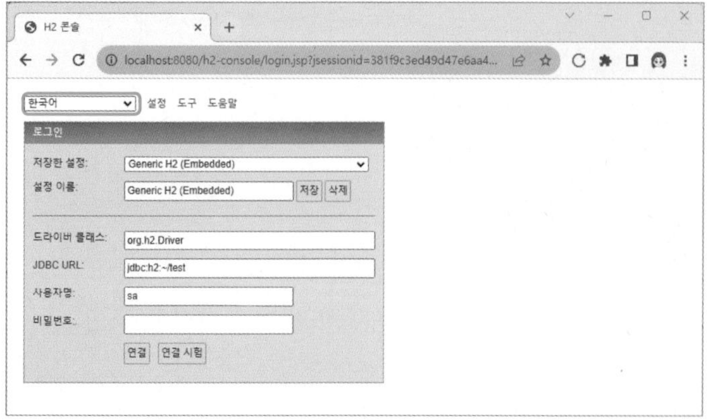

7. 콘솔 화면에서 JDBC URL 경로를 application.properties 파일에 설정한 데이터베이스 연결 주소인 jdbc:h2:~/local로 변경하고 [연결] 버튼을 클릭해 보자.

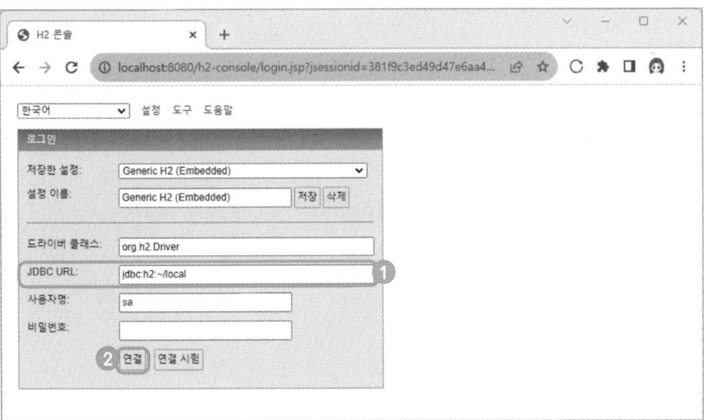

JDBC는 Java Database Connectivity의 줄임말로, 자바 프로그램에서 데이터베이스와 상호 작용을 하는 자바 API 기술이다. JDBC는 자바 프로그램과 DB를 연결하여 데이터베이스 작업을 수행할 수 있다.

8. 다음과 같이 접속된 화면을 볼 수 있다.

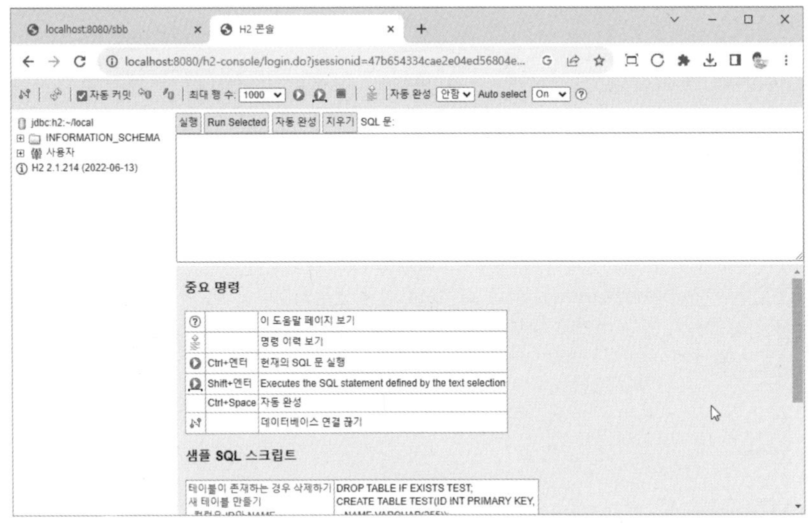

Do it! 실습 JPA 환경 설정하기

H2 데이터베이스를 사용할 준비가 완료되었다. 이제 자바 프로그램에서 H2 데이터베이스를 사용할 수 있게 해야 한다. 자바 프로그램에서 데이터베이스에 데이터를 저장하거나 조회하려면 JPA를 사용해야 한다. 하지만 JPA를 사용하려면 먼저 준비 작업이 필요하다.

1. 다음처럼 build.gradle 파일을 수정해 보자.

• build.gradle

```
(... 생략 ...)

dependencies {
    implementation 'org.springframework.boot:spring-boot-starter-web'
    testImplementation 'org.springframework.boot:spring-boot-starter-test'
    developmentOnly 'org.springframework.boot:spring-boot-devtools'
    compileOnly 'org.projectlombok:lombok'
    annotationProcessor 'org.projectlombok:lombok'
    runtimeOnly 'com.h2database:h2'
    implementation 'org.springframework.boot:spring-boot-starter-data-jpa'
}

(... 생략 ...)
```

이전과 마찬가지로 build.gradle 파일을 선택한 후 마우스 오른쪽 버튼을 눌러 [Gradle → Refresh Gradle Project]를 클릭하여 변경 사항을 적용하면 JPA 라이브러리가 설치된다.

implementation이란?

build.gradle 파일에서 작성한 implemetation은 필요한 라이브러리 설치를 위해 가장 일반적으로 사용하는 설정이다. implemetation은 해당 라이브러리가 변경되더라도 이 라이브러리와 연관된 모든 모듈을 컴파일하지 않고 변경된 내용과 관련이 있는 모듈만 컴파일하므로 프로젝트를 리빌드rebuild하는 속도가 빠르다.

2. JPA 설정을 위해 이번에는 application.properties 파일을 다음과 같이 수정해 보자.

• application.properties

```
# DATABASE
spring.h2.console.enabled=true
spring.h2.console.path=/h2-console
spring.datasource.url=jdbc:h2:~/local
spring.datasource.driverClassName=org.h2.Driver
```

```
spring.datasource.username=sa
spring.datasource.password=

# JPA
spring.jpa.properties.hibernate.dialect=org.hibernate.dialect.H2Dialect
spring.jpa.hibernate.ddl-auto=update
```


추가한 설정 항목을 살펴보자.

- **spring.jpa.properties.hibernate.dialect**: 스프링 부트와 하이버네이트를 함께 사용할 때 필요한 설정 항목이다. 표준 SQL이 아닌 하이버네이트만의 SQL을 사용할 때 필요한 항목으로 하이버네이트의 org.hibernate.dialect.H2Dialect 클래스를 설정했다.
- **spring.jpa.hibernate.ddl-auto**: 엔티티를 기준으로 데이터의 테이블을 생성하는 규칙을 설정한다.

spring.jpa.hibernate.ddl-auto의 규칙을 더 알아보자.

우리는 spring.jpa.hibernate.ddl-auto를 update로 설정했다. 또 어떤 설정값이 있는지 간단히 알아보자.

- none: 엔티티가 변경되더라도 데이터베이스를 변경하지 않는다.
- update: 엔티티의 변경된 부분만 데이터베이스에 적용한다.
- validate: 엔티티와 테이블 간에 차이점이 있는지 검사만 한다.
- create: 스프링 부트 서버를 시작할 때 테이블을 모두 삭제한 후 다시 생성한다.
- create-drop : create와 동일하지만 스프링 부트 서버를 종료할 때에도 테이블을 모두 삭제한다.

개발 환경에서는 보통 update 모드를 사용하고, 운영 환경에서는 none 또는 validate를 주로 사용한다.

2-04 엔티티로 테이블 매핑하기

앞서 JPA로 H2 데이터베이스를 사용할 준비를 마쳤다. JPA를 사용하려면 반드시 엔티티를 이해해야 한다. 그전에 데이터베이스의 구성 요소를 잠시 살펴보고 이어 엔티티에 대해 알아보자.

데이터베이스 구성 요소 살펴보기

이 책의 목적이 SQL이나 DBMS를 공부하기 위한 것은 아니므로 앞으로 학습하는데 데이터베이스 관련 용어가 친숙해지도록 간단히 내용을 알고 넘어가자.

우리가 관리할 데이터베이스는 기본적으로 2차원 표 형태로 저장하고 관리한다. 표 형태의 데이터 저장 공간을 테이블table이라고 하는데, 테이블은 가로줄과 세로줄 형태로 구성되어 있다. 이때 가로줄을 행row, 로, 세로줄을 열column, 컬럼이라고 한다.

또한 데이터베이스에서 중요한 용어 중 하나가 바로 기본키primary key이다. 기본키는 테이블의 데이터가 중복되어 저장되지 않게 한다. 어떤 열을 기본키로 설정하면 해당 열에는 동일한 값을 저장하지 못한다.

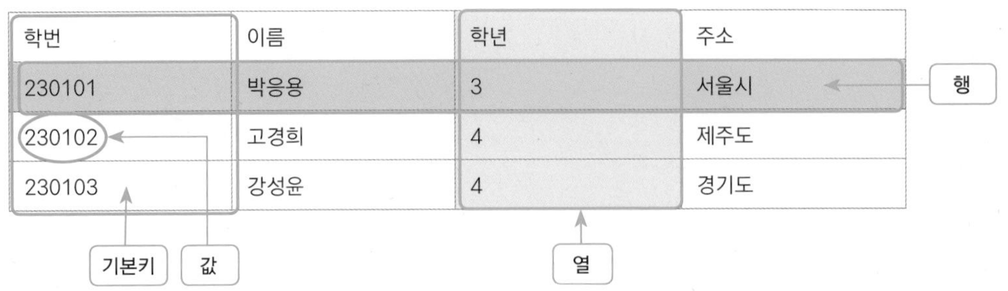

학번	이름	학년	주소
230101	박응용	3	서울시
230102	고경희	4	제주도
230103	강성윤	4	경기도

엔티티 속성 구성하기

이제 SBB에서 사용할 엔티티entity를 만들어 보며 개념을 이해해 보자. 엔티티는 데이터베이스 테이블과 매핑되는 자바 클래스를 말한다. 우리가 만들고 있는 SBB는 질문과 답변을 할 수 있는 게시판 서비스이므로 SBB의 질문과 답변 데이터를 저장할 데이터베이스 테이블과 매핑되는 질문과 답변 엔티티가 있어야 한다.

엔티티를 모델 또는 도메인 모델이라고도 한다. 이 책에서는 이것을 구분하지 않고 테이블과 매핑되는 클래스를 모두 엔티티라 지칭한다.

그렇다면 먼저, 만들어야 할 질문(Question)과 답변(Answer) 엔티티에는 각각 어떤 속성들이 필요한지 생각해 보자. 우리가 만들려는 SBB 게시판은 사용자가 질문을 남기고 답변을 받을 수 있는 웹 서비스이다. 이와 같은 서비스를 제공하기 위해서는 사용자가 입력한 질문을 저장해야 하고, 질문의 제목과 내용을 담을 수 있는 항목이 필요하다. 그러므로 질문의 '제목'과 '내용' 등을 엔티티의 속성으로 추가해야 한다. 질문 엔티티에는 다음과 같은 속성이 필요하고, 이러한 엔티티의 속성은 테이블의 열과 매핑이 된다.

속성 이름	설명
id	질문 데이터의 고유 번호
subject	질문 데이터의 제목
content	질문 데이터의 내용
createDate	질문 데이터를 작성한 일시

마찬가지로 답변 엔티티에는 다음과 같은 속성이 필요하다.

속성 이름	설명
id	답변 데이터의 고유 번호
question	질문 데이터 ← 어떤 질문의 답변인지 알아야 하므로 이 속성이 필요하다.
content	답변 데이터의 내용
createDate	답변 데이터를 작성한 일시

이렇게 생각한 속성을 바탕으로 질문과 답변에 해당되는 엔티티를 작성해 보자.

Do it! 실습 질문 엔티티 만들기

다음과 같이 질문 엔티티를 만들어 보자. 먼저 src/main/java 디렉터리의 com.mysite.sbb 패키지에 Question.java 파일을 작성해 Question 클래스를 만들어 보자.

• Question.java

```
package com.mysite.sbb;

import java.time.LocalDateTime;

import jakarta.persistence.Column;
import jakarta.persistence.Entity;
import jakarta.persistence.GeneratedValue;
import jakarta.persistence.GenerationType;
import jakarta.persistence.Id;

import lombok.Getter;
import lombok.Setter;

@Getter
@Setter
@Entity
public class Question {
    @Id
    @GeneratedValue(strategy = GenerationType.IDENTITY)
    private Integer id;

    @Column(length = 200)
    private String subject;

    @Column(columnDefinition = "TEXT")
    private String content;

    private LocalDateTime createDate;
}
```

이 책은 스프링 부트 3.x 버전을 기준으로 설명한다. 스프링 부트 2.x 버전을 사용해야 한다면 https://wikidocs.net/182149을 참고하자.

코드를 살펴보자. 엔티티로 만들기 위해 Question 클래스에 @Entity 애너테이션을 적용했다. 이와 같이 @Entity 애너테이션을 적용해야 스프링 부트가 Question 클래스를 엔티티로 인식한다.

Getter, Setter 메서드를 자동으로 생성하기 위해 롬복의 @Getter와 @Setter 애너테이션을 적용했다.

그리고 엔티티의 속성으로 고유 번호(id), 제목(subject), 내용(content), 작성 일시(createDate)를 작성했다. 각 속성에는 Id, GeneratedValue, Column과 같은 애너테이션이 적용되어 있는데 하나씩 자세히 알아보자.

@Id 애너테이션

id 속성에 적용한 @Id 애너테이션은 id 속성을 기본키로 지정한다. id 속성을 기본키로 지정한 이유는 id 속성의 고유 번호들은 엔티티에서 각 데이터들을 구분하는 유효한 값으로, 중복되면 안 되기 때문이다.

@GeneratedValue 애너테이션

@GeneratedValue 애너테이션을 적용하면 데이터를 저장할 때 해당 속성에 값을 일일이 입력하지 않아도 자동으로 1씩 증가하여 저장된다. strategy = GenerationType.IDENTITY는 고유한 번호를 생성하는 방법을 지정하는 부분으로, GenerationType.IDENTITY는 해당 속성만 별도로 번호가 차례대로 늘어나도록 할 때 사용한다.

strategy 옵션을 생략한다면 @GeneratedValue 애너테이션이 지정된 모든 속성에 번호를 차례로 생성하므로 순서가 일정한 고유 번호를 가질 수 없게 된다. 이러한 이유로 보통 stratege = GenerationType.IDENTITY를 많이 사용한다.

@Column 애너테이션

엔티티의 속성은 테이블의 열 이름과 일치하는데 열의 세부 설정을 위해 @Column 애너테이션을 사용한다. length는 열의 길이를 설정할 때 사용하고(여기서는 열의 길이를 200으로 정했다.), columnDefinition은 열 데이터의 유형이나 성격을 정의할 때 사용한다. 여기서 columnDefinition = "TEXT"는 말 그대로 '텍스트'를 열 데이터로 넣을 수 있음을 의미하고, 글자 수를 제한할 수 없는 경우에 사용한다.

엔티티의 속성은 @Column 애너테이션을 사용하지 않더라도 테이블의 열로 인식한다. 테이블의 열로 인식하고 싶지 않다면 @Transient 애너테이션을 사용한다. @Transient 애너테이션은 엔티티의 속성을 테이블의 열로 만들지 않고 클래스의 속성 기능으로만 사용하고자 할 때 쓴다.

엔티티의 속성 이름과 테이블의 열 이름의 차이를 알아보자

Question 엔티티에서 작성 일시에 해당하는 createDate 속성의 이름은 데이터베이스의 테이블에서는 create_date라는 열 이름으로 설정된다. 즉, createDate처럼 카멜 케이스camel case 형식의 이름은 create_date처럼 모두 소문자로 변경되고 단어가 언더바(_)로 구분되어 데이터베이스 테이블의 열 이름이 된다.

카멜 케이스는 맨 첫 글자를 제외한 나머지 단어의 첫 글자를 대문자로 써 구분하는 작명 방식을 말한다.

엔티티를 만들 때 Setter 메서드는 사용하지 않는다

일반적으로 엔티티를 만들 때에는 Setter 메서드를 사용하지 않기를 권한다. 왜냐하면 엔티티는 데이터베이스와 바로 연결되므로 데이터를 자유롭게 변경할 수 있는 Setter 메서드를 허용하는 것이 안전하지 않다고 판단하기 때문이다. 그렇다면 Setter 메서드 없이 어떻게 엔티티에 값을 저장할 수 있을까?

엔티티는 생성자에 의해서만 엔티티의 값을 저장할 수 있게 하고, 데이터를 변경해야 할 경우에는 메서드를 추가로 작성하면 된다. 다만, 이 책은 복잡도를 낮추고 원활한 설명을 위해 엔티티에 Setter 메서드를 추가하여 진행함을 기억해 두자.

Do it! 실습 답변 엔티티 만들기

1. 이번에는 답변 엔티티도 만들어 보자. 먼저 src/main/java 디렉터리의 com.mysite.sbb 패키지에 Answer.java 파일을 작성해 Answer 클래스를 만들어 보자.

• Answer.java

```java
package com.mysite.sbb;

import java.time.LocalDateTime;

import jakarta.persistence.Column;
import jakarta.persistence.Entity;
import jakarta.persistence.GeneratedValue;
import jakarta.persistence.GenerationType;
import jakarta.persistence.Id;

import lombok.Getter;
import lombok.Setter;

@Getter
@Setter
@Entity
public class Answer {
    @Id
    @GeneratedValue(strategy = GenerationType.IDENTITY)
    private Integer id;

    @Column(columnDefinition = "TEXT")
    private String content;
```

```
    private LocalDateTime createDate;

    private Question question;
}
```

id, content, createDate 속성은 질문 엔티티와 동일하므로 구체적인 설명은 생략할게.

질문 엔티티와 달리 답변 엔티티에서는 질문 엔티티를 참조하기 위해 question 속성을 추가했다.

2. 답변을 통해 질문의 제목을 알고 싶다면 answer.getQuestion().getSubject()를 사용해 접근할 수 있다. 하지만 이렇게 question 속성만 추가하면 안 되고 질문 엔티티와 연결된 속성이라는 것을 답변 엔티티에 표시해야 한다. 즉, 다음과 같이 Answer 엔티티의 question 속성에 @ManyToOne 애너테이션을 추가해 질문 엔티티와 연결한다.

• Answer.java

```
package com.mysite.sbb;

import java.time.LocalDateTime;

import jakarta.persistence.Column;
import jakarta.persistence.Entity;
import jakarta.persistence.GeneratedValue;
import jakarta.persistence.GenerationType;
import jakarta.persistence.Id;
import jakarta.persistence.ManyToOne;

import lombok.Getter;
import lombok.Setter;

@Getter
@Setter
@Entity
public class Answer {
    @Id
    @GeneratedValue(strategy = GenerationType.IDENTITY)
    private Integer id;
```

```
    @Column(columnDefinition = "TEXT")
    private String content;

    private LocalDateTime createDate;

    @ManyToOne
    private Question question;
}
```

게시판 서비스에서는 하나의 질문에 답변은 여러 개가 달릴 수 있다. 따라서 답변은 Many(많은 것)가 되고 질문은 One(하나)이 된다. 즉, @ManyToOne 애너테이션을 사용하면 N:1 관계를 나타낼 수 있다. 이렇게 @ManyToOne 애너테이션을 설정하면 Answer(답변) 엔티티의 question 속성과 Question(질문) 엔티티가 서로 연결된다(실제 데이터베이스에서는 외래키[foreign key] 관계가 생성된다.).

@ManyToOne은 부모 자식 관계를 갖는 구조에서 사용한다. 여기서 부모는 Question, 자식은 Answer라고 할 수 있다.

외래키란 테이블과 테이블 사이의 관계를 구성할 때 연결되는 열을 의미한다.

3. 그렇다면 반대로 질문에서 답변을 참조할 수는 없을까? 물론 가능하다! 답변과 질문이 N:1 관계라면 질문과 답변은 1:N 관계라고 할 수 있다. 이런 경우에는 @ManyToOne이 아닌 @OneToMany 애너테이션을 사용한다. 질문 하나에 답변은 여러 개이므로 Question 엔티티에 추가할 Answer 속성은 List 형태로 구성해야 한다. 이를 구현하기 위해 Question 엔티티를 다음과 같이 수정해 보자.

• Question.java

```
package com.mysite.sbb;

import java.time.LocalDateTime;
import java.util.List;

import jakarta.persistence.CascadeType;
import jakarta.persistence.Column;
import jakarta.persistence.Entity;
```

```
import jakarta.persistence.GeneratedValue;
import jakarta.persistence.GenerationType;
import jakarta.persistence.Id;
import jakarta.persistence.OneToMany;

import lombok.Getter;
import lombok.Setter;

@Getter
@Setter
@Entity
public class Question {
    @Id
    @GeneratedValue(strategy = GenerationType.IDENTITY)
    private Integer id;

    @Column(length = 200)
    private String subject;

    @Column(columnDefinition = "TEXT")
    private String content;

    private LocalDateTime createDate;

    @OneToMany(mappedBy = "question", cascade = CascadeType.REMOVE)
    private List<Answer> answerList;
}
```

Answer 객체들로 구성된 answerList를 Question 엔티티의 속성으로 추가하고 @OneToMany 애너테이션을 설정했다. 이제 질문에서 답변을 참조하려면 question.getAnswerList( )를 호출하면 된다. @OneToMany 애너테이션에 사용된 mappedBy는 참조 엔티티의 속성명을 정의한다. 즉, Answer 엔티티에서 Question 엔티티를 참조한 속성인 question을 mappedBy에 전달해야 한다.

CascadeType.REMOVE란 무엇일까?

게시판 서비스에서는 질문 하나에 답변이 여러 개 작성될 수 있다. 그런데 보통 게시판 서비스에서는 질문을 삭제하면 그에 달린 답변들도 함께 삭제된다. SBB도 질문을 삭제하면 그에 달린 답변들도 모두 삭제되도록 cascade = CascadeType.REMOVE를 사용했다. 이와 관련해 보다 자세한 내용을 알고 싶다면 https://www.baeldung.com/jpa-cascade-types을 참고하기 바란다.

테이블 확인하기

질문과 답변 엔티티를 모두 만들었다면 다시 H2 콘솔에 접속해 보자.

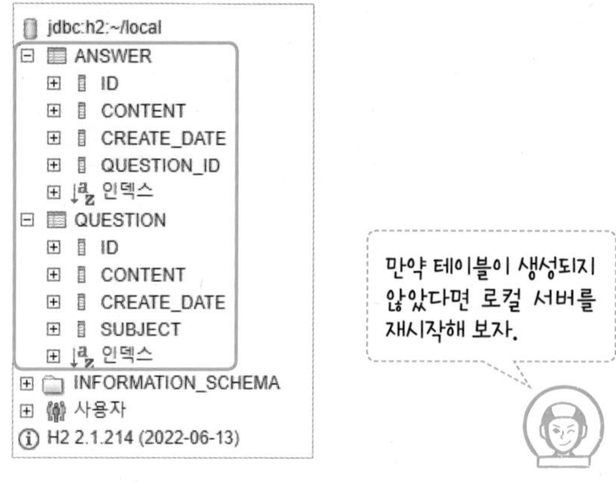

이와 같이 엔티티를 통해 Question과 Answer 테이블이 자동으로 생성된 것을 확인할 수 있다.

2-05
리포지터리로 데이터베이스 관리하기

우리는 앞서 엔티티로 테이블을 구성하여 데이터를 관리할 준비를 마쳤다. 하지만 엔티티만으로는 테이블의 데이터를 저장, 조회, 수정, 삭제 등을 할 수 없다. 이와 같이 데이터를 관리하려면 데이터베이스와 연동하는 JPA 리포지터리가 반드시 필요하다.

Do it! 실습 리포지터리 생성하기

엔티티가 데이터베이스 테이블을 생성했다면, 리포지터리는 이와 같이 생성된 데이터베이스 테이블의 데이터들을 저장, 조회, 수정, 삭제 등을 할 수 있도록 도와주는 인터페이스이다. 이때 리포지터리는 테이블에 접근하고, 데이터를 관리하는 메서드(예를 들어 findAll, save 등)를 제공한다.

1. 리포지터리를 만들기 위해 com.mysite.sbb 패키지를 선택한 후 마우스 오른쪽 버튼을 누르고 [New → Interface]를 클릭해 다음과 같이 QuestionRepository 인터페이스를 생성하자.

• QuestionRepository.java

```
package com.mysite.sbb;

import org.springframework.data.jpa.repository.JpaRepository;

public interface QuestionRepository extends JpaRepository<Question, Integer> {

}
```

생성한 QuestionRepository 인터페이스를 리포지터리로 만들기 위해 JpaRepository 인터페이스를 상속한다. JpaRepository는 JPA가 제공하는 인터페이스 중 하나로 CRUD 작업을 처리하는 메서드들을 이미 내장하고 있어 데이터 관리 작업을 좀 더 편리하게 처리할 수 있다. JpaRepository〈Question, Integer〉는 Question 엔티티로 리포지터리를 생성한다는 의미이다. Question 엔티티의 기본키가 Integer임을 이와 같이 추가로 지정해야 한다.

CRUD는 Create, Read, Update, Delete의 앞글자만 따 만든 단어로, 데이터 처리의 기본 기능을 의미한다.

2. 마찬가지로 AnswerRepository 인터페이스를 생성해 보자.

• AnswerRepository.java

```
package com.mysite.sbb;

import org.springframework.data.jpa.repository.JpaRepository;

public interface AnswerRepository extends JpaRepository<Answer, Integer> {

}
```

이제 QuestionRepository, AnswerRepository를 이용하여 question, answer 테이블에 데이터를 저장, 조회, 수정, 삭제할 수 있다.

Do it! 실습 JUnit 설치하기

리포지터리를 이용하여 데이터를 저장하려면 질문을 등록하는 화면과 사용자가 입력한 질문 관련 정보를 저장하는 컨트롤러, 서비스 파일 등이 필요하다. 하지만 JUnit을 사용하면 이러한 프로세스를 따르지 않아도 리포지터리만 개별적으로 실행해 테스트해 볼 수 있다. 앞서 작성한 리포지터리가 정상적으로 동작하는지 직접 테스트하기 위해 먼저 JUnit을 설치해 보자.

JUnit은 테스트 코드를 작성하고, 작성한 테스트 코드를 실행할 때 사용하는 자바의 테스트 프레임워크이다. 사실 JUnit은 리포지터리뿐만 아니라 소프트웨어 개발 시 테스트 작업을 수행할 때 많이 사용한다.

서비스 파일과 관련한 내용은 2-09절에서 자세히 다룰 예정이다.

JUnit을 사용하려면 build.gradle 파일에 다음과 같은 내용을 추가해야 한다.

• build.gradle

```
(... 생략 ...)

dependencies {
    implementation 'org.springframework.boot:spring-boot-starter-web'
    testImplementation 'org.springframework.boot:spring-boot-starter-test'
```

```
    developmentOnly 'org.springframework.boot:spring-boot-devtools'
    compileOnly 'org.projectlombok:lombok'
    annotationProcessor 'org.projectlombok:lombok'
    runtimeOnly 'com.h2database:h2'
    implementation 'org.springframework.boot:spring-boot-starter-data-jpa'
    testImplementation 'org.junit.jupiter:junit-jupiter'
    testRuntimeOnly 'org.junit.platform:junit-platform-launcher'
}
(... 생략 ...)
```

해당 라이브러리가 테스트 실행 시에만 사용됨을 의미한다.

그다음 build.gradle 파일을 선택한 후 마우스 오른쪽 버튼을 눌러 [Gradle → Refresh Gradle Project]를 선택하면 JUnit 설치가 완료된다. JUnit을 사용할 준비가 된 것이다.

Do it! 실습 질문 데이터 저장하기

1. 질문 엔티티로 테이블을 만들었으니 이제 만들어진 테이블에 데이터를 생성하고 저장해 보자. 먼저, src/test/java 디렉터리의 com.mysite.sbb 패키지에 SbbApplicationTests.java 파일을 열어 보자.

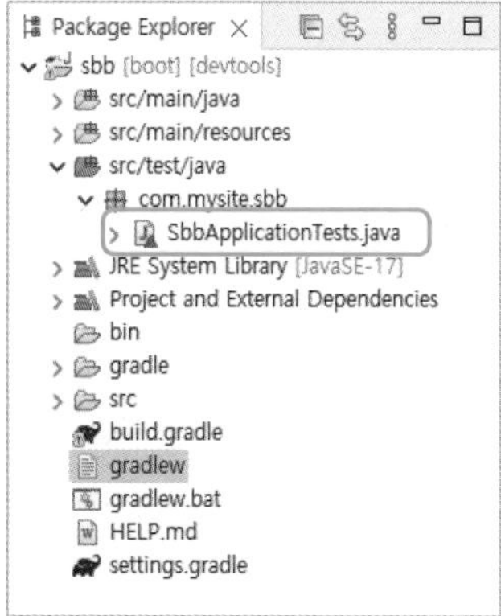

2. SbbApplicationTests.java 파일을 열었다면 다음과 같이 수정해 보자.

• SbbApplicationTests.java

```
package com.mysite.sbb;

import java.time.LocalDateTime;

import org.junit.jupiter.api.Test;
import org.springframework.beans.factory.annotation.Autowired;
import org.springframework.boot.test.context.SpringBootTest;
```

```
@SpringBootTest
class SbbApplicationTests {

    @Autowired
    private QuestionRepository questionRepository;

    @Test
    void testJpa() {
        Question q1 = new Question();
        q1.setSubject("sbb가 무엇인가요?");
        q1.setContent("sbb에 대해서 알고 싶습니다.");
        q1.setCreateDate(LocalDateTime.now());
        this.questionRepository.save(q1);

        Question q2 = new Question();
        q2.setSubject("스프링 부트 모델 질문입니다.");
        q2.setContent("id는 자동으로 생성되나요?");
        q2.setCreateDate(LocalDateTime.now());
        this.questionRepository.save(q2);
    }
}
```

questionRepository.save()를 통해 question 테이블의 첫 번째 행에 들어갈 데이터로 위 코드에 작성한 데이터들을 저장한다.

questionRepository.save()를 통해 question 테이블의 두 번째 행에 들어갈 데이터로 위 코드에 작성한 데이터들을 저장한다.

@SpringBootTest 애너테이션은 SbbApplicationTests 클래스가 스프링 부트의 테스트 클래스임을 의미한다. 그리고 질문 엔티티의 데이터를 생성할 때 리포지터리(여기서는 QuestionRepository)가 필요하므로 @Autowired 애너테이션을 통해 스프링의 '의존성 주입(DI)'이라는 기능을 사용하여 QuestionRepository의 객체를 주입했다.

스프링의 의존성 주입(DI, Dependency Injection)이란 스프링이 객체를 대신 생성하여 주입하는 기법을 말한다.

@Autowired 애너테이션을 더 알아보자

앞서 작성한 테스트 코드를 보면 questionRepository 변수는 선언만 되어 있고 그 값이 비어 있다. 하지만 @Autowired 애너테이션을 해당 변수에 적용하면 스프링 부트가 questionRepository 객체를 자동으로 만들어 주입한다. 객체를 주입하는 방식에는 @Autowired 애너테이션을 사용하는 것 외에 Setter 메서드 또는 생성자를 사용하는 방식이 있다. 순환 참조 문제와 같은 이유로 개발 시 @Autowired보다는 생성자를 통한 객체 주입 방식을 권장한다. 하지만 테스트 코드의 경우 JUnit이 생성자를 통한 객체 주입을 지원하지 않으므로 테스트 코드 작성 시에만 @Autowired를 사용하고 실제 코드 작성 시에는 생성자를 통한 객체 주입 방식을 사용해 보자.

@Test 애너테이션은 testJpa 메서드가 테스트 메서드임을 나타낸다. SbbApplicationTests 클래스를 JUnit으로 실행하면 @Test 애너테이션이 붙은 testJpa 메서드가 실행된다.

testJpa 메서드의 내용을 자세히 살펴보자. testJpa 메서드는 q1, q2라는 질문 엔티티의 객체를 생성하고 QuestionRepository를 이용하여 그 값을 데이터베이스에 저장한다. 이와 같이 데이터를 저장하면 H2 데이터베이스의 question 테이블은 다음과 같은 형태로 저장될 것이다.

ID	Content	CreateDate	Subject
1	sbb에 대해서 알고 싶습니다.	2023-09-01-15:30:30	sbb가 무엇인가요?
2	id는 자동으로 생성되나요?	2023-09-01-15:30:30	스프링 부트 모델 질문입니다.

setContent 메서드에 의해 내용이 생성되었다.

LocalDateTime.now()에 의해 현재 날짜와 시각이 자동으로 생성되었다.

setSubject 메서드에 의해 제목이 생성되었다.

3. 이제 작성한 SbbApplicationTests 클래스를 실행해 보자. 다음과 같이 [Run → Run As → JUnit Test] 순서대로 선택하면 SbbApplicationTests 클래스를 실행할 수 있다.

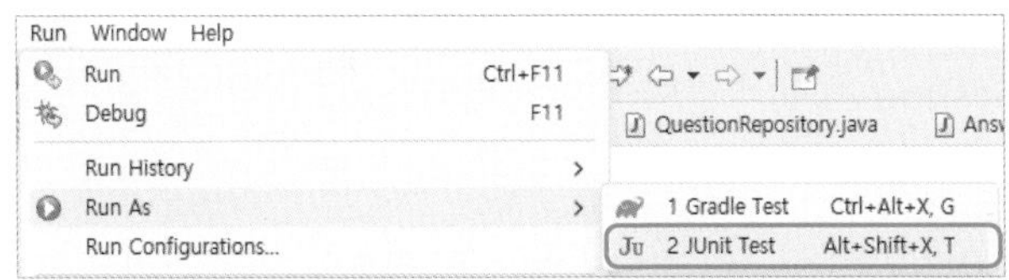

4. 하지만 로컬 서버가 이미 구동 중이라면 'The file is locked: nio:/Users/pahkey/local.mv.db'와 비슷한 오류가 발생할 것이다. H2 데이터베이스는 파일 기반의 데이터베이스인데, 이미 로컬 서버가 동일한 데이터베이스 파일(local.mv.db)을 점유하고 있어 이러한 오류가 발생하는 것이다. 따라서 테스트할 때는 먼저 로컬 서버를 중지해야 한다. 로컬 서버는 다음과 같이 Boot Dashboard에서 중지 버튼을 클릭하여 중지할 수 있다.

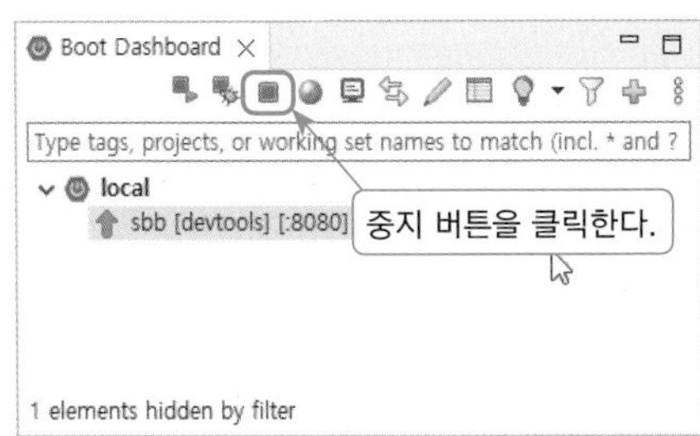

5. 만약 오류가 발생했다면 로컬 서버를 중지하고 [Run → Run]을 클릭한 뒤, 다시 테스트를 실행해 보자. 그러면 오른쪽과 같은 JUnit 화면이 나타나고 오류 없이 잘 실행된다.

6. 실제 데이터베이스에 값이 잘 들어갔는지 확인해 보기 위해 다시 로컬 서버를 시작하고 H2 콘솔에 접속하여 다음 쿼리문을 실행해 보자.

```
SELECT * FROM QUESTION
```

그러면 다음과 같이 우리가 저장한 Question 객체의 값이 데이터베이스의 데이터로 저장된 것을 확인할 수 있다.

이 책은 SQL에 관한 책이 아니므로 이 쿼리문을 간단하게 설명하면 question 테이블의 모든 행을 조회한다는 의미로 다음과 같이 작성되었다. 참고로 '*'은 모든 열을 의미한다.

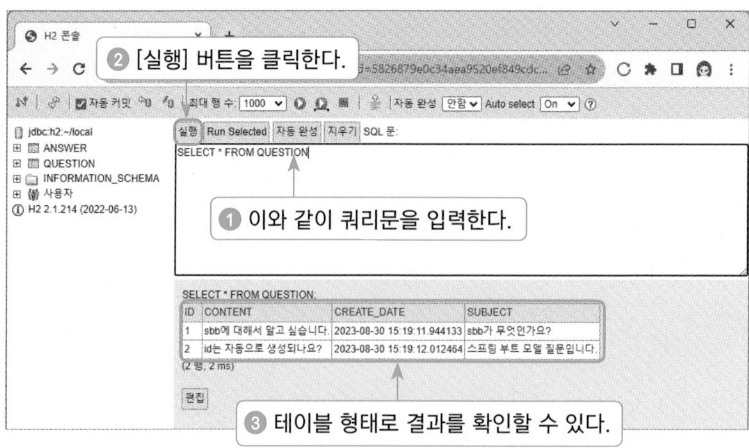

id는 질문 엔티티의 기본키로, 2-04절에서 질문 엔티티를 생성할 때 @GeneratedValue를 활용해 설정했던 대로 속성값이 자동으로 1씩 증가하는 것을 확인할 수 있다.

Do it! 실습 질문 데이터 조회하기

리포지터리가 제공하는 메서드들을 하나씩 살펴보고 이를 활용해 데이터를 조회해 보자.

findAll 메서드

SbbApplicationTests.java 파일에서 작성한 테스트 코드를 다음과 같이 수정해 보자.

• SbbApplicationTests.java

```
package com.mysite.sbb;

import static org.junit.jupiter.api.Assertions.assertEquals;

import java.util.List;

import org.junit.jupiter.api.Test;
import org.springframework.beans.factory.annotation.Autowired;
import org.springframework.boot.test.context.SpringBootTest;


@SpringBootTest
class SbbApplicationTests {

    @Autowired
    private QuestionRepository questionRepository;

    @Test
    void testJpa() {
        List<Question> all = this.questionRepository.findAll();
        assertEquals(2, all.size());

        Question q = all.get(0);
        assertEquals("sbb가 무엇인가요?", q.getSubject());
    }
}
```

question 테이블에 저장된 모든 데이터를 조회하기 위해서 리포지터리(questionRepository)의 findAll 메서드를 사용했다.

findAll 메서드는 H2 콘솔에서 입력해 본 SELECT * FROM QUESTION과 같은 결과를 얻을 수 있다.

우리는 앞서 2개의 질문 데이터를 저장했기 때문에 데이터 사이즈는 2가 되어야 한다. 데이터 사이즈가 2인지 확인하기 위해 JUnit의 assertEquals 메서드를 사용하는데, 이 메서드는 테스트에서 예상한 결과와 실제 결과가 동일한지를 확인하는 목적으로 사용한다. 즉, JPA 또는 데이터베이스에서 데이터를 올바르게 가져오는지를 확인하려는 것이다. assertEquals(기댓값, 실젯값)와 같이 작성하고 기댓값과 실젯값이 동일한지를 조사한다. 만약 기댓값과 실젯값이 동일하지 않다면 테스트는 실패로 처리된다. 여기서는 우리가 저장한 첫 번째 데이터의 제목이 'sbb가 무엇인가요?' 데이터와 일치하는지도 테스트했다. 테스트할 때 로컬 서버를 중지하고 다시 한번 [Run → Run As → JUnit Test]을 실행하면 테스트가 성공했다고 표시될 것이다.

우리는 편의상 testJpa 메서드 하나만을 가지고 JPA의 여러 기능을 테스트할 것이다.

findById 메서드

이번에는 질문 엔티티의 기본키인 id의 값을 활용해 데이터를 조회해 보자.

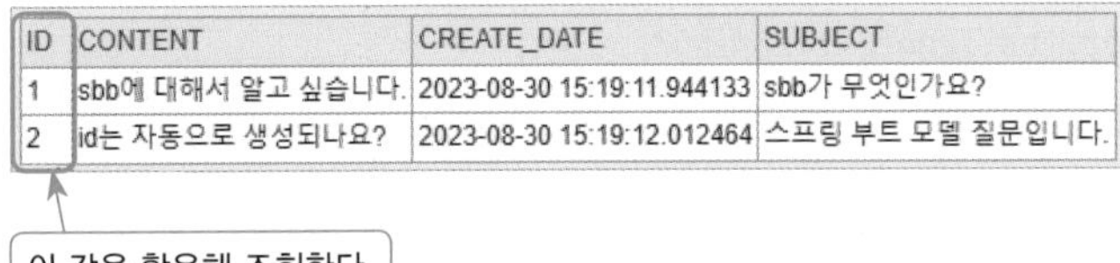

ID	CONTENT	CREATE_DATE	SUBJECT
1	sbb에 대해서 알고 싶습니다.	2023-08-30 15:19:11.944133	sbb가 무엇인가요?
2	id는 자동으로 생성되나요?	2023-08-30 15:19:12.012464	스프링 부트 모델 질문입니다.

테스트 코드를 다음과 같이 수정하자.

여기서 말하는 '값'은 테이블에 저장된 데이터들을 말한다. 예를 들어 id값은 1 또는 2이다.

• SbbApplicationTests.java

```
package com.mysite.sbb;

import static org.junit.jupiter.api.Assertions.assertEquals;

import java.util.Optional;

import org.junit.jupiter.api.Test;
import org.springframework.beans.factory.annotation.Autowired;
import org.springframework.boot.test.context.SpringBootTest;


@SpringBootTest
```

```
class SbbApplicationTests {

    @Autowired
    private QuestionRepository questionRepository;

    @Test
    void testJpa() {
        Optional<Question> oq = this.questionRepository.findById(1);
        if(oq.isPresent()) {
            Question q = oq.get();
            assertEquals("sbb가 무엇인가요?", q.getSubject());
        }
    }
}
```

id값으로 데이터를 조회하기 위해서는 리포지터리의 findById 메서드를 사용해야 한다. 여기서는 questionRepository를 사용하여 데이터베이스에서 id가 1인 질문을 조회한다. 이때 findById의 리턴 타입은 Question이 아닌 Optional임에 주의하자. findById로 호출한 값이 존재할 수도 있고, 존재하지 않을 수도 있어서 리턴 타입으로 Optional이 사용된 것이다. Optional은 그 값을 처리하기 위한(null값을 유연하게 처리하기 위한) 클래스로, isPresent( ) 메서드로 값이 존재하는지 확인할 수 있다. 만약 isPresent( )를 통해 값이 존재한다는 것을 확인했다면, get( ) 메서드를 통해 실제 Question 객체의 값을 얻는다. 즉, 여기서는 데이터베이스에서 ID가 1인 질문을 검색하고, 이에 해당하는 질문의 제목이 'sbb가 무엇인가요?'인 경우에 JUnit 테스트를 통과하게 된다.

findBySubject 메서드

이번에는 질문 엔티티의 subject값으로 데이터를 조회해 보자.

ID	CONTENT	CREATE_DATE	SUBJECT
1	sbb에 대해서 알고 싶습니다.	2023-08-30 15:19:11.944133	sbb가 무엇인가요?
2	id는 자동으로 생성되나요?	2023-08-30 15:19:12.012464	스프링 부트 모델 질문입니다.

이 값을 활용해 조회한다.

1. 아쉽게도 리포지터리는 findBySubject 메서드를 기본적으로 제공하지는 않는다. 그래서 findBySubject 메서드를 사용하려면 다음과 같이 QuestionRepository 인터페이스를 변경해야 한다. 먼저 src/main/java 디렉터리로 돌아가 com.mysite.sbb 패키지의 Question Repository.java를 수정해 보자.

• QuestionRepository.java

```
package com.mysite.sbb;

import org.springframework.data.jpa.repository.JpaRepository;

public interface QuestionRepository extends JpaRepository<Question, Integer> {
    Question findBySubject(String subject);
}
```

2. 다시 src/test/java 디렉터리로 돌아가 com.mysite.sbb 패키지의 SbbApplicationTests.java를 수정해 subject 값으로 테이블에 저장된 데이터를 조회할 수 있다.

• SbbApplicationTests.java

```
package com.mysite.sbb;

import static org.junit.jupiter.api.Assertions.assertEquals;

import org.junit.jupiter.api.Test;
import org.springframework.beans.factory.annotation.Autowired;
import org.springframework.boot.test.context.SpringBootTest;


@SpringBootTest
class SbbApplicationTests {

    @Autowired
    private QuestionRepository questionRepository;

    @Test
    void testJpa() {
        Question q = this.questionRepository.findBySubject("sbb가 무엇인가요?");
        assertEquals(1, q.getId());
    }
}
```

테스트 코드를 실행해 보면 성공적으로 통과된다. 아마 여러분은 '인터페이스에 findBySubject라는 메서드를 선언만 하고 구현하지 않았는데 도대체 어떻게 실행되는 거지?'라는 궁금증이 생길 수 있다. 이러한 마법은 JPA에 리포지터리의 메서드명을 분석하여 쿼리를 만들고 실행하는 기능이 있기 때문에 가능하다. 즉, 여러분은 findBy + 엔티티의 속성명(예를 들어 findBySubject)과 같은 리포지터리의 메서드를 작성하면 입력한 속성의 값으로 데이터를 조회할 수 있다!

3. findBySubject 메서드를 호출할 때 실제 데이터베이스에서는 어떤 쿼리문이 실행되는지 살펴보자. 실행되는 쿼리문은 콘솔console 로그에서 확인할 수 있다. 그러기 위해 다음과 같이 application.properties 파일을 수정해 보자.

• application.properties

```
# DATABASE
spring.h2.console.enabled=true
spring.h2.console.path=/h2-console
spring.datasource.url=jdbc:h2:~/local
spring.datasource.driverClassName=org.h2.Driver
spring.datasource.username=sa
spring.datasource.password=

# JPA
spring.jpa.properties.hibernate.dialect=org.hibernate.dialect.H2Dialect
spring.jpa.hibernate.ddl-auto=update
spring.jpa.properties.hibernate.format_sql=true
spring.jpa.properties.hibernate.show_sql=true
```

4. 그리고 다시 한번 테스트 코드를 실행해 보자. 그러면 다음과 같이 콘솔 로그에서 데이터베이스에서 실행된 쿼리문를 확인할 수 있다.

```
Problems  Javadoc  Declaration  Console
<terminated> SbbApplicationTests [JUnit] C:\sts-4.19.1.RELEASE\plugins\org.eclipse.justj.openjdk.hotspot.jre.full.win32.x86_64_17.0.7.v20230425
      alter column content set data type TEXT
Hibernate:
    alter table if exists question
      alter column create_date set data type timestamp(6)
2023-08-31T09:55:23.167+09:00  INFO 18104 --- [           main] j.LocalContainer
2023-08-31T09:55:23.325+09:00  WARN 18104 --- [           main] JpaBaseConfigura
2023-08-31T09:55:23.854+09:00  WARN 18104 --- [           main] ocalVariableTabl
2023-08-31T09:55:23.954+09:00  INFO 18104 --- [           main] o.s.b.a.h2.H2Con
2023-08-31T09:55:24.005+09:00  INFO 18104 --- [           main] com.mysite.sbb.S
Hibernate:
    select
        q1_0.id,
        q1_0.content,
        q1_0.create_date,
        q1_0.subject
    from
        question q1_0
    where
        q1_0.subject=?
2023-08-31T09:55:24.836+09:00  INFO 18104 --- [ionShutdownHook] j.LocalContainer
2023-08-31T09:55:24.838+09:00  INFO 18104 --- [ionShutdownHook] com.zaxxer.hikar
2023-08-31T09:55:24.840+09:00  INFO 18104 --- [ionShutdownHook] com.zaxxer.hikar
```

실행된 쿼리문 중 where 문에 조건으로 subject가 포함된 것을 확인할 수 있다.

WHERE 문으로 조건에 맞는 데이터를 검색하자

SQL에서는 원하는 조건에 맞는 검색을 할 때 WHERE 문을 사용한다. 기본 형식은 다음과 같다.

```
SELETE 열 FROM 테이블 WHERE 열 = 조건값
```

이때 WHERE 문의 '열'에는 검색할 열을 입력하고, 조건값으로는 사용자가 찾을 데이터값을 넣는다. 그리고 연산자는 다양하지만 여기서는 열에 있는 데이터값과 조건값이 일치하는 것을 검색하기 위해 '=' 기호를 사용했다.

findBySubjectAndContent 메서드

1. 이번에는 subject와 content를 함께 조회해 보자. SQL을 활용해 데이터베이스에서 두 개의 열(여기서는 엔티티의 속성)을 조회하기 위해서는 And 연산자를 사용한다. 우리는 subject와 content 속성을 조회하기 위해 findBySubject와 마찬가지로 먼저 리포지터리에 findBySujectAndContent 메서드를 추가해야 한다. 다음과 같이 QuestionRepository.java 파일을 수정해 보자.

SQL에서 And 연산자를 활용하면 여러 조건을 결합해 데이터를 조회할 수 있다.

• QuestionRepository.java

```
package com.mysite.sbb;

import org.springframework.data.jpa.repository.JpaRepository;

public interface QuestionRepository extends JpaRepository<Question, Integer> {
    Question findBySubject(String subject);
    Question findBySubjectAndContent(String subject, String content);
}
```

2. 그리고 테스트 코드를 다음과 같이 작성하자.

• SbbApplicationTests.java

```
package com.mysite.sbb;

import static org.junit.jupiter.api.Assertions.assertEquals;

import org.junit.jupiter.api.Test;
import org.springframework.beans.factory.annotation.Autowired;
import org.springframework.boot.test.context.SpringBootTest;


@SpringBootTest
class SbbApplicationTests {

    @Autowired
    private QuestionRepository questionRepository;

    @Test
    void testJpa() {
        Question q = this.questionRepository.findBySubjectAndContent("sbb가 무엇인
가요?", "sbb에 대해서 알고 싶습니다.");
        assertEquals(1, q.getId());
    }
}
```

3. 테스트는 잘 통과될 것이다. 그리고 다음과 같이 콘솔 로그에서 데이터베이스에서 실행된 쿼리문를 확인할 수 있다.

```
Problems  @ Javadoc  Declaration  Console ×
<terminated> SbbApplicationTests [JUnit] C:₩sts-4.19.1.RELEASE₩plugins₩org.eclipse.justj.openjdk.hotspot.jre.full.win32.x86_64_17.0.7.v20230425-
2023-08-31T11:55:41.580+09:00  WARN 12296 --- [           main] ocalVariableTabl
2023-08-31T11:55:41.684+09:00  INFO 12296 --- [           main] o.s.b.a.h2.H2Con
2023-08-31T11:55:41.738+09:00  INFO 12296 --- [           main] com.mysite.sbb.S
Hibernate:
    select
        q1_0.id,
        q1_0.content,
        q1_0.create_date,
        q1_0.subject
    from
        question q1_0
    where
        q1_0.subject=?
        and q1_0.content=?
2023-08-31T11:55:42.526+09:00  INFO 12296 --- [ionShutdownHook] j.LocalContainer
2023-08-31T11:55:42.528+09:00  INFO 12296 --- [ionShutdownHook] com.zaxxer.hikar
2023-08-31T11:55:42.529+09:00  INFO 12296 --- [ionShutdownHook] com.zaxxer.hikar
```

where 문에 and 연산자가 사용되어 subject와 content 열을 조회하는 것을 확인할 수 있다.

이렇듯 리포지터리의 메서드명은 데이터를 조회하는 쿼리문의 where 조건을 결정하는 역할을 한다. 여기서는 findBySubject, findBySubjectAndContent 두 메서드만 알아봤지만 상당히 많은 조합을 사용할 수 있다. 조합할 수 있는 메서드를 간단하게 표로 정리해 보았다. 한 번 살펴보자.

SQL의 연산자	리포지터리의 메서드 예	설명
And	findBySubjectAndContent(String subject, String content)	Subject, Content 열과 일치하는 데이터를 조회
Or	findBySubjectOrContent(String subject, String content)	Subject열 또는 Content 열과 일치하는 데이터를 조회
Between	findByCreateDateBetween(LocalDateTime fromDate, LocalDateTime toDate)	CreateDate 열의 데이터 중 정해진 범위 내에 있는 데이터를 조회
LessThan	findByIdLessThan(Integer id)	Id 열에서 조건보다 작은 데이터를 조회
GreaterThanEqual	findByIdGreaterThanEqual(Integer id)	Id 열에서 조건보다 크거나 같은 데이터를 조회
Like	findBySubjectLike(String subject)	Subject 열에서 문자열 'subject'와 같은 문자열을 포함한 데이터를 조회
In	findBySubjectIn(String[] subjects)	Subject 열의 데이터가 주어진 배열에 포함되는 데이터만 조회
OrderBy	findBySubjectOrderByCreateDateAsc(String subject)	Subject 열 중 조건에 일치하는 데이터를 조회하여 그 데이터를 반환할 때 CreateDate 열을 오름차순으로 정렬하여 반환

쿼리와 관련된 JPA의 메서드를 자세히 알고 싶다면 쿼리 생성 규칙을 담은 다음의 스프링 공식 문서를 참고하자. https://docs.spring.io/spring-data/jpa/docs/current/reference/html/#jpa.query-methods.query-creation

응답 결과가 여러 건인 경우에는 리포지터리 메서드의 리턴 타입을 Question이 아닌 List<Question>으로 작성해야 함을 꼭 기억해 두자.

findBySubjectLike 메서드

1. 이번에는 질문 엔티티의 subject 열 값들 중에 특정 문자열을 포함하는 데이터를 조회해 보자. SQL에서는 특정 문자열을 포함한 데이터를 열에서 찾을 때 Like를 사용한다. subject 열에서 특정 문자열을 포함하는 데이터를 찾기 위해 다음과 같이 findBySubjectLike 메서드를 리포지터리에 추가해 보자.

• QuestionRepository.java

```
package com.mysite.sbb;

import java.util.List;

import org.springframework.data.jpa.repository.JpaRepository;

public interface QuestionRepository extends JpaRepository<Question, Integer> {
    Question findBySubject(String subject);
    Question findBySubjectAndContent(String subject, String content);
    List<Question> findBySubjectLike(String subject);
}
```

2. 그리고 테스트 코드는 다음과 같이 수정하자.

• SbbApplicationTests.java

```
package com.mysite.sbb;

import static org.junit.jupiter.api.Assertions.assertEquals;

import java.util.List;

import org.junit.jupiter.api.Test;
import org.springframework.beans.factory.annotation.Autowired;
import org.springframework.boot.test.context.SpringBootTest;


@SpringBootTest
class SbbApplicationTests {

    @Autowired
    private QuestionRepository questionRepository;

    @Test
    void testJpa() {
        List<Question> qList = this.questionRepository.findBySubjectLike("sbb%");
        Question q = qList.get(0);
```

```
        assertEquals("sbb가 무엇인가요?", q.getSubject());
    }
}
```

테스트는 잘 통과될 것이다. findBySubjectLike 메서드를 사용할 때 데이터 조회를 위한 조건이 되는 문자열로 sbb%와 같이 %를 적어 주어야 한다. %는 표기하는 위치에 따라 의미가 달라진다. 오른쪽 표를 살펴보자.

표기 예	표기 위치에 따른 의미
sbb%	'sbb'로 시작하는 문자열
%sbb	'sbb'로 끝나는 문자열
%sbb%	'sbb'를 포함하는 문자열

Do it! 실습 질문 데이터 수정하기

1. 이번에는 질문 엔티티의 데이터를 수정하는 테스트 코드를 작성해 보자.

• SbbApplicationTests.java

```
package com.mysite.sbb;

import static org.junit.jupiter.api.Assertions.assertTrue;

import java.util.Optional;
import org.junit.jupiter.api.Test;
import org.springframework.beans.factory.annotation.Autowired;
import org.springframework.boot.test.context.SpringBootTest;

@SpringBootTest
class SbbApplicationTests {
    @Autowired
    private QuestionRepository questionRepository;

    @Test
    void testJpa() {
        Optional<Question> oq = this.questionRepository.findById(1);
        assertTrue(oq.isPresent());
        Question q = oq.get();
        q.setSubject("수정된 제목");
```

assertTrue()는 괄호 안의 값이 true(참)인지를 테스트한다. oq.isPresent()가 false를 리턴하면 오류가 발생하고 테스트가 종료된다.

```
        this.questionRepository.save(q);
    }
}
```

질문 엔티티의 데이터를 조회한 다음, subject 속성을 '수정된 제목'이라는 값으로 수정했다. 변경된 질문을 데이터베이스에 저장하기 위해서 this.questionRepository.save(q)와 같이 리포지터리의 save 메서드를 사용했다.

2. 테스트를 수행해 보면 다음과 같이 콘솔 로그에서 update 문이 실행되었음을 확인할 수 있을 것이다.

```
update
  question
set
  content=?,
  create_date=?,
  subject=?
where
  id=?
```

그리고 H2 콘솔에 접속하여 SELECT * FROM QUESTION 쿼리문을 입력하고 실행해 question 테이블을 확인하면 다음과 같이 subject의 값이 변경되었음을 알 수 있다.

ID	CONTENT	CREATE_DATE	SUBJECT
1	sbb에 대해서 알고 싶습니다.	2023-08-30 15:19:11.944133	수정된 제목
2	id는 자동으로 생성되나요?	2023-08-30 15:19:12.012464	스프링 부트 모델 질문입니다.

Do it! 실습 질문 데이터 삭제하기

1. 이어서 데이터를 삭제해 보자. 여기서는 첫 번째 질문을 삭제해 보자.

ID	CONTENT	CREATE_DATE	SUBJECT
1	sbb에 대해서 알고 싶습니다.	2023-08-30 15:19:11.944133	수정된 제목
2	id는 자동으로 생성되나요?	2023-08-30 15:19:12.012464	스프링 부트 모델 질문입니다.

이 행을 삭제해 보자.

• SbbApplicationTests.java

```
package com.mysite.sbb;

import static org.junit.jupiter.api.Assertions.assertEquals;
import static org.junit.jupiter.api.Assertions.assertTrue;

import java.util.Optional;

import org.junit.jupiter.api.Test;
import org.springframework.beans.factory.annotation.Autowired;
import org.springframework.boot.test.context.SpringBootTest;

@SpringBootTest
class SbbApplicationTests {

    @Autowired
    private QuestionRepository questionRepository;

    @Test
    void testJpa() {
        assertEquals(2, this.questionRepository.count());
        Optional<Question> oq = this.questionRepository.findById(1);
        assertTrue(oq.isPresent());
        Question q = oq.get();
        this.questionRepository.delete(q);
        assertEquals(1, this.questionRepository.count());
    }
}
```

리포지터리의 count 메서드는 테이블 행의 개수를 리턴한다.

리포지터리의 delete 메서드를 사용하여 데이터를 삭제했다. 데이터 건수가 삭제하기 전에 2였는데, 삭제한 후 1이 되었는지를 테스트했다. 테스트는 잘 통과될 것이다.

2. 그리고 다시 question 테이블을 확인해 보면 다음과 같이 ID가 1인 행이 삭제되었음을 알 수 있다.

ID	CONTENT	CREATE_DATE	SUBJECT
2	id는 자동으로 생성되나요?	2023-08-30 15:19:12.012464	스프링 부트 모델 질문입니다.

Do it! 실습 답변 데이터 저장하기

1. 이번에는 답변 엔티티의 데이터를 생성하고 저장해 보자. SbbApplicationTests.java 파일을 열고 다음과 같이 수정해 보자.

• SbbApplicationTests.java

```
package com.mysite.sbb;

import static org.junit.jupiter.api.Assertions.assertEquals;
import static org.junit.jupiter.api.Assertions.assertTrue;

import java.time.LocalDateTime;
import java.util.Optional;

import org.junit.jupiter.api.Test;
import org.springframework.beans.factory.annotation.Autowired;
import org.springframework.boot.test.context.SpringBootTest;

@SpringBootTest
class SbbApplicationTests {

    @Autowired
    private QuestionRepository questionRepository;

    @Autowired
    private AnswerRepository answerRepository;

    @Test
    void testJpa() {
        Optional<Question> oq = this.questionRepository.findById(2);
        assertTrue(oq.isPresent());
        Question q = oq.get();

        Answer a = new Answer();
        a.setContent("네 자동으로 생성됩니다.");
        a.setQuestion(q);
        a.setCreateDate(LocalDateTime.now());
        this.answerRepository.save(a);
    }
}
```

quesiton 열에 데이터를 생성하려면 질문 데이터를 조회해야 하므로 이렇게 코드를 작성한다.

답변 내용을 입력한다.

답변 엔티티의 question 속성에 질문 데이터를 대입해 답변 데이터를 생성하려면 이와 같이 Question 객체 q가 필요하다.

답변 입력 시간을 입력한다.

질문 데이터를 저장할 때와 마찬가지로 답변 데이터를 저장할 때에도 리포지터리(여기서는 AnswerRepository)가 필요하므로 AnswerRepository의 객체를 @Autowired를 통해 주입했다. 답변을 생성하려면 질문이 필요하므로 우선 질문을 조회해야 한다. questionRepository의 findById 메서드를 통해 id가 2인 질문 데이터를 가져와 답변의 question 속성에 대입해 답변 데이터를 생성했다. 테스트를 수행하면 오류 없이 답변 데이터가 잘 생성될 것이다.

참고로 '질문 데이터 삭제하기' 실습에서 question 테이블에 id가 2인 행만 남겼었다.

2. 데이터베이스에 값이 잘 들어갔는지 확인해 보기 위해 H2 콘솔에 접속하여 다음 쿼리문을 실행해 보자.

```
SELECT * FROM ANSWER
```

그러면 다음과 같이 우리가 작성한 대로 데이터가 저장된 것을 확인할 수 있다.

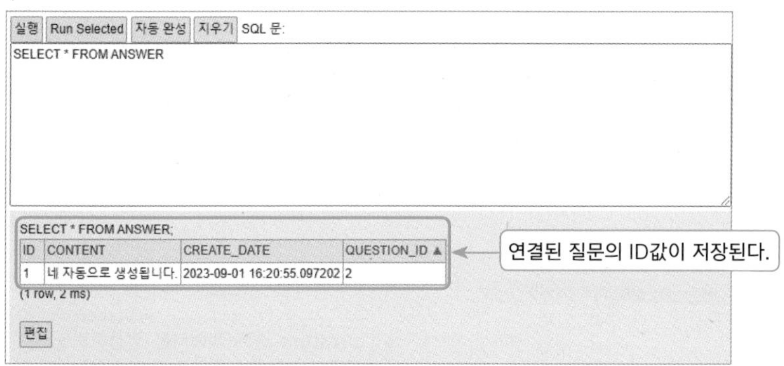

Do it! 실습 답변 데이터 조회하기

답변 엔티티도 질문 엔티티와 마찬가지로 id 속성이 기본키이므로 값이 자동으로 생성된다. 질문 데이터를 조회할 때 findByID 메서드를 사용했듯이 id값을 활용해 데이터를 조회해 보자.

• SbbApplicationTests.java

```
package com.mysite.sbb;

import static org.junit.jupiter.api.Assertions.assertEquals;
import static org.junit.jupiter.api.Assertions.assertTrue;

```

```java
import java.util.Optional;

import org.junit.jupiter.api.Test;
import org.springframework.beans.factory.annotation.Autowired;
import org.springframework.boot.test.context.SpringBootTest;


@SpringBootTest
class SbbApplicationTests {

    @Autowired
    private QuestionRepository questionRepository;

    @Autowired
    private AnswerRepository answerRepository;

    @Test
    void testJpa() {
        Optional<Answer> oa = this.answerRepository.findById(1);
        assertTrue(oa.isPresent());
        Answer a = oa.get();
        assertEquals(2, a.getQuestion().getId());
    }
}
```

id값이 1인 답변을 조회했다. 그리고 조회한 답변과 연결된 질문의 id가 2인지도 조회해 보았다. 테스트는 오류 없이 잘 통과될 것이다

Do it! 실습 답변 데이터를 통해 질문 데이터 찾기 vs 질문 데이터를 통해 답변 데이터 찾기

앞에서 살펴본 답변 엔티티의 question 속성을 이용하면 다음과 같은 메서드를 사용해 '답변에 연결된 질문'에 접근할 수 있다.

```java
a.getQuestion()
```

a는 답변 객체이고, a.getQuestion()은 답변에 연결된 질문 객체를 뜻한다.

답변에 연결된 질문 데이터를 찾는 것은 Answer 엔티티에 question 속성이 이미 정의되어 있어서 매우 쉽다.

그런데 반대의 경우도 가능할까? 즉, 질문 데이터에서 답변 데이터를 찾을 수 있을까? 다음과 같이 질문 엔티티에 정의한 answerList를 사용하면 해결할 수 있다.

• SbbApplicationTests.java

```
package com.mysite.sbb;

import static org.junit.jupiter.api.Assertions.assertEquals;
import static org.junit.jupiter.api.Assertions.assertTrue;

import java.util.List;
import java.util.Optional;

import org.junit.jupiter.api.Test;
import org.springframework.beans.factory.annotation.Autowired;
import org.springframework.boot.test.context.SpringBootTest;


@SpringBootTest
class SbbApplicationTests {

    @Autowired
    private QuestionRepository questionRepository;

    @Test
    void testJpa() {
        Optional<Question> oq = this.questionRepository.findById(2);
        assertTrue(oq.isPresent());
        Question q = oq.get();

        List<Answer> answerList = q.getAnswerList();

        assertEquals(1, answerList.size());
        assertEquals("네 자동으로 생성됩니다.", answerList.get(0).getContent());
    }
}
```

질문을 조회한 후 이 질문에 달린 답변 전체를 구하는 테스트 코드이다. id가 2인 질문 데이터에 답변 데이터를 1개 등록했으므로 이와 같이 코드를 작성해 확인할 수 있다.

그런데 이 코드를 실행하면 표시한 위치에 오른쪽과 같은 오류가 발생한다.

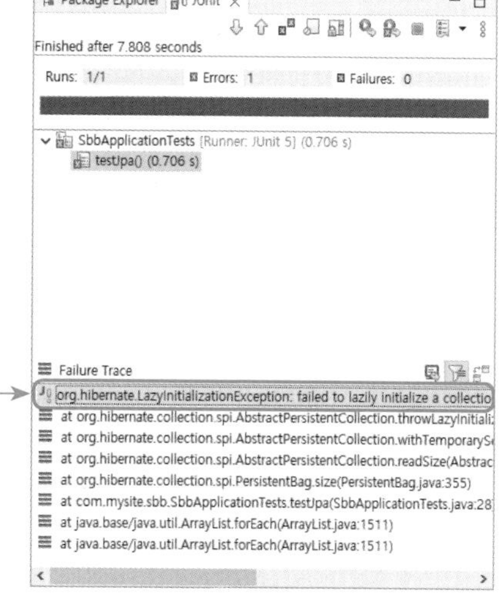

왜냐하면 QuestionRepository가 findById 메서드를 통해 Question 객체를 조회하고 나면 DB 세션이 끊어지기 때문이다.

DB 세션이란 스프링 부트 애플리케이션과 데이터베이스 간의 연결을 뜻한다.

그래서 그 이후에 실행되는 q.getAnswerList( ) 메서드(Question 객체로부터 answer 리스트를 구하는 메서드)는 세션이 종료되어 오류가 발생한다. answerList는 앞서 q 객체를 조회할 때가 아니라 q.getAnswerList( ) 메서드를 호출하는 시점에 가져오기 때문에 이와 같이 오류가 발생한 것이다.

이렇게 데이터를 필요한 시점에 가져오는 방식을 지연(Lazy) 방식이라고 한다. 이와 반대로 q 객체를 조회할 때 미리 answer 리스트를 모두 가져오는 방식은 즉시(Eager) 방식이라고 한다. @OneToMany, @ManyToOne 애너테이션의 옵션으로 fetch=FetchType.LAZY 또는 fetch=FetchType.EAGER처럼 가져오는 방식을 설정할 수 있는데, 이 책에서는 따로 지정하지 않고 항상 기본값(디폴트값)을 사용한다.

사실 이 문제는 테스트 코드에서만 발생한다. 실제 서버에서 JPA 프로그램들을 실행할 때는 DB 세션이 종료되지 않아 이와 같은 오류가 발생하지 않는다.

테스트 코드를 수행할 때 이런 오류를 방지할 수 있는 가장 간단한 방법은 다음과 같이 @Transactional 애너테이션을 사용하는 것이다. @Transactional 애너테이션을 사용하면 메서드가 종료될 때까지 DB 세션이 유지된다. 코드를 수정해 보자.

• SbbApplicationTests.java

```
package com.mysite.sbb;

import static org.junit.jupiter.api.Assertions.assertEquals;
```

```
import static org.junit.jupiter.api.Assertions.assertTrue;

import java.util.List;
import java.util.Optional;

import org.junit.jupiter.api.Test;
import org.springframework.beans.factory.annotation.Autowired;
import org.springframework.boot.test.context.SpringBootTest;
import org.springframework.transaction.annotation.Transactional;


@SpringBootTest
class SbbApplicationTests {

    @Autowired
    private QuestionRepository questionRepository;

    @Transactional
    @Test
    void testJpa() {
        Optional<Question> oq = this.questionRepository.findById(2);
        assertTrue(oq.isPresent());
        Question q = oq.get();

        List<Answer> answerList = q.getAnswerList();

        assertEquals(1, answerList.size());
        assertEquals("네 자동으로 생성됩니다.", answerList.get(0).getContent());
    }
}
```

메서드에 @Transactional 애너테이션을 추가하면 오류 없이 잘 수행될 것이다. 다시 한번 확인해 보자.

2-06
도메인별로 분류하기

이제 본격적으로 SBB의 외형을 갖춰 보자. 그전에 먼저, 지금까지 우리가 만든 많은 자바 파일을 정리하고 넘어가자. 현재는 자바 파일이 패키지별로 정리되어 있지 않아 매우 어수선하다. 패키지를 활용하면 자바 파일을 원하는 대로 분류할 수 있다. 지금까지 우리가 작성한 파일은 오른쪽과 같이 com.mysite.sbb라는 이름의 패키지 안에 모두 모여 있다.

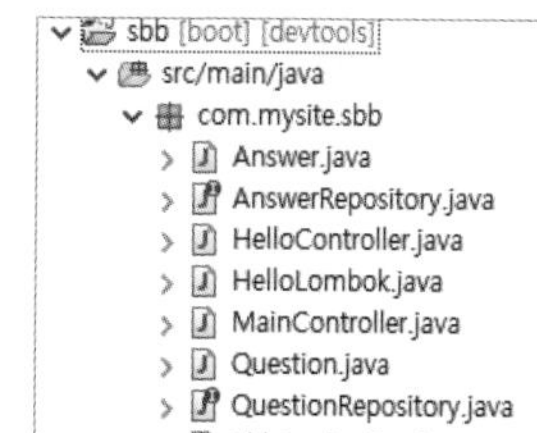

이렇게 하나의 패키지 안에 모든 자바 파일을 넣고 관리하는 것은 바람직하지 않다. 그러므로 우리는 SBB의 도메인별로 패키지를 나누어 자바 파일을 관리해 보자.

여기서 도메인은 '질문', '답변' 처럼 프로젝트의 주요 기능을 뜻하는 말이다.

다음 표와 같이 SBB 프로젝트의 도메인별로 패키지를 구성하려고 한다.

도메인 이름	패키지 이름	설명
question	com.mysite.sbb.question	게시판의 질문과 관련된 자바 파일 모음
answer	com.mysite.sbb.answer	게시판의 답변과 관련된 자바 파일 모음
user	com.mysite.sbb.user	사용자와 관련된 자바 파일 모음

표와 같은 기준으로 STS에 직접 패키지를 생성하고 각 패키지에 맞도록 해당 파일들을 이동해 보자.

com.mysite.sbb.user 패키지는 3-06절에서 만들어 활용할 예정이다. 여기서는 이 정도만 알고 넘어가자.

1. 패키지를 생성하기 위해 com.mysite.sbb 패키지를 선택한 후 마우스 오른쪽 버튼을 눌러 [New → Package]를 클릭한다. 그다음, New Java Package 창에서 com.mysite.sbb 다음에 패키지 이름을 입력하여 패키지를 만들어 보자.

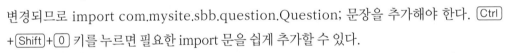

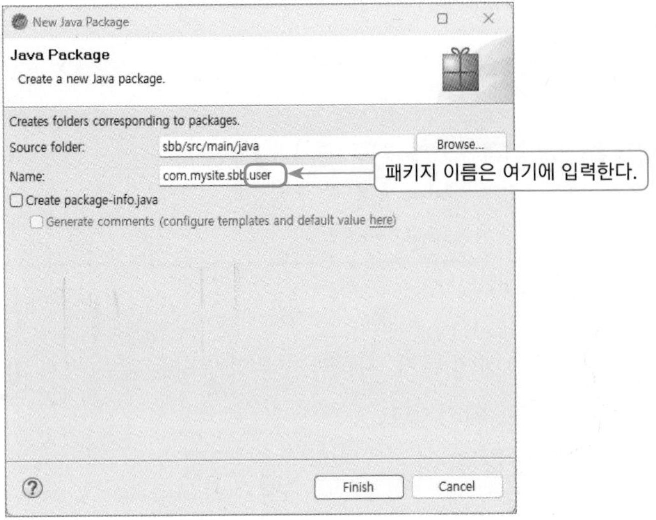

2. 패키지를 생성했다면 오른쪽과 같이 각 패키지로 파일을 이동해 보자.

```
sbb [boot] [devtools]
  src/main/java
    com.mysite.sbb
      HelloController.java
      HelloLombok.java
      MainController.java
      SbbApplication.java
    com.mysite.sbb.answer
      Answer.java
      AnswerRepository.java
    com.mysite.sbb.question
      Question.java
      QuestionRepository.java
    com.mysite.sbb.user
```

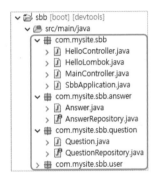

com.mysite.sbb.question 패키지에 Question.java, QuestionRepository.java 파일을 이동시켰다. 이어서 com.mysite.sbb.answer 패키지를 생성하고 Answer.java, AnswerRepository.java 파일을 이동시켰다.

이때 Answer.java에서 Question 클래스를 import하는 위치가 변경되므로 import com.mysite.sbb.question.Question; 문장을 추가해야 한다. Ctrl+Shift+O 키를 누르면 필요한 import 문을 쉽게 추가할 수 있다.

그리고 나머지 파일들은 특정 도메인에 속하지 않았으므로 com.mysite.sbb 패키지에 그대로 놔두었다.

이와 같이 자바 파일을 도메인에 따라 패키지로 나누어 관리하면 비슷한 기능이나 관련된 개념을 함께 묶어 코드들을 구조화하여 정리하게 되므로 코드를 쓰거나 읽을 때 혹은 유지 보수를 할 때 편리하다.

2-07
질문 목록 만들기

이번 절에서는 다음과 같이 SBB의 핵심 기능인 질문 목록이 담긴 페이지를 만들려고 한다.

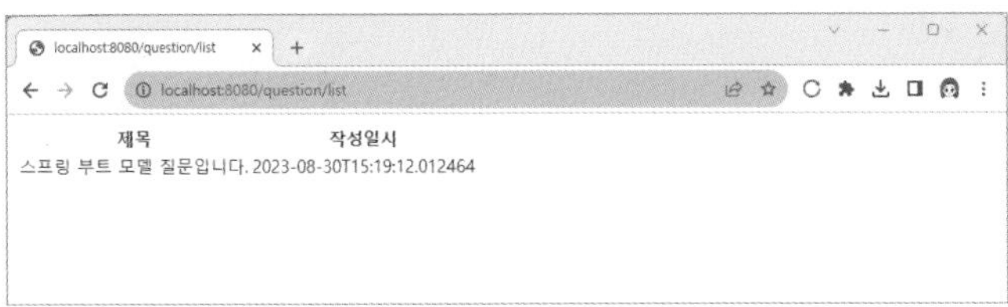

우리가 구상하고 있는 질문 목록은 다음 주소에 접속할 때 등장해야 한다.

```
http://localhost:8080/question/list
```

로컬 서버를 실행한 뒤, 웹 브라우저에서 해당 주소를 입력하여 접속해 보자. 아마 지금은 다음과 같이 404 오류 페이지가 나타날 것이다.

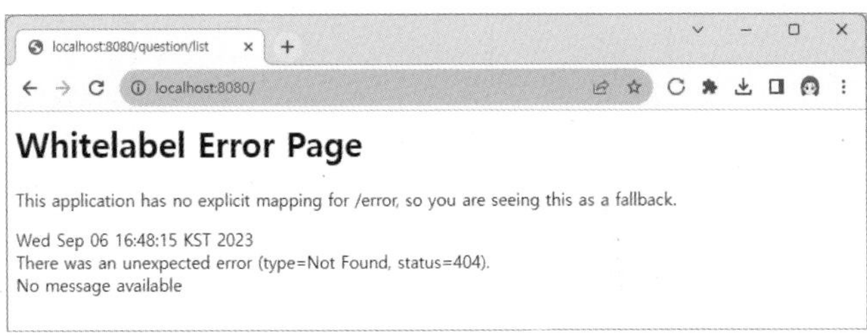

Do it! 실습 질문 목록 URL 매핑하기

1. 앞서 등장한 404 오류를 해결하려면 /question/list URL을 매핑하기 위한 컨트롤러가 필요하다. 먼저, QuestionController.java 파일을 생성해 다음과 같이 작성해 보자. 이때 아까 만든 question 패키지 안에 QuestionController.java 파일을 생성하자.

• /question/QuestionController.java

```
package com.mysite.sbb.question;

import org.springframework.stereotype.Controller;
import org.springframework.web.bind.annotation.GetMapping;
import org.springframework.web.bind.annotation.ResponseBody;

@Controller
public class QuestionController {

    @GetMapping("/question/list")
    @ResponseBody
    public String list() {
        return "question list";
    }
}
```

2. 이렇게 입력하고 로컬 서버를 실행한 뒤, 다시 http://localhost:8080/question/list에 접속해 보자. 그럼 화면에 다음과 같이 'question list'라는 문자열이 출력될 것이다.

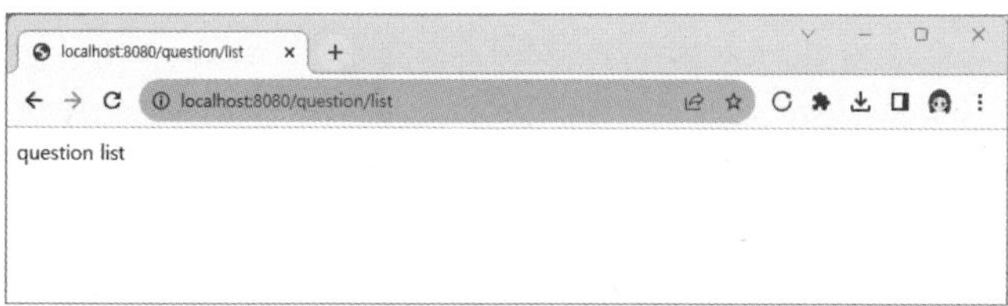

이와 같이 문자열이 화면에 출력되었다면 일단 질문 목록을 노출할 페이지의 /question/list URL에 매핑을 성공한 것이다.

Do it! 실습 템플릿 설정하기

앞서 우리는 문자열 'question list'를 직접 자바 코드로 작성하여 브라우저에 리턴했다. 하지만 보통 브라우저에 응답하는 문자열은 이 예처럼 자바 코드에서 직접 만들지 않는다. 일반적으로 많이 사용하는 방식은 템플릿 방식이다. 템플릿template은 자바 코드를 삽입할 수 있는 HTML 형식의 파일을 말한다.

이러한 템플릿을 사용하기 위해 스프링 부트에서는 템플릿 엔진을 지원한다. 템플릿 엔진에는 Thymeleaf, Mustache, Groovy, Freemarker, Velocity 등이 있는데, 이 책에서는 스프링 진영에서 추천하는 타임리프Thymleaf 템플릿 엔진을 사용할 것이다.

타임리프에 대한 더 자세한 설명은 타임리프 홈페이지(https://www.thymeleaf.org/)에서 확인할 수 있다.

타임리프를 사용하려면 먼저 설치가 필요하다. 다음과 같이 build.gradle 파일을 수정하여 타임리프를 설치해 보자.

• build.gradle

```
(... 생략 ...)

dependencies {
    (... 생략 ...)
    implementation 'org.springframework.boot:spring-boot-starter-thymeleaf'
    implementation 'nz.net.ultraq.thymeleaf:thymeleaf-layout-dialect'
}

(... 생략 ...)
```

이전과 마찬가지로 build.gradle 파일을 선택한 후 마우스 오른쪽 버튼을 눌러 [Gradle → Refresh Gradle Project]를 클릭하여 변경 사항을 적용하면 타임리프가 설치된다.

타임리프를 적용하려면 로컬 서버를 재시작해야 한다. 로컬 서버를 반드시 재시작하고 이후 과정을 진행하자.

Do it! 실습 템플릿 사용하기

템플릿을 사용할 수 있는 환경을 갖추었으니 이번에는 템플릿을 생성해 질문 목록 페이지를 만들어 보자.

1. src/main/resources 디렉터리에서 templates를 선택한 후, 마우스 오른쪽 버튼을 누르고 [New → File]을 클릭한다. 다음과 같이 파일 이름으로 question_list.html를 입력하여 템플릿을 생성한다.

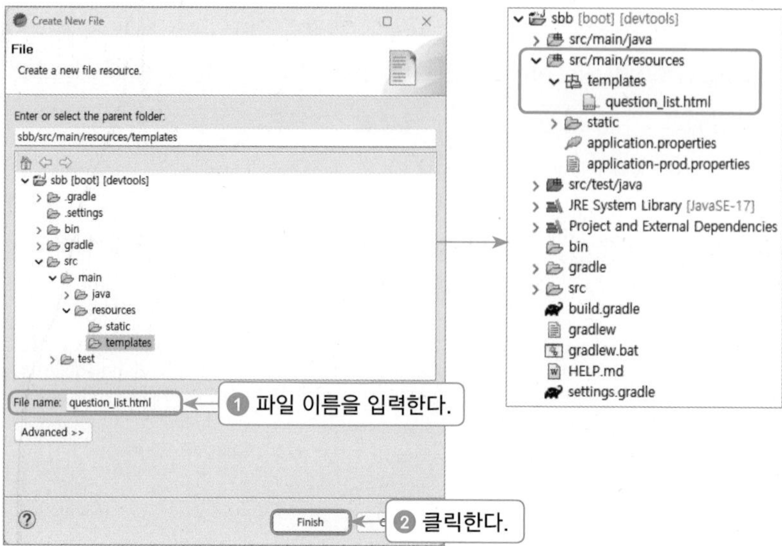

2. question_list.html 파일의 내용은 다음과 같이 작성해 보자.

• /templates/question_list.html

```
<h2>Hello Template</h2>
```

3. 다시 QuestionController.java 파일로 돌아가 다음과 같이 수정해 보자.

• /question/questionController.java

```
package com.mysite.sbb.question;

import org.springframework.stereotype.Controller;
import org.springframework.web.bind.annotation.GetMapping;
import org.springframework.web.bind.annotation.ResponseBody; ← 기존 코드를 삭제한다.

@Controller
public class QuestionController {

    @GetMapping("/question/list")
    @ResponseBody ← 기존 코드를 삭제한다.
    public String list() {
        return "question_list"; ← 문자열 'question list'가 아니라 파일명을 의미하는 'question_list'임에 주의하자.
    }
}
```

이제 템플릿을 사용하기 때문에 기존에 사용하던 @ResponseBody 애너테이션은 필요 없으므로 삭제한다. 그리고 list 메서드에서 question_list.html 템플릿 파일 이름인 'question_list'를 리턴한다.

4. 그리고 다시 로컬 서버를 실행한 뒤, http://localhost:8080/question/list에 접속해 보자. 우리가 question_list.html 파일에 작성한 <h2>Hello Template</h2> 내용이 브라우저에 출력되는 것을 확인할 수 있다.

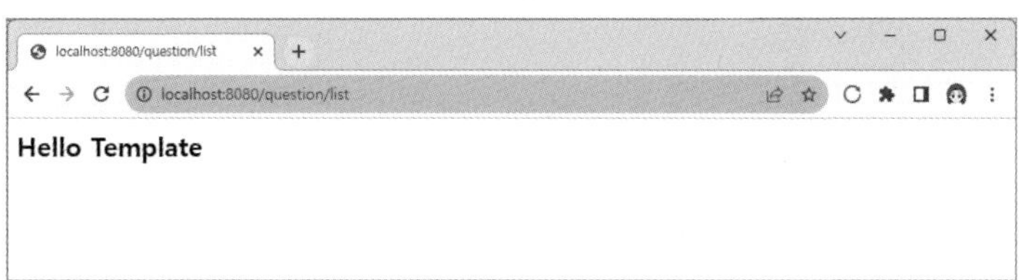

Do it! 실습 데이터를 템플릿에 전달하기

앞선 실습을 통해 템플릿에 저장된 내용을 화면에 전달하는 것은 성공했다. 이제 질문 목록이 담긴 데이터를 조회하여 이를 템플릿을 통해 화면에 전달해 보려고 한다. 질문 목록과 관련된 데이터를 조회하려면 QuestionRepository를 사용해야 한다. QuestionRepository로 조회한 질문 목록 데이터는 Model 클래스를 사용하여 템플릿에 전달할 수 있다. 코드를 작성하면서 더 자세히 알아보자.

먼저, 다음과 같이 QuestionController.java를 수정해 보자.

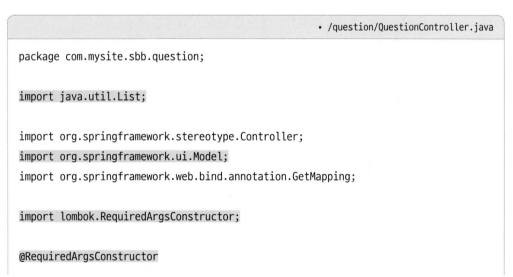

• /question/QuestionController.java

```
package com.mysite.sbb.question;

import java.util.List;

import org.springframework.stereotype.Controller;
import org.springframework.ui.Model;
import org.springframework.web.bind.annotation.GetMapping;

import lombok.RequiredArgsConstructor;

@RequiredArgsConstructor
```

```
@Controller
public class QuestionController {

    private final QuestionRepository questionRepository;

    @GetMapping("/question/list")
    public String list(Model model) {
        List<Question> questionList = this.questionRepository.findAll();
        model.addAttribute("questionList", questionList);
        return "question_list";
    }
}
```

매개변수로 Model을 지정하면 객체가 자동으로 생성된다.

@RequiredArgsConstructor 애너테이션의 생성자 방식으로 questionRepository 객체를 주입했다. @RequiredArgsConstructor는 롬복이 제공하는 애너테이션으로, final이 붙은 속성을 포함하는 생성자를 자동으로 만들어 주는 역할을 한다. 따라서 스프링 부트가 내부적으로 QuestionController를 생성할 때 롬복으로 만들어진 생성자에 의해 questionRepository 객체가 자동으로 주입된다.

그리고 QuestionRepository의 findAll 메서드를 사용하여 질문 목록 데이터인 questionList를 생성하고 Model 객체에 'questionList'라는 이름으로 저장했다. 여기서 Model 객체는 자바 클래스와 템플릿 간의 연결 고리 역할을 한다. Model 객체에 값을 담아 두면 템플릿에서 그 값을 사용할 수 있다. Model 객체는 따로 생성할 필요 없이 컨트롤러의 메서드에 매개변수로 지정하기만 하면 스프링 부트가 자동으로 Model 객체를 생성한다.

Do it! 실습 데이터를 화면에 출력하기

DB로부터 데이터를 조회하여 Model 객체에 저장하였고, 이제 Model 객체를 통해 전달받은 데이터들을 템플릿에서 활용할 준비를 마쳤다. 그렇다면 이제 질문 목록 데이터를 화면에 노출해 보자.

1. 이전에 입력한 내용을 지우고 다음과 같이 question_list.html 템플릿을 수정해 보자.

• /templates/question_list.html

```
<table>
    <thead>
        <tr>
            <th>제목</th>
            <th>작성일시</th>
        </tr>
    </thead>
    <tbody>
        <tr th:each="question : ${questionList}">
            <td th:text="${question.subject}"></td>
            <td th:text="${question.createDate}"></td>
        </tr>
    </tbody>
</table>
```

질문 목록을 HTML의 테이블 구조로 표시했다. 여기서 눈여겨볼 코드는 th:each="question : ${questionList}"이다. 여기서 th:는 타임리프에서 사용하는 속성임을 나타내는데, 바로 이 부분이 자바 코드와 연결된다. question_list.html 파일에 사용한 타임리프 속성들을 잠시 살펴보자.

```
<tr th:each="question : ${questionList}">
```

QuestionController의 list 메서드에서 조회한 질문 목록 데이터를 'questionList'라는 이름으로 Model 객체에 저장했다. 타임리프는 Model 객체에 저장한 questionList를 ${questionList}로 읽을 수 있다. 위의 코드는 questionList에 저장된 데이터를 하나씩 꺼내 question 변수에 대입한 후 questionList의 개수만큼 반복하며 <tr> ... </tr> 문장을 출력하라는 의미이다. 자바의 for each 문을 떠올리면 쉽게 이해할 수 있을 것이다.

다음 코드는 question 객체의 subject를 <td> 태그로 출력한다.

```
<td th:text="${question.subject}"></td>
```

다음 코드도 question 객체의 createDate를 출력한다.

```
<td th:text="${question.createDate}"></td>
```

2. 브라우저에서 다시 http://localhost:8080/question/list에 접속해 보자.

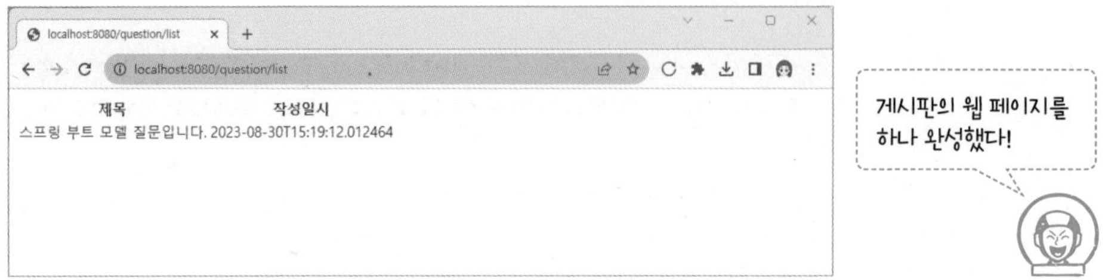

앞서 우리가 2-05절에서 테스트로 등록한 질문 목록 데이터가 조회되어 이와 같이 출력되었다. 만약 질문 엔티티에 데이터를 더 추가했다면 더 많은 데이터가 화면에 노출될 것이다.

여기까지 잘 따라왔다면 URL을 매핑하는 것부터 HTML 템플릿을 활용해 웹 페이지에 DB를 읽어 출력하는 것까지 모두 익혔고, SBB 게시판의 웹 페이지 하나를 완성한 것이다.

자주 사용하는 타임리프의 3가지 속성

타임리프의 여러 속성 중 다음 3가지 속성을 자주 사용한다. 이 3가지만 알아도 일반적인 화면을 만들기에 충분하다.

1. 분기문 속성

if 문, else if 문과 같은 분기문은 다음과 같이 사용한다.

```
th:if="${question != null}"
```

이 경우 question 객체가 null이 아닌 경우에만 이 속성을 포함한 요소가 표시된다.

2. 반복문 속성

th:each 반복문 속성은 자바의 for each 문과 유사하다.

```
th:each="question : ${questionList}"
```

반복문 속성은 다음과 같이 사용할 수도 있다.

```
th:each="question, loop : ${questionList}"
```

여기서 추가한 loop 객체를 이용하여 루프 내에서 다음과 같이 사용할 수 있다.

- loop.index: 루프의 순서(루프의 반복 순서, 0부터 1씩 증가)
- loop.count: 루프의 순서(루프의 반복 순서, 1부터 1씩 증가)
- loop.size: 반복 객체의 요소 개수(예를 들어 questionList의 요소 개수)
- loop.first: 루프의 첫 번째 순서인 경우 true
- loop.last: 루프의 마지막 순서인 경우 true
- loop.odd: 루프의 홀수 번째 순서인 경우 true
- loop.even: 루프의 짝수 번째 순서인 경우 true
- loop.current: 현재 대입된 객체(여기서는 question과 동일)

3. 텍스트 속성

th:text=(속성)은 해당 요소의 텍스트값을 출력한다.

```
th:text="${question.subject}"
```

텍스트는 th:text 속성 대신에 다음처럼 대괄호를 사용하여 값을 직접 출력할 수 있다.

```
<tr th:each="question : ${questionList}">
    <td>[[${question.subject}]]</td>
    <td>[[${question.createDate}]]</td>
</tr>
```

2-08

루트 URL 사용하기

서버의 URL을 요청할 때 도메인명 뒤에 아무런 주소도 덧붙이지 않는 URL을 루트 URL이라고 한다. 예를 들어 구글의 루트 URL은 google.com이다. 그리고 루트 URL을 요청했을 때 보여 지는 페이지를 메인 페이지라고 한다. SBB 서비스도 질문 목록을 메인 페이지로 정하고, 루트 URL을 요청했을 때 질문 목록 화면으로 이동되도록 만들어 보자. 즉, 웹 브라우저에서 http://localhost:8080/question/list 대신 루트 URL인 http://localhost:8080로 접속해도 질문 목록 화면을 출력하도록 해보자.

현재 루트 URL를 매핑하지 않아서 브라우저에서 루트 URL에 접속하면 다음과 같은 404 오류 페이지가 나타난다.

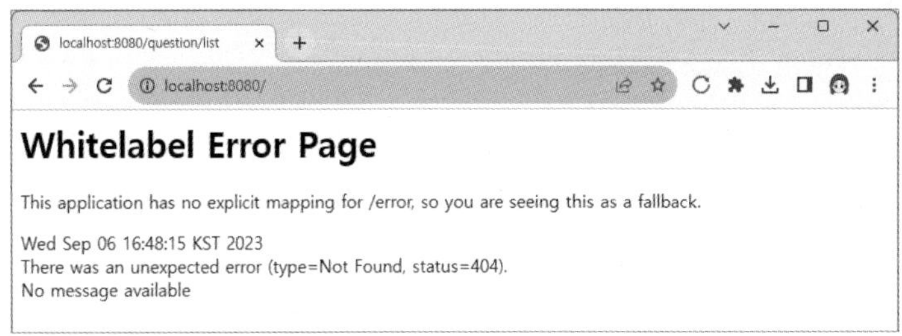

루트 URL 호출 시 404 오류 페이지 대신 질문 목록 화면을 출력하기 위해 다음과 같이 MainController.java를 수정해 보자.

• MainController.java

```
package com.mysite.sbb;

import org.springframework.stereotype.Controller;
import org.springframework.web.bind.annotation.GetMapping;
import org.springframework.web.bind.annotation.ResponseBody;

@Controller
```

```
public class MainController {

    @GetMapping("/sbb")
    @ResponseBody
    public String index() {
        return "안녕하세요 sbb에 오신것을 환영합니다.";
    }

    @GetMapping("/")
    public String root() {
        return "redirect:/question/list";
    }
}
```

이 부분에 리다이렉트할 URL을 입력한다.

이와 같이 root 메서드를 추가하고 / URL을 매핑했다. 리턴 문자열 'redirect:/question/list'는 /question/list URL로 페이지를 리다이렉트하라는 명령어이다. 여기서 리다이렉트란 클라이언트가 요청하면 새로운 URL로 전송하는 것을 의미한다.

이제 http://localhost:8080 페이지에 접속하면 root 메서드가 실행되어 질문 목록이 표시되는 것을 확인할 수 있다.

localhost:8080로 접속하면 localhost:8080/question/list로 주소가 바뀌면서 질문 목록이 있는 웹 페이지로 연결된다.

2-09
서비스 활용하기

우리는 2-07절에서 질문 목록을 만들어 보았다. 이제 질문 목록에서 질문의 제목을 클릭하면 해당 질문과 관련된 상세 내용이 담긴 화면으로 넘어가게끔 하려고 한다. 하지만 그 전에 먼저 서비스란 무엇인지 알고 넘어가자.

우리는 그동안 QuestionController에서 QuestionRepository를 직접 접근해 질문 목록 데이터를 조회했다. 하지만 대부분의 규모 있는 스프링 부트 프로젝트는 컨트롤러에서 리포지터리를 직접 호출하지 않고 중간에 서비스를 두어 데이터를 처리한다. 이러한 서비스를 사용하여 SBB 프로그램을 개선해 보자.

여기서 말하는 '서비스'와 웹 서비스는 서로 다른 개념임에 주의하자.

서비스가 필요한 이유

서비스란 무엇일까? 서비스service는 간단히 말해 스프링에서 데이터 처리를 위해 작성하는 클래스이다. 우리는 그동안 서비스 없이도 웹 프로그램을 동작시키는 데 문제가 없었다. 그런데 굳이 서비스를 사용해야 할까? 서비스가 필요한 이유를 좀 더 자세히 알아보자.

복잡한 코드를 모듈화할 수 있다

예를 들어 A라는 컨트롤러가 어떤 기능을 수행하기 위해 C라는 리포지터리의 메서드 a, b, c를 순서대로 실행해야 한다고 가정해 보자. 그리고 B라는 컨트롤러도 A 컨트롤러와 동일한 기능을 수행해야 한다면 A, B 컨트롤러가 C 리포지터리의 메서드 a, b, c를 호출해 사용하는 중복된 코드를 가지게 된다. 이런 경우 C 리포지터리의 a, b, c 메서드를 호출하는 기능을 서비스로 만들고 컨트롤러에서 이 서비스를 호출하여 사용할 수 있다. 즉, 서비스를 사용하면 이와 같은 모듈화가 가능하다.

엔티티 객체를 DTO 객체로 변환할 수 있다

우리가 앞에서 작성한 Question, Answer 클래스는 모두 엔티티 클래스이다. 엔티티 클래스는 데이터베이스와 직접 맞닿아 있는 클래스이므로 컨트롤러 또는 타임리프와 같은 템플릿 엔진에 전달해 사용하는 것은 좋지 않다. 왜냐하면 엔티티 객체에는 민감한 데이터가 포함될 수 있는데, 타임리프에서 엔티티 객체를 직접 사용하면 민감한 데이터가 노출될 위험이 있기 때문이다.

이러한 이유로 Question, Answer 같은 엔티티 클래스는 컨트롤러에서 사용하지 않도록 설계하는 것이 좋다. 그래서 Question, Answer를 대신해 사용할 DTO^Data Transfer Object 클래스가 필요하다. 그리고 Question, Answer 등의 엔티티 객체를 DTO 객체로 변환하는 작업도 필요하다. 그러면 엔티티 객체를 DTO 객체로 변환하는 일은 어디서 처리해야 할까? 이때도 서비스가 필요하다. 서비스는 컨트롤러와 리포지터리의 중간에서 엔티티 객체와 DTO 객체를 서로 변환하여 양방향에 전달하는 역할을 한다.

이 책은 간결한 설명을 위해 별도의 DTO를 만들지 않고 엔티티 객체를 컨트롤러와 타임리프에서 그대로 사용할 것이다. 하지만 실제 프로그램을 개발할 때는 엔티티 클래스를 대신할 DTO 클래스를 만들어 사용하기를 권장한다.

Do it! 실습 서비스 만들기

컨트롤러에서 리포지터리 대신 사용할 서비스를 만들어 보자. 먼저 src/main/java 디렉터리의 com.mysite.sbb.question 패키지에 QuestionService.java 파일을 만들어 다음과 같은 내용을 작성해 보자.

• /question/QuestionService.java

```
package com.mysite.sbb.question;

import java.util.List;
import org.springframework.stereotype.Service;
import lombok.RequiredArgsConstructor;

@RequiredArgsConstructor
@Service
public class QuestionService {

    private final QuestionRepository questionRepository;

    public List<Question> getList() {
```

```
        return this.questionRepository.findAll();
    }
}
```

생성한 클래스를 서비스로 만들기 위해서는 이와 같이 클래스명 위에 @Service 애너테이션을 붙이면 된다. @Controller, @Entity 등과 마찬가지로 스프링 부트는 @Service 애너테이션이 붙은 클래스는 서비스로 인식하므로 서비스를 쉽게 생성할 수 있다.

여기서 questionRepository 객체는 @RequiredArgsConstructor에 의해 생성자 방식으로 주입된다.

이 코드에서는 질문 목록 데이터를 조회하여 리턴하는 getList 메서드를 추가했다. getList 메서드의 내용을 살펴보면 컨트롤러(QuestionController)에서 리포지터리를 사용했던 부분을 그대로 옮긴 것을 알 수 있다.

Do it! 실습 컨트롤러에서 서비스 사용하기

QuestionController.java 파일로 돌아가 QuestionController가 리포지터리 대신 서비스를 사용하도록 다음과 같이 수정해 보자.

• /question/QuestionController.java

```
(... 생략 ...)

@RequiredArgsConstructor
@Controller
public class QuestionController {

    private final QuestionService questionService;

    @GetMapping("/question/list")
    public String list(Model model) {
        List<Question> questionList = this.questionService.getList();
        model.addAttribute("questionList", questionList);
        return "question_list";
    }
}
```

여기서 questionService 객체도 @RequiredArgsConstructor에 의해 생성자 방식으로 주입된다.

브라우저로 http://localhost:8080/question/list 페이지에 접속하면 리포지터리를 사용했을 때와 동일한 화면을 볼 수 있다.

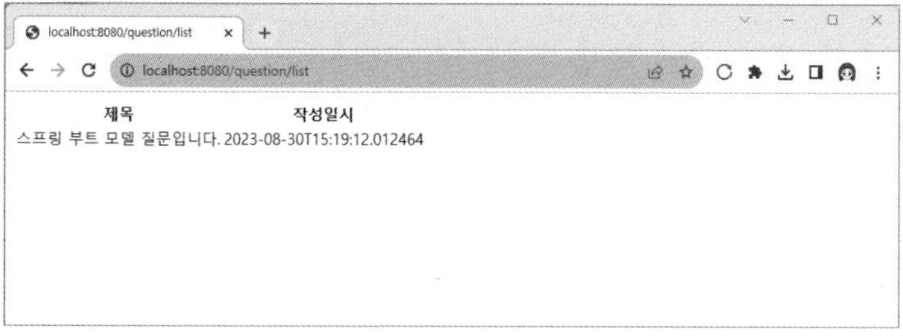

앞으로 작성할 다른 컨트롤러들도 이와 같이 리포지터리를 직접 사용하지 않고 컨트롤러 → 서비스 → 리포지터리 순서로 접근하는 과정을 거쳐 데이터를 처리할 것이다.

2-10
상세 페이지 만들기

이번 절에서는 다음과 같이 질문 목록에서 질문의 제목을 클릭하면 해당 질문과 관련된 상세 내용이 담긴 페이지로 넘어가게끔 기능을 추가해 보자.

Do it! 실습 질문 목록에 링크 추가하기

먼저, 질문 목록의 제목을 클릭하면 상세 화면이 호출되도록 제목에 링크를 추가하자. 다음과 같이 질문 목록 템플릿인 question_list.html을 수정해 보자.

• /templates/question_list.html

```
<table>
    <thead>
        <tr>
            <th>제목</th>
            <th>작성일시</th>
        </tr>
    </thead>
    <tbody>
        <tr th:each="question, index : ${questionList}">
            <td>
                <a th:href="@{|/question/detail/${question.id}|}"
                th:text="${question.subject}"></a>
            </td>
            <td th:text="${question.createDate}"></td>
```

```
        </tr>
    </tbody>
</table>
```

〈td〉 태그를 통해 질문 목록의 제목을 텍스트로 출력하던 것에서 질문의 상세 내용이 담긴 웹 페이지로 이동할 수 있는 링크로 변경했다.

제목에 상세 페이지 URL을 연결하기 위해 타임리프의 th:href 속성을 사용한다. 이때 URL은 반드시 @{와 } 문자 사이에 입력해야 한다. 여기서는 문자열 /question/detail/과 ${question.id} 값이 조합되어 /question/detail/${question.id}로 작성했다.

만약 좌우에 | 없이 다음과 같이 사용하면 오류가 발생한다.

```
<a th:href="@{/question/detail/${question.id}}" th:text="${question.subject}"></a>
```

타임리프에서는 /question/detail/과 같은 문자열과 ${question.id}와 같은 자바 객체의 값을 더할 때는 반드시 다음처럼 |로 좌우를 감싸 주어야 한다.

```
<a th:href="@{|/question/detail/${question.id}|}" th:text="${question.subject"></a>
```

Do it! 실습 상세 페이지 컨트롤러 만들기

1. 브라우저를 통해 질문 목록 페이지에 접속하여 링크를 클릭해 보자. 아마도 다음과 같은 오류가 발생할 것이다.

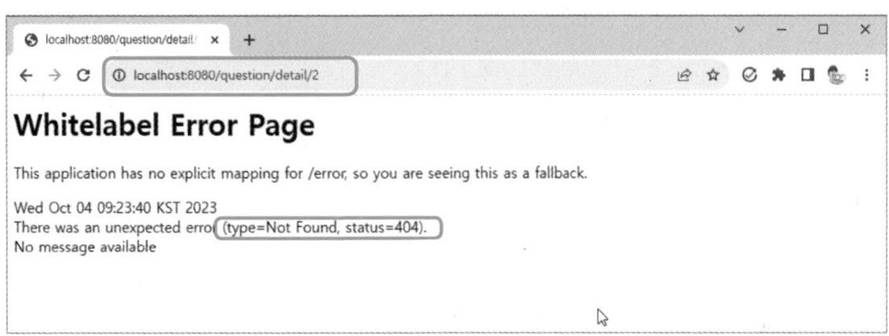

아직 http://localhost:8080/question/detail/2를 매핑하지 않았기 때문에 404 오류가 발생한다.

URL에 끝에 '2'가 붙는 이유는 질문 상세 링크에 question.id가 포함되어 있기 때문이다.

2. 다음과 같이 오류를 해결하기 위해 QuestionController에 질문 상세 페이지 URL을 매핑해 보자.

• /question/QuestionController.java

```
package com.mysite.sbb.question

import java.util.List;

import org.springframework.stereotype.Controller;
import org.springframework.ui.Model;
import org.springframework.web.bind.annotation.GetMapping;
import org.springframework.web.bind.annotation.PathVariable;

import lombok.RequiredArgsConstructor;

@RequiredArgsConstructor
@Controller
public class QuestionController {

    private final QuestionService questionService;

    @GetMapping("/question/list")
    public String list(Model model) {
        List<Question> questionList = this.questionService.getList();
        model.addAttribute("questionList", questionList);
        return "question_list";
    }

    @GetMapping(value = "/question/detail/{id}")
    public String detail(Model model, @PathVariable("id") Integer id) {
        return "question_detail";
    }
}
```

요청한 URL인 http://localhost:8080/question/detail/2의 숫자 2처럼 변하는 id값을 얻을 때에는 @PathVariable 애너테이션을 사용한다. 이때 @GetMapping(value = "/question/detail/{id}")에서 사용한 id와 @PathVariable("id")의 매개변수 이름이 이와 같이 동일해야 한다. 다시 로컬 서버를 실행한 후, 브라우저에서 URL을 입력해 보자.

3. 그런데 코드를 수정하고 다시 URL을 호출하면 이번에는 404 대신 500 오류가 발생할 것이다. 왜냐하면 응답으로 리턴한 question_detail 템플릿이 없기 때문이다. templates에 question_detail.html 파일을 새로 만들어 다음 내용을 작성해 보자.

html 파일을 생성하는 방법이 기억나지 않는다면 2-07절의 '템플릿 사용하기'를 복습하고 오자.

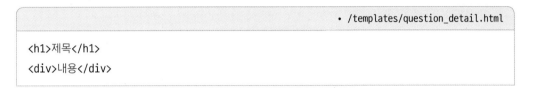

• /templates/question_detail.html

```
<h1>제목</h1>
<div>내용</div>
```

4. 다시 로컬 서버를 재시작한 뒤, URL을 요청하면 오류 없이 다음과 같은 화면이 나타날 것이다.

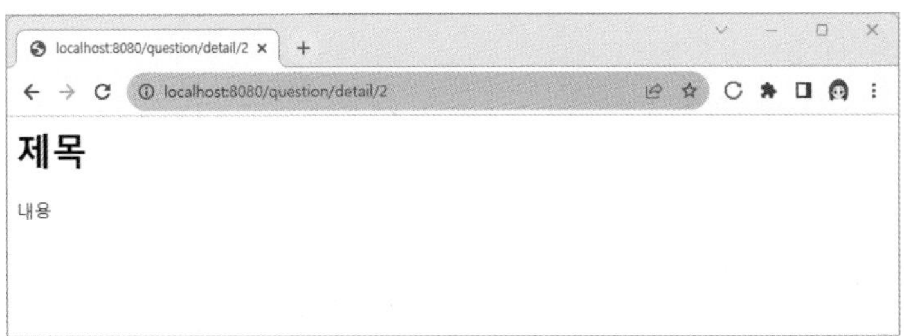

Do it! 실습 상세 페이지에 서비스 사용하기

이제 화면에 출력한 '제목'과 '내용' 문자열 대신 질문 데이터의 제목(subject)과 내용(content)을 출력해 보자. 먼저, 제목과 내용에 들어갈 질문 데이터를 조회해 보자.

1. 질문 데이터를 조회하기 위해서 2-09절에서 만든 QuestionService.java를 다음과 같이 수정해 보자.

• /question/QuestionService.java

```java
package com.mysite.sbb.question;

import java.util.List;
import java.util.Optional;

import com.mysite.sbb.DataNotFoundException;
import org.springframework.stereotype.Service;

import lombok.RequiredArgsConstructor;

@RequiredArgsConstructor
@Service
public class QuestionService {

    private final QuestionRepository questionRepository;

    public List<Question> getList() {
        return this.questionRepository.findAll();
    }

    public Question getQuestion(Integer id) {
        Optional<Question> question = this.questionRepository.findById(id);
        if (question.isPresent()) {
            return question.get();
        } else {
            throw new DataNotFoundException("question not found");
        }
    }
}
```

id값으로 질문 데이터를 조회하기 위해 getQuestion 메서드를 추가했다. 리포지터리로 얻은 Question 객체는 Optional 객체이므로 if~else 문을 통해 isPresent 메서드로 해당 데이터(여기서는 id값)가 존재하는지 검사하는 과정이 필요하다. 만약 id값에 해당하는 질문 데이터가 없을 경우에는 예외 클래스인 DataNotFoundException이 실행되도록 했다.

2. 사실 DataNotFoundException 클래스는 아직 존재하지 않아 컴파일 오류가 발생한다. 다음과 같이 com.mysite.sbb 패키지에 자바 파일을 추가로 만들어 DataNotFound Exception 클래스를 정의해 보자.

• DataNotFoundException.java

```
package com.mysite.sbb;

import org.springframework.http.HttpStatus;
import org.springframework.web.bind.annotation.ResponseStatus;

@ResponseStatus(value = HttpStatus.NOT_FOUND, reason = "entity not found")
public class DataNotFoundException extends RuntimeException {
    private static final long serialVersionUID = 1L;
    public DataNotFoundException(String message) {
        super(message);
    }
}
```

DataNotFoundException은 데이터베이스에서 특정 엔티티 또는 데이터를 찾을 수 없을 때 발생시키는 예외 클래스로 만들었다. 이 예외가 발생하면 스프링 부트는 설정된 HTTP 상태 코드(HttpStatus.NOT_FOUND)와 이유("entity not found")를 포함한 응답을 생성하여 클라이언트에게 반환하게 된다. 여기서는 404 오류를 반환하도록 작성했다.

RuntimeException 클래스를 상속하는 것은 사용자 정의 예외 클래스를 정의하는 방법 중 하나이다. RuntimeException은 실행 시 발생하는 예외라는 의미이다.

3. 그리고 QuestionController.java로 돌아가 QuestionService의 getQuestion 메서드를 호출하여 Question 객체를 템플릿에 전달할 수 있도록 다음과 같이 수정하자.

• /question/QuestionController.java

```
(... 생략 ...)
public class QuestionController {

    (... 생략 ...)

    @GetMapping(value = "/question/detail/{id}")
```

```
    public String detail(Model model, @PathVariable("id") Integer id) {
        Question question = this.questionService.getQuestion(id);
        model.addAttribute("question", question);
        return "question_detail";
    }
}
```

Do it! 실습 상세 페이지 출력하기

'제목'과 '내용' 문자열 대신 질문 데이터의 제목(subject)과 내용(content)을 화면에 출력해 보자.

1. 상세 페이지 템플릿인 question_detail 파일로 돌아가 다음과 같이 수정해 보자. 이때 QuestionController의 detail 메서드에서 Model 객체에 'question'이라는 이름으로 Question 객체를 저장했으므로 다음과 같이 작성할 수 있다.

• /templates/question_detail.html

```
<h1 th:text="${question.subject}"></h1>
<div th:text="${question.content}"></div>
```

2. 이제 다시 상세 페이지를 요청해 보자. 다음과 같은 화면이 나타날 것이다.

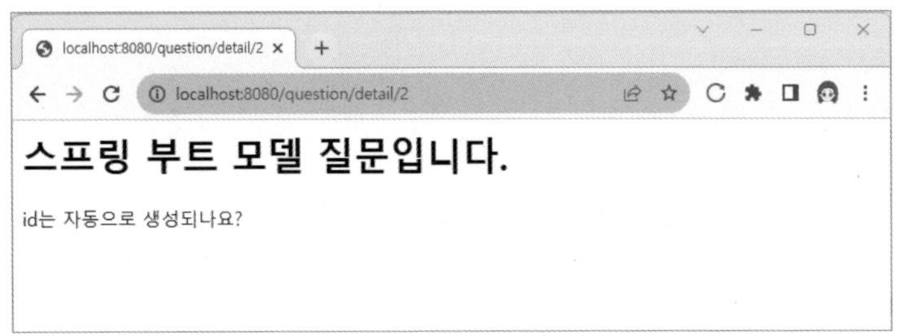

조회한 질문 데이터의 제목과 내용이 화면에 잘 출력된 것을 확인할 수 있다.

3. 이번에는 33과 같은 존재하지 않는 id값을 입력해 페이지를 요청해 보자.

```
http://localhost:8080/question/detail/33
```

이와 같이 존재하지 않는 데이터를 조회하려고 할 경우에는 DataNotFound Exception이라는 예외 클래스가 실행되어 404 Not found 오류가 발생하는 것을 확인할 수 있다.

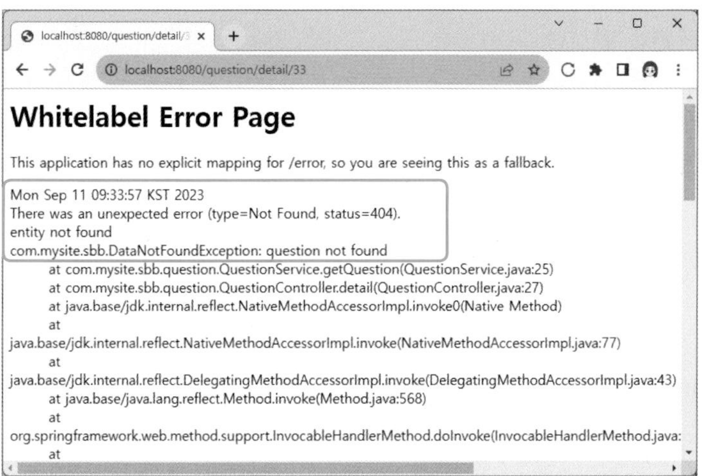

2-11
URL 프리픽스 알아 두기

이제 질문 상세 페이지에서 답변을 입력할 수 있도록 프로그램을 만들어 볼 것이다. 이와 같은 내용을 배우기 전에 QuestionController.java의 URL 매핑을 잠시 살펴보자.

현재 QuestionController.java에는 다음 2개의 URL이 매핑되어 있다.

1. @GetMapping("/question/list")
2. @GetMapping(value = "/question/detail/{id}")

URL 매핑 시 value 매개변수는 생략할 수 있다.

URL의 프리픽스가 모두 /question으로 시작한다는 것을 알 수 있다. 프리픽스prefix란 URL의 접두사 또는 시작 부분을 가리키는 말로, QuestionController에 속하는 URL 매핑은 항상 /question 프리픽스로 시작하도록 설정할 수 있다. QustionController 클래스명 위에 다음과 같이 @RequestMapping("/question") 애너테이션을 추가하고, 메서드 단위에서는 /question을 생략하고 그 뒷부분만을 적으면 된다.

이 내용을 바탕으로 다음과 같이 QuestionController.java를 수정해 보자.

• /question/QuestionController.java

```
package com.mysite.sbb.question;

import java.util.List;

import org.springframework.stereotype.Controller;
import org.springframework.ui.Model;
import org.springframework.web.bind.annotation.GetMapping;
import org.springframework.web.bind.annotation.PathVariable;
import org.springframework.web.bind.annotation.RequestMapping;

import lombok.RequiredArgsConstructor;
```

```
@RequestMapping("/question")
@RequiredArgsConstructor
@Controller
public class QuestionController {

    private final QuestionService questionService;

    @GetMapping("/list")
    public String list(Model model) {
        (... 생략 ...)
    }

    @GetMapping(value = "/detail/{id}")
    public String detail(Model model, @PathVariable("id") Integer id) {
        (... 생략 ...)
    }
}
```


list 메서드의 URL 매핑은 /list이지만 @RequestMapping 애너테이션에서 이미 /question URL을 매핑했기 때문에 /question + /list가 되어 최종 URL 매핑은 /question/list가 된다. 그러므로 이와 같이 수정하면 기존과 완전히 동일하게 URL 매핑이 이루어진다. 다만, 앞으로 QuestionController.java에서 URL을 매핑할 때 반드시 /question으로 시작한다는 것을 기억해 두자.

사실 RequestionMapping을 통한 URL 프리픽스는 선택 사항이다. 여기서는 프리픽스를 사용하는 것이 더 편리하기 때문에 다룬 것이다. 다른 프로젝트를 진행할 때는 컨트롤러의 성격에 맞게 프리픽스 사용 여부를 결정하자.

2-12 답변 기능 만들기

실습을 통해 우리는 질문 목록을 확인하고, 질문 제목을 클릭하면 내용을 상세하게 볼 수 있는 페이지까지 만들어 보았다. 이번에는 질문에 답변을 입력하고, 입력한 답변을 질문 상세 페이지에서 확인할 수 있도록 구현해 보자.

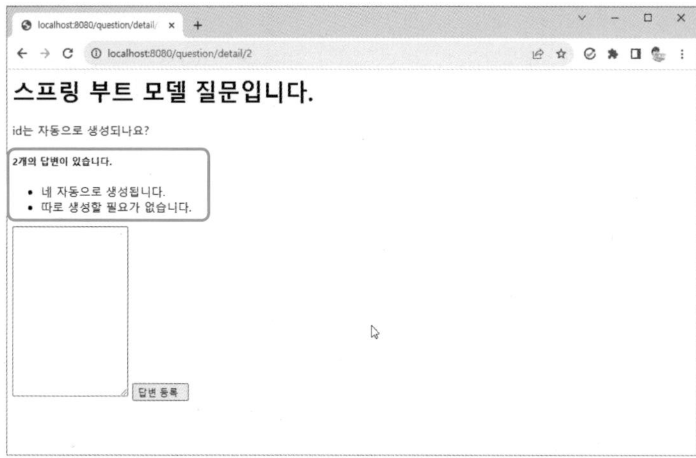

Do it! 실습 텍스트 창과 등록 버튼 만들기

질문 상세 페이지에서 답변을 입력하는 텍스트 창을 만들고, 답변을 등록하기 위한 [답변 등록] 버튼을 생성해 보자.

1. 상세 페이지 템플릿인 question_detail.html에 답변 저장을 위한 form, textarea, input 요소를 다음과 같이 추가해 보자.

• /templates/question_detail.html

```
<h1 th:text="${question.subject}"></h1>
<div th:text="${question.content}"></div>
```

```
<form th:action="@{|/answer/create/${question.id}|}" method="post">
    <textarea name="content" id="content" rows="15"></textarea>
    <input type="submit" value="답변 등록 ">
</form>
```

[답변 등록] 버튼을 누르면 전송되는 form의 action은 타임리프의 th:action 속성으로 생성한다. 이제 텍스트 창에 답변을 작성하고, 답변 등록 버튼을 클릭하면 /answer/create/2(여기서 '2'는 질문 데이터의 고유 번호를 의미한다.)와 같은 URL이 post 방식으로 호출될 것이다.

2. 코드를 추가했으면 로컬 서버를 실행한 후, 질문 상세 페이지에 접속해 보자.

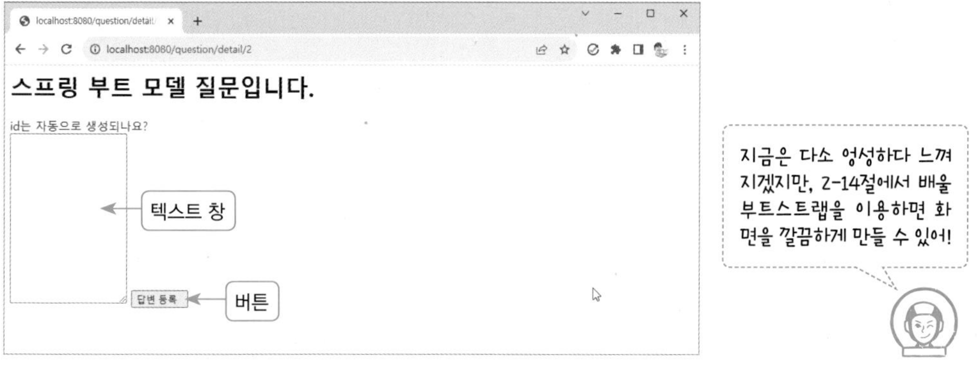

이와 같이 답변을 입력할 수 있는 텍스트 창과 [답변 등록] 버튼이 생성되었다.

3. 이제 [답변 등록] 버튼을 누르면 POST 방식으로 /answer/create/〈question id〉 URL이 호출될 것이다. 하지만 아직 /answer/create/〈question id〉 URL을 매핑하지 않았으므로 버튼을 누르면 다음과 같은 404 페이지가 나타난다.

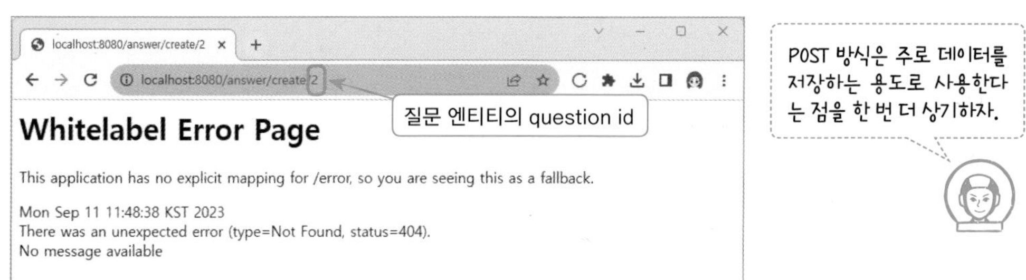

이 오류를 해결하려면 답변 컨트롤러를 만들고 http://localhost:8080/answer/create/2 URL을 매핑해야 한다.

Do it! 실습 답변 컨트롤러 만들기

앞에서 질문 컨트롤러(QuestionController.java)를 만들었듯이 답변 컨트롤러를 만들어 URL을 매핑해 보자. 그러기 위해 이번에는 src/main/java 디렉터리의 com.mysite.sbb.answer 패키지에 답변 컨트롤러로 AnswerController.java 파일을 만들어 다음과 같은 내용을 작성해 보자.

• /answer/AnswerController.java

```
package com.mysite.sbb.answer;

import com.mysite.sbb.question.Question;
import com.mysite.sbb.question.QuestionService;

import org.springframework.stereotype.Controller;
import org.springframework.ui.Model;
import org.springframework.web.bind.annotation.PathVariable;
import org.springframework.web.bind.annotation.PostMapping;
import org.springframework.web.bind.annotation.RequestMapping;
import org.springframework.web.bind.annotation.RequestParam;

import lombok.RequiredArgsConstructor;

@RequestMapping("/answer")
@RequiredArgsConstructor
@Controller
public class AnswerController {

    private final QuestionService questionService;

    @PostMapping("/create/{id}")
    public String createAnswer(Model model, @PathVariable("id") Integer id,
    @RequestParam(value="content") String content) {
        Question question = this.questionService.getQuestion(id);
        // TODO: 답변을 저장한다.
        return String.format("redirect:/question/detail/%s", id);
    }
}
```

여기서는 URL 프리픽스를 /answer로 고정한다.

답변을 저장하는 코드는 아직 작성 전이므로 이와 같이 주석으로 안내했다.

/answer/create/{id}와 같은 URL 요청 시 createAnswer 메서드가 호출되도록 @PostMapping으로 매핑했다. @PostMapping 애너테이션은 @GetMapping과 동일하게 URL 매핑을 담당하는 역할을 하지만, POST 요청을 처리하는 경우에 사용한다.

@PostMapping(value ="/create/{id}") 대신 @PostMapping("/create/{id}")처럼 value는 생략해도 된다.

그리고 질문 컨트롤러의 detail 메서드와 달리 createAnswer 메서드의 매개변수에는 @RequestParam(value="content") String content가 추가되었다. 이는 앞서 작성한 템플릿(question_detail.html)에서 답변으로 입력한 내용(content)을 얻으려고 추가한 것이다. 템플릿의 답변 내용에 해당하는 <textarea>의 name 속성명이 content이므로 여기서도 변수명을 content로 사용한다. /create/{id}에서 {id}는 질문 엔티티의 id이므로 이 id값으로 질문을 조회하고 값이 없을 경우에는 404 오류가 발생할 것이다.

// TODO: (해야 할 일)와 같이 주석을 작성하여 개발자들이 주로 코드 내에서 아직 해결되지 않은 문제나 추가로 작업해야 하는 부분을 표시한다. 말 그대로 'To do', 즉 할 일을 의미한다.

Do it! 실습 답변 서비스 만들기

이번에는 입력받은 답변을 저장하는 코드를 작성해 보자. 답변을 저장하려면 답변 서비스가 필요하다.

1. 먼저, com.mysite.sbb.answer 패키지에 AnswerService.java 파일을 만들어 다음과 같은 내용을 작성해 보자.

• /answer/AnswerService.java

```
package com.mysite.sbb.answer;

import java.time.LocalDateTime;

import com.mysite.sbb.question.Question;
import org.springframework.stereotype.Service;

import lombok.RequiredArgsConstructor;

@RequiredArgsConstructor
@Service
public class AnswerService {
```

```
    private final AnswerRepository answerRepository;

    public void create(Question question, String content) {
        Answer answer = new Answer();
        answer.setContent(content);
        answer.setCreateDate(LocalDateTime.now());
        answer.setQuestion(question);
        this.answerRepository.save(answer);
    }
}
```

AnswerService에는 답변(Answer)을 생성하기 위해 create 메서드를 추가했다. create 메서드는 입력받은 2개의 매개변수인 question과 content를 사용하여 Answer 객체를 생성하여 저장했다.

2. 이제 작성한 create 메서드를 AnswerController에서 사용해 보자.

• /answer/AnswerController.java

```
(... 생략 ...)

public class AnswerController {

    private final QuestionService questionService;
    private final AnswerService answerService;

    @PostMapping("/create/{id}")
    public String createAnswer(Model model, @PathVariable("id") Integer id,
    @RequestParam(value="content") String content) {
        Question question = this.questionService.getQuestion(id);
        this.answerService.create(question, content);
        return String.format("redirect:/question/detail/%s", id);
    }
}
```

TODO 주석문을 삭제하고 그 자리에 코드를 입력한다.

TODO 주석문을 삭제하고 그 자리에 AnswerService의 create 메서드를 호출하여 답변을 저장할 수 있게 했다.

3. 다시 질문 상세 페이지(http://localhost:8080/question/detail/2)에 접속하여 텍스트 창에 아무 값이나 입력하고 [답변 등록] 버튼을 클릭해 보자.

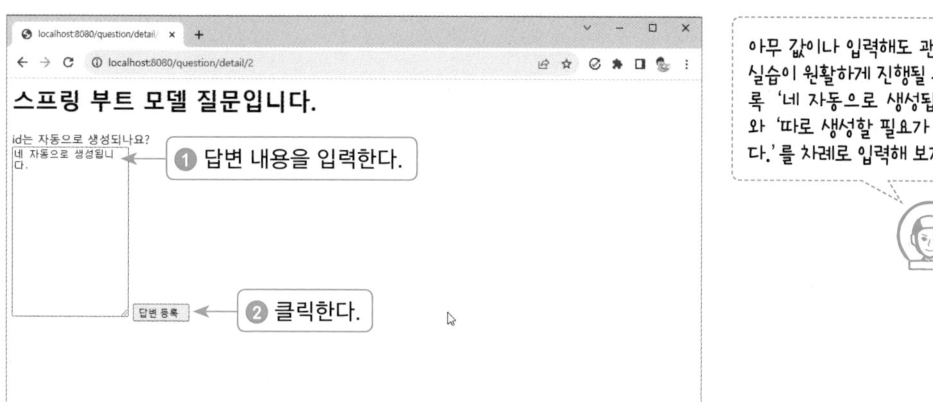

아무 값이나 입력해도 괜찮지만 실습이 원활하게 진행될 수 있도록 '네 자동으로 생성됩니다.'와 '따로 생성할 필요가 없습니다.'를 차례로 입력해 보자.

현 상태에서는 확인할 수 없지만 답변은 잘 저장되었다. 그런데 왜 화면에는 아무런 변화가 없을까? 왜냐하면 우리는 아직 등록한 답변 내용을 화면에 표시하도록 템플릿에 추가하지 않았기 때문이다.

Do it! 실습 상세 페이지에 답변 표시하기

이제 텍스트 창을 통해 입력한 답변이 상세 화면에 표시되도록 만들어 보자.

1. 답변은 질문 아래에 보이도록 상세 페이지 템플릿인 question_detail.html에 다음과 같이 추가해 보자.

• /templates/question_detail.html

```
<h1 th:text="${question.subject}"></h1>
<div th:text="${question.content}"></div>
<h5 th:text="|${#lists.size(question.answerList)}개의 답변이 있습니다.|"></h5>
<div>
```

```
    <ul>
        <li th:each="answer : ${question.answerList}" th:text="${answer.content}"></li>
    </ul>
</div>
<form th:action="@{|/answer/create/${question.id}|}" method="post">
    <textarea name="content" id="content" rows="15"></textarea>
    <input type="submit" value="답변 등록">
</form>
```

기존 코드에 답변을 확인할 수 있는 영역을 추가했다. #lists.size(question.answerList)는 답변 개수를 의미한다. 따라서 '1개의 답변이 있습니다.' 와 같은 문장이 화면에 표시될 것이다.

#lists.size(객체)는 타임리프에서 제공하는 기능으로, 해당 객체의 길이를 반환한다.

〈div〉 태그로 답변 리스트에 관한 내용을 묶었다. 그리고 〈ul〉 태그를 사용하여 질문에 연결된 답변을 모두 표시했다.

2. 이제 질문 상세 페이지를 새로 고침 하면 텍스트 창에 입력한 답변이 보일 것이다.

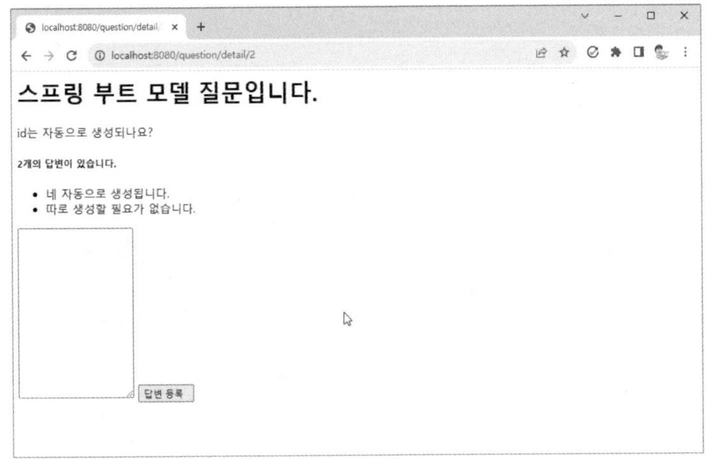

2-13 웹 페이지 디자인하기

지금까지 질문 목록 화면과 질문 상세 화면을 만들었다. 하지만 좀 더 그럴싸한 화면을 만들려면 화면을 디자인해야 한다. 즉, 뼈대만 있는 화면에 옷을 입혀 보는 것이다. 웹 개발에서는 색상이나 크기 등의 디자인을 적용할 때 스타일시트stylesheet, CSS를 사용한다. 이번 절에서는 SBB에 스타일시트를 적용해 보자.

우리는 질문 상세 화면에 스타일시트를 적용하여 답변을 입력받는 텍스트 창의 크기를 지금보다 넓히고 버튼 상단에 여백도 추가해 볼 것이다.

Do it! 실습 스태틱 디렉터리와 스타일시트 이해하기

스타일시트 파일, 즉 CSS 파일은 HTML 파일과 달리 스태틱static 디렉터리에 저장해야 한다. 스프링 부트의 스태틱 디렉터리는 오른쪽과 같이 src/main/resources 디렉터리 안에 있다.

스태틱 디렉터리를 확인했으니 앞으로 CSS 파일은 스태틱 디렉터리에 저장한다.

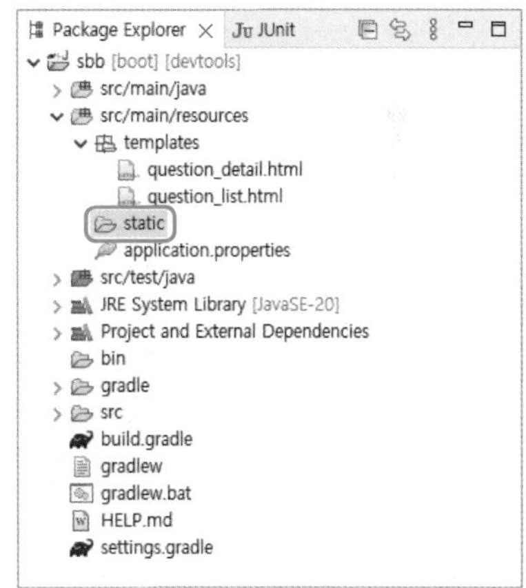

화면을 본격적으로 디자인하기에 앞서 먼저 스타일시트 파일(style.css)을 만들어 보자. static 디렉터리를 선택한 후, 마우스 오른쪽 버튼을 누르고 [New → File]을 클릭한다. 파일 이름으로 style.css를 입력하여 스타일시트 파일을 만든다. 그리고 다음 내용을 입력해 보자.

• /static/style.css

```
textarea {
    width:100%;
}

input[type=submit] {
    margin-top:10px;
}
```

텍스트 창의 넓이를 설정한다.

버튼 상단의 마진을 설정한다.

style.css 파일에 질문 상세 화면의 디자인 요소들을 작성했다. 답변 등록 시 사용하는 텍스트 창의 넓이를 100%로 하고 [답변 등록] 버튼 상단에 마진을 10픽셀로 설정했다.

Do it! 실습 템플릿에 스타일 적용하기

1. 이제 작성한 스타일시트 파일(style.css 파일)을 질문 상세 페이지 템플릿에 적용해 보자.

• /templates/question_detail.html

```
<link rel="stylesheet" type="text/css" th:href="@{/style.css}">
<h1 th:text="${question.subject}"></h1>
<div th:text="${question.content}"></div>
<h5 th:text="|${#lists.size(question.answerList)}개의 답변이 있습니다.|"></h5>
<div>
    <ul>
        <li th:each="answer : ${question.answerList}"
        th:text="${answer.content}"></li>
    </ul>
</div>
<form th:action="@{|/answer/create/${question.id}|}" method="post">
    <textarea name="content" id="content" rows="15"></textarea>
    <input type="submit" value="답변 등록">
</form>
```

이와 같이 question_detail.html 파일 상단에 style.css를 사용할 수 있는 링크를 추가하여 스타일시트 파일을 상세 페이지 템플릿에 적용했다.

static 디렉터리에 style.css 파일이 위치하지만 /static/style.css 대신 /style.css로 작성해야 함에 주의하자. 왜냐하면 static 디렉터리가 스태틱 파일들의 루트 디렉터리이므로 적을 필요가 없기 때문이다.

2. 브라우저에 http://localhost:8080/question/detail/2를 입력해 질문 상세 화면이 어떻게 변경되었는지 확인해 보자. 다음처럼 스타일이 적용된 화면을 볼 수 있다.

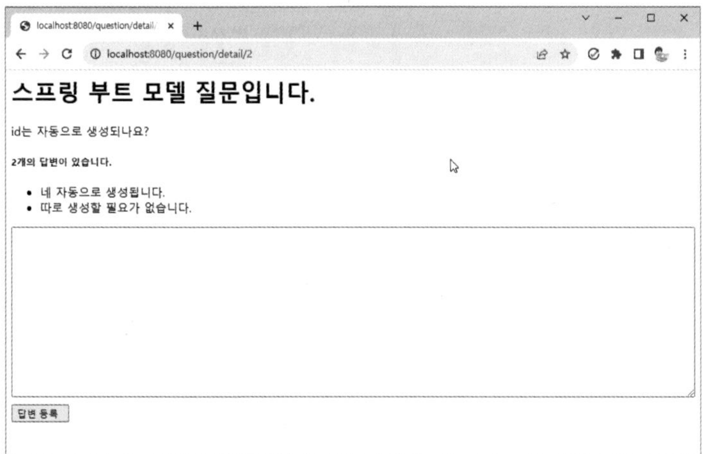

텍스트 창의 넓이가 넓어지고 [답변 등록] 버튼 위에 여백이 생겨 한층 보기 편해졌다.

2-14
부트스트랩으로 화면 꾸미기

부트스트랩bootstrap은 트위터Twitter를 개발하면서 만들어졌으며 현재 지속적으로 관리되고 있는 오픈소스 프로젝트로, 웹 디자이너의 도움 없이도 개발자 혼자서 상당히 괜찮은 수준의 웹 페이지를 만들 수 있게 도와주는 프레임워크이다. 다음과 같이 질문 목록 페이지와 상세 페이지에 부트스트랩을 적용하여 SBB 게시판 서비스를 좀 더 멋지게 만들어 보자.

Do it! 실습 부트스트랩 설치하기

1. 우선 다음 URL에서 부트스트랩을 내려받자.

```
https://getbootstrap.com/docs/5.3/getting-started/download/
```

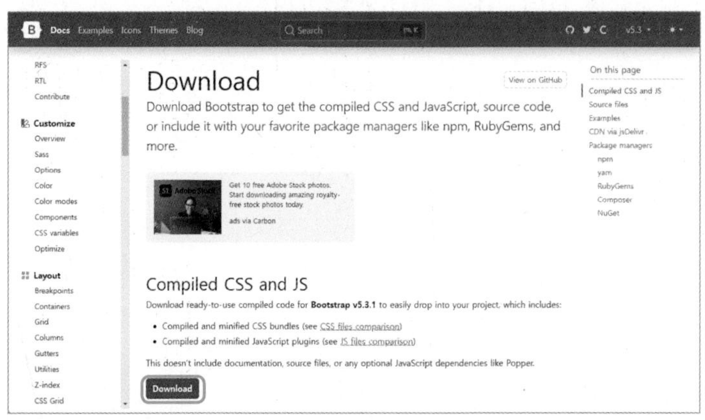

부트스트랩은 3.x, 4.x, 5.x 등의 버전이 존재하고 메이저 번호(3, 4, 5)에 따라 사용 방법이 다르다. 이 책은 부트스트랩 버전 5 기준으로 실습을 진행한다. 다른 부트스트랩 버전을 사용하면 이 책의 예제를 따라 하기 어렵다.

2. 부트스트랩 다운로드 페이지에 접속한 후 [Download] 버튼을 클릭해 다음과 같은 이름의 파일을 내려받자.

```
bootstrap-5.3.1-dist.zip
```

이 책을 작성하는 시점의 부트스트랩 최신 버전은 5.3.1이다.

3. 압축 파일 안에 많은 파일들이 있는데 이 중에서 bootstrap.min.css 파일을 복사하여 스태틱 디렉터리에 저장하자.

구분	파일 위치
압축 파일 내 경로	bootstrap-5.3.1-dist.zip/bootstrap-5.3.1-dist/css/bootstrap.min.css
붙여넣기할 폴더 경로	workspace/sbb/src/main/resources/static/bootstrap.min.css

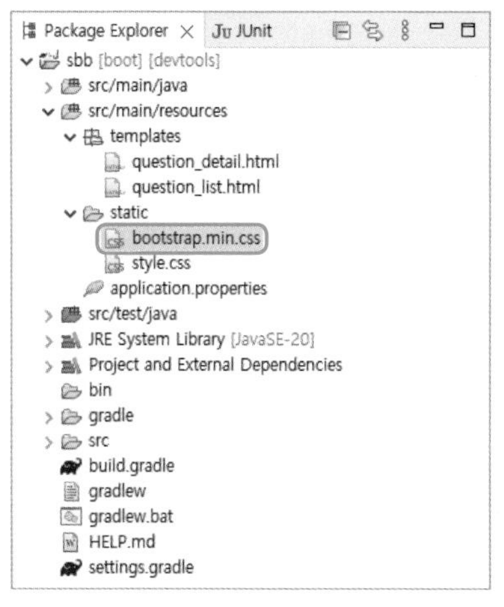

위와 같은 경로로 직접 복사 → 붙여넣기를 해도 좋지만, STS에서 static 폴더를 열고 직접 드래그 앤 드롭하여 파일을 넣으면 더 편할 거야!

압축 파일 안에 자바스크립트 파일도 사용할 예정이므로 bootstrap-5.2.3-dist.zip 파일을 삭제하지 말자.

bootstrap.min.css 파일은 STS 에디터에서 열지 말자. STS에서는 한 줄로 만들어진 이 커다란 파일을 읽을 경우 '응답 없음' 오류가 발생할 수 있기 때문이다.

Do it! 실습 부트스트랩 적용하기

1. 먼저 질문 목록 템플릿에 부트스트랩을 적용해 보자.

• /templates/question_list.html

```
<link rel="stylesheet" type="text/css" th:href="@{/bootstrap.min.css}">
<div class="container my-3">
    <table class="table">
        <thead class="table-dark">
            <tr>
```

```
                <th>번호</th>
                <th>제목</th>
                <th>작성일시</th>
            </tr>
        </thead>
        <tbody>
            <tr th:each="question, loop : ${questionList}">
                <td th:text="${loop.count}"></td>
                <td>
                    <a th:href="@{|/question/detail/${question.id}|}"
                    th:text="${question.subject}"></a>
                </td>
                <td th:text="${#temporals.format(question.createDate,
                'yyyy-MM-dd HH:mm')}"></td>
            </tr>
        </tbody>
    </table>
</div>
```

테이블 항목으로 '번호'를 추가했다. 번호는 loop.count를 사용하여 표시한다. loop.count는 questionList의 항목을 th:each로 반복할 때 현재의 순서를 나타낸다. 그리고 날짜를 보기 좋게 출력하기 위해 타임리프의 #temporals.format 기능을 사용했다. #temporals.format은 #temporals.format(날짜 객체, 날짜 포맷)와 같이 사용하는데, 날짜 객체를 날짜 포맷에 맞게 변환한다.

우리는 가장 윗줄에 bootstrap.min.css를 사용할 수 있도록 링크를 추가했다. 그리고 위에서 사용한 class="container my-3", class="table", class="table-dark 등은 bootstrap.min.css에 이미 정의되어 있는 클래스들로 간격을 조정하고 테이블에 스타일을 지정하는 용도로 사용했다.

부트스트랩의 자세한 내용은 https://getbootstrap.com/docs/5.3/getting-started/introduction/을 참고하자. 앞으로 템플릿 작성 시에 부트스트랩 스타일시트들을 계속 사용할 것이다. 물론 사용하는 부트스트랩 클래스들은 간단히 설명하겠지만 위 문서를 한번 읽어보기를 추천한다.

2. 다음과 같이 부트스트랩을 적용한 질문 목록 페이지를 볼 수 있을 것이다.

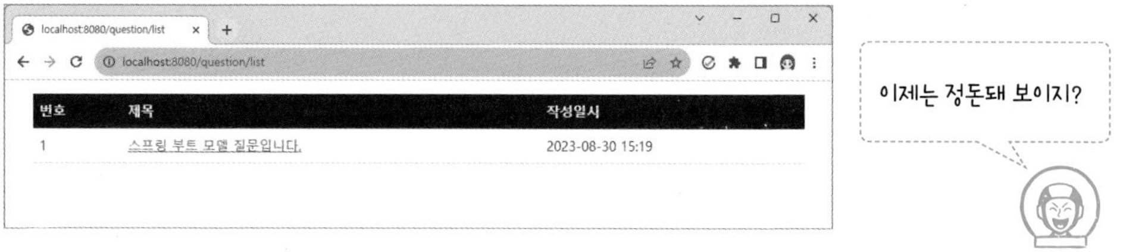

이제는 정돈돼 보이지?

3. 이어서 질문 상세 템플릿에도 다음처럼 부트스트랩을 적용하자.

• /templates/question_detail.html

```
<link rel="stylesheet" type="text/css" th:href="@{/bootstrap.min.css}">
<div class="container my-3">
    <!-- 질문 -->
    <h2 class="border-bottom py-2" th:text="${question.subject}"></h2>
    <div class="card my-3">
        <div class="card-body">
            <div class="card-text" style="white-space: pre-line;"
            th:text="${question.content}"></div>
            <div class="d-flex justify-content-end">
                <div class="badge bg-light text-dark p-2 text-start">
                    <div th:text="${#temporals.format(question.createDate,
                    'yyyy-MM-dd HH:mm')}"></div>
                </div>
            </div>
        </div>
    </div>
    <!-- 답변 개수 표시 -->
    <h5 class="border-bottom my-3 py-2"
        th:text="|${#lists.size(question.answerList)}개의 답변이 있습니다.|"></h5>
    <!-- 답변 반복 시작 -->
    <div class="card my-3" th:each="answer : ${question.answerList}">
        <div class="card-body">
            <div class="card-text" style="white-space: pre-line;"
            th:text="${answer.content}"></div>
            <div class="d-flex justify-content-end">
                <div class="badge bg-light text-dark p-2 text-start">
                    <div th:text="${#temporals.format(answer.createDate,
                    'yyyy-MM-dd HH:mm')}"></div>
```

HTML에서는 이와 같이 주석을 나타낸다.

```
                </div>
            </div>
        </div>
    </div>
    <!-- 답변 반복 끝  -->
    <!-- 답변 작성 -->
    <form th:action="@{|/answer/create/${question.id}|}" method="post"
class="my-3">
        <textarea name="content" id="content" rows="10" class="form-control"></
textarea>
        <input type="submit" value="답변 등록" class="btn btn-primary my-2">
    </form>
</div>
```

이번에는 수정 사항이 좀 많다. 부트스트랩으로 화면을 구성하다 보면 가끔 HTML 코드를 이렇게 많이 작성해야 한다. 하지만 어렵지 않으니 찬찬히 살펴보자. 질문이나 답변은 각각 하나의 덩어리이므로 부트스트랩의 card 컴포넌트를 사용했다. 부트스트랩의 card 컴포넌트는 어떤 내용을 그룹화하여 보여 줄 때 사용한다.

부트스트랩의 card 컴포넌트를 자세히 알고 싶다면 https://getbootstrap.com/docs/5.3/components/card/를 참고하자.

card 컴포넌트를 비롯하여 질문 상세 템플릿에서 부트스트랩 클래스를 많이 사용했다. 다음 표를 통해 살펴보자.

부트스트랩 클래스	설명
card, card-body, card-text	card 컴포넌트를 적용하는 클래스들이다.
badge	badge 컴포넌트를 적용하는 클래스이다.
form-control	텍스트 창에 form 컴포넌트를 적용하는 클래스이다.
border-bottom	아래 방향 테두리 선을 만드는 클래스이다.
my-3	상하 마진값으로 3을 지정하는 클래스이다.
py-2	상하 패딩값으로 2를 지정하는 클래스이다.
p-2	상하좌우 패딩값으로 2를 지정하는 클래스이다.
d-flex justify-content-end	HTML 요소를 오른쪽으로 정렬하는 클래스이다.
bg-light	연회색으로 배경을 지정하는 클래스이다.

text-dark	글자색을 검은색으로 지정하는 클래스이다.
text-start	글자를 왼쪽으로 정렬하는 클래스이다.
btn btn-primary	버튼 컴포넌트를 적용하는 클래스이다.

그리고 질문과 답변 덩어리를 살펴보면 style="white-space: pre-line;"과 같은 스타일을 지정해 주었다. style="white-space: pre-line;"은 CSS 스타일 속성으로, 사용자가 입력한 대로 줄 바꿈이 적용되도록 만들어 준다.

4. 부트스트랩을 적용한 질문 상세 화면을 완성했다.

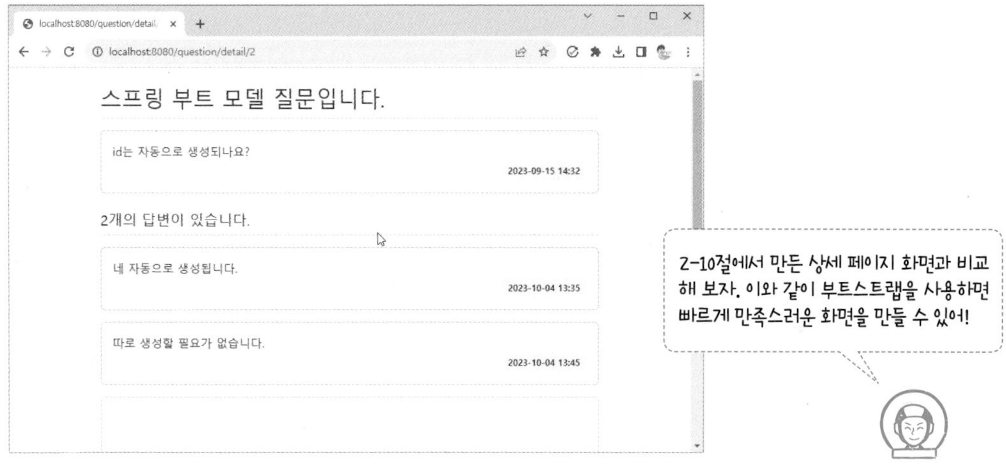

2-15

표준 HTML 구조로 변경하기

사실 지금까지 작성한 질문 목록(question_list.html), 질문 상세(question_detail.html) 템플릿은 표준 HTML 구조로 작성하지 않았다. 어떤 웹 브라우저를 사용하더라도 웹 페이지가 동일하게 보이고 정상적으로 작동하게 하려면 반드시 웹 표준을 지키는 HTML 문서로 작성해야 한다.

표준 HTML 구조 살펴보기

다음 예로 표준 HTML 문서의 구조를 살펴보자.

표준 HTML 구조의 예

```
<!doctype html>
<html lang="ko">
<head>
    <!-- Required meta tags -->
    <meta charset="utf-8">
    <meta name="viewport" content="width=device-width, initial-scale=1,
shrink-to-fit=no">
    <!-- Bootstrap CSS -->
    <link rel="stylesheet" type="text/css" th:href="@{/bootstrap.min.css}">
    <!-- sbb CSS -->
    <link rel="stylesheet" type="text/css" th:href="@{/style.css}">
    <title>Hello, sbb!</title>
</head>
<body>
(... 생략 ...)
</body>
</html>
```

head 요소

html 요소

body 요소

곧이어 작성할 템플릿의 일부야. 여기서는 눈으로만 살펴보자.

표준 HTML 문서의 구조는 앞의 예처럼 html, head, body 요소가 있어야 하며, CSS 파일은 〈head〉 태그 안에 링크되어야 한다. 또한 〈head〉 태그 안에는 meta, title 요소 등이 포함되어야 한다.

Do it! 실습 템플릿 상속하기

앞에서 작성한 질문 목록과 질문 상세 템플릿이 표준 HTML 구조로 구성되도록 수정해 보자. 그런데 이 템플릿 파일들을 모두 표준 HTML 구조로 변경하면 body 요소를 제외한 바깥 부분은 모두 같은 내용으로 중복된다.

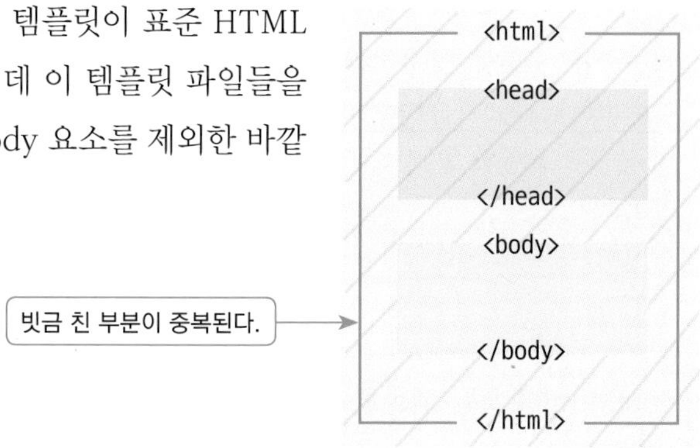

그렇게 되면 CSS 파일 이름이 변경되거나 새로운 CSS 파일을 추가할 때마다 모든 템플릿 파일을 일일이 수정해야 한다. 타임리프는 이런 중복의 불편함을 해소하기 위해 템플릿 상속 기능을 제공한다. 템플릿 상속은 기본 틀이 되는 템플릿을 먼저 작성하고 다른 템플릿에서 그 템플릿을 상속해 사용하는 방법이다. 템플릿 상속에 대해서 자세히 알아보자.

layout.html로 기본 틀 만들기

템플릿을 상속하려면 각 템플릿 파일에서 반복되는 내용을 담아 기본 틀이 되는 템플릿을 만들어야 한다. 그러기 위해 templates에 layout.html 파일을 만들어 다음 내용을 작성해 보자.

• /templates/layout.html

```
<!doctype html>
<html lang="ko">
<head>
    <!-- Required meta tags -->
    <meta charset="utf-8">
    <meta name="viewport" content="width=device-width, initial-scale=1,
shrink-to-fit=no">
```

```
    <!-- Bootstrap CSS -->
    <link rel="stylesheet" type="text/css" th:href="@{/bootstrap.min.css}">
    <!-- sbb CSS -->
    <link rel="stylesheet" type="text/css" th:href="@{/style.css}">
    <title>Hello, sbb!</title>
</head>
<body>
<!-- 기본 템플릿  안에 삽입될 내용 Start -->
<th:block layout:fragment="content"></th:block>
<!-- 기본 템플릿 안에 삽입될 내용 End -->
</body>
</html>
```

layout.html은 모든 템플릿이 상속해야 하는 템플릿으로, 표준 HTML 문서 구조로 정리된 기본 틀이된다. body 요소 안의 <th:block layout:fragment="content"></th:block>은 layout.html을 상속한 템플릿에서 개별적으로 구현해야 하는 영역이 된다. 즉, layout.html 템플릿을 상속하면 <th:block layout:fragment="content"></th:block> 영역만 수정해도 표준 HTML 문서로 작성된다.

question_list.html에 템플릿 상속하기

question_list.html 템플릿을 다음과 같이 변경하여 layout.html을 상속해 보자.

• /templates/question_list.html

```
<link rel="stylesheet" type="text/css" th:href="@{/bootstrap.min.css}">
<html layout:decorate="~{layout}">
<div layout:fragment="content" class="container my-3">
    <table class="table">
        (... 생략 ...)
    </table>
</div>
</html>
```

layout.html로부터 부트스트랩 스타일시트를 상속받으므로 이 코드를 삭제한 후 아래 내용을 입력한다.

layout.html 템플릿을 상속하려고 〈html layout:decorate="~{layout}"〉을 사용했다. 타임리프의 layout:decorate 속성은 템플릿의 레이아웃(부모 템플릿, 여기서는 layout.html)으로 사용할 템플릿을 설정한다. 속성값인 ~{layout}이 바로 layout.html 파일을 의미한다.

부모 템플릿인 layout.html에는 다음과 같은 내용이 있었다.

```
<!-- 기본 템플릿 안에 삽입될 내용 Start -->
<th:block layout:fragment="content"></th:block>
<!-- 기본 템플릿 안에 삽입될 내용 End -->
```

부모 템플릿에 작성된 이 부분을 자식 템플릿의 내용으로 적용될 수 있도록 다음과 같이 사용했다.

```
<div layout:fragment="content" class="container my-3">
    (... 생략 ...)
</div>
```

이렇게 하면 부모 템플릿의 th:block 요소의 내용이 자식 템플릿의 div 요소의 내용으로 교체된다.

question_detail.html에 템플릿 상속하기

question_deatail.html도 마찬가지 방법으로 layout.html을 상속해 보자.

• /templates/question_detail.html

```
<link rel="stylesheet" type="text/css" th:href="@{/bootstrap.min.css}">
<html layout:decorate="~{layout}">
<div layout:fragment="content" class="container my-3">
    <!-- 질문 -->
    <h2 class="border-bottom py-2" th:text="${question.subject}"></h2>
    (... 생략 ...)
    </form>
</div>
</html>
```

layout.html로부터 부트스트랩 스타일시트를 상속받으므로 이 코드를 삭제한 후 아래 내용을 입력한다.

question_list.html 템플릿과 동일한 방법으로 layout.html 템플릿을 상속하려고 〈html layout:decorate="~{layout}"〉을 사용했다.

템플릿을 상속한 후, 질문 목록 또는 질문 상세 페이지를 확인해 보자. 화면에 보여 지는 것은 동일하지만 표준 HTML 구조로 변경되었다. 크롬 브라우저에서 마우스 오른쪽 버튼을 클릭하고 [페이지 소스 보기]를 클릭하면 HTML 코드를 확인할 수 있다.

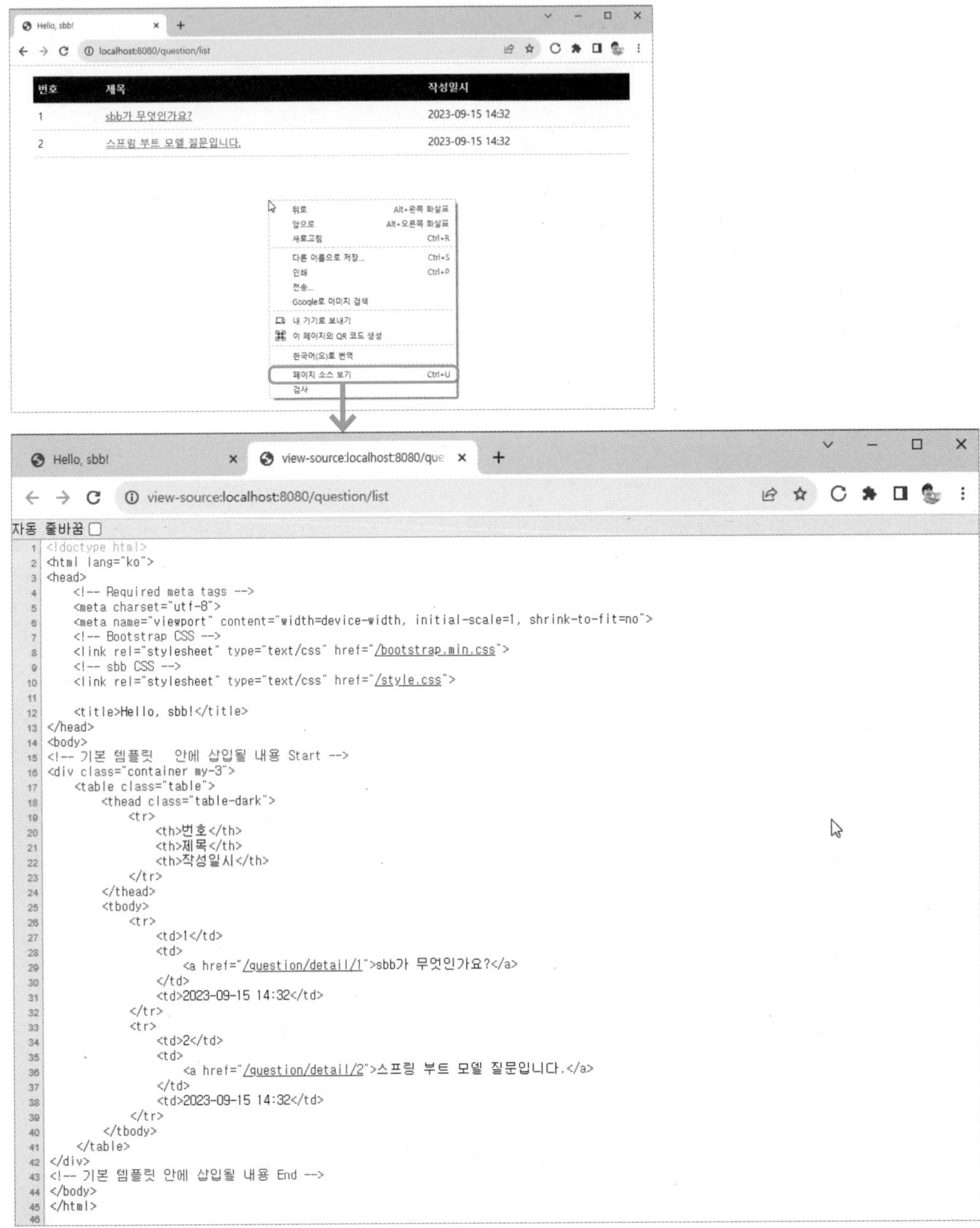

부트스트랩을 적용하여 style.css의 내용은 필요 없어졌으므로 기존에 작성한 내용을 모두 삭제하자. 부트스트랩으로 표현할 수 없는 스타일을 작성하기 위해 style.css 파일 자체를 삭제하지는 말고 내용만 삭제하자.

2-16
질문 등록 기능 추가하기

이번에는 질문을 등록하는 기능을 만들어 보자. 질문 목록에 질문 등록을 위한 버튼을 추가하고 질문을 등록할 수 있는 화면을 만들어 질문 등록 기능을 완성해 보자.

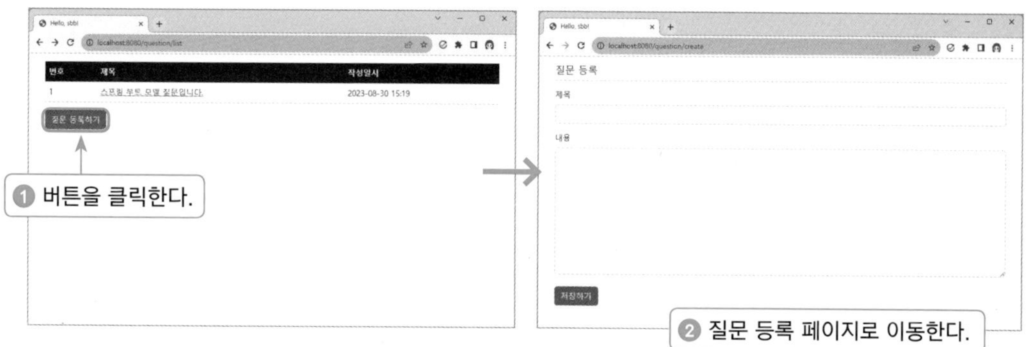

Do it! 실습 질문 등록 버튼과 화면 만들기

질문 등록을 할 수 있도록 먼저 질문 목록 페이지에 [질문 등록하기] 버튼을 만들어야 한다. question_list.html 파일을 열고 다음과 같이 한 줄의 코드를 추가하여 질문 목록 아래에 버튼을 생성하자.

• /templates/question_list.html

```
<html layout:decorate="~{layout}">
<div layout:fragment="content" class="container my-3">
    <table class="table">
        (... 생략 ...)
    </table>
    <a th:href="@{/question/create}" class="btn btn-primary">질문 등록하기</a>
</div>
</html>
```

〈a〉 ... 〈/a〉 요소를 추가하여 부트스트랩의 btn btn-primary 클래스를 적용하면 다음과 같이 화면에 버튼 형태로 보인다.

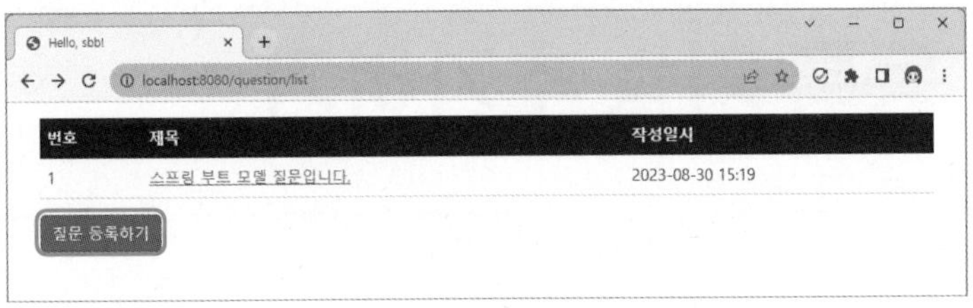

[질문 등록하기] 버튼을 한번 클릭해 보자. 아마 /question/create URL이 호출될 것이다. 하지만 현 상태에서는 404 오류가 발생한다.

URL 매핑하기

이제 404 오류가 발생하면 무엇을 해야 하는지 잘 알 것이다. QuestionController에 /question/create에 해당하는 URL 매핑을 추가하자.

• /question/QuestionController.java

```
(... 생략 ...)

public class QuestionController {

    private final QuestionService questionService;

    @GetMapping("/list") {
    (... 생략 ...)
    }

    @GetMapping(value = "/detail/{id}") {
    (... 생략 ...)
    }

    @GetMapping("/create")
    public String questionCreate() {
        return "question_form";
    }
}
```

[질문 등록하기] 버튼을 통한 /question/create 요청은 GET 요청에 해당하므로 @GetMapping 애너테이션을 사용했다. questionCreate 메서드는 question_form 템플릿을 출력한다.

템플릿 만들기

1. 질문 등록 화면을 만들기 위해 templates에 question_form.html 파일을 생성하고 다음 내용을 작성해 보자.

• /templates/question_form.html

```
<html layout:decorate="~{layout}">
<div layout:fragment="content" class="container">
    <h5 class="my-3 border-bottom pb-2">질문 등록</h5>
    <form th:action="@{/question/create}" method="post">
        <div class="mb-3">
            <label for="subject" class="form-label">제목</label>
            <input type="text" name="subject" id="subject" class="form-control">
        </div>
        <div class="mb-3">
            <label for="content" class="form-label">내용</label>
            <textarea name="content" id="content" class="form-control"
            rows="10"></textarea>
        </div>
        <input type="submit" value="저장하기" class="btn btn-primary my-2">
    </form>
</div>
</html>
```

이와 같이 제목과 내용을 입력하여 질문을 등록할 수 있는 템플릿을 작성했다.

템플릿에는 제목과 내용을 입력할 수 있는 텍스트 창을 추가했다. 제목은 일반적인 input 텍스트 창을 사용하고 내용은 글자 수에 제한이 없는 textarea 창을 사용했다. 그리고 입력한 내용을 /question/create URL로 post 방식을 이용해 전송할 수 있도록 form과 버튼을 추가했다.

2. 이제 질문 목록 화면에서 [질문 등록하기] 버튼을 클릭하면 다음 화면이 나타날 것이다.

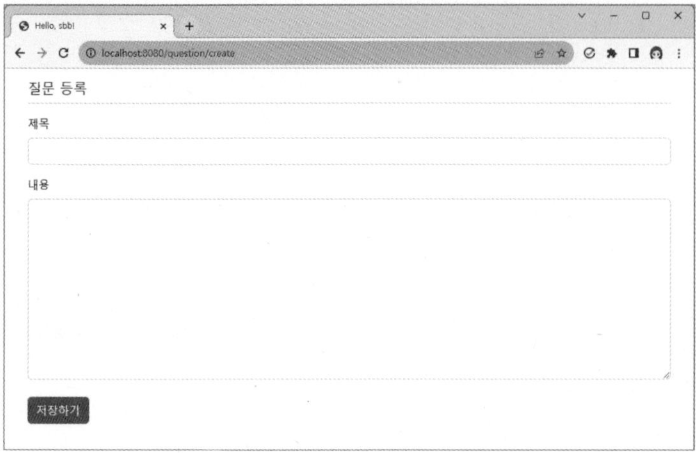

하지만 이 화면에서 질문과 내용을 입력하고 [저장하기] 버튼을 누르면 405 오류가 발생한다. 405 오류는 'Method Not Allowed'라는 의미로, /question/create URL을 POST 방식으로는 처리할 수 없음을 나타낸다.

question_form.html에서 [저장하기] 버튼으로 폼을 전송하면 <form method="post">에 의해 POST 방식으로 데이터가 요청된다. 폼은 뒤이어 나올 '폼 만들기'에서 더 자세히 알아보자.

3. POST 요청을 처리할 수 있도록 다음과 같이 QuestionController를 수정해 보자.

• /question/QuestionController.java

```
package com.mysite.sbb.question;

import java.util.List;

import org.springframework.stereotype.Controller;
import org.springframework.ui.Model;
import org.springframework.web.bind.annotation.GetMapping;
import org.springframework.web.bind.annotation.PathVariable;
import org.springframework.web.bind.annotation.RequestMapping;
import org.springframework.web.bind.annotation.PostMapping;
import org.springframework.web.bind.annotation.RequestParam;

import lombok.RequiredArgsConstructor;
(... 생략 ...)
```

```
public class QuestionController {

    (... 생략 ...)

    @GetMapping("/create")
    public String questionCreate() {
        return "question_form";
    }

    @PostMapping("/create")
    public String questionCreate(@RequestParam(value="subject") String subject,
    @RequestParam(value="content") String content) {
        // TODO: 질문을 저장한다.
        return "redirect:/question/list"; // 질문 저장 후 질문 목록으로 이동
    }
}
```

POST 방식으로 요청한 /question/create URL을 처리하도록 @PostMapping 애너테이션을 지정한 questionCreate 메서드를 추가했다. 메서드명은 @GetMapping에서 사용한 questionCreate 메서드명과 동일하게 사용할 수 있다(단, 매개변수의 형태가 다른 경우에 가능하다.).

이와 같이 자바에서 한 클래스에서 동일한 메서드명을 사용할 수 있는 것을 메서드 오버로딩[method overloading]이라고 한다.

questionCreate 메서드는 화면에서 입력한 제목(subject)과 내용(content)을 매개변수로 받는다. 이때 질문 등록 템플릿(question_form.html)에서 입력 항목으로 사용한 subject, content의 이름과 RequestParam의 value값이 동일해야 함을 기억하자. 그래야 입력 항목의 값을 제대로 얻을 수 있다.

그런데 여기서는 일단 질문 데이터를 저장하는 작업은 잠시 뒤로 미루고(해야 할 일을 TODO 주석으로 작성했다.) [저장하기] 버튼을 클릭해 질문이 저장되면 질문 목록 페이지로 이동하는 것까지 완성해 보았다.

서비스 수정하기

1. 앞서 잠시 미룬 작업을 진행해 보자. 질문 데이터를 저장하기 위해 QuestionService.java를 다음과 같이 수정해 보자.

• /question/QuestionService.java

```
package com.mysite.sbb.question;

import java.util.List;
import java.util.Optional;
import java.time.LocalDateTime;

import com.mysite.sbb.DataNotFoundException;
import org.springframework.stereotype.Service;

import lombok.RequiredArgsConstructor;

(... 생략 ...)
public class QuestionService {
    private final QuestionRepository questionRepository;

    (... 생략 ...)

    public void create(String subject, String content) {
        Question q = new Question();
        q.setSubject(subject);
        q.setContent(content);
        q.setCreateDate(LocalDateTime.now());
        this.questionRepository.save(q);
    }
}
```

제목(subject)과 내용(content)을 입력받아 이를 질문으로 저장하는 create 메서드를 만들었다.

2. 다시 QuestionController.java로 돌아가 이 서비스를 사용할 수 있도록 다음과 같이 수정해 보자.

```
• /question/QuestionController.java
(... 생략 ...)
public class QuestionController {

    (... 생략 ...)

    @PostMapping("/create")
    public String questionCreate(@RequestParam(value="subject") String subject,
    @RequestParam(value="content") String content) {
        this.questionService.create(subject, content);  ← TODO 주석문을 삭제하고 그 자리에 코드를 입력
        return "redirect:/question/list";
    }
}
```

TODO 주석문 대신 QuestionService의 create 메서드를 호출하여 질문 데이터(subject, content)를 저장하는 코드를 작성했다.

이렇게 수정하고 질문을 작성하고 저장하면 잘 동작하는 것을 확인할 수 있다. 질문 등록 화면에서 다음과 같이 질문과 내용을 입력한 후에 [저장하기] 버튼을 클릭하면 질문이 저장되고 질문 목록 화면으로 이동하는 것을 확인할 수 있다.

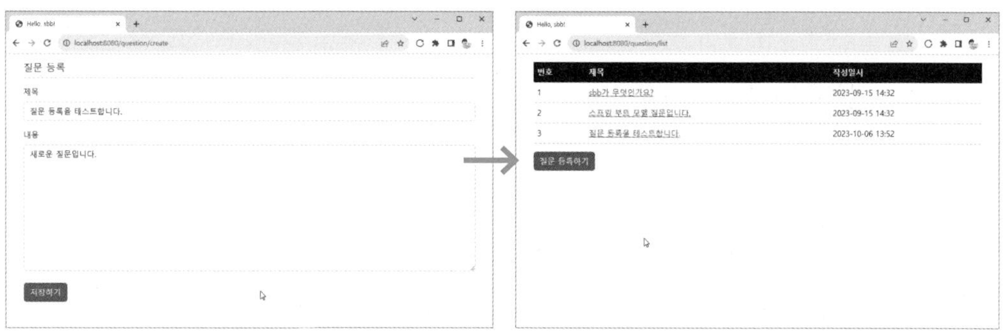

Do it! 실습 폼 활용하기

우리는 질문을 등록하는 기능을 구현했다. 하지만 질문을 등록할 때 비어 있는 값으로도 등록할 수 있다는 점을 간과했다. 아무것도 입력하지 않은 상태에서 질문이 등록될 수 없도록 하려면 여러 방법이 있지만 여기서는 폼 클래스를 사용하여 입력값을 체크하는 방법을 사용해 보자.

폼[form] 클래스 또한 컨트롤러, 서비스와 같이 웹 프로그램을 개발하는 주요 구성 요소 중 하나로, 웹 프로그램에서 사용자가 입력한 데이터를 검증하는 데 사용한다.

Spring Boot Validation 라이브러리 설치하기

폼 클래스를 사용해 사용자로부터 입력받은 값을 검증하려면 먼저 Spring Boot Validation 라이브러리가 필요하다. 이 라이브러리를 설치하기 위해서 다음과 같이 build.gradle 파일을 수정해 보자.

• build.gradle

```
(... 생략 ...)

dependencies {
    (... 생략 ...)
    implementation 'nz.net.ultraq.thymeleaf:thymeleaf-layout-dialect'
    implementation 'org.springframework.boot:spring-boot-starter-validation'
}

(... 생략 ...)
```

build.gradle 파일을 선택한 후 마우스 오른쪽 버튼을 눌러 [Gradle → Refresh Gradle Project]를 클릭하여 변경 사항을 적용하면 Spring Boot Valiation 라이브러리가 설치된다.

라이브러리를 설치한 후에는 반드시 로컬 서버를 재시작해야 한다.

Spring Boot Validation 라이브러리를 설치하면 다음과 같은 애너테이션을 사용하여 사용자가 입력한 값을 검증할 수 있다.

항목	설명
@Size	문자 길이를 제한한다.
@NotNull	Null을 허용하지 않는다.
@NotEmpty	Null 또는 빈 문자열("")을 허용하지 않는다.
@Past	과거 날짜만 입력할 수 있다.
@Future	미래 날짜만 입력할 수 있다.
@FutureOrPresent	미래 또는 오늘 날짜만 입력할 수 있다

@Max	최댓값 이하의 값만 입력할 수 있도록 제한한다.
@Min	최솟값 이상의 값만 입력할 수 있도록 제한한다.
@Pattern	입력값을 정규식 패턴으로 검증한다.

Spring Boot Validation 라이브러리의 보다 많은 기능을 알고 싶다면 https://beanvalidation.org/을 참고하자.

폼 클래스 만들기

질문 등록 페이지에서 사용자로부터 입력받은 값을 검증하는데 필요한 폼 클래스를 만들어 보자. 먼저, com.mysite.sbb.question 패키지에 QuestionForm.java 파일을 만들어 입력 항목인 subject, content에 대응하는 QuestionForm 클래스를 다음과 같이 작성해 보자.

• /question/QuestionForm.java

```
package com.mysite.sbb.question;

import jakarta.validation.constraints.NotEmpty;
import jakarta.validation.constraints.Size;

import lombok.Getter;
import lombok.Setter;

@Getter
@Setter
public class QuestionForm {
    @NotEmpty(message="제목은 필수 항목입니다.")
    @Size(max=200)
    private String subject;

    @NotEmpty(message="내용은 필수 항목입니다.")
    private String content;
}
```

subject 속성에는 @NotEmpty와 @Size 애너테이션이 적용되었다. @NotEmpty는 해당 값이 Null 또는 빈 문자열("")을 허용하지 않음을 의미한다. 그리고 여기에 사용한 message는 검증이 실패할 경우 화면에 표시할 오류 메시지이다. @Size(max=200)은 최대 길이가 200 바이트byte를 넘으면 안 된다는 의미로, 이와 같이 설정하면 길이가 200 바이트보다 큰 제목이 입력되면 오류가 발생한다. content 속성 역시 @NotEmpty 애너테이션을 적용하여 빈 값을 허용하지 않도록 했다.

폼 클래스는 입력값 검증할 때뿐만 아니라 입력 항목을 바인딩할 때도 사용한다. 즉, question_form.html 템플릿의 입력 항목인 subject와 content가 폼 클래스의 subject, content 속성과 바인딩된다. 여기서 바인딩이란 템플릿의 항목과 form 클래스의 속성이 매핑되는 과정을 말한다.

컨트롤러에 전송하기

QuestionForm을 컨트롤러에서 사용할 수 있도록 다음과 같이 컨트롤러(QuestionController)를 수정해 보자.

• /question/QuestionController.java

```
package com.mysite.sbb.question;

import java.util.List;

import org.springframework.stereotype.Controller;
import org.springframework.ui.Model;
import org.springframework.validation.BindingResult;
import org.springframework.web.bind.annotation.GetMapping;
import org.springframework.web.bind.annotation.PathVariable;
import org.springframework.web.bind.annotation.PostMapping;
import org.springframework.web.bind.annotation.RequestMapping;

import jakarta.validation.Valid;
import lombok.RequiredArgsConstructor;

@RequestMapping("/question")
@RequiredArgsConstructor
@Controller
public class QuestionController {

    (... 생략 ...)
```

```
    @GetMapping("/create")
    public String questionCreate() {
        return "question_form";
    }

    @PostMapping("/create")
    public String questionCreate(@Valid QuestionForm questionForm, BindingResult 
bindingResult) {
        if (bindingResult.hasErrors()) {
            return "question_form";
        }
        this.questionService.create(questionForm.getSubject(), questionForm.get
Content());
        return "redirect:/question/list";
    }
}
```

questionCreate 메서드의 매개변수를 subject, content 대신 QuestionForm 객체로 변경했다. subject, content 항목을 지닌 폼이 전송되면 QuestionForm의 subject, content 속성이 자동으로 바인딩된다. 이렇게 이름이 동일하면 함께 연결되어 묶이는 것이 바로 폼의 바인딩 기능이다.

여기서 QuestionForm 매개변수 앞에 @Valid 애너테이션을 적용했다. @Valid 애너테이션을 적용하면 QuestionForm의 @NotEmpty, @Size 등으로 설정한 검증 기능이 동작한다. 그리고 이어지는 BindingResult 매개변수는 @Valid 애너테이션으로 검증이 수행된 결과를 의미하는 객체이다.

BindingResult 매개변수는 항상 @Valid 매개변수 바로 뒤에 위치해야 한다. 만약 두 매개변수의 위치가 정확하지 않다면 @Valid만 적용되어 입력값 검증 실패 시 400 오류가 발생한다.

따라서 questionCreate 메서드는 bindResult.hasErrors( )를 호출하여 오류가 있는 경우에는 다시 제목과 내용을 작성하는 화면으로 돌아가도록 했고, 오류가 없을 경우에만 질문이 등록되도록 만들었다.

여기까지 수정했다면 질문 등록 화면에서 아무런 값도 입력하지 말고 [저장하기] 버튼을 클릭해 보자. 아무런 입력값도 입력하지 않았으므로 QuestionForm의 @NotEmpty에 의해 Validation이 실패하여 다시 질문 등록 화면에 머물러 있을 것이다. 하지만 QuestionForm

에 설정한 '제목은 필수 항목입니다.'와 같은 오류 메시지는 보이지 않는다. 오류 메시지가 보이지 않는다면 어떤 항목에서 검증이 실패했는지 알 수가 없다. 어떻게 해야 할까?

템플릿 수정하기

1. 검증에 실패했다는 오류 메시지를 보여 주기 위해 question_form 템플릿을 다음과 같이 수정해 보자.

• /templates/question_form.html

```
<html layout:decorate="~{layout}">
<div layout:fragment="content" class="container">
    <h5 class="my-3 border-bottom pb-2">질문 등록</h5>
    <form th:action="@{/question/create}" th:object="${questionForm}" method="post">
        <div class="alert alert-danger" role="alert" th:if="${#fields.hasAnyEr
rors()}">
            <div th:each="err : ${#fields.allErrors()}" th:text="${err}" />
        </div>
        <div class="mb-3">
            <label for="subject" class="form-label">제목</label>
            <input type="text" name="subject" id="subject" class="form-control">
        </div>
        <div class="mb-3">
            <label for="content" class="form-label">내용</label>
            <textarea name="content" id="content" class="form-control"
            rows="10"></textarea>
        </div>
        <input type="submit" value="저장하기" class="btn btn-primary my-2">
    </form>
</div>
</html>
```

검증에 실패할 경우 오류 메시지를 출력할 수 있도록 수정했다. #fields.hasAnyErrors가 true라면 QuestionForm 검증이 실패한 것이다. QuestionForm 검증이 실패한 이유는 #fields.allErrors( )로 확인할 수 있다. #fields.allErrors( )에는 오류의 내용이 담겨 있다.

그리고 부트스트랩의 alert alert-danger 클래스를 사용하여 오류 메시지가 붉은 색으로 표시되도록 했다. 이렇게 오류를 표시하려면 타임리프의 th:object 속성이 반드시 필요한데,

th:object는 <form>의 입력 항목들이 QuestionForm과 연결된다는 점을 타임리프에 알려주는 역할을 한다.

2. 그런데 여기까지 수정하고 테스트하기 위해 [질문 등록하기] 버튼을 클릭하면 오류가 발생할 것이다.

템플릿의 form 태그에 th:object 속성을 추가했으므로 QuestionController의 GetMapping으로 매핑한 메서드도 다음과 같이 변경해야 오류가 발생하지 않는다. 왜냐하면 question_form.html은 [질문 등록하기] 버튼을 통해 GET 방식으로 URL이 요청되더라도 th:object에 의해 QuestionForm 객체가 필요하기 때문이다.

• /question/QuestionController.java

```
(... 생략 ...)

public class QuestionController {

    (... 생략 ...)

    @GetMapping("/create")
    public String questionCreate(QuestionForm questionForm) {
        return "question_form";
    }

    @PostMapping("/create")
    public String questionCreate(@Valid QuestionForm questionForm, BindingResult
bindingResult) {
        if (bindingResult.hasErrors()) {
            return "question_form";
        }
        this.questionService.create(questionForm.getSubject(), questionForm.get
Content());
          return "redirect:/question/list";
      }
}
```

@GetMapping으로 매핑한 questionCreate 메서드에 매개변수로 QuestionForm 객체를 추가했다. 이렇게 하면 이제 GET 방식에서도 question_form 템플릿에 QuestionForm 객체가 전달된다.

QuestionForm과 같이 매개변수로 바인딩한 객체는 Model 객체로 전달하지 않아도 템플릿에서 사용할 수 있다.

3. 이렇게 수정하고 제목 또는 내용에 값을 채우지 않은 상태로 질문 등록을 진행하면([저장하기] 버튼을 클릭하면) 화면에 다음과 같은 오류가 표시될 것이다.

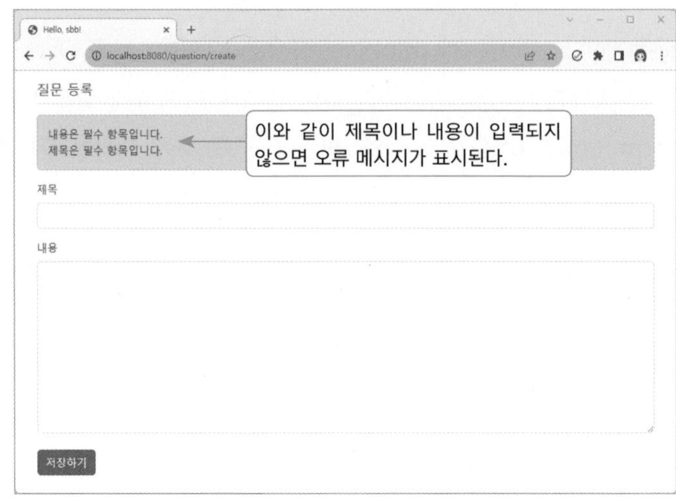

오류 처리하기

테스트를 진행하다 보니 또 다른 문제를 발견했다. 예를 들어 제목을 입력하고 내용을 비워 둔 채로 [저장하기] 버튼을 누르면 오류 메시지가 나타남과 동시에 이미 입력한 제목도 사라진다는 점이다. 입력한 제목은 남아 있어야 하지 않겠는가?

1. 이러한 문제를 해결하기 위해 이미 입력한 값이 유지되도록 다음과 같이 템플릿을 수정해 보자.

• /templates/question_form.html

```
<html layout:decorate="~{layout}">
<div layout:fragment="content" class="container">
    <h5 class="my-3 border-bottom pb-2">질문 등록</h5>
    <form th:action="@{/question/create}" th:object="${questionForm}"
method="post">
        <div class="alert alert-danger" role="alert" th:if="${#fields.hasAnyEr
rors()}">
            <div th:each="err : ${#fields.allErrors()}" th:text="${err}" />
```

```
        </div>
        <div class="mb-3">
            <label for="subject" class="form-label">제목</label>
            <input type="text" th:field="*{subject}" class="form-control">
        </div>
        <div class="mb-3">
            <label for="content" class="form-label">내용</label>
            <textarea th:field="*{content}" class="form-control" rows="10"></textarea>
        </div>
        <input type="submit" value="저장하기" class="btn btn-primary my-2">
    </form>
</div>
</html>
```

name="subject", name="content" 대신 th:field 속성을 사용하도록 변경했다. 이렇게 하면 해당 태그의 id, name, value 속성이 모두 자동으로 생성되고 타임리프가 value 속성에 기존에 입력된 값을 채워 넣어 오류가 발생하더라도 기존에 입력한 값이 유지된다.

2. 이제 코드를 수정하고 제목만 입력한 후, [저장하기] 버튼을 클릭해 질문 등록을 진행해 보자. 이전에 입력했던 값(제목)이 유지되는 것을 확인할 수 있을 것이다.

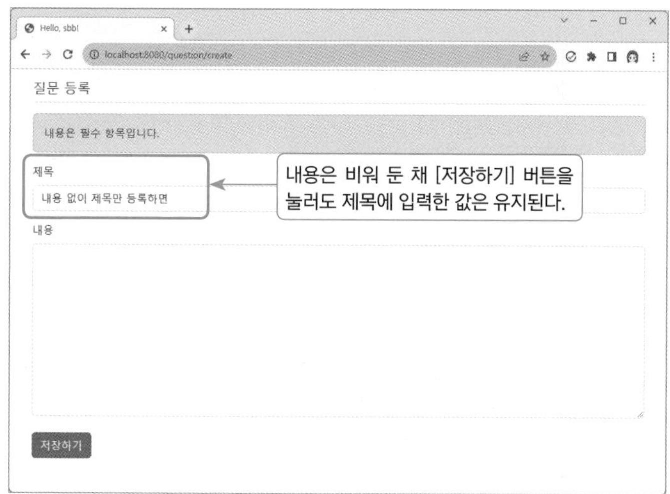

Do it! 실습 답변 등록 기능에 폼 적용하기

질문 등록 기능에 폼을 적용한 것처럼 답변 등록 기능에도 폼을 적용해 보자. 질문 등록 기능을 만들 때와 동일한 방법이므로 조금 빠르게 만들어 보자.

어려운 내용이 있다면 2-16절의 '질문 등록 버튼과 화면 만들기'부터 다시 한번 복습해 보자.

1. 먼저 답변을 등록하기 위해 필요한 폼인 AnswerForm을 다음과 같이 작성해 보자.

• /answer/AnswerForm.java

```
package com.mysite.sbb.answer;

import jakarta.validation.constraints.NotEmpty;

import lombok.Getter;
import lombok.Setter;

@Getter
@Setter
public class AnswerForm {
    @NotEmpty(message = "내용은 필수 항목입니다.")
    private String content;
}
```

2. 이어서 AnswerController를 다음과 같이 수정하자.

• /answer/AnswerController.java

```
package com.mysite.sbb.answer;

import org.springframework.stereotype.Controller;
import org.springframework.ui.Model;
import org.springframework.validation.BindingResult;
import org.springframework.web.bind.annotation.PathVariable;
import org.springframework.web.bind.annotation.PostMapping;
import org.springframework.web.bind.annotation.RequestMapping;

import com.mysite.sbb.question.Question;
import com.mysite.sbb.question.QuestionService;

import jakarta.validation.Valid;
import lombok.RequiredArgsConstructor;

(... 생략 ...)
public class AnswerController {
```

```
    (... 생략 ...)

    @PostMapping("/create/{id}")
    public String createAnswer(Model model, @PathVariable("id") Integer id, @Valid
AnswerForm answerForm, BindingResult bindingResult) {
        Question question = this.questionService.getQuestion(id);
        if (bindingResult.hasErrors()) {
            model.addAttribute("question", question);
            return "question_detail";
        }
        this.answerService.create(question, answerForm.getContent());
        return String.format("redirect:/question/detail/%s", id);
    }
}
```

AnswerForm을 사용하도록 AnswerController를 변경했다. QuestionForm을 사용했던 방법과 마찬가지로 @Valid와 BindingResult를 사용하여 검증을 진행한다. 검증에 실패할 경우에는 다시 답변을 등록할 수 있는 question_detail 템플릿을 출력하게 했다. 이때 question_detail 템플릿은 Question 객체가 필요하므로 model 객체에 Question 객체를 저장한 후에 question_detail 템플릿을 출력해야 한다.

3. 템플릿 question_detail.html을 다음과 같이 수정하자.

• /templates/question_detail.html

```
<html layout:decorate="~{layout}">
<div layout:fragment="content" class="container my-3">
    <!--질문-->
    (... 생략 ...)
    <!-- 답변 작성 -->
    <form th:action="@{|/answer/create/${question.id}|}" th:object="${answerForm}"¦
    method="post" class="my-3">
        <div class="alert alert-danger" role="alert" th:if="${#fields.hasAnyEr
rors()}">
            <div th:each="err : ${#fields.allErrors()}" th:text="${err}" />
        </div>
```

```
        <textarea th:field="*{content}" rows="10" class="form-control"></textarea>
        <input type="submit" value="답변 등록" class="btn btn-primary my-2">
    </form>
</div>
</html>
```

답변 등록 form의 입력 항목과 AnswerForm을 타임리프에 연결하기 위해 th:object 속성을 추가했다. 그리고 검증이 실패할 경우 #fields.hasAnyErrors( )와 #fields.allErrors( )를 사용하여 오류 메시지를 표시하도록 했다. 그리고 답변 등록 기능의 content 항목도 th:field 속성을 사용하도록 변경했다.

4. AnswerForm을 사용하기 위해 question_detail 템플릿을 수정하였으므로 QuestionController의 detail 메서드도 다음과 같이 수정해야 한다.

• /question/QuestionController.java

```
package com.mysite.sbb.question;

import java.util.List;
import jakarta.validation.Valid;

import com.mysite.sbb.answer.AnswerForm;

(... 생략 ...)

public class QuestionController {

    (... 생략 ...)

    @GetMapping(value = "/detail/{id}")
    public String detail(Model model, @PathVariable("id") Integer id, AnswerForm 
answerForm) {
        (... 생략 ...)
    }
    @GetMapping("/create")
    public String questionCreate(QuestionForm questionForm) {
        return "question_form";
    }
   (... 생략 ...)
}
```

5. 수정을 완료한 후, 답변 등록 기능이 제대로 동작하는지 확인해 보자. 먼저, 질문 등록 페이지에서 제목과 내용을 입력하고 저장한다.

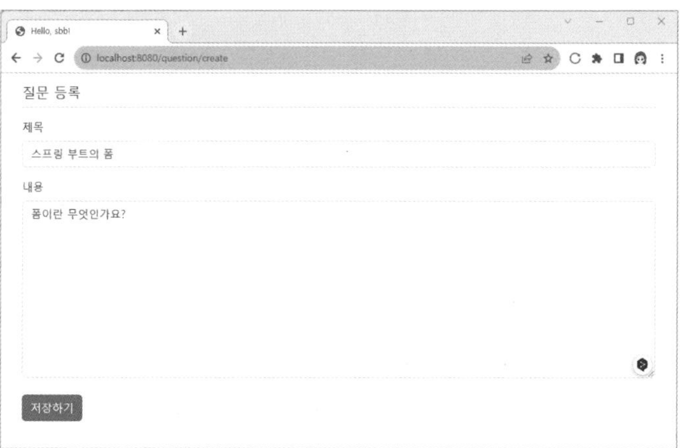

6. 질문 목록 페이지에서 제목을 클릭하면 오른쪽과 같이 질문 제목과 내용이 등장하고, 그 아래에 답변을 입력할 수 있는 공간이 있다. 만약 내용 없이 답변을 등록하려고 시도하면 검증 오류가 발생할 것이다.

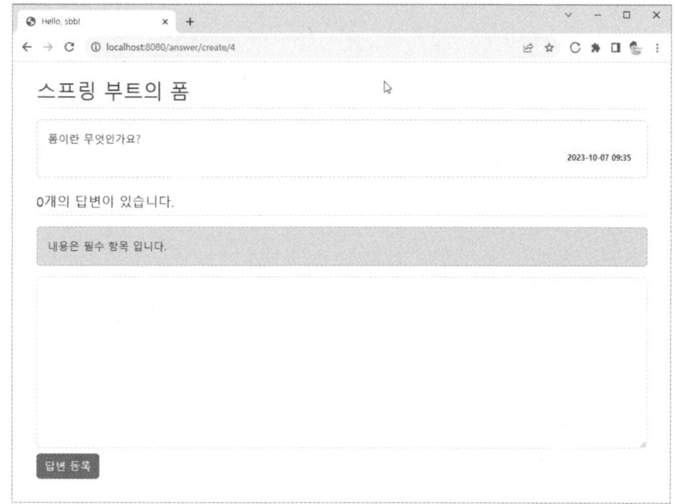

Do it! 실습 공통 템플릿 만들기

오류 메시지를 출력하는 HTML 코드는 질문 등록과 답변 등록 페이지에서 모두 반복해서 사용한다. 이렇게 반복적으로 사용하는 코드를 공통 템플릿으로 만들어 사용해 보자.

앞서 우리는 질문 등록과 답변 등록 기능을 만들 때 입력값이 없어 오류가 발생하면 다음과 같이 오류를 표시하도록 코드를 작성했다.

```
<div class="alert alert-danger" role="alert" th:if="${#fields.hasAnyErrors()}">
    <div th:each="err : ${#fields.allErrors()}" th:text="${err}" />
</div>
```

앞으로 추가로 만들 템플릿에도 이와 같이 오류를 표시하는 부분이 필요할 것이다. 이렇게 반복해서 사용하는 문장은 공통 템플릿으로 만들고 필요한 부분에 삽입하여 쓸 수 있다면 편리하지 않을까? 오류 메시지를 출력하는 부분을 공통 템플릿으로 만들어 필요한 곳에 삽입할 수 있도록 해보자.

오류 메시지 템플릿 만들기

오류 메시지를 표시하는 공통 템플릿을 form_errors란 이름으로 다음과 같이 작성하자.

• /templates/form_errors.html

```
<div th:fragment="formErrorsFragment" class="alert alert-danger"
    role="alert" th:if="${#fields.hasAnyErrors()}">
    <div th:each="err : ${#fields.allErrors()}" th:text="${err}" />
</div>
```

출력할 오류 메시지 부분에 th:fragment="formErrorsFragment" 속성을 추가했다. th:fragment="formErrorsFragment"는 다른 템플릿에서 이 div 태그의 영역을 사용할 수 있도록 이름을 설정한 것이다.

기존 템플릿에 적용하기

1. 이제 위에서 작성한 오류 메시지 관련 내용이 담긴 공통 템플릿을 사용해 보자. 먼저 질문 등록 기능을 위한 question_form.html 파일에 적용해 보자.

• /templates/question_form.html

```
<html layout:decorate="~{layout}">
<div layout:fragment="content" class="container">
    <h5 class="my-3 border-bottom pb-2">질문 등록</h5>
    <form th:action="@{/question/create}" th:object="${questionForm}"
method="post">
        <div th:replace="~{form_errors :: formErrorsFragment}"></div>
```

기존에 3줄로 구성되어 있던 코드가 한 줄로 줄었다!

```
        <div class="mb-3">
            <label for="subject" class="form-label">제목</label>
            <input type="text" th:field="*{subject}" class="form-control">
        </div>
        <div class="mb-3">
            <label for="content" class="form-label">내용</label>
            <textarea th:field="*{content}" class="form-control" rows="10"></textarea>
        </div>
        <input type="submit" value="저장하기" class="btn btn-primary my-2">
    </form>
</div>
</html>
```

th:replace 속성을 사용하면 템플릿 내에 공통 템플릿을 삽입할 수 있다. <div th:replace="~{form_errors :: formErrorsFragment}"></div>는 th:replace 속성에 의해 div 요소의 내용을 form_errors 템플릿으로 대체하라는 의미이다. 여기서 formErrorsFragment는 앞서 form_errors 템플릿에서 작성한 내용 일부를 가리키는 것이다.

2. 답변을 등록하는 question_detail.html 파일도 다음과 같이 수정하자.

• /templates/question_detail.html

```
<html layout:decorate="~{layout}">
<div layout:fragment="content" class="container my-3">
    (... 생략 ...)
    <!-- 답변 작성 -->
    <form th:action="@{|/answer/create/${question.id}|}" th:object="${answerForm}"
method="post" class="my-3">
        <div th:replace="~{form_errors :: formErrorsFragment}"></div>
        <textarea th:field="*{content}" rows="10" class="form-control"></textar
ea>
        <input type="submit" value="답변 등록" class="btn btn-primary my-2">
    </form>
</div>
</html>
```

여기도 기존에 3줄로 구성되어 있던 코드가 한 줄로 줄었다!

3. 이렇게 변경을 완료한 후, 질문 등록과 답변 등록 기능이 제대로 동작하는지 확인해 보자. 이전과 동일하게 동작하는 것을 확인할 수 있다.

2장 • 되/새/김/문/제
포기하지 말고 되새김 문제를 풀면서
실력을 점프해 보세요!
2장 정답 및 풀이: 400~401쪽

Q1 H2 데이터베이스 설정하기

우리는 'H2 데이터베이스'의 데이터베이스 파일로 local.mv.db 파일을 사용했다. 이 파일 대신 test.mv.db라는 이름의 파일을 사용하고 싶다면 어떻게 해야 할까? 이때 application.properties 파일을 활용해 보자.

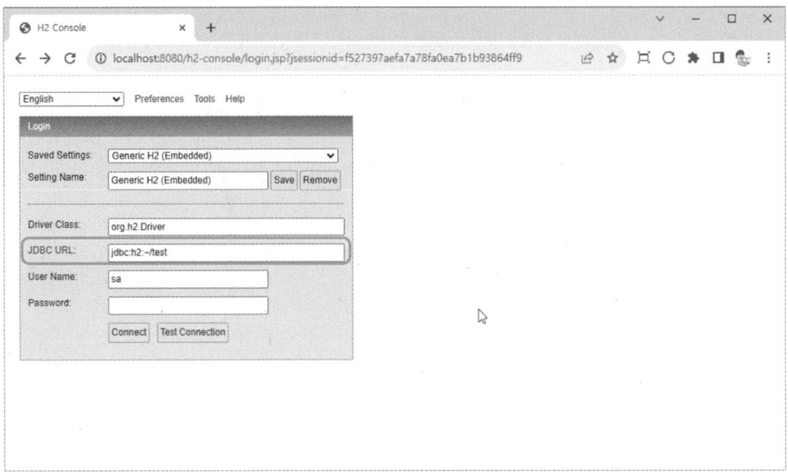

Q2 URL 매핑하기

다음은 SampleController 클래스이다. 이와 같이 SampleController 클래스를 작성하고 브라우저에서 http://localhost:8080/sample/hello URL 주소를 입력하면 404 오류(페이지를 찾을 수 없음)가 발생한다. 이 코드의 오류를 해결해 보자.

• SampleController.java

```
package com.mysite.sbb;

import org.springframework.stereotype.Controller;
import org.springframework.web.bind.annotation.GetMapping;
import org.springframework.web.bind.annotation.RequestMapping;
import org.springframework.web.bind.annotation.ResponseBody;

@RequestMapping("/sample")
@Controller
public class SampleController {

    @GetMapping("/sample/hello")
    @ResponseBody
    public String hello() {
        return "Hello Sample";
    }
}
```

03 SBB 서비스 개발하기

SBB의 기초 공사가 마무리되었으니 이제 'SBB' 빌딩의 외부와 내부를 본격적으로 꾸며 볼 차례이다. 이 장을 마치면 SBB는 꽤 괜찮은 모습으로 거듭날 것이다. SBB가 조금씩 발전해 나가는 모습을 보는 즐거운 여정을 시작해 보자. 이번 장에서는 SBB 게시판을 다른 웹 서비스처럼 멋지게 만들어 보려고 한다. 예를 들어 게시물을 등록하거나 로그인/로그아웃할 수 있는 다양한 기능을 SBB에 추가하여 업그레이드해 보자.

- SBB를 상용 게시판 수준으로 개발한다.
- 부트스트랩을 적용하여 게시판을 더 보기 좋게 만든다.
- 게시물 등록, 삭제, 수정부터 로그인, 로그아웃, 페이징 등의 기능을 구현한다.

3-01

내비게이션 바 추가하기

웹 서비스 개발자는 서비스 이용자가 편하게 사용할 수 있도록 작은 기능 하나에도 공을 들인다. 지금까지 우리는 질문 목록, 질문 상세, 질문 등록, 답변 등록 등 굵직한 기능을 중심으로 SBB 서비스를 구현했지만 이제부터는 사용자가 이 서비스를 좀 더 편리하게 이용할 수 있도록 다양한 기능을 구현해 보려고 한다.

먼저, 어떠한 화면에 있더라도 항상 메인 화면으로 돌아갈 수 있도록 내비게이션 바를 만들어 화면 상단에 고정해 보자.

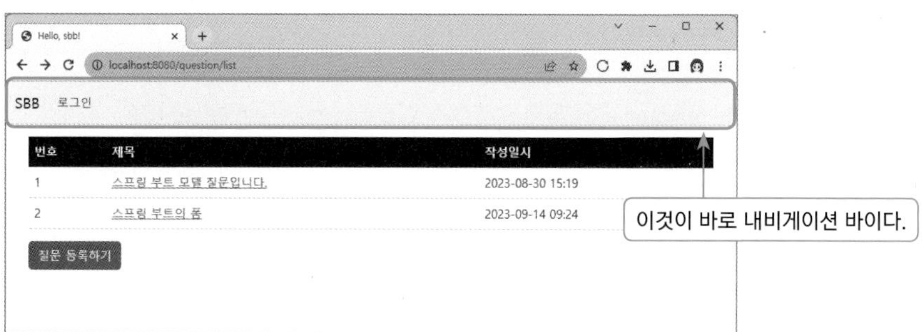

Do it! 실습 내비게이션 바 만들기

1. 내비게이션 바는 모든 화면 위쪽에 고정되어 있는 부트스트랩의 컴포넌트 중 하나이다. 내비게이션 바는 모든 페이지에서 공통으로 보여야 하므로 다음과 같이 layout.html 템플릿에 내용을 추가하자.

부트스트랩의 내비게이션 바를 자세히 알고 싶다면 https://getbootstrap.com/docs/5.3/components/navbar/를 참고하자.

• /templates/layout.html

```
<!doctype html>
<html lang="ko">
<head>
    <!-- Required meta tags -->
    <meta charset="utf-8">
```

```
    <meta name="viewport" content="width=device-width, initial-scale=1, shrink-
to-fit=no">
    <!-- Bootstrap CSS -->
    <link rel="stylesheet" type="text/css" th:href="@{/bootstrap.min.css}">
    <!-- sbb CSS -->
    <link rel="stylesheet" type="text/css" th:href="@{/style.css}">
    <title>Hello, sbb!</title>
</head>
<body>
<nav class="navbar navbar-expand-lg navbar-light bg-light border-bottom">
    <div class="container-fluid">
        <a class="navbar-brand" href="/">SBB</a>
        <button class="navbar-toggler" type="button" data-bs-toggle="collapse"
        data-bs-target="#navbarSupportedContent"
        aria-controls="navbarSupportedContent" aria-expanded="false"
        aria-label="Toggle navigation">
            <span class="navbar-toggler-icon"></span>
        </button>
        <div class="collapse navbar-collapse" id="navbarSupportedContent">
            <ul class="navbar-nav me-auto mb-2 mb-lg-0">
                <li class="nav-item">
                    <a class="nav-link" href="#">로그인</a>
                </li>
            </ul>
        </div>
    </div>
</nav>
<!-- 기본 템플릿 안에 삽입될 내용 Start -->
<th:block layout:fragment="content"></th:block>
<!-- 기본 템플릿 안에 삽입될 내용 End -->
</body>
</html>
```

내비게이션 바의 스타일과 레이아웃을 설정한다.

'SBB'를 클릭하면 메인 페이지로 이동하도록 설정한다.

내비게이션 바의 메뉴에 버튼을 추가하기 위해 부트스트랩의 속성을 활용한다.

화면 크기에 따라 내비게이션 바의 메뉴 노출을 관리한다.

내비게이션 바의 메뉴 오른쪽과 왼쪽 여백을 지정한다.

'로그인' 텍스트를 표시하고, 이를 클릭하여 이동할 페이지를 설정한다.

이 코드는 부트스트랩을 활용하여 내비게이션 바를 생성하는 내용을 작성한 것이다. 이와 같이 <li> 태그를 활용하여 내비게이션 바에 메뉴를 추가할 수 있다.

로그인 기능은 3-07절에서 구현할 것이다.

2. 이제 브라우저에서 질문 목록 페이지를 요청하면 화면 상단에 다음과 같은 내비게이션 바가 보일 것이다.

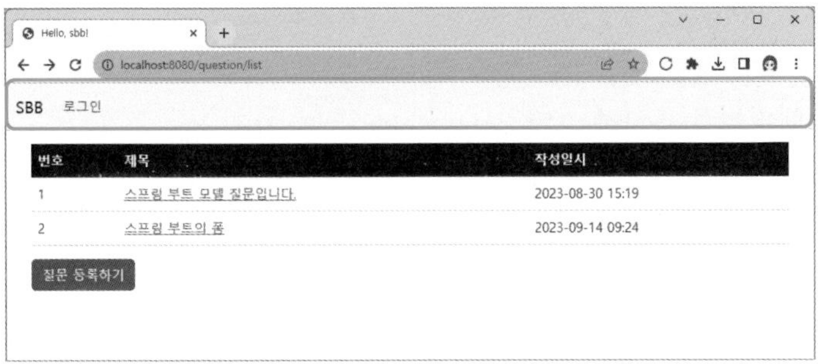

질문 목록 페이지 외에 질문 상세나 질문 등록 페이지에서 내비게이션 바의 SBB 로고를 클릭하면 바로 메인 페이지인 질문 목록 페이지로 돌아갈 수 있다. SBB 로고를 클릭해 제대로 작동하는지 확인해 보자.

Do it! 실습 내비게이션 바의 숨은 기능 알기

1. 이 내비게이션 바에는 재미있는 기능이 하나 숨어 있다. 한번 아무 페이지나 접속해서 브라우저의 가로 사이즈를 마우스를 이용하여 점점 줄여 보자. 그러면 어느 순간 햄버거 메뉴 버튼이 생긴다. 이와 동시에 로그인 링크는 사라진다.

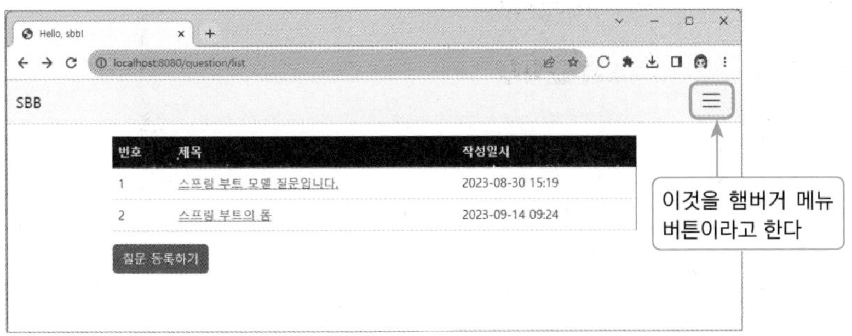

이와 같이 부트스트랩은 브라우저의 크기가 작아지면 자동으로 내비게이션 바에 있는 링크들을 햄버거 메뉴 버튼으로 숨긴다.

햄버거 메뉴 버튼으로 링크나 메뉴를 숨기는 것은 부트스트랩의 반응형 웹 기능이다. 반응형 웹은 웹 디자인 기법 중 하나로, 디스플레이의 크기나 종류에 반응하여 그에 맞도록 UI 요소가 자동으로 배치되도록 설계한 웹을 말한다.

2. 햄버거 메뉴 버튼을 클릭하면 숨어 있는 로그인 링크가 보여야 한다. 하지만 현 상태에서는 햄버거 메뉴 버튼을 클릭해도 아무런 변화가 없다. 햄버거 메뉴 버튼을 활용할 수 있도록 이번에는 부트스트랩 자바스크립트 파일(bootstrap.min.js)을 static 디렉터리로 복사해 보자.

부트스트랩의 기능 중에는 자바스크립트를 사용하는 것들이 있다. 그중 하나가 바로 내비게이션 바이다. bootstrap.min.js 파일은 이러한 부트스트랩의 특별한 기능들을 수행하는데 필요한 내용이 담긴 자바스크립트 파일이다.

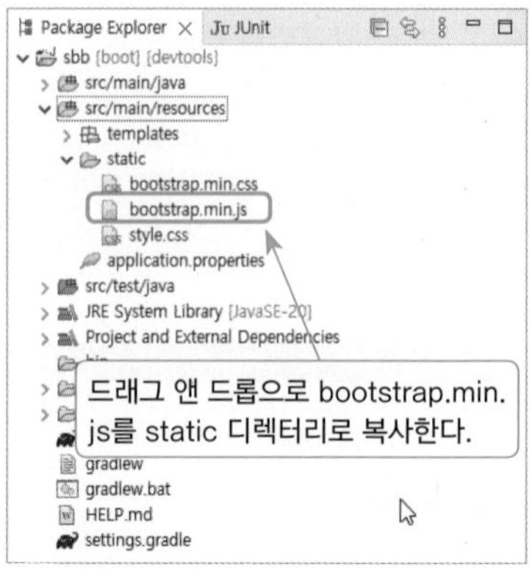

3. 이제 추가한 자바스크립트Javascript, JS 파일을 사용할 수 있도록 layout.html의 </body> 태그 바로 위에 다음과 같이 추가하자.

• /templates/layout.html

```
<!doctype html>
<html lang="ko">
(... 생략 ...)
<!-- 기본 템플릿 안에 삽입될 내용 Start -->
<th:block layout:fragment="content"></th:block>
<!-- 기본 템플릿 안에 삽입될 내용 End -->
<!-- Bootstrap JS -->
<script th:src="@{/bootstrap.min.js}"></script>
</body>
</html>
```

부트스트랩의 JS 파일을 사용하겠다는 주석과 함께 이와 같이 JS 파일을 추가했다.

4. 이렇게 수정하면 햄버거 메뉴 버튼 클릭 시 숨어 있는 링크가 다음과 같이 표시되는 것을 확인할 수 있다.

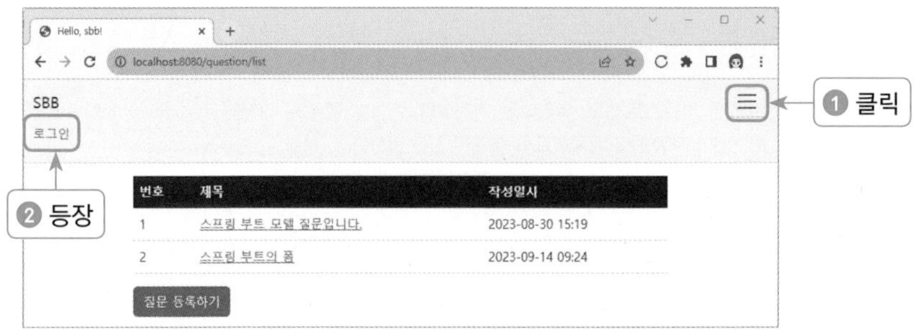

Do it! 실습 내비게이션 바 분리하기

2-16절에서 우리는 오류 메시지를 표시하는 공통 템플릿을 작성해서 질문 등록과 질문 상세 템플릿에 삽입했다. 내비게이션 바도 공통 템플릿으로 활용해 보자.

1. 다음과 같이 내비게이션 바를 활용하기 위한 공통 템플릿으로 navbar.html를 작성해 보자.

• /templates/navbar.html

```
<nav th:fragment="navbarFragment" class="navbar navbar-expand-lg navbar-light bg-
light border-bottom">
    <div class="container-fluid">
        <a class="navbar-brand" href="/">SBB</a>
        <button class="navbar-toggler" type="button" data-bs-toggle="collapse"
        data-bs-target="#navbarSupportedContent"
        aria-controls="navbarSupportedContent" aria-expanded="false"
        aria-label="Toggle navigation">
            <span class="navbar-toggler-icon"></span>
        </button>
        <div class="collapse navbar-collapse" id="navbarSupportedContent">
            <ul class="navbar-nav me-auto mb-2 mb-lg-0">
                <li class="nav-item">
                    <a class="nav-link" href="#">로그인</a>
                </li>
            </ul>
        </div>
    </div>
</nav>
```

'내비게이션 바 만들기'에서 추가한 코드를 복사해 붙여 넣은 후, 이 부분만 수정해 보자.

'내비게이션 바 만들기'에서 layout.html에 추가한 내용을 복사해 만들면 돼!

2. 다시 layout.html로 돌아가 navbar.html에 작성한 내용을 모두 삭제한 후, 다음과 같이 작성해 보자.

• /templates/layout.html

```
<!doctype html>
<html lang="ko">
<head>
    <!-- Required meta tags -->
```

고급 기능 익히기

```
    <meta charset="utf-8">
    <meta name="viewport" content="width=device-width, initial-scale=1, shrink-
to-fit=no">
    <!-- Bootstrap CSS -->
    <link rel="stylesheet" type="text/css" th:href="@{/bootstrap.min.css}">
    <!-- sbb CSS -->
    <link rel="stylesheet" type="text/css" th:href="@{/style.css}">
    <title>Hello, sbb!</title>
</head>
<body>
<!-- 내비게이션 바 -->
<nav th:replace="~{navbar :: navbarFragment}"></nav>
<!-- 기본 템플릿 안에 삽입될 내용 Start -->
<th:block layout:fragment="content"></th:block>
<!-- 기본 템플릿 안에 삽입될 내용 End -->
<!-- Bootstrap JS -->
<script th:src="@{/bootstrap.min.js}"></script>
</body>
</html>
```

20줄에 가까웠던 코드가 단 한 줄로 해결됐다!

기존의 내비게이션 바 HTML 코드들을 삭제하고 navbar.html 템플릿을 타임리프의 th:replace 속성으로 layout.html 템플릿에 포함시켰다. 사실, navbar.html 파일은 form_errors.html처럼 다른 템플릿들에서 중복해 사용하지는 않지만 독립된 하나의 템플릿으로 관리하는 것이 유지 보수에 유리하므로 이와 같이 분리했다. 공통 템플릿을 따로 관리하는 것은 코드의 재사용성을 높여 줄 뿐만 아니라 코드의 유지 보수에도 도움이 된다.

3-02
페이징 기능 추가하기

SBB의 질문 목록은 현재 페이징 기능이 없어 게시물을 300개 작성하면 한 페이지에 300개의 게시물이 모두 조회된다. 이 경우 한 화면에 표시할 게시물이 많아져서 스크롤바를 내려야 하는 불편함이 생긴다. 이를 해결하기 위해 질문 목록 화면에 페이징 기능을 적용해 보자. 여기서 페이징paging이란 입력된 정보나 데이터를 여러 페이지에 나눠 표시하고, 사용자가 페이지를 이동할 수 있게 하는 기능을 말한다.

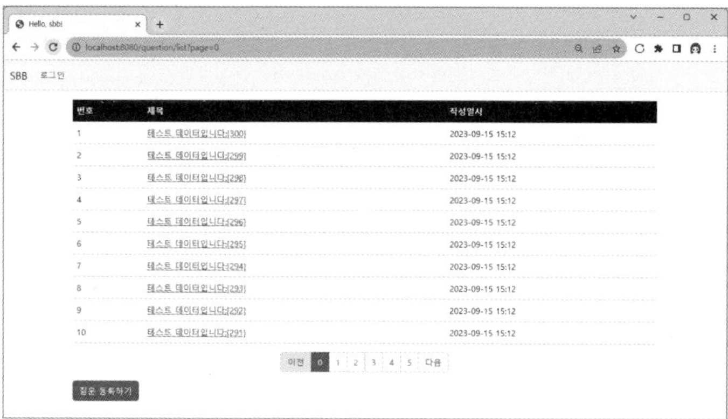

Do it! 실습 대량 테스트 데이터 만들기

페이징을 구현하기 전에 페이징을 테스트할 수 있을 정도로 충분한 테스트 데이터를 만들어 보자. 대량의 테스트 데이터를 만드는 가장 간단한 방법은 2-05절에서 살펴본 스프링 부트의 테스트 프레임워크를 이용하는 것이다.

1. 테스트 케이스를 작성하기 위해 SbbApplicationTests.java 파일을 수정해 보자.

• SbbApplicationTests.java

```
package com.mysite.sbb;

import com.mysite.sbb.question.QuestionService;
```

```
import org.junit.jupiter.api.Test;
import org.springframework.beans.factory.annotation.Autowired;
import org.springframework.boot.test.context.SpringBootTest;

@SpringBootTest
class SbbApplicationTests {

    @Autowired
    private QuestionService questionService;

    @Test
    void testJpa() {
        for (int i = 1; i <= 300; i++) {
            String subject = String.format("테스트 데이터입니다:[%03d]" , i);
            String content = "내용 없음 ";
            this.questionService.create(subject, content);
        }
    }
}
```

제목에 번호를 부여하는 코드이다.

이와 같이 총 300개의 테스트 데이터를 생성하는 테스트 케이스를 작성했다.

2. 로컬 서버를 중지하고 [Run → Run As → Junit Test]로 testJpa 메서드를 실행하자. 그리고 다시 로컬 서버를 실행한 후, 브라우저에서 질문 목록 페이지를 요청해 보자.

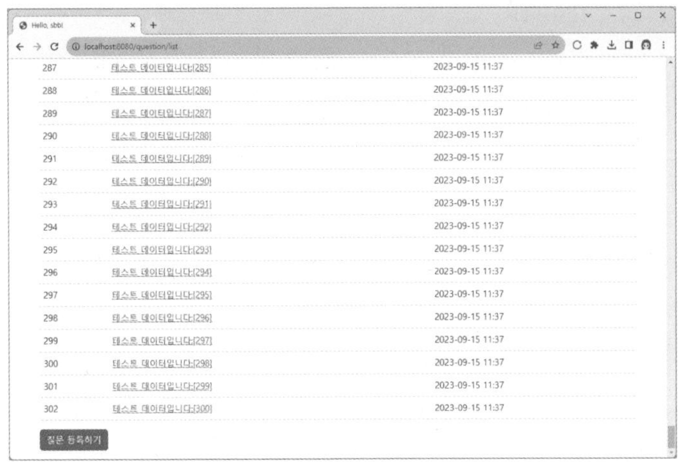

이와 같이 테스트 케이스로 등록한 데이터가 보일 것이다. 그리고 300개 이상의 데이터가 한 페이지 보여지는 것을 확인할 수 있다. 300개가 넘는 데이터를 확인하려면 계속 스크롤을 내려야 한다. 이러한 불편함을 해결하기 위해 이어서 페이징 기능을 구현하고, 등록한 게시물이 최신순으로 보여지는 기능까지 추가해 보자.

Do it! 실습 페이징 구현하기

페이징을 구현하기 위해 추가로 설치해야 하는 라이브러리는 없다. JPA 환경 구축 시 설치했던 JPA 관련 라이브러리에 이미 페이징을 위한 패키지들이 들어 있기 때문이다. 그러므로 다음 클래스들을 이용하면 페이징을 쉽게 구현할 수 있다.

- org.springframework.data.domain.Page: 페이징을 위한 클래스이다.
- org.springframework.data.domain.PageRequest: 현재 페이지와 한 페이지에 보여 줄 게시물 개수 등을 설정하여 페이징 요청을 하는 클래스이다.
- org.springframework.data.domain.Pageable: 페이징을 처리하는 인터페이스이다.

1. 위에 소개한 3가지 클래스를 사용하여 페이징을 구현해 보자. 먼저 QuestionRepository에 다음과 같이 페이징을 구현하기 위한 클래스들을 import 한 후, findAll 메서드를 추가해 보자.

• /question/QuestionRepository.java

```
package com.mysite.sbb.question;

import java.util.List;

import org.springframework.data.domain.Page;
import org.springframework.data.domain.Pageable;
import org.springframework.data.jpa.repository.JpaRepository;

public interface QuestionRepository extends JpaRepository<Question, Integer> {
    Question findBySubject(String subject);
    Question findBySubjectAndContent(String subject, String content);
    List<Question> findBySubjectLike(String subject);
    Page<Question> findAll(Pageable pageable);
}
```

Pageable 객체를 입력받아 Page<Question> 타입 객체를 리턴하는 findAll 메서드를 생성했다.

2. 이번에는 QuestionService도 다음과 같이 수정해 보자.

• /question/QuestionService.java

```
(... 생략 ...)

import org.springframework.stereotype.Service;
import org.springframework.data.domain.Page;
import org.springframework.data.domain.PageRequest;
import org.springframework.data.domain.Pageable;

import lombok.RequiredArgsConstructor;

@RequiredArgsConstructor
@Service
public class QuestionService {
    private final QuestionRepository questionRepository;

    public Page<Question> getList(int page) {
        Pageable pageable = PageRequest.of(page, 10);
        return this.questionRepository.findAll(pageable);
    }

    public Question getQuestion(Integer id) {
       (... 생략 ...)
    }

    public void create(String subject, String content) {
        (... 생략 ...)
    }
}
```

import 문은 Ctrl + Shift + O 키를 누르면 한번에 정리되므로 어디에 입력해야 할지 고민하지 않아도 돼.

질문 목록을 조회하는 getList 메서드를 이와 같이 변경했다. getList 메서드는 정수 타입의 페이지 번호를 입력받아 해당 페이지의 Page 객체를 리턴하도록 변경했다. Pageable 객체를 생성할 때 사용한 PageRequest.of(page, 10)에서 page는 조회할 페이지의 번호이고 10은 한 페이지에 보여 줄 게시물의 개수를 의미한다. 이렇게 하면 데이터 전체를 조회하지 않고 해당 페이지의 데이터만 조회하도록 쿼리가 변경된다.

3. QuestionService의 getList 메서드 입출력 구조가 변경되었으므로 QuestionController도 다음과 같이 수정해야 한다.

• /question/QuestionController.java

```
(... 생략 ...)
import org.springframework.web.bind.annotation.RequestParam;
import org.springframework.data.domain.Page;

(... 생략 ...)
public class QuestionController {

    (... 생략 ...)

    @GetMapping("/list")
    public String list(Model model, @RequestParam(value="page", defaultValue="0")
int page) {
        Page<Question> paging = this.questionService.getList(page);
        model.addAttribute("paging", paging);
        return "question_list";
    }
    @GetMapping(value = "/detail/{id}")
    (... 생략 ...)
    @GetMapping("/create")
    (... 생략 ...)
    @GetMapping("/create")
    (... 생략 ...)
}
```

http://localhost:8080/question/list?page=0와 같이 GET 방식으로 요청된 URL에서 page값을 가져오기 위해 list 메서드의 매개변수로 @RequestParam(value="page", defaultValue="0") int page가 추가되었다. URL에 매개변수로 page가 전달되지 않은 경우 기본값은 0이 되도록 설정했다.

스프링 부트의 페이징 기능을 구현할 때 첫 페이지 번호는 1이 아닌 0이므로 기본값으로 0을 설정해야 한다.

GET 방식에서는 값을 전달하기 위해서 ?와 & 기호를 사용한다. 첫 번째 파라미터는 ? 기호를 사용하고 그 이후 추가되는 값은 & 기호를 사용한다.

템플릿에 Page 클래스의 객체인 paging을 model에 설정하여 전달했다. paging 객체에는 다음과 같은 속성들이 있는데, 이 속성들은 템플릿에서 페이징을 처리할 때 필요하므로 미리 알아 두자.

속성	설명
paging.isEmpty	페이지 존재 여부를 의미한다(게시물이 있으면 false, 없으면 true).
paging.totalElements	전체 게시물 개수를 의미한다.
paging.totalPages	전체 페이지 개수를 의미한다.
paging.size	페이지당 보여 줄 게시물 개수를 의미한다.
paging.number	현재 페이지 번호를 의미한다.
paging.hasPrevious	이전 페이지의 존재 여부를 의미한다.
paging.hasNext	다음 페이지의 존재 여부를 의미한다.

4. 컨트롤러에서 model 객체에 기존에 전달했던 이름인 'questionList' 대신 'paging'으로 전달하기 때문에 질문 목록 템플릿(question_list.html)을 다음과 같이 변경해야 한다.

• /templates/question_list.html

```
<html layout:decorate="~{layout}">
<div layout:fragment="content" class="container my-3">
    <table class="table">
        (... 생략 ...)
        <tbody>
            <tr th:each="question, loop : ${paging}">
                (... 생략 ...)
            </tr>
        </tbody>
    </table>
    <a th:href="@{/question/create}" class="btn btn-primary">질문 등록하기</a>
</div>
</html>
```

5. 수정한 후, 브라우저에서 http://localhost:8080/question/list?page=0이라는 URL을 요청해 보자. 다음과 같이 첫 페이지에 해당하는 게시물 10개만 조회되는 것을 확인할 수 있다.

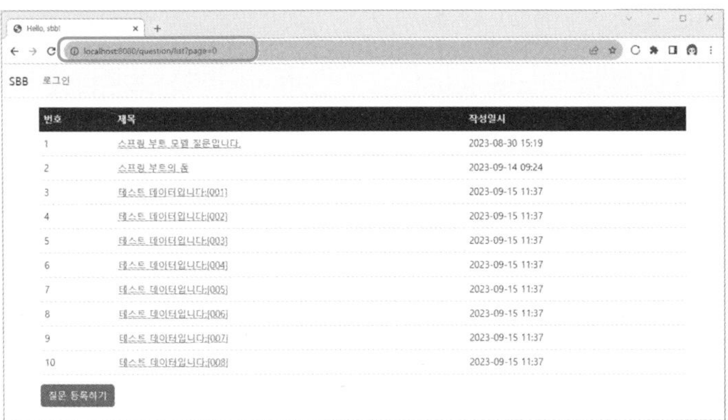

6. 이번에는 http://localhost:8080/question/list?page=1과 같이 URL을 요청하면 다음과 같이 두 번째 페이지에 해당하는 게시물들이 조회된다.

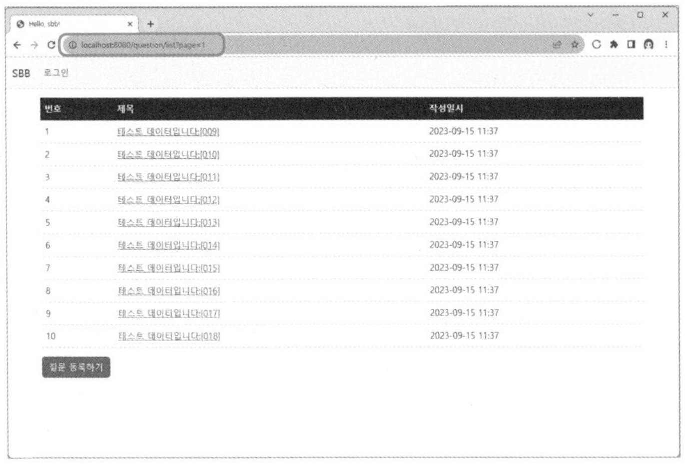

Do it! 실습 페이지 이동 기능 추가하기

질문 목록에서 페이지를 이동하려면 페이지를 이동할 수 있는 '이전', '다음'과 같은 링크가 필요하다. 이번에는 질문 목록 화면에서 페이지를 이동할 수 있는 링크를 추가해 보자.

1. question_list.html의 </table> 태그 바로 밑에 다음 코드를 작성해 보자.

• /templates/question_list.html

```
<html layout:decorate="~{layout}">
<div layout:fragment="content" class="container my-3">
    <table class="table">
        (... 생략 ...)
    </table>
    <!-- 페이징 처리 시작 -->
    <div th:if="${!paging.isEmpty()}">
        <ul class="pagination justify-content-center">
            <li class="page-item" th:classappend="${!paging.hasPrevious} ? 'disabled'">
                <a class="page-link" th:href="@{|?page=${paging.number-1}|}">
                    <span>이전</span>
                </a>
            </li>
            <li th:each="page: ${#numbers.sequence(0, paging.totalPages-1)}"
th:classappend="${page == paging.number} ? 'active'"class="page-item">
                <a th:text="${page}" class="page-link"
                th:href="@{|?page=${page}|}"></a>
            </li>
            <li class="page-item" th:classappend="${!paging.hasNext} ? 'disabled'">
                <a class="page-link" th:href="@{|?page=${paging.number+1}|}">
                    <span>다음</span>
                </a>
            </li>
        </ul>
    </div>
    <!-- 페이징 처리 끝 -->
    <a th:href="@{/question/create}" class="btn btn-primary">질문 등록하기</a>
</div>
</html>
```

상당히 많은 양의 HTML 코드가 추가되었지만 어렵지 않으니 찬찬히 살펴보자. 페이지 리스트를 보기 좋게 표시하기 위해 부트스트랩의 pagination 컴포넌트를 이용했다. 이 템플릿에 사용한 pagination, page-item, page-link 등이 pagination 컴포넌트의 클래스로, pagination은 ul 요소 안에 있는 내용을 꾸밀 수 있고, page-item은 각 페이지 번호나 '이전', '다음' 버튼을 나타내도록 하고, page-link는 '이전', '다음' 버튼에 링크를 나타낸다.

부트스트랩의 pagination을 자세히 알고 싶다면 https://getbootstrap.com/docs/5.3/components/pagination/를 참고하자.

이전 페이지가 없는 경우에는 '이전' 링크가 비활성화(disabled)되도록 했다. '다음' 링크의 경우도 마찬가지 방법으로 적용했다. 그리고 th:each 속성을 사용해 전체 페이지 수만큼 반복하면서 해당 페이지로 이동할 수 있는 '이전', '다음' 링크를 생성했다. 이때 반복하던 도중 요청 페이지가 현재 페이지와 같을 경우에는 active 클래스를 적용하여 페이지 링크에 파란색 배경이 나타나도록 했다.

타임리프의 th:classappend="조건식 ? 클래스_값"은 조건식이 참인 경우 '클래스_값'을 class 속성에 추가한다.

위 템플릿에 사용한 주요 페이징 기능을 표로 정리해 보았다.

페이징 기능 관련 주요 코드	설명
`th:classappend="${!paging.hasPrevious} ? 'disabled'"`	이전 페이지가 없으면 '이전' 링크를 비활성화한다.
`th:classappend="${!paging.hasNext} ? 'disabled'"`	다음 페이지가 없으면 '다음' 링크를 비활성화한다.
`th:href="@{|?page=${paging.number-1}|}"`	이전 페이지 링크를 생성한다. .
`th:href="@{|?page=${paging.number+1}|}"`	다음 페이지 링크를 생성한다.
`th:each="page: ${#numbers.sequence(0, paging.totalPages-1)}"`	0부터 전체 페이지 수 만큼 이 요소를 반복하여 생성한다. 이때 현재 순번을 page 변수에 대입한다.
`th:classappend="${page == paging.number} ? 'active'"`	반복 구간 내에서 해당 페이지가 현재 페이지와 같은 경우 active 클래스를 적용한다.

한 가지 더 설명하면, #numbers.sequence(시작 번호, 끝 번호)는 시작 번호부터 끝 번호까지 정해진 범위만큼 반복을 만들어 내는 타임리프의 기능이다.

2. 여기까지 수정한 후, 다시 질문 목록 URL을 조회해 보자.

페이지 이동 기능은 구현했지만 화면에서 보듯이 이동할 수 있는 페이지가 모두 표시되는 문제가 발생했다.

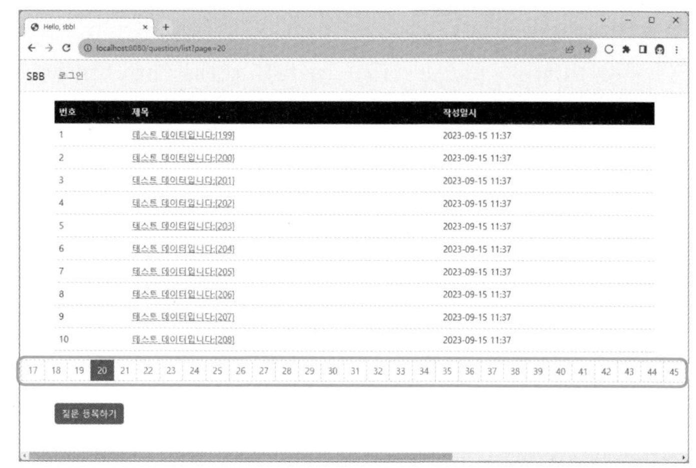

Do it! 실습 페이지 이동 기능 완성하기

1. 앞서 발생한 문제를 해결하기 위해 다음과 같이 질문 목록 템플릿에 코드를 추가해 보자.

• /templates/question_list.html

```
(... 생략 ...)
    <!-- 페이징 처리 시작 -->
    <div th:if="${!paging.isEmpty()}">
        <ul class="pagination justify-content-center">
            <li class="page-item" th:classappend="${!paging.hasPrevious} ? 'disabled'">
                <a class="page-link" th:href="@{|?page=${paging.number-1}|}">
                    <span>이전</span>
                </a>
            </li>
            <li th:each="page: ${#numbers.sequence(0, paging.totalPages-1)}"
            th:if="${page >= paging.number-5 and page <= paging.number+5}"
            th:classappend="${page == paging.number} ? 'active'" class="page-item">
                <a th:text="${page}" class="page-link"
                th:href="@{|?page=${page}|}"></a>
            </li>
            <li class="page-item" th:classappend="${!paging.hasNext} ? 'disabled'">
                <a class="page-link" th:href="@{|?page=${paging.number+1}|}">
                    <span>다음</span>
                </a>
            </li>
        </ul>
    </div>
    <!-- 페이징 처리 끝 -->
    <a th:href="@{/question/create}" class="btn btn-primary">질문 등록하기</a>
</div>
</html>
```

페이지 표시 제한 기능을 구현한다.

이와 같이 한 줄의 코드를 삽입하여 페이지 표시 제한 기능을 구현했다. 이 코드는 현재 페이지 기준으로 좌우 5개씩 페이지 번호가 표시되도록 만든다. 즉, 반복문 내에서 표시되는 페이지가 현재 페이지를 의미하는 paging.number보다 5만큼 작거나 큰 경우에만 표시되도록 한 것이다.

2. 만약 현재 페이지가 15페이지라면 다음과 같이 페이지 번호가 표시될 것이다.

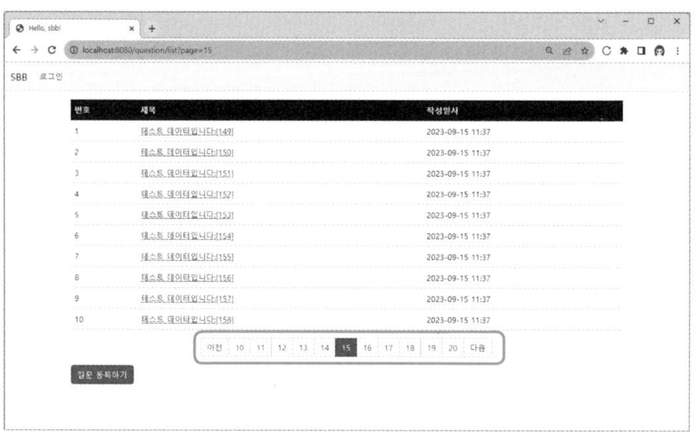

이와 같이 15페이지보다 5만큼 작은 10페이지부터 5만큼 큰 20페이지까지만 표시된다.

Do it! 실습 최신순으로 데이터 조회하기

1. 현재 질문 목록은 등록한 순서대로 데이터가 표시된다. 하지만 대부분의 게시판 서비스는 최근에 작성한 게시물이 가장 위에 보이는 것이 일반적이다. 이를 구현하기 위해 QuestionService를 다음과 같이 수정해 보자.

• /question/QuestionService.java

```
package com.mysite.sbb.question;

import java.util.ArrayList;
import java.util.List;
import java.util.Optional;
import java.time.LocalDateTime;

(... 생략 ...)
import org.springframework.data.domain.Pageable;
import org.springframework.data.domain.Sort;

(... 생략 ...)
public class QuestionService {
    private final QuestionRepository questionRepository;
```

```
    public Page<Question> getList(int page) {
        List<Sort.Order> sorts = new ArrayList<>();
        sorts.add(Sort.Order.desc("createDate"));
        Pageable pageable = PageRequest.of(page, 10, Sort.by(sorts));
        return this.questionRepository.findAll(pageable);
    }

    (... 생략 ...)
}
```

게시물을 역순(최신순)으로 조회하려면 이와 같이 PageRequest.of 메서드의 세 번째 매개변수에 Sort 객체를 전달해야 한다. 작성 일시(createDate)를 역순(Desc)으로 조회하려면 Sort.Order.desc("createDate")와 같이 작성한다.

만약 작성 일시 외에 정렬 조건을 추가하고 싶다면 sort.add 메서드를 활용해 sorts 리스트에 추가하면 된다.

여기서 쓰인 desc는 내림차순을 의미하고, asc는 오름차순을 의미한다.

2. 수정한 뒤, 첫 번째 페이지를 조회하면 가장 최근에 등록한 순서대로 게시물이 출력되는 것을 확인할 수 있다.

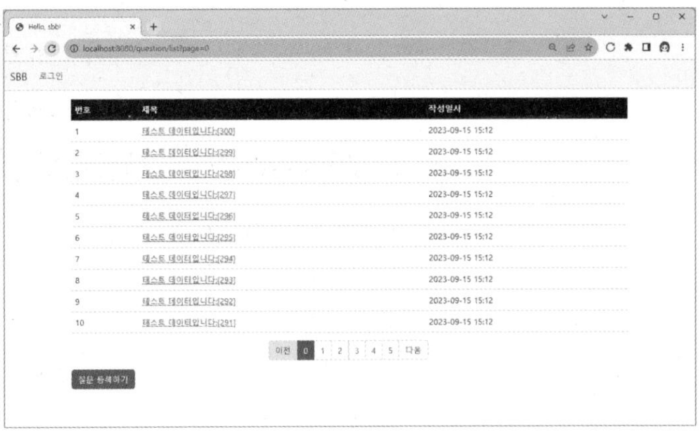

3-03
게시물에 번호 지정하기

현재 질문 목록 화면을 보면 어느 페이지에서나 게시물 번호가 1부터 시작해 10까지만 표시된다. 각 게시물에 맞게 번호가 제대로 표시되도록 문제를 해결해 보자.

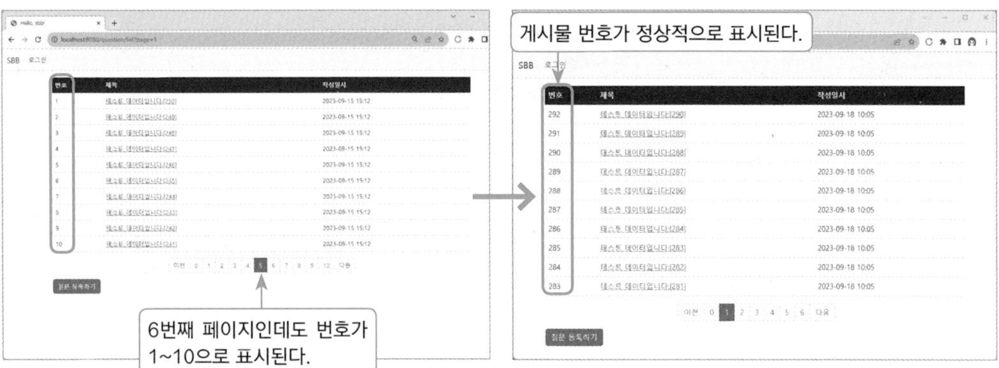

게시물 번호 공식 만들기

만약 질문 게시물이 12개라면 1페이지에는 가장 최근 게시물인 12번째~3번째 게시물이, 2페이지에는 2번째~1번째 게시물이 역순으로 표시되어야 한다. 질문 게시물의 번호를 역순으로 정렬하려면 다음 공식을 적용해야 한다.

```
게시물 번호 = 전체 게시물 개수 - (현재 페이지 * 페이지당 게시물 개수) - 나열 인덱스
```

항목	설명
게시물 번호	최종 표시될 게시물의 번호
전체 게시물 개수	데이터베이스에 저장된 게시물 전체 개수
현재 페이지	페이징에서 현재 선택한 페이지

페이지당 게시물 개수	한 페이지당 보여 줄 게시물의 개수
나열 인덱스	for 문 안의 게시물 순서(나열 인덱스는 현재 페이지에서 표시할 수 있는 게시물의 인덱스이므로, 예를 들어 10개를 표시하는 페이지에서는 0~9, 2개를 표시하는 페이지에서는 0~1로 반복된다.)

공식이 조금 복잡하니 질문 게시물이 12개인 상황을 예로 들어 설명해 보자. 현재 페이지가 0이면 게시물의 번호는 전체 게시물 개수 12에서 나열 인덱스 0~9를 뺀 12~3이 된다. 현재 페이지가 1이면 페이지당 노출되는 게시물 개수는 10이므로 12에서 10을 뺀 값인 2에 나열 인덱스 0~1을 다시 빼므로 게시물 번호는 2~1이 된다.

Do it! 실습 게시물 번호 공식 적용하기

1. 이제 게시물 번호 공식을 다음과 같이 질문 목록 템플릿에 적용해 보자. 다음 코드의 1번째 td 요소에 이 공식을 그대로 적용했다.

• /templates/question_list.html

```
<html layout:decorate="~{layout}">
<div layout:fragment="content" class="container my-3">
    <table class="table">
        <thead class="table-dark">
            (... 생략 ...)
        </thead>
        <tbody>
            <tr th:each="question, loop : ${paging}">
                <td th:text="${paging.getTotalElements - (paging.number * paging.
size) - loop.index}"></td>
                <td>
                    <a th:href="@{|/question/detail/${question.id}|}"
                    th:text="${question.subject}"></a>
                </td>
                <td th:text="${#temporals.format(question.createDate, 'yyyy-MM-dd
HH:mm')}"></td>
            </tr>
        </tbody>
    </table>
```

```
    <!-- 페이징 처리 시작 -->
    (... 생략 ...)
<!-- 페이징 처리 끝-->
<a th:href="@{/question/create}" class="btn btn-primary">질문 등록하기</a>
</div>
</html>
```

paging.getTotalElement는 전체 게시물 개수를 말한다. 필자의 경우에는 302개이다. paging.number는 현재 페이지 번호로 페이지를 변경할 때마다 달라진다. paging.size는 페이지당 게시물 개수로 여기서는 10으로 정해져 있다. 마지막으로 loop.index는 나열 인덱스로 0부터 시작한다.

다음 표는 템플릿에 사용한 공식의 상세 정보를 정리한 것이다.

항목	설명
paging.getTotalElements	전체 게시물 개수를 의미한다.
paging.number	현재 페이지 번호를 의미한다.
paging.size	페이지당 게시물 개수를 의미한다.
loop.index	나열 인덱스를 의미한다(0부터 시작).

2. 이제 게시물 번호가 우리가 의도한 대로 출력된다.

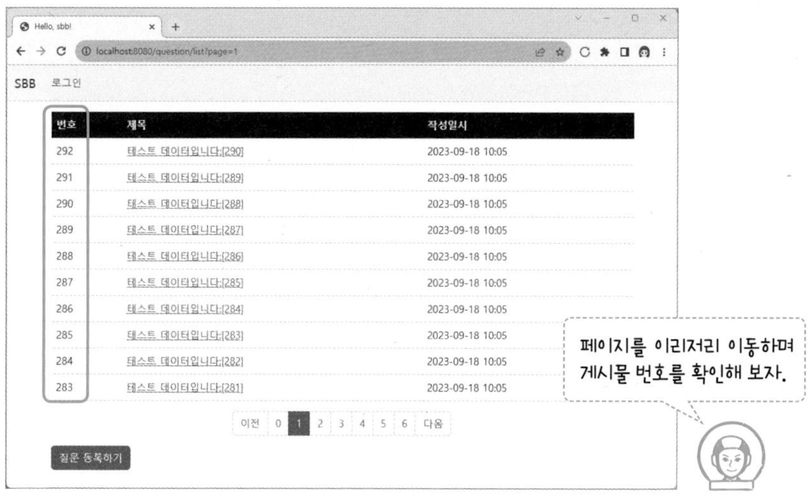

필자의 게시물 개수는 302개이다. 앞서 어떤 게시물을 입력했느냐에 따라 게시물 개수에 차이가 있을 수 있다. 공식대로 게시물 번호가 제대로 들어갔는지만 확인해 보자.

3-04

답변 개수 표시하기

이번에는 질문 목록 화면에서 해당 질문에 달린 답변 개수를 표시할 수 있는 기능을 추가해 보자. 코드의 분량은 많지 않지만, 게시판 서비스를 사용자 입장에서 더욱 편리하게 만들어 주는 기능이다.

1. 답변 개수는 앞서 본 화면과 같이 게시물 제목 바로 오른쪽에 표시하도록 만들어 보자.

• /templates/question_list.html

```
<html layout:decorate="~{layout}">
<div layout:fragment="content" class="container my-3">
    <table class="table">
    (... 생략 ...)
        <tbody>
            <tr th:each="question, loop : ${paging}">
                <td th:text="${paging.getTotalElements - (paging.number * paging.
size) - loop.index}"></td>
                <td>
                    <a th:href="@{|/question/detail/${question.id}|}"
                    th:text="${question.subject}"></a>
                    <span class="text-danger small ms-2"
                        th:if="${#lists.size(question.answerList) > 0}"
                        th:text="${#lists.size(question.answerList)}">
```

```
                    </span>
                </td>
                <td th:text="${#temporals.format(question.createDate, 'yyyy-MM-dd
HH:mm')}"></d>
            </tr>
        </tbody>
    </table>
    (... 생략 ...)
```

th:if="${#lists.size(question.answerList) 〉 0}"로 답변이 있는지 조사하고, th:text="${#lists.size(question.answerList)}"로 답변 개수를 표시했다.

#list.size(이터러블_객체)는 '이터러블_객체'의 사이즈를 리턴하는 타임리프의 기능이다.

2. 이제 답변이 있는 질문은 다음과 같이 제목 오른쪽에 빨간색(text-danger) 숫자가 작게 (small) 왼쪽 여백(ms-2)이 추가되어 표시된다.

3-05
스프링 시큐리티란?

스프링 부트는 회원 가입과 로그인을 도와주는 스프링 시큐리티Spring Security를 사용할 수 있다. SBB도 스프링 시큐리티를 사용하여 회원 가입과 로그인 기능을 만들 것이다. SBB에 회원 가입과 로그인 기능을 추가하기 전에 먼저 스프링 시큐리티를 간단하게 알아보고 설치와 설정도 진행해 보자.

스프링 시큐리티는 스프링 기반 웹 애플리케이션의 인증과 권한을 담당하는 스프링의 하위 프레임워크이다. 여기서 인증authenticate은 로그인과 같은 사용자의 신원을 확인하는 프로세스를, 권한authorize은 인증된 사용자가 어떤 일을 할 수 있는지(어떤 접근 권한이 있는지) 관리하는 것을 의미한다.

Do it! 실습 스프링 시큐리티 설치하기

스프링 시큐리티를 사용하기 위해 다음과 같이 build.gradle 파일을 수정해 보자.

• build.gradle

```
(... 생략 ...)

dependencies {
    (... 생략 ...)
    implementation 'org.springframework.boot:spring-boot-starter-validation'
    implementation 'org.springframework.boot:spring-boot-starter-security'
    implementation 'org.thymeleaf.extras:thymeleaf-extras-springsecurity6'
}

(... 생략 ...)
```

스프링 시큐리티와 이와 관련된 타임리프 라이브러리를 사용하도록 설정했다. build.gradle 파일을 선택한 후 마우스 오른쪽 버튼을 눌러 [Gradle → Refresh Gradle Project]를 클릭하여 변경 사항을 적용하면 해당 라이브러리가 설치된다. 로컬 서버도 한번 재시작하자.

thymeleaf-extras-springsecurity6 패키지는 타임리프 템플릿 엔진과 스프링 시큐리티 프레임워크를 함께 사용할 때 필요한 타임리프의 확장 기능이다.

Do it! 실습 스프링 시큐리티 설정하기

1. 스프링 시큐리티를 설치하고 로컬 서버를 재시작한 후에 SBB의 질문 목록 화면에 접속해 보자. 아마도 다음과 같은 화면이 나타나서 깜짝 놀랄 것이다.

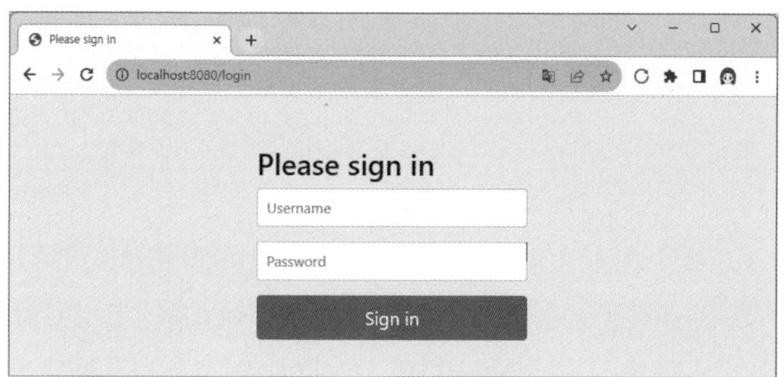

2. 스프링 시큐리티는 기본적으로 인증되지 않은 사용자가 SBB와 같은 웹 서비스를 사용할 수 없게끔 만든다. 따라서 이와 같이 인증을 위한 로그인 화면이 나타나는 것이다. 이러한 스프링 시큐리티의 기본 기능을 SBB에 그대로 적용되면 곤란하므로 설정을 통해 바로잡아야 한다. SBB는 로그인하지 않아도 게시물을 조회할 수 있어야 하기 때문이다.

다음과 같이 com.mysite.sbb 패키지에 스프링 시큐리티의 설정을 담당할 SecurityConfig.java 파일을 작성해 보자.

• SecurityConfig.java

```
package com.mysite.sbb;

import org.springframework.context.annotation.Bean;
import org.springframework.context.annotation.Configuration;
import org.springframework.security.config.annotation.web.builders.HttpSecurity;
import org.springframework.security.config.annotation.web.configuration.
EnableWebSecurity;
import org.springframework.security.web.SecurityFilterChain;
```

고급 기능 익히기

```
import org.springframework.security.web.util.matcher.AntPathRequestMatcher;

@Configuration
@EnableWebSecurity
public class SecurityConfig {
    @Bean
    SecurityFilterChain filterChain(HttpSecurity http) throws Exception {
        http
            .authorizeHttpRequests((authorizeHttpRequests) -> authorizeHttpRequests
                .requestMatchers(new AntPathRequestMatcher("/**")).permitAll())
            ;
        return http.build();
    }
}
```

인증되지 않은 모든 페이지의 요청을 허락한다는 의미이다. 따라서 로그인하지 않더라도 모든 페이지에 접근할 수 있도록 한다.

@Configuration은 이 파일이 스프링의 환경 설정 파일임을 의미하는 애너테이션이다. 여기서는 스프링 시큐리티를 설정하기 위해 사용했다. @EnableWebSecurity는 모든 요청 URL이 스프링 시큐리티의 제어를 받도록 만드는 애너테이션이다. 이 애너테이션을 사용하면 스프링 시큐리티를 활성화하는 역할을 한다. 내부적으로 SecurityFilterChain 클래스가 동작하여 모든 요청 URL에 이 클래스가 필터로 적용되어 URL별로 특별한 설정을 할 수 있게 된다. 스프링 시큐리티의 세부 설정은 @Bean 애너테이션을 통해 SecurityFilterChain 빈을 생성하여 설정할 수 있다.

이렇게 스프링 시큐리티 설정 파일을 구성하면 이제 질문 목록, 질문 답변 등의 기능을 이전과 동일하게 사용할 수 있다.

빈이란?

빈bean은 스프링에 의해 생성 또는 관리되는 객체를 의미한다. 우리가 지금껏 만들어 왔던 컨트롤러, 서비스, 리포지터리 등도 모두 빈에 해당한다. 또한 앞선 예처럼 @Bean 애너테이션을 통해 자바 코드 내에서 별도로 빈을 정의하고 등록할 수도 있다.

Do it! 실습 H2 콘솔 오류 수정하기

그런데 스프링 시큐리티를 적용하면 H2 콘솔 로그인 시 다음과 같은 403 Forbidden 오류가 발생한다. 403 Forbidden은 작동 중인 서버에 클라이언트의 요청이 들어왔으나, 서버가 클라이언트의 접근을 거부했을 때 반환하는 HTTP 오류 코드이다. 이 오류는 서버 또는 서버에 있는 파일 등에 접근 권한이 없을 경우에 발생한다.

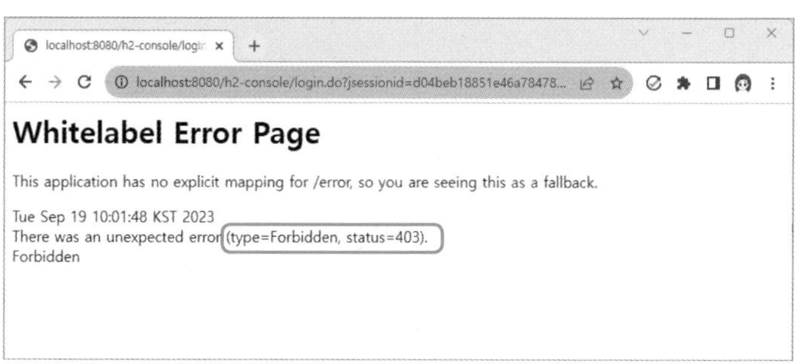

403 Forbidden 오류가 발생하는 이유를 좀 더 구체적으로 설명하면, 스프링 시큐리티의 CSRF 방어 기능에 의해 H2 콘솔 접근이 거부되기 때문이다. CSRF는 웹 보안 공격 중 하나로, 조작된 정보로 웹 사이트가 실행되도록 속이는 공격 기술이다. 스프링 시큐리티는 이러한 공격을 방지하기 위해 CSRF 토큰을 세션을 통해 발행하고, 웹 페이지에서는 폼 전송 시에 해당 토큰을 함께 전송하여 실제 웹 페이지에서 작성한 데이터가 전달되는지를 검증한다.

토큰이란 요청을 식별하고 검증하는 데 사용하는 특수한 문자열 또는 값을 의미한다.

세션이란 사용자의 상태를 유지하고 관리하는 데 사용하는 기능이다.

1. 이 오류를 해결하기 전에 다음과 같이 질문 등록 화면을 열고 브라우저의 '페이지 소스 보기' 기능을 이용하여 질문 등록 화면의 소스를 잠시 확인해 보자.

2. 그러면 다음과 같이 질문 등록 화면의 소스를 볼 수 있다.

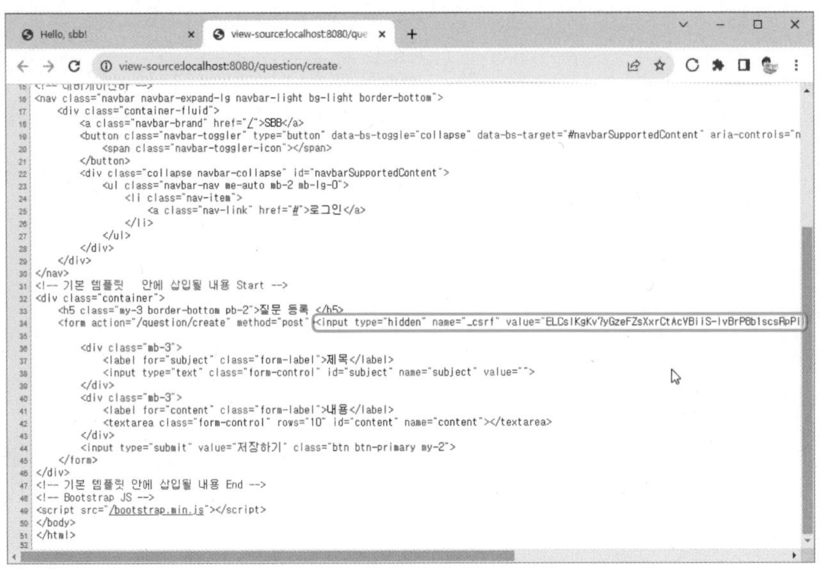

다음과 같은 input 요소가 〈form〉 태그 안에 자동으로 생성된 것을 확인할 수 있다.

```
<input type="hidden" name="_csrf" value="ELCsIKgKv7yGzeFZsXxrCtAcVBiiS-lvBrP8b-1scsRpPlrWHJoKfFsw4ioyr-thtgFFfbLF6eSCUctFCYICYW2l4gC57o4W1"/>
```

스프링 시큐리티에 의해 이와 같은 CSRF 토큰이 자동으로 생성된다.

CSRF 토큰은 서버에서 생성되는 임의의 값으로 페이지 요청 시 항상 다른 값으로 생성된다. 때문에 여러분의 화면과 다소 차이가 있다.

스프링 시큐리티는 이런 식으로 페이지에 CSRF 토큰을 발행하여 이 값이 다시 서버로 정확하게 들어오는지를 확인하는 과정을 거친다. 만약 CSRF 토큰이 없거나 해커가 임의의 CSRF 토큰을 강제로 만들어 전송한다면 스프링 시큐리티에 의해 차단될 것이다. 정리하자면, H2 콘솔은 스프링 프레임워크가 아니므로 CSRF 토큰을 발행하는 기능이 없어 이와 같은 403 오류가 발생한 것이다.

H2 콘솔은 스프링과 상관없는 일반 애플리케이션이다.

3. 스프링 시큐리티가 CSRF 처리 시 H2 콘솔은 예외로 처리할 수 있도록 다음과 같이 설정 파일을 수정하자.

• SecurityConfig.java

```
(... 생략 ...)

@Configuration
@EnableWebSecurity
public class SecurityConfig {
    @Bean
    SecurityFilterChain filterChain(HttpSecurity http) throws Exception {
        http
            .authorizeHttpRequests((authorizeHttpRequests) -> authorizeHttpRequests
                .requestMatchers(new AntPathRequestMatcher("/**")).permitAll())
            .csrf((csrf) -> csrf
                .ignoringRequestMatchers(new AntPathRequestMatcher
("/h2-console/**")))
            ;
        return http.build();
    }
}
```

이와 같이 /h2-console/로 시작하는 모든 URL은 CSRF 검증을 하지 않는다는 설정을 추가했다. 이렇게 수정하고 로컬 서버를 재시작한 후 다시 H2 콘솔에 접속해 보자.

4. 이제 CSRF 검증에서 예외 처리되어 로그인은 잘 수행된다. 하지만 다음과 같이 화면이 깨져 보인다.

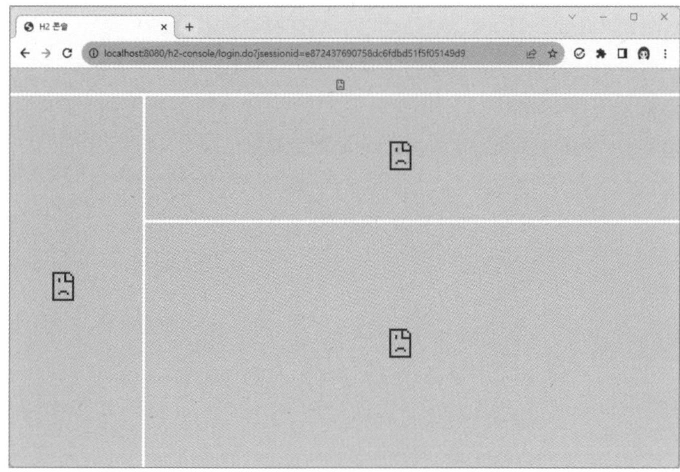

이와 같은 오류가 발생하는 원인은 H2 콘솔의 화면이 프레임frame 구조로 작성되었기 때문이다. 즉, H2 콘솔 UIuser interface 레이아웃이 이 화면처럼 작업 영역이 나눠져 있음을 의미한다. 스프링 시큐리티는 웹 사이트의 콘텐츠가 다른 사이트에 포함되지 않도록 하기 위해 X-Frame-Options 헤더의 기본값을 DENY로 사용하는데, 프레임 구조의 웹 사이트는 이 헤더의 값이 DENY인 경우 이와 같이 오류가 발생한다.

스프링 부트에서 X-Frame-Options 헤더는 클릭재킹 공격을 막기 위해 사용한다. 클릭재킹은 사용자의 의도와 다른 작업이 수행되도록 속이는 보안 공격 기술이다.

5. 이 문제를 해결하기 위해 다음과 같이 설정 파일을 수정하자.

• SecurityConfig.java

```
(... 생략 ...)
import org.springframework.security.web.util.matcher.AntPathRequestMatcher;
import org.springframework.security.web.header.writers.frameoptions.XFrameOption
sHeaderWriter;

@Configuration
@EnableWebSecurity
public class SecurityConfig {
    @Bean
    SecurityFilterChain filterChain(HttpSecurity http) throws Exception {
        http
            .authorizeHttpRequests((authorizeHttpRequests)
-> authorizeHttpRequests
                .requestMatchers(new AntPathRequestMatcher("/**")).permitAll())
            .csrf((csrf) -> csrf
                .ignoringRequestMatchers(new AntPathRequestMatcher("/h2-
console/**")))
            .headers((headers) -> headers
                .addHeaderWriter(new XFrameOptionsHeaderWriter(
                    XFrameOptionsHeaderWriter.XFrameOptionsMode.SAMEORIGIN)))
            ;
        return http.build();
    }
}
```

이와 같이 URL 요청 시 X-Frame-Options 헤더를 DENY 대신 SAMEORIGIN으로 설정하여 오류가 발생하지 않도록 했다. X-Frame-Options 헤더의 값으로 SAMEORIGIN을 설정하면 프레임에 포함된 웹 페이지가 동일한 사이트에서 제공할 때에만 사용이 허락된다.

6. 이제 다시 H2 콘솔로 로그인하면 우리에게 익숙한 화면이 등장한다. 즉, 정상으로 동작하는 것을 확인할 수 있다.

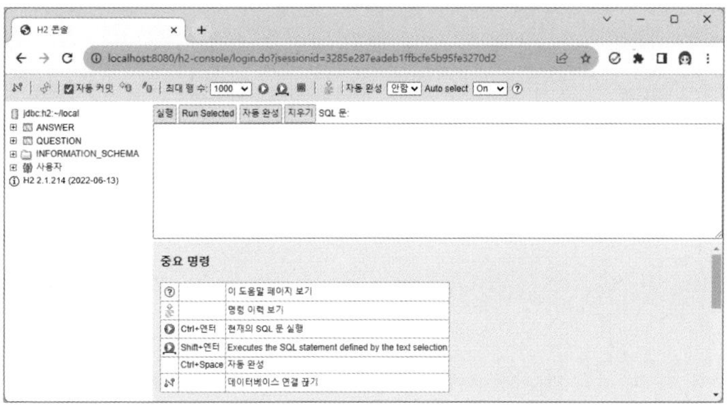

스프링 시큐리티를 사용하면 웹 프로그램(애플리케이션)의 보안을 강화하고 사용자 인증 및 권한 부여를 효과적으로 관리할 수 있으며, 외부 공격으로부터 시스템을 보호하는 데 도움을 얻을 수 있다.

이러한 스프링 시큐리티의 설치와 설정을 마쳤으니 SBB에 회원 가입과 로그인 기능을 추가해 보자!

3-06
회원 가입 기능 구현하기

먼저 SBB에 사용자가 회원 가입할 수 있는 화면을 만들고 회원 가입 기능을 완성해 보자. 여러분이 회원 가입 기능을 완성한다면 웹 프로그래밍은 거의 마스터했다고 할 수 있다. 그만큼 회원 가입 기능은 웹 사이트의 중요 기능이고 이를 구현하는 것은 웹 프로그래밍의 핵심이라 할 수 있다.

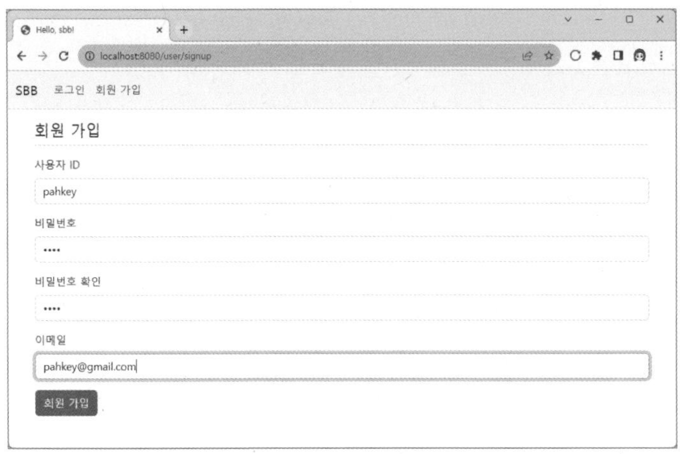

Do it! 실습 회원 가입 기능 구성하기

회원 가입 기능을 구현하려면 회원 정보와 관련된 데이터를 저장하고 이를 관리하는 엔티티와 리포지터리 등을 만들어야 하고, 폼과 컨트롤러와 같은 요소를 생성해 사용자로부터 입력받은 데이터를 웹 프로그램에서 사용할 수 있도록 만들어야 한다.

회원 엔티티 생성하기

지금까지는 질문, 답변 엔티티만 사용했다면 이제 회원 정보와 관련된 데이터를 저장하는 엔티티가 필요하다. 즉, 회원 엔티티를 구상해야 한다.

1. 회원 엔티티에는 최소한 다음 속성이 필요하다.

속성 이름	설명
username	사용자 이름(또는 사용자 ID)
password	비밀번호
email	이메일

2. 회원 관련 자바 파일은 질문, 답변 도메인에 포함하기는 어색하므로 다음과 같이 com.mysite.sbb.user 패키지를 생성해 사용자(User) 도메인을 새로 만들어 보자.

패키지를 만드는 방법이 기억나지 않는다면 2-06절을 복습하고 오자.

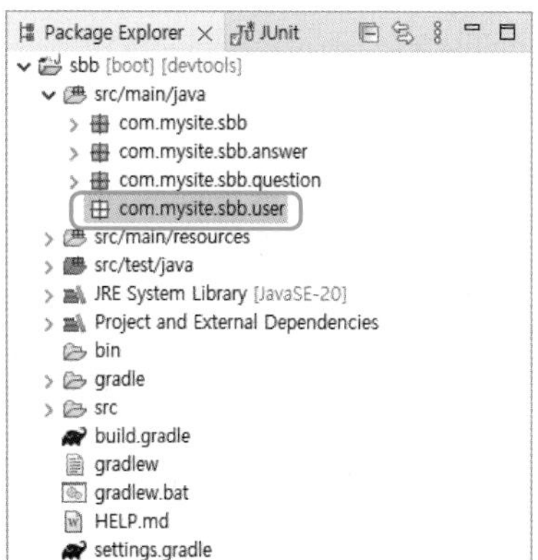

3. 새로 생성한 com.mysite.sbb.user 패키지에 SiteUser.java 파일을 만들어 회원 정보 데이터를 저장할 회원 엔티티를 다음과 같이 작성해 보자.

• /user/SiteUser.java

```
package com.mysite.sbb.user;

import jakarta.persistence.Column;
import jakarta.persistence.Entity;
import jakarta.persistence.GeneratedValue;
import jakarta.persistence.GenerationType;
import jakarta.persistence.Id;
import lombok.Getter;
import lombok.Setter;

@Getter
@Setter
@Entity
public class SiteUser {
```

```
    @Id
    @GeneratedValue(strategy = GenerationType.IDENTITY)
    private Long id;

    @Column(unique = true)
    private String username;

    private String password;

    @Column(unique = true)
    private String email;
}
```

질문(Question)과 답변(Answer) 엔티티를 만든 것과 동일한 방법으로 회원 엔티티(SiteUser 엔티티)를 만들었다.

엔티티명을 User 대신 SiteUser로 한 이유는 스프링 시큐리티에 이미 User 클래스가 있기 때문이다. 물론 패키지가 달라 User라는 이름을 사용할 수 있지만 패키지 오용으로 인한 오류가 발생할 수 있으므로 이 책에서는 User 대신 SiteUser로 만들었다.

그리고 username, email 속성에는 @Column(unique = true)으로 지정했다. 여기서 unique = true는 유일한 값만 저장할 수 있음을 의미한다. 즉, 값을 중복되게 저장할 수 없음을 말한다. 이렇게 해야 username과 email에 동일한 값이 저장되는 것을 막을 수 있다.

4. SiteUser 엔티티를 생성하였으므로 로컬 서버를 재시작한 후, H2 콘솔에 접속하여 테이블이 잘 만들어졌는지 확인해 보자.

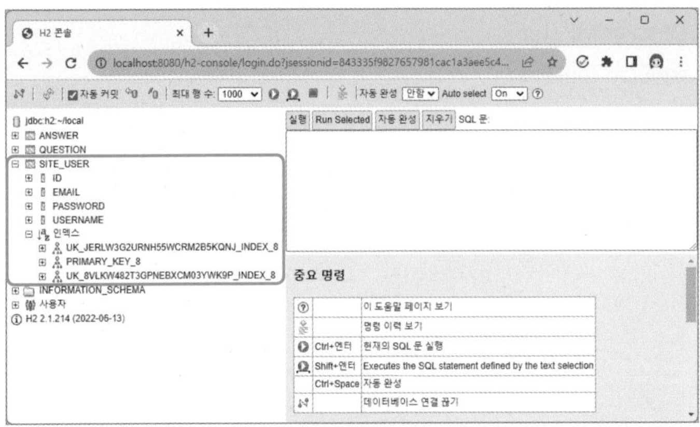

SITE_USER 테이블과 데이터 열들 그리고 unique로 설정한 속성들로 인해 생긴 UK_로 시작하는 인덱스들을 확인할 수 있다.

unique=true로 지정한 속성들은 DB에 유니크 인덱스로 생성된다.

여기서 쓰인 UK는 unique key의 줄임말이다.

User 리포지터리와 서비스 생성하기

SiteUser 엔티티가 준비되었으니 이제 User 리포지터리와 User 서비스를 만들어 보자.

1. 다음과 같이 UserRepository를 만들어 보자. 리포지터리는 인터페이스임을 다시 한번 기억하자.

• /user/UserRepository.java

```
package com.mysite.sbb.user;

import org.springframework.data.jpa.repository.JpaRepository;

public interface UserRepository extends JpaRepository<SiteUser, Long> {
}
```

SiteUser의 기본키 타입은 Long이므로 JpaRepository〈SiteUser, Long〉으로 사용했다.

2. 이번에는 UserService.java 파일을 생성하여 서비스를 활용하기 위해 다음과 같은 내용을 작성하자.

• UserService.java

```
package com.mysite.sbb.user;

import org.springframework.security.crypto.bcrypt.BCryptPasswordEncoder;
import org.springframework.stereotype.Service;

import lombok.RequiredArgsConstructor;

@RequiredArgsConstructor
@Service
public class UserService {
```

```
    private final UserRepository userRepository;

    public SiteUser create(String username, String email, String password) {
        SiteUser user = new SiteUser();
        user.setUsername(username);
        user.setEmail(email);
        BCryptPasswordEncoder passwordEncoder = new BCryptPasswordEncoder();
        user.setPassword(passwordEncoder.encode(password));
        this.userRepository.save(user);
        return user;
    }
}
```

비밀번호를 암호화하기 위해 필요하다.

User 서비스에는 User 리포지터리를 사용하여 회원(User) 데이터를 생성하는 create 메서드를 추가했다. 이때 User의 비밀번호는 보안을 위해 반드시 암호화하여 저장해야 한다. 그러므로 스프링 시큐리티의 BCryptPasswordEncoder 클래스를 사용하여 암호화하여 비밀번호를 저장했다.

BCryptPasswordEncoder 클래스는 비크립트 해시 함수[BCrypt hashing function]를 사용하는데, 비크립트는 해시 함수의 하나로 주로 비밀번호와 같은 보안 정보를 안전하게 저장하고 검증할 때 사용하는 암호화 기술이다.

3. 하지만 이렇게 BCryptPasswordEncoder 객체를 직접 new로 생성하는 방식보다는 PasswordEncoder 객체를 빈으로 등록해서 사용하는 것이 좋다. 왜냐하면 암호화 방식을 변경하면 BCryptPasswordEncoder를 사용한 모든 프로그램을 일일이 찾아다니며 수정해야 하기 때문이다.

PasswordEncoder는 BCryptPasswordEncoder의 인터페이스이다.

PasswordEncoder 빈을 만드는 가장 쉬운 방법은 @Configuration이 적용된 SecurityConfig.java 파일에 @Bean 메서드를 새로 추가하는 것이다. 다음과 같이 SecurityConfig.java 파일을 수정하자.

• /sbb/SecurityConfig.java

```
(... 생략 ...)
import org.springframework.security.crypto.bcrypt.BCryptPasswordEncoder;
import org.springframework.security.crypto.password.PasswordEncoder;

@Configuration
```

```
@EnableWebSecurity
public class SecurityConfig {
   @Bean
   SecurityFilterChain filterChain(HttpSecurity http) throws Exception {
      http
         .authorizeHttpRequests((authorizeHttpRequests) -> authorizeHttpRequests
            .requestMatchers(new AntPathRequestMatcher("/**")).permitAll())
         .csrf((csrf) -> csrf
            .ignoringRequestMatchers(new AntPathRequestMatcher("/h2-console/**")))
         .headers((headers) -> headers
            .addHeaderWriter(new XFrameOptionsHeaderWriter(
               XFrameOptionsHeaderWriter.XFrameOptionsMode.SAMEORIGIN)))
      ;
      return http.build();
   }

   @Bean
   PasswordEncoder passwordEncoder() {
      return new BCryptPasswordEncoder();
   }
}
```


4. PasswordEncoder를 @Bean으로 등록하면 UserService.java도 다음과 같이 수정할 수 있다.

• /user/UserService.java

```
package com.mysite.sbb.user;
import org.springframework.security.crypto.password.PasswordEncoder;
import org.springframework.stereotype.Service;

import lombok.RequiredArgsConstructor;
@RequiredArgsConstructor
@Service public class UserService {

    private final UserRepository userRepository;
    private final PasswordEncoder passwordEncoder;
```

```
    public SiteUser create(String username, String email, String password) {
        SiteUser user = new SiteUser();
        user.setUsername(username);
        user.setEmail(email);
        user.setPassword(passwordEncoder.encode(password));
        this.userRepository.save(user);
        return user;
    }
}
```

BcryptPasswordEncoder 객체를 직접 생성하여 사용하지 않고 빈으로 등록한 PasswordEncoder 객체를 주입받아 사용할 수 있도록 수정했다.

회원 가입 폼 생성하기

이번에는 com.mysite.sbb.user 패키지에 회원 가입을 위한 폼 클래스인 UserCreateForm을 다음과 같이 만들어 보자.

• /user/UserCreateForm.java

```
package com.mysite.sbb.user;

import jakarta.validation.constraints.Email;
import jakarta.validation.constraints.NotEmpty;
import jakarta.validation.constraints.Size;
import lombok.Getter;
import lombok.Setter;

@Getter
@Setter
public class UserCreateForm {
    @Size(min = 3, max = 25)
    @NotEmpty(message = "사용자 ID는 필수 항목입니다.")
    private String username;

    @NotEmpty(message = "비밀번호는 필수 항목입니다.")
```

```
    private String password1;

    @NotEmpty(message = "비밀번호 확인은 필수 항목입니다.")
    private String password2;

    @NotEmpty(message = "이메일은 필수 항목입니다.")
    @Email
    private String email;
}
```

username은 입력받는 데이터의 길이가 3~25 사이여야 한다는 검증 조건을 설정했다. @Size는 문자열의 길이가 최소 길이(min)와 최대 길이(max) 사이에 해당하는지를 검증한다. password1과 password2는 '비밀번호'와 '비밀번호 확인'에 대한 속성이다. 로그인할 때는 비밀번호가 한 번만 필요하지만 회원 가입 시에는 입력한 비밀번호가 정확한지 확인하기 위해 2개의 필드가 필요하므로 이와 같이 작성한다. 그리고 email 속성에는 @Email 애너테이션이 적용되었다. @Email은 해당 속성의 값이 이메일 형식과 일치하는지를 검증한다.

회원 가입 컨트롤러 생성하기

회원 가입을 위한 엔티티와 서비스 그리고 폼이 준비되었으니 URL 매핑을 하기 위한 User 컨트롤러를 만들어 보자.

• /user/UserController.java

```
package com.mysite.sbb.user;

import org.springframework.stereotype.Controller;
import org.springframework.validation.BindingResult;
import org.springframework.web.bind.annotation.GetMapping;
import org.springframework.web.bind.annotation.PostMapping;
import org.springframework.web.bind.annotation.RequestMapping;


import jakarta.validation.Valid;
import lombok.RequiredArgsConstructor;
```

```
@RequiredArgsConstructor
@Controller
@RequestMapping("/user")
public class UserController {

    private final UserService userService;

    @GetMapping("/signup")
    public String signup(UserCreateForm userCreateForm) {
        return "signup_form";
    }

    @PostMapping("/signup")
    public String signup(@Valid UserCreateForm userCreateForm, BindingResult
bindingResult) {
        if (bindingResult.hasErrors()) {
            return "signup_form";
        }

        if (!userCreateForm.getPassword1().equals(userCreateForm.getPassword2()))
{
            bindingResult.rejectValue("password2", "passwordInCorrect", "2개의 비
밀번호가 일치하지 않습니다.");
            return "signup_form";
        }

        userService.create(userCreateForm.getUsername(), userCreateForm.
getEmail(), userCreateForm.getPassword1());

        return "redirect:/";
    }
}
```

/user/signup URL이 GET으로 요청되면 회원 가입을 위한 템플릿을 렌더링하고, POST로 요청되면 회원 가입을 진행하도록 했다.

회원 가입을 위한 템플릿은 signup_form.html 파일로 아직 생성하지 않았지만 곧 뒤이어 생성할 예정이다.

그리고 회원 가입 시 password1과 password2가 동일한지를 검증하는 조건문을 추가했다. 만약 2개의 값이 서로 일치하지 않을 경우에는 bindingResult.rejectValue를 사용하여 입력받은 2개의 비밀번호가 일치하지 않는다는 오류가 발생하게 했다. bindingResult.rejectValue의 매개변수는 순서대로 각각 bindingResult.rejectValue(필드명, 오류 코드, 오류 메시지)를 의미한다.

여기서 오류 코드는 임의로 passwordInCorrect로 정의했다. 하지만 대형 프로젝트에서는 번역과 관리를 위해 오류 코드를 잘 정의하여 사용해야 한다.

그리고 userService.create 메서드를 사용하여 사용자로부터 전달받은 데이터를 저장한다.

Do it! 실습 회원 가입 화면 구성하기

이제 회원 가입 화면을 만들어 보자. 템플릿을 생성하여 사용자가 화면을 통해 회원 가입을 할 수 있도록 해보자.

회원 가입 템플릿 생성하기

다음과 같이 signup_form.html 파일을 작성해 회원 가입 화면을 구성하는 템플릿을 만들어 보자. templates에 sign_form.html 파일을 만든 후 다음 내용을 작성한다.

• /templates/signup_form.html

```
<html layout:decorate="~{layout}">
<div layout:fragment="content" class="container my-3">
    <div class="my-3 border-bottom">
        <div>
            <h4>회원 가입</h4>
        </div>
    </div>
    <form th:action="@{/user/signup}" th:object="${userCreateForm}" method="post">
        <div th:replace="~{form_errors :: formErrorsFragment}"></div>
        <div class="mb-3">
            <label for="username" class="form-label">사용자 ID</label>
            <input type="text" th:field="*{username}" class="form-control">
        </div>
        <div class="mb-3">
```

```
            <label for="password1" class="form-label">비밀번호</label>
            <input type="password" th:field="*{password1}" class="form-control">
        </div>
        <div class="mb-3">
            <label for="password2" class="form-label">비밀번호 확인</label>
            <input type="password" th:field="*{password2}" class="form-control">
        </div>
        <div class="mb-3">
            <label for="email" class="form-label">이메일</label>
            <input type="email" th:field="*{email}" class="form-control">
        </div>
        <button type="submit" class="btn btn-primary">회원 가입</button>
    </form>
</div>
</html>
```

'사용자 ID', '비밀번호', '비밀번호 확인, '이메일'에 해당하는 input 요소들을 추가하여 회원 가입 화면에 각각의 필드가 나타나도록 했다. 그리고 [회원 가입] 버튼을 누르면 〈form〉 데이터가 POST 방식으로 /user/signup/URL에 전송된다.

내비게이션 바에 회원 가입 링크 추가하기

사용자가 회원 가입을 쉽게 할 수 있도록 회원 가입 화면으로 이동할 수 있는 링크를 내비게이션 바에 추가해 보자. 그러기 위해 navbar.html에서 다음과 같은 내용을 추가해 보자.

• /templates/navbar.html

```
<nav th:fragment="navbarFragment" class="navbar navbar-expand-lg navbar-light bg-
light border-bottom">
    <div class="container-fluid">
        <a class="navbar-brand" href="/">SBB</a>
        <button class="navbar-toggler" type="button" data-bs-toggle="collapse"
        data-bs-target="#navbarSupportedContent"
        aria-controls="navbarSupportedContent" aria-expanded="false"
        aria-label="Toggle navigation">
            <span class="navbar-toggler-icon"></span>
        </button>
```

```
        <div class="collapse navbar-collapse" id="navbarSupportedContent">
            <ul class="navbar-nav me-auto mb-2 mb-lg-0">
                <li class="nav-item">
                    <a class="nav-link" href="#">로그인</a>
                </li>
                <li class="nav-item">
                    <a class="nav-link" th:href="@{/user/signup}">회원 가입</a>
                </li>
            </ul>
        </div>
    </div>
</nav>
```

이와 같이 회원 가입을 할 수 있는 링크를 추가했다.

Do it! 실습 회원 가입 기능 확인하기

1. 회원 가입 기능을 확인하기 위해 로컬 서버를 재시작한 후, 브라우저에서 http://localhost:8080 URL을 요청해 보자. 이어서 내비게이션 바에 있는 '회원 가입' 링크를 누르면 다음과 같은 회원 가입 화면이 등장한다.

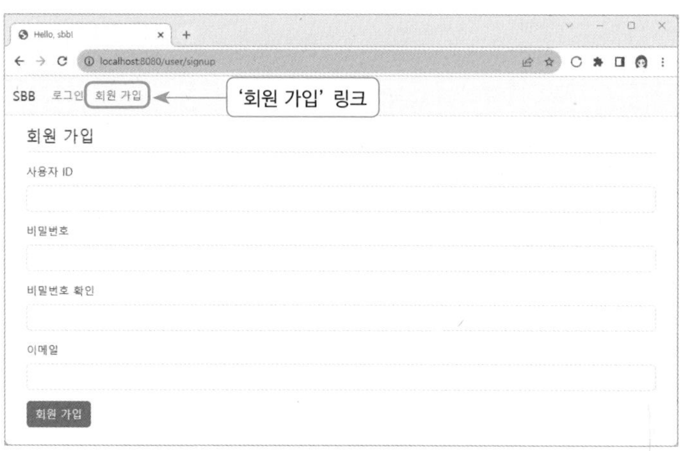

2. 비밀번호, 비밀번호 확인 항목을 다르게 입력하고 [회원 가입] 버튼을 누르면 검증 오류가 발생하여 화면에 다음과 같은 오류 메시지가 표시될 것이다.

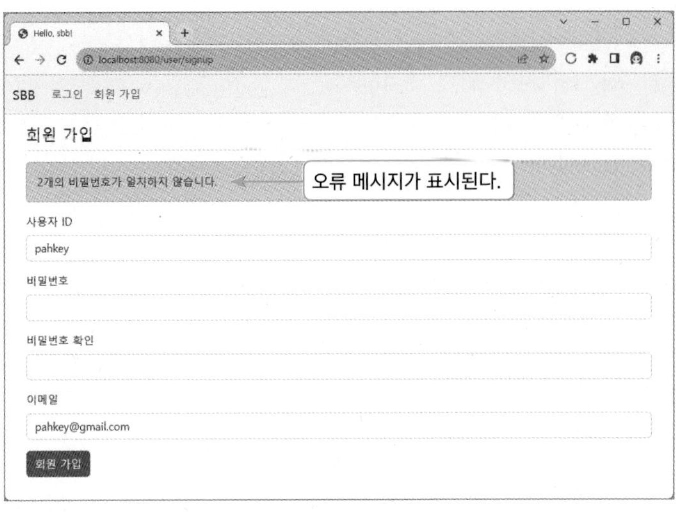

이처럼 우리가 만든 회원 가입 기능에는 각 항목에 값이 제대로 입력되었는지를 확인하는 필수 값 검증, 양식에 따라 이메일이 제대로 입력되었는지를 확인하는 이메일 규칙 검증 등이 적용되어 있다. 올바른 입력 값으로 회원 가입을 완료하면 메인 페이지로 리다이렉트될 것이다.

3. 이번에는 브라우저에서 http://localhost:8080/h2-console URL을 요청해 보자. H2 콘솔에서 다음과 같이 SQL을 실행하여 앞에서 만든 회원 정보를 확인해 보자.

```
SELECT * FROM SITE_USER
```

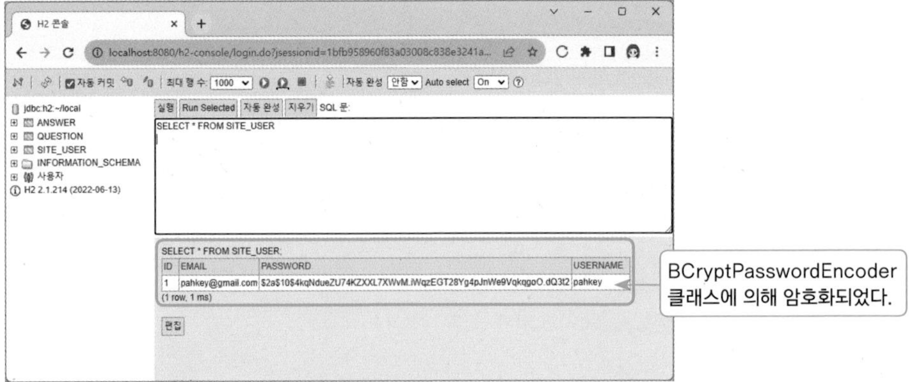

SBB에서 회원 가입을 완료하면 DB에 회원 정보가 저장되는 것을 확인할 수 있다. 즉, 이제 우리가 만든 SBB 서비스에 회원 가입 기능이 추가되었다!

Do it! 실습 중복 회원 가입 방지하기

1. 회원 가입할 때, 이미 등록된 사용자 ID 또는 이메일 주소로 회원 가입을 시도해 보자. 아마도 다음과 같은 오류가 발생할 것이다.

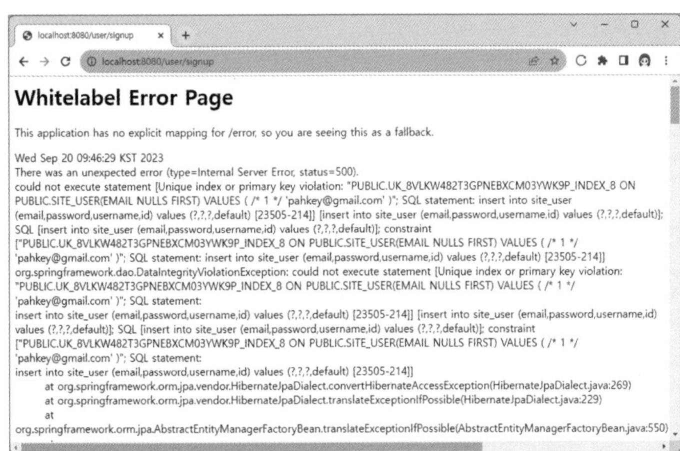

이미 등록된 사용자 ID 또는 이메일 주소를 DB에 저장하는 것은 회원 엔티티의 unique=true 설정으로 허용되지 않으므로 이와 같은 오류가 발생하는 것이다.

2. 화면에 500 오류 메시지를 그대로 보여 주는 것은 좋지 않다. 회원 가입 화면에서 비밀번호가 일치하지 않는다는 오류 메시지를 등장시킨 것처럼, 회원 가입 시 이미 동일한 ID와 이메일 주소가 있다는 것을 알리는 메시지가 나타나도록 다음과 같이 UserController를 수정해 보자.

• /users/UserController.java

```
package com.mysite.sbb.user;

(... 생략 ...)
import org.springframework.web.bind.annotation.RequestMapping;
import org.springframework.dao.DataIntegrityViolationException;
(... 생략 ...)

public class UserController {

    (... 생략 ...)
```

고급 기능 익히기

```
    @PostMapping("/signup")
    public String signup(@Valid UserCreateForm userCreateForm, BindingResult 
bindingResult) {
        if (bindingResult.hasErrors()) {
            return "signup_form";
        }

        if (!userCreateForm.getPassword1().equals(userCreateForm.getPassword2())) 
{
            bindingResult.rejectValue("password2", "passwordInCorrect", 
                    "2개의 비밀번호가 일치하지 않습니다.");
            return "signup_form";
        }

        try {
            userService.create(userCreateForm.getUsername(), userCreateForm.
getEmail(), userCreateForm.getPassword1());
        }catch(DataIntegrityViolationException e) {
            e.printStackTrace();
            bindingResult.reject("signupFailed", "이미 등록된 사용자입니다.");
            return "signup_form";
        }catch(Exception e) {
            e.printStackTrace();
            bindingResult.reject("signupFailed", e.getMessage());
            return "signup_form";
        }

        return "redirect:/";
    }
}
```

중복된 데이터에 대한 예외 처리를 하는 코드이다.

DateIntegrityViolationException 외에 다른 예외 처리를 하는 코드이다.

사용자 ID 또는 이메일 주소가 이미 존재할 경우에는 DataIntegrityViolationException이라는 예외가 발생하므로 '이미 등록된 사용자입니다.'라는 오류 메시지가 화면에 표시하도록 했다. 그리고 그 밖에 다른 예외들은 해당 예외에 관한 구체적인 오류 메시지를 출력하도록 e.getMessage()를 사용했다. 여기서 bindingResult.reject(오류 코드, 오류 메시지)는 UserCreateForm의 검증에 의한 오류 외에 일반적인 오류를 발생시킬 때 사용한다.

3. 이렇게 코드를 수정하고 다시 이미 등록된 사용자 ID로 회원 가입을 시도하면 다음과 같은 오류 메시지를 표시하는 화면을 볼 수 있다.

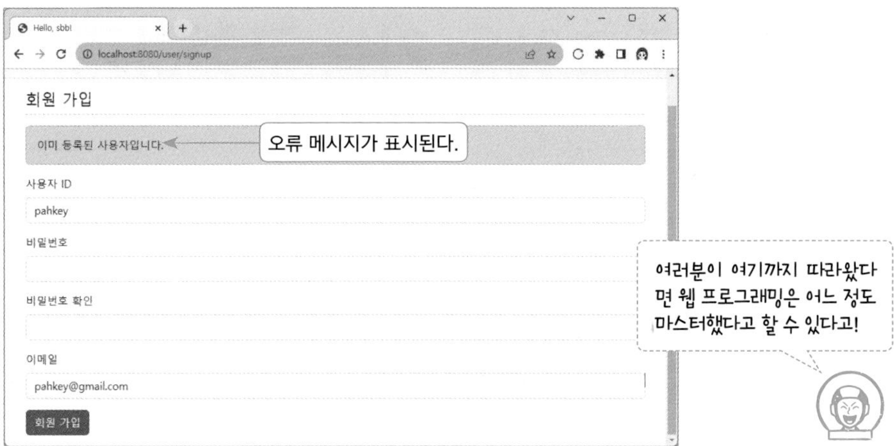

여기까지 해내었다면 우리는 사용자가 회원 가입을 할 수 있도록 기능과 화면을 완성한 것이다.

3-07
로그인과 로그아웃 기능 구현하기

회원 가입 기능을 완성했으니 이번에는 로그인과 로그아웃 기능을 구현해 보자. SBB는 여러 사람이 사용하는 게시판 서비스다. 그러므로 질문한 사람, 답변한 사람을 구별하는 목적으로 로그인은 필수 기능이다. 앞서 여러분은 회원 가입 기능을 구현했으므로 로그인, 로그아웃 기능도 쉽게 구현할 수 있을 것이다.

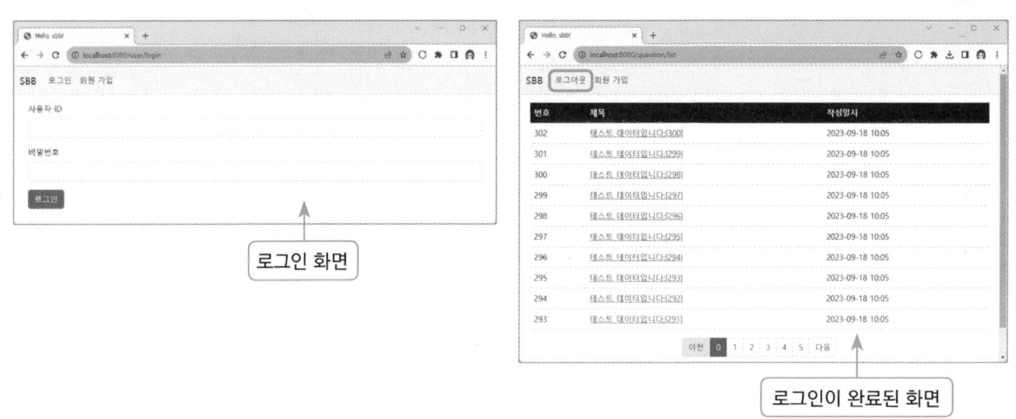

Do it! 실습 로그인 기능 구현하기

회원 가입 단계에서 SITE_USER 테이블에 회원 정보를 저장했다. SITE_USER 테이블에 저장된 사용자명(사용자 ID)과 비밀번호로 로그인을 하려면 복잡한 단계를 거쳐야 한다. 하지만 스프링 시큐리티를 사용하면 이 단계를 보다 쉽게 진행할 수 있다.

이 책은 스프링 시큐리티 자체 내용보다 활용만 다룰 것이다. 하지만 개념 설명을 추가했으니 이해에 도움이 되기를 바란다.

순서대로 실습 내용을 따라 하며 로그인 기능을 구현해 보자.

로그인 URL 등록하기

먼저 스프링 시큐리티에 로그인을 하기 위한 URL을 다음과 같이 설정하자.

• SecurityConfig.java

```
(... 생략 ...)

@Configuration
@EnableWebSecurity
public class SecurityConfig {
    @Bean
    SecurityFilterChain filterChain(HttpSecurity http) throws Exception {
        http
            .authorizeHttpRequests((authorizeHttpRequests) -> authorizeHttpRequests
                .requestMatchers(new AntPathRequestMatcher("/**")).permitAll())
            .csrf((csrf) -> csrf
                .ignoringRequestMatchers(new AntPathRequestMatcher("/h2-
console/**")))
            .headers((headers) -> headers
                .addHeaderWriter(new XFrameOptionsHeaderWriter(
                    XFrameOptionsHeaderWriter.XFrameOptionsMode.SAMEORIGIN)))
            .formLogin((formLogin) -> formLogin
                .loginPage("/user/login")
                .defaultSuccessUrl("/"))
            ;
        return http.build();
    }

    @Bean
    PasswordEncoder passwordEncoder() {
        return new BCryptPasswordEncoder();
    }
}
```

여기서 추가한 .formLogin 메서드는 스프링 시큐리티의 로그인 설정을 담당하는 부분으로, 설정 내용은 로그인 페이지의 URL은 /user/login이고 로그인 성공 시에 이동할 페이지는 루트 URL(/)임을 의미한다.

User 컨트롤러에 URL 매핑 추가하기

스프링 시큐리티에 로그인 URL을 /user/login으로 설정했으므로 UserController에 해당 URL을 매핑해야 한다. 다음과 같이 코드를 추가해 보자.

• UserController.java

```
(... 생략 ...)
public class UserController {

    private final UserService userService;

    (... 생략 ...)

    @GetMapping("/login")
    public String login() {
        return "login_form";
    }
}
```

@GetMapping("/login")을 통해 /user/login URL로 들어오는 GET 요청을 이 메서드가 처리한다. 즉, /user/login URL을 매핑했다. 그리고 매핑한 login 메서드는 login_form.html 템플릿을 출력하도록 만든다. 실제 로그인을 진행하는 @PostMapping 방식의 메서드는 스프링 시큐리티가 대신 처리하므로 우리가 직접 코드를 작성하여 구현할 필요가 없다.

로그인 템플릿 작성하기

1. 로그인 화면을 구성하는 템플릿을 만들어 보자.

• login_form.html

```
<html layout:decorate="~{layout}">
<div layout:fragment="content" class="container my-3">
    <form th:action="@{/user/login}" method="post">
        <div th:if="${param.error}">
            <div class="alert alert-danger">
                사용자 ID 또는 비밀번호를 확인해 주세요.
```

```
            </div>
        </div>
        <div class="mb-3">
            <label for="username" class="form-label">사용자 ID</label>
            <input type="text" name="username" id="username" class="form-control">
        </div>
        <div class="mb-3">
            <label for="password" class="form-label">비밀번호</label>
            <input type="password" name="password" id="password" class="form-control">
        </div>
        <button type="submit" class="btn btn-primary">로그인</button>
    </form>
</div>
</html>
```


사용자 ID와 비밀번호로 로그인할 수 있는 템플릿을 작성했다. 스프링 시큐리티의 로그인이 실패할 경우에는 시큐리티의 기능으로 인해 로그인 페이지로 리다이렉트된다. 이때 페이지 매개변수로 error가 함께 전달된다. 따라서 로그인 페이지의 매개변수로 error가 전달될 경우 '사용자 ID 또는 비밀번호를 확인해 주세요.'라는 오류 메시지를 출력하도록 했다.

로그인 실패 시 매개변수로 error가 전달되는 것은 스프링 시큐리티의 규칙이다.

스프링 시큐리티는 로그인 실패 시 http://localhost:8080/user/login?error와 같이 error 매개변수를 전달한다. 이때 템플릿에서 ${param.error}로 error 매개변수가 전달되었는지 확인할 수 있다.

2. 여기까지 수정하고 브라우저에서 http://localhost:8080/user/login을 호출해 보자. 그러면 다음과 같은 화면이 나타난다.

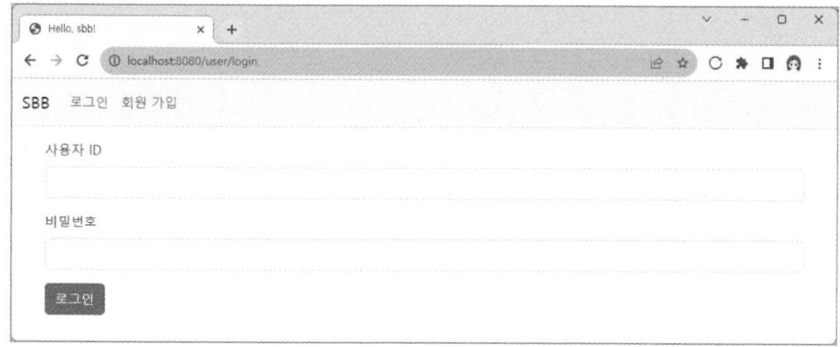

하지만 아직 로그인을 수행할 수는 없다. 왜냐하면 스프링 시큐리티에 무엇을 기준으로 로그인해야 하는지 아직 설정하지 않았기 때문이다.

스프링 시큐리티를 통해 로그인을 수행하는 방법에는 여러 가지가 있는데, 그중에서 가장 간단한 방법으로 SecurityConfig.java와 같은 시큐리티 설정 파일에 사용자 ID와 비밀번호를 직접 등록하여 인증을 처리하는 메모리 방식이 있다. 하지만 우리는 이미 3-06절에서 회원가입을 통해 회원 정보를 DB에 저장했으므로 DB에서 회원 정보를 조회하여 로그인하는 방법을 사용할 것이다.

이제 DB에서 사용자를 조회하는 서비스(UserSecurityService.java)를 만들고, 그 서비스를 스프링 시큐리티에 등록하는 방법을 알아보자. 하지만 UserSecurityService 서비스를 만들기 전에 UserRepository를 수정하고 UserRole 클래스를 생성하는 등 준비를 해야 한다. 서비스를 활용하기 위한 밑 작업을 진행해 보자.

User 리포지터리 수정하기

뒤에서 생성할 UserSecurityService는 사용자 ID를 조회하는 기능이 필요하므로 다음과 같이 사용자 ID로 SiteUser 엔티티를 조회하는 findByUsername 메서드를 User 리포지터리에 추가하자.

• /user/UserRepository.java

```
package com.mysite.sbb.user;

import java.util.Optional;

import org.springframework.data.jpa.repository.JpaRepository;

public interface UserRepository extends JpaRepository<SiteUser, Long> {
    Optional<SiteUser> findByUsername(String username);
}
```

UserRole 파일 생성하기

3-05절에서 언급했지만 스프링 시큐리티는 인증뿐만 아니라 권한도 관리한다. 스프링 시큐리티는 사용자 인증 후에 사용자에게 부여할 권한과 관련된 내용이 필요하다. 그러므로 우리는 사용자가 로그인한 후, ADMIN 또는 USER와 같은 권한을 부여해야 한다.

다음과 같이 com.mysite.sbb.user 패키지에 UserRole.java 파일을 만들어 보자.

여기서는 Enum 클래스를 사용하므로, com.mysite.sbb.user 패키지를 선택한 후 마우스 오른쪽 버튼을 누르고 [New → Enum]을 클릭해도 좋다.

• /user/UserRole.java

```
package com.mysite.sbb.user;

import lombok.Getter;

@Getter
public enum UserRole {
    ADMIN("ROLE_ADMIN"),
    USER("ROLE_USER");

    UserRole(String value) {
        this.value = value;
    }

    private String value;
}
```

UserRole은 enum 자료형(열거 자료형)으로 작성했다. 관리자를 의미하는 ADMIN과 사용자를 의미하는 USER라는 상수를 만들었다. 그리고 ADMIN은 'ROLE_ADMIN', USER는 'ROLE_USER'라는 값을 부여했다. 그리고 UserRole의 ADMIN과 USER 상수는 값을 변경할 필요가 없으므로 @Setter 없이 @Getter만 사용할 수 있도록 했다.

이 책에서 구현할 SBB는 권한으로 특정 기능을 제어하지 않지만 ADMIN 권한(관리자 권한)을 지닌 사용자가 다른 사람이 작성한 질문이나 답변을 수정 가능하도록 만들 수 있을 것이다.

UserSecurityService 서비스 생성하기

com.mysite.sbb.user 패키지에 스프링 시큐리티가 로그인 시 사용할 서비스인 UserSecurityService.java를 다음과 같이 작성해 보자.

• /user/UserSecurityService.java

```
package com.mysite.sbb.user;

import java.util.ArrayList;
```

```
import java.util.List;
import java.util.Optional;

import org.springframework.security.core.GrantedAuthority;
import org.springframework.security.core.authority.SimpleGrantedAuthority;
import org.springframework.security.core.userdetails.User;
import org.springframework.security.core.userdetails.UserDetails;
import org.springframework.security.core.userdetails.UserDetailsService;
import org.springframework.security.core.userdetails.UsernameNotFoundException;
import org.springframework.stereotype.Service;

import lombok.RequiredArgsConstructor;

@RequiredArgsConstructor
@Service
public class UserSecurityService implements UserDetailsService {

    private final UserRepository userRepository;

    @Override
    public UserDetails loadUserByUsername(String username) throws
UsernameNotFoundException {
        Optional<SiteUser> _siteUser = this.userRepository.findByUsername(use
rname);
        if (_siteUser.isEmpty()) {
            throw new UsernameNotFoundException("사용자를 찾을 수 없습니다.");
        }
        SiteUser siteUser = _siteUser.get();
        List<GrantedAuthority> authorities = new ArrayList<>();
        if ("admin".equals(username)) {
            authorities.add(new SimpleGrantedAuthority(UserRole.ADMIN.getValue()));
        } else {
            authorities.add(new SimpleGrantedAuthority(UserRole.USER.getValue()));
        }
        return new User(siteUser.getUsername(), siteUser.getPassword(), authorities);
    }
}
```

사용자의 권한 정보를 나타내는 GrantedAuthority 객체를 생성하는 데 사용할 리스트를 생성한다.

스프링 시큐리티가 로그인 시 사용할 UserSecurityService는 스프링 시큐리티가 제공하는 UserDetailsService 인터페이스를 구현(implements)해야 한다. 스프링 시큐리티의 UserDetailsService는 loadUserByUsername 메서드를 구현하도록 강제하는 인터페이스이다. loadUserByUsername 메서드는 사용자명(username)으로 스프링 시큐리티의 사용자(User) 객체를 조회하여 리턴하는 메서드이다.

조금 더 자세히 살펴보면, loadUserByUsername 메서드는 사용자명으로 SiteUser 객체를 조회하고, 만약 사용자명에 해당하는 데이터가 없을 경우에는 UsernameNotFoundException을 발생시킨다. 그리고 사용자명이 'admin'인 경우에는 ADMIN 권한(ROLE_ADMIN)을 부여하고 그 이외의 경우에는 USER 권한(ROLE_USER)을 부여했다. 마지막으로 User 객체를 생성해 반환하는데, 이 객체는 스프링 시큐리티에서 사용하며 User 생성자에는 사용자명, 비밀번호, 권한 리스트가 전달된다.

참고로, 스프링 시큐리티는 loadUserByUsername 메서드에 의해 리턴된 User 객체의 비밀번호가 사용자로부터 입력받은 비밀번호와 일치하는지를 검사하는 기능을 내부에 가지고 있다.

스프링 시큐리트 설정 수정하기

로그인 기능을 완성하기 위해 SecurityConfig.java 파일을 열어 다음과 같이 AuthenticationManager 빈을 생성하자.

• SecurityConfig.java

```
(... 생략 ...)
import org.springframework.security.crypto.password.PasswordEncoder;
import org.springframework.security.authentication.AuthenticationManager;
import org.springframework.security.config.annotation.authentication.configura
tion.AuthenticationConfiguration;

@Configuration
@EnableWebSecurity
public class SecurityConfig {
    @Bean
    SecurityFilterChain filterChain(HttpSecurity http) throws Exception {
    (... 생략 ...)
    }
```

```
    @Bean
    PasswordEncoder passwordEncoder(){
    (... 생략 ...)
    }

    @Bean
    AuthenticationManager authenticationManager(AuthenticationConfiguration 
authenticationConfiguration) throws Exception {
        return authenticationConfiguration.getAuthenticationManager();
    }
}
```

이와 같이 AuthenticationManager 빈을 생성했다. AuthenticationManager는 스프링 시큐리티의 인증을 처리한다. AuthenticationManager는 사용자 인증 시 앞에서 작성한 UserSecurityService와 PasswordEncoder를 내부적으로 사용하여 인증과 권한 부여 프로세스를 처리한다.

로그인 화면 수정하기

1. 로그인 기능을 구현하는 마지막 단계로 로그인 페이지에 곧바로 진입할 수 있도록 로그인 링크(/user/login)를 내비게이션 바에 추가해 보자. 방법은 아주 간단하다. templates의 navbar.html을 다음과 같이 수정하면 된다.

• /templates/navbar.html

```
<nav th:fragment="navbarFragment" class="navbar navbar-expand-lg navbar-light bg-
light border-bottom">
    <div class="container-fluid">
        <a class="navbar-brand" href="/">SBB</a>
        <button class="navbar-toggler" type="button" data-bs-toggle="collapse"
        data-bs-target="#navbarSupportedContent"
        aria-controls="navbarSupportedContent" aria-expanded="false"
        aria-label="Toggle navigation">
            <span class="navbar-toggler-icon"></span>
        </button>
        <div class="collapse navbar-collapse" id="navbarSupportedContent">
            <ul class="navbar-nav me-auto mb-2 mb-lg-0">
```

```
                <li class="nav-item">
                    <a class="nav-link" th:href="@{/user/login}">로그인</a>
                </li>
                <li class="nav-item">
                    <a class="nav-link" th:href="@{/user/signup}">회원 가입</a>
                </li>
            </ul>
        </div>
    </div>
</nav>
```


2. 로그인 기능을 구현하는 모든 작업을 마쳤으니 로컬 서버를 재시작한 후, 브라우저를 통해 http://local:8080에 접속하고 내비게이션 바의 '로그인' 링크를 클릭해 보자. 그러면 다음과 같은 로그인 화면이 등장한다.

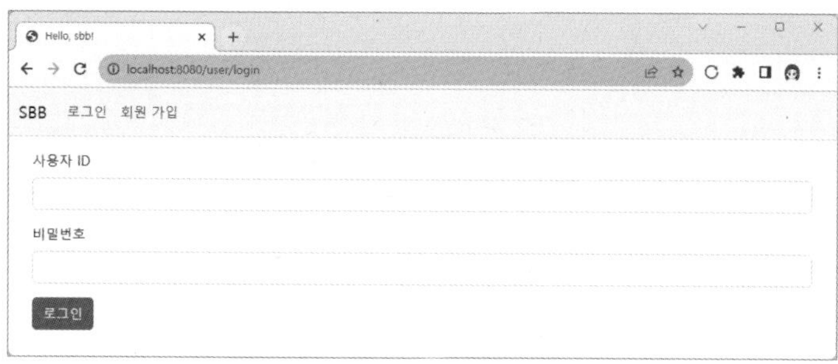

3. 만약 DB에 없는 사용자 ID 또는 잘못된 비밀번호를 입력하면 다음과 같이 오류 메시지가 나타난다.

이미 가입되어 있는 사용자 ID와 비밀번호를 입력하면 로그인이 정상 수행되고 메인 화면인 질문 목록 페이지로 이동할 것이다.

4. 하지만 로그인한 후에도 내비게이션 바에는 여전히 '로그인'이란 이름으로 링크가 표시된다. 일반적으로 로그인한 상태라면 이 링크는 로그아웃을 위해 '로그아웃' 링크로 바뀌어야 한다(반대로 로그아웃 상태에서는 '로그인' 링크로 바뀌어야 한다.)

그러기 위해 다음과 같은 스프링 시큐리티의 타임리프 확장 기능을 사용하여 사용자의 로그인 상태를 확인해야 한다.

- sec:authorize="isAnonymous()": 로그인되지 않은 경우에 해당 요소(로그인 링크)가 표시된다.
- sec:authorize="isAuthenticated()": 로그인된 경우에 해당 요소(로그아웃 링크)가 표시된다.

여기서 sec:authorize 속성은 사용자의 로그인 여부에 따라 요소를 출력하거나 출력하지 않게 한다. 이 내용을 활용하여 앞에서 로그인 링크를 수정한 부분을 다시 다음과 같이 수정해 보자.

• /templates/navbar.html

```
<nav th:fragment="navbarFragment" class="navbar navbar-expand-lg navbar-light
bg-light border-bottom">
    <div class="container-fluid">
        <a class="navbar-brand" href="/">SBB</a>
        <button class="navbar-toggler" type="button" data-bs-toggle="collapse"
        data-bs-target="#navbarSupportedContent"
        aria-controls="navbarSupportedContent" aria-expanded="false"
        aria-label="Toggle navigation">
            <span class="navbar-toggler-icon"></span>
        </button>
        <div class="collapse navbar-collapse" id="navbarSupportedContent">
            <ul class="navbar-nav me-auto mb-2 mb-lg-0">
                <li class="nav-item">
                    <a class="nav-link" sec:authorize="isAnonymous()"
                    th:href="@{/user/login}">로그인</a>
                    <a class="nav-link" sec:authorize="isAuthenticated()"
                    th:href="@{/user/logout}">로그아웃</a>
                </li>
                <li class="nav-item">
```

```
                    <a class="nav-link" th:href="@{/user/signup}">회원 가입</a>
                </li>
            </ul>
        </div>
    </div>
</nav>
```

로그인하지 않은 상태라면 sec:authorize="isAnonymous( )"가 '참'이 되어 '로그인' 링크가 표시되고, 로그인한 상태라면 sec:authorize="isAuthenticated( )"가 '참'이 되어 '로그아웃' 링크가 표시될 것이다.

5. 다시 브라우저에 접속하여 이제 로그인을 수행하면 다음과 같이 '로그아웃' 링크가 표시되는 것을 확인할 수 있다.

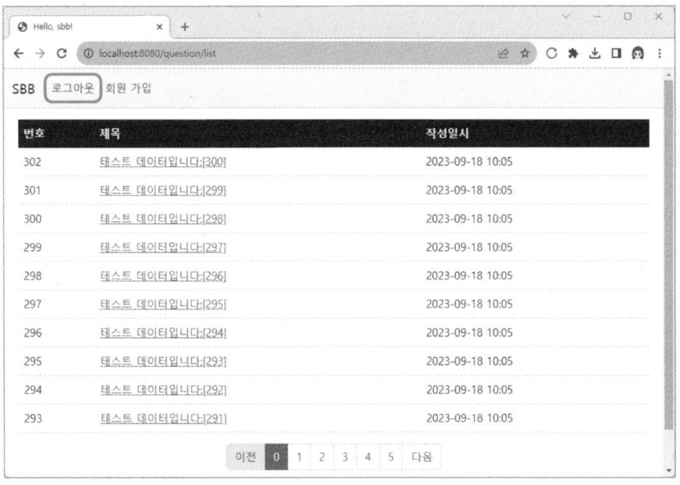

Do it! 실습 로그아웃 기능 구현하기

1. navbar.html에서 우리는 '로그아웃' 링크를 /user/logout으로 설정했다. 하지만 아직 로그아웃 기능은 구현하지 않은 상태이다. 앞선 실습에서 SBB에 로그인을 했다면 내비게이션 바에 '로그아웃' 링크가 나타난 것을 확인할 수 있다. 그런데 '로그아웃' 링크를 누르면 다음과 같이 404 오류 페이지가 표시된다.

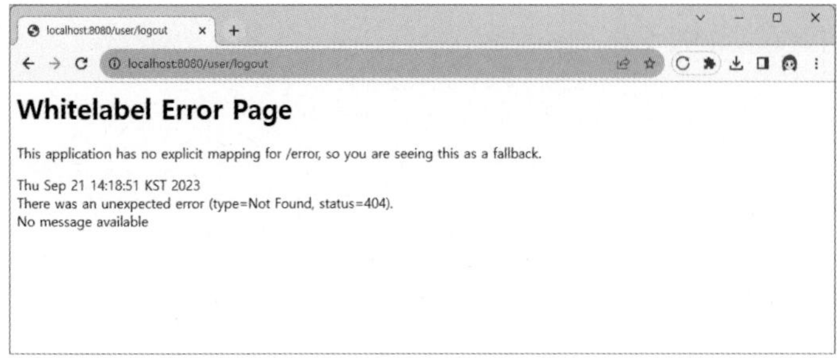

아직 로그아웃 기능을 구현하지 않아서 이와 같이 오류 페이지가 표시된다. 로그아웃 역시 스프링 시큐리티를 사용하여 쉽게 구현할 수 있다.

2. 로그아웃 설정을 추가하기 위해 다음과 같이 SecurityConfig 파일을 수정해 보자.

• SecurityConfig.java

```
(... 생략 ...)

@Configuration
@EnableWebSecurity
public class SecurityConfig  {

    @Bean
    SecurityFilterChain filterChain(HttpSecurity http) throws Exception {
        http
            .authorizeHttpRequests((authorizeHttpRequests) -> authorizeHttp
Requests
                .requestMatchers(new AntPathRequestMatcher("/**")).permitAll())
            .csrf((csrf) -> csrf
                .ignoringRequestMatchers(new AntPathRequestMatcher("/h2-
console/**")))
            .headers((headers) -> headers
                .addHeaderWriter(new XFrameOptionsHeaderWriter(
                    XFrameOptionsHeaderWriter.XFrameOptionsMode.SAMEORIGIN)))
            .formLogin((formLogin) -> formLogin
                .loginPage("/user/login")
                .defaultSuccessUrl("/"))
```

```
            .logout((logout) -> logout
                .logoutRequestMatcher(new AntPathRequestMatcher("/user/logout"))
                .logoutSuccessUrl("/")
                .invalidateHttpSession(true))
            ;
        return http.build();
    }

    (... 생략 ...)
}
```

로그아웃 기능을 구현하기 위한 설정을 추가했다. 로그아웃 URL을 /user/logout으로 설정하고 로그아웃이 성공하면 루트(/) 페이지로 이동하도록 했다. 그리고 .invalidateHttpSession(true)를 통해 로그아웃 시 생성된 사용자 세션도 삭제하도록 처리했다.

3. 수정을 완료한 후 다시 http://localhost:8080에서 로그인한 후, '로그아웃' 링크를 클릭하여 다시 '로그인' 링크가 등장하는지 확인해 보자.

3-08
글쓴이 항목 추가하기

질문 또는 답변을 작성할 때 사용자 정보도 DB에 함께 저장해 보자. 이때 질문 또는 답변을 작성한 사용자는 반드시 로그인되어 있어야 한다. 그래야 누가 작성한 글인지 알 수 있고, 수정 및 삭제도 가능하기 때문이다. 이와 더불어 게시판의 질문 목록과 답변 상세 페이지에는 누가 글을 작성했는지 알려 주는 '글쓴이' 항목도 추가해 보자.

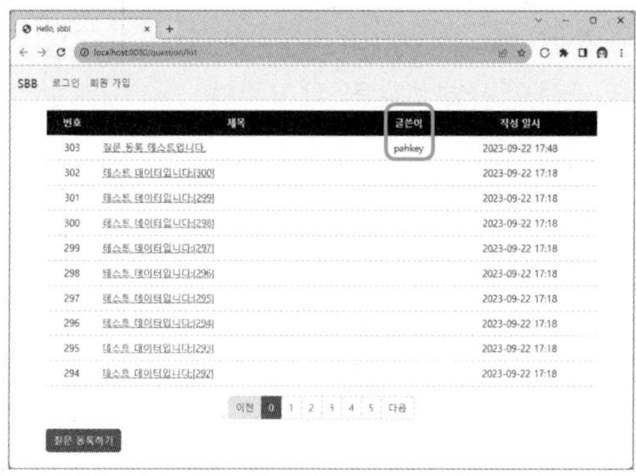

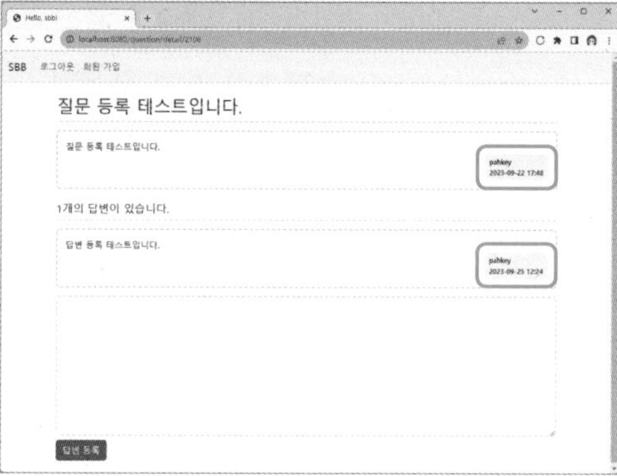

Do it! 실습 엔티티에 속성 추가하기

먼저 기존에 만든 Question(질문)과 Answer(답변) 엔티티에 글쓴이에 해당하는 author 속성을 추가해 보자.

질문 엔티티에 속성 추가하기

질문 테이블에 글쓴이를 저장하려면 먼저 Question 엔티티에 author 속성을 추가해야 한다. 다음과 같이 Question.java를 수정해 보자.

• /question/Question.java

```
(... 생략 ...)
import com.mysite.sbb.answer.Answer;
```

```
import com.mysite.sbb.user.SiteUser;

(... 생략 ...)
import jakarta.persistence.OneToMany;
import jakarta.persistence.ManyToone;

public class Question {
    (... 생략 ...)

    @ManyToOne
    private SiteUser author;
}
```

author 속성에는 @ManyToOne 애너테이션을 적용했는데, 이는 사용자 한 명이 질문을 여러 개 작성할 수 있기 때문이다.

답변 엔티티에 속성 추가하기

Question 엔티티와 같은 방법으로 Answer 엔티티에도 author 속성을 추가해 보자.

• /answer/Answer.java

```
(... 생략 ...)
import com.mysite.sbb.question.Question;
import com.mysite.sbb.user.SiteUser;
(... 생략 ...)
public class Answer {
    (... 생략 ...)

    @ManyToOne
    private SiteUser author;
}
```

테이블 확인하기

앞선 실습에서 Question, Answer 엔티티를 변경했으므로, H2 콘솔에 접속하여 Question, Answer 테이블을 확인해 보자.

question, answer 테이블에 author_id 열이 생성된 것을 확인할 수 있다. 이 열에는 글쓴이의 ID 값이 저장된다.

jdbc:h2:~/local
ANSWER
ID
CONTENT
CREATE_DATE
QUESTION_ID
AUTHOR_ID
인덱스
QUESTION
ID
CONTENT
CREATE_DATE
SUBJECT
AUTHOR_ID
인덱스
SITE_USER
INFORMATION_SCHEMA
사용자
H2 2.1.214 (2022-06-13)

Do it! 실습 글쓴이 저장하기

이제 Question, Answer 엔티티에 author 속성이 추가되었으므로 질문과 답변 데이터를 저장할 때 author(글쓴이)도 함께 저장할 수 있다. 우리가 실습에서 익혔듯 새로운 데이터를 저장하려면 서버와 DB를 관리하는 컨트롤러와 서비스(또는 리포지터리)에도 관련 내용을 업데이트해야 한다. 기존 파일들을 수정하면서 이번에는 글쓴이 데이터를 어떻게 저장하는지 알아보자.

답변 컨트롤러와 서비스 업데이트하기

1. 답변을 저장할 때, 사용자 정보도 저장할 수 있도록 먼저 AnswerController를 수정해 보자.

• /answer/AnswerController.java

```
(... 생략 ...)

import java.security.Principal;

(... 생략 ...)
public class AnswerController {

    @PostMapping("/create/{id}")
    public String createAnswer(Model model, @PathVariable("id") Integer id, @Valid
AnswerForm answerForm, BindingResult bindingResult, Principal principal) {
        (... 생략 ...)
    }
}
```

현재 로그인한 사용자의 정보를 알려면 스프링 시큐리티가 제공하는 Principal 객체를 사용해야 한다. 여기서는 일단 이와 같이 createAnswer 메서드에 Principal 객체를 매개변수로 지정하는 작업까지만 해두고 답변 서비스를 수정해 보자.

principal.getName()을 호출하면 현재 로그인한 사용자의 사용자명(사용자ID)을 알 수 있다.

2. principal 객체를 사용하면 이제 로그인한 사용자명을 알 수 있으므로 사용자명으로 SiteUser 객체를 조회할 수 있다. 먼저 SiteUser를 조회할 수 있는 getUser 메서드를 UserService에 추가하자.

• UserService.java

```
package com.mysite.sbb.user;

import java.util.Optional;

import com.mysite.sbb.DataNotFoundException;

(... 생략 ...)

@Service
public class UserService {

    private final UserRepository userRepository;
    private final PasswordEncoder passwordEncoder;

    public SiteUser create(String username, String email, String password) {
    (... 생략 ...)
    }

    public SiteUser getUser(String username) {
        Optional<SiteUser> siteUser = this.userRepository.findByUsername(user
name);
        if (siteUser.isPresent()) {
            return siteUser.get();
        } else {
            throw new DataNotFoundException("siteuser not found");
        }
    }
}
```

getUser 메서드는 userRepository의 findByUsername 메서드를 사용하여 쉽게 만들 수 있다. 사용자명에 해당하는 데이터가 없을 경우에는 DataNotFoundException이 발생하도록 했다.

3. 답변 내용을 저장할 때 글쓴이 데이터도 저장할 수 있도록 다음과 같이 AnswerService를 수정해 보자.

• /answer/AnswerService.java

```
package com.mysite.sbb.answer;

import java.time.LocalDateTime;

import com.mysite.sbb.question.Question;
import com.mysite.sbb.user.SiteUser;

import org.springframework.stereotype.Service;

(... 생략 ...)
@Service
public class AnswerService {

    private final AnswerRepository answerRepository;

    public void create(Question question, String content, SiteUser author) {
        Answer answer = new Answer();
        answer.setContent(content);
        answer.setCreateDate(LocalDateTime.now());
        answer.setQuestion(question);
        answer.setAuthor(author);
        this.answerRepository.save(answer);
    }
}
```

create 메서드에 SiteUser 객체를 추가로 전달받아 작성자도 함께 저장하도록 수정했다.

4. 다시 AnswerController.java로 돌아가 다음과 같이 수정하여 createAnswer 메서드를 완성해 보자.

• /answer/AnswerController.java

```
(... 생략 ...)
import com.mysite.sbb.user.SiteUser;
import com.mysite.sbb.user.UserService;
```

```
(... 생략 ...)
public class AnswerController {

    private final QuestionService questionService;
    private final AnswerService answerService;
    private final UserService userService;

    @PostMapping("/create/{id}")
    public String createAnswer(Model model, @PathVariable("id") Integer id,
            @Valid AnswerForm answerForm, BindingResult bindingResult, Principal
principal) {
        Question question = this.questionService.getQuestion(id);
        SiteUser siteUser = this.userService.getUser(principal.getName());
        if (bindingResult.hasErrors()) {
            model.addAttribute("question", question);
            return "question_detail";
        }
        this.answerService.create(question, answerForm.getContent(), siteUser);
        return String.format("redirect:/question/detail/%s", id);
    }
}
```

principal 객체를 통해 사용자명을 얻은 후, 사용자명을 통해 SiteUser 객체를 얻어 답변을 등록할 때 사용했다.

질문 컨트롤러와 서비스 업데이트하기

질문 컨트롤러와 서비스도 앞선 방법과 동일하게 수정하면 되므로 빠르게 작성해 보자.

1. 먼저 글쓴이 데이터를 저장하기 위해 QuestionService를 다음과 같이 수정해 보자.

• /question/QuestionService.java

```
(... 생략 ...)
import com.mysite.sbb.DataNotFoundException;
import com.mysite.sbb.user.SiteUser;
(... 생략 ...)
```

고급 기능 익히기

```
public class QuestionService {

    (... 생략 ...)

    public void  create(String subject, String content, SiteUser user) {
        Question q = new Question();
        q.setSubject(subject);
        q.setContent(content);
        q.setCreateDate(LocalDateTime.now());
        q.setAuthor(user);
        this.questionRepository.save(q);
    }
}
```

create 메서드에 SiteUser를 추가하여 Question 데이터를 생성하도록 수정했다.

2. 이어서 QuestionController도 다음과 같이 수정해 보자.

• /question/QuestionController.java

```
(... 생략 ...)
import java.security.Principal;
import com.mysite.sbb.user.SiteUser;
import com.mysite.sbb.user.UserService;
(... 생략 ...)

public class QuestionController {

    private final QuestionService questionService;
    private final UserService userService;

    (... 생략 ...)

    @PostMapping("/create")
    public String questionCreate(@Valid QuestionForm questionForm,
            BindingResult bindingResult, Principal principal) {
        if (bindingResult.hasErrors()) {
```

```
            return "question_form";
        }
        SiteUser siteUser = this.userService.getUser(principal.getName());
        this.questionService.create(questionForm.getSubject(), questionForm.
getContent(), siteUser);
        return "redirect:/question/list";
    }
}
```

Principal 객체를 통해 사용자명을 구한 후, SiteUser를 조회하여 질문 저장 시 함께 저장할 수 있도록 했다.

3. 다시 로컬 서버를 시작하고 로그인한 다음, 질문과 답변 등록을 테스트해 보자.

SbbApplicationTests.java 오류를 해결해 보자

QuestionService의 create 메서드 매개변수로 SiteUser가 추가되었으므로 이전에 작성한 테스트 파일에서 오류가 발생한다. 테스트 파일의 오류를 임시로 해결하기 위해 다음과 같이 수정해 보자.

```
package com.mysite.sbb;

(... 생략 ...)

    @Test
    void testJpa() {
        for (int i = 1; i <= 300; i++) {
            String subject = String.format("테스트 데이터입니다:[%03d]",
i);
            String content = "내용 없음";
            this.questionService.create(subject, content, null);
        }
    }
}
```

null값을 넣어 해결하면 된다.

Do it! 실습 로그인 페이지로 이동시키기

1. 로그아웃 상태에서 질문 또는 답변을 등록해 보자. 그럼 다음과 같은 500 오류(서버 오류)가 발생한다.

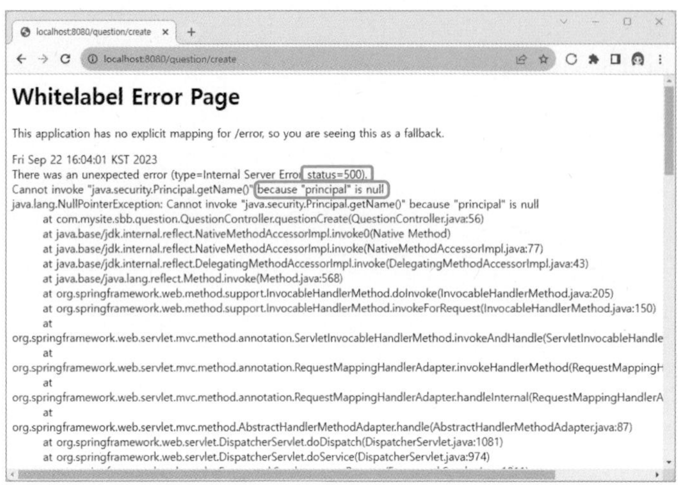

이는 principal 객체가 널(null)이라서 발생한 오류이다. principal 객체는 로그인을 해야만 생성되는 객체인데 현재는 로그아웃 상태이므로 principal 객체에 값이 없어 오류가 발생하는 것이다.

2. 이 문제를 해결하려면 principal 객체를 사용하는 메서드에 @PreAuthorize("isAuthenticated( )") 애너테이션을 사용해야 한다. @PreAuthorize("isAuthenticated( )") 애너테이션이 붙은 메서드는 로그인한 경우에만 실행된다. 즉, 이 애너테이션을 메서드에 붙이면 해당 메서드는 로그인한 사용자만 호출할 수 있다. @PreAuthorize("isAuthenticated( )") 애너테이션이 적용된 메서드가 로그아웃 상태에서 호출되면 로그인 페이지로 강제 이동된다. 먼저, QuestionController부터 다음과 같이 수정해 보자.

• /question/QuestionController.java

```
package com.mysite.sbb.question;

(... 생략 ...)
import org.springframework.data.domain.Page;
import org.springframework.security.access.prepost.PreAuthorize;
(... 생략 ...)
public class QuestionController {
```

```
    (... 생략 ...)

    @PreAuthorize("isAuthenticated()")
    @GetMapping("/create")
    public String questionCreate(QuestionForm questionForm) {
        return "question_form";
    }

    @PreAuthorize("isAuthenticated()")
    @PostMapping("/create")
    public String questionCreate(@Valid QuestionForm questionForm,
            BindingResult bindingResult, Principal principal) {
        (... 생략 ...)
    }
}
```

로그인이 필요한 메서드(질문 등록과 관련된 메서드)들에 @PreAuthorize("isAuthenticated()") 애너테이션을 적용했다.

3. 마찬가지로 AnswerController도 다음과 같이 수정하자.

• /answer/AnswerController.java

```
(... 생략 ...)
import org.springframework.validation.BindingResult;
import org.springframework.security.access.prepost.PreAuthorize;
(... 생략 ...)

public class AnswerController {

    (... 생략 ...)

    @PreAuthorize("isAuthenticated()")
    @PostMapping("/create/{id}")
    public String createAnswer(Model model, @PathVariable("id") Integer id, @Valid
AnswerForm answerForm,
            BindingResult bindingResult, Principal principal) {
        (... 생략 ...)
    }
}
```

4. 마지막으로 @PreAuthorize 애너테이션이 동작할 수 있도록 스프링 시큐리티의 설정도 수정해야 한다. SecurityConfig를 다음과 같이 수정해 보자.

• SecurityConfig.java

```
package com.mysite.sbb;

(... 생략 ...)
import org.springframework.security.config.annotation.authentication.configura
tion.AuthenticationConfiguration;
import org.springframework.security.config.annotation.method.configuration.
EnableMethodSecurity;

@Configuration
@EnableWebSecurity
@EnableMethodSecurity(prePostEnabled = true)
public class SecurityConfig {
    (... 생략 ...)
}
```

SecurityConfig에 적용한@EnableMethodSecurity 애너테이션의 prePostEnabled = true는 QuestionController와 AnswerController에서 로그인 여부를 판별할 때 사용한 @PreAuthorize 애너테이션을 사용하기 위해 반드시 필요한 설정이다.

5. 이렇게 수정한 후 로그아웃 상태에서 질문 또는 답변을 등록하면 자동으로 로그인 화면으로 이동하는 것을 확인할 수 있을 것이다.

로그아웃 상태에서 [질문 등록] 버튼을 누르면 로그인 페이지로 이동한다. 로그인을 완료하면 이전에 요청한 질문 등록 페이지가 등장한다. 이는 로그인 후에 원래 가려고 했던 페이지로 리다이렉트시키는 스프링 시큐리티의 기능 덕분에 가능한 것이다.

Do it! 실습 답변 작성 막아 두기

현재 질문 등록 페이지에서는 사용자가 로그아웃 상태라면 아예 글을 작성할 수 없다. 하지만 답변 등록 페이지에서는 로그아웃 상태에서도 글은 작성할 수 있어서 답변을 작성한 후 [답변 등록] 버튼을 눌러야만 로그인 화면으로 이동된다. 이렇게 되면 애써 사용자가 작성한 답변이 사라지는 문제가 있다. 이 문제를 해결하려면 사용자가 로그아웃 상태인 경우 아예 답변 작성을 못하게 막는 것이 좋은 방법일 것이다.

1. 로그아웃 상태에서 답변을 작성하지 못하도록 question_detail.html 파일을 다음과 같이 수정해 보자.

• /templates/question_detail.html

```
<html layout:decorate="~{layout}">
<div layout:fragment="content" class="container my-3">
   (... 생략 ...)
   <!-- 답변 작성 -->
   <form th:action="@{|/answer/create/${question.id}|}" th:object="${answerForm}"
method="post" class="my-3">
      <div th:replace="~{form_errors :: formErrorsFragment}"></div>
      <textarea sec:authorize="isAnonymous()" disabled
      th:field="*{content}" class="form-control" rows="10"></textarea>
      <textarea sec:authorize="isAuthenticated()"
      th:field="*{content}" class="form-control" rows="10"></textarea>
      <input type="submit" value="답변 등록" class="btn btn-primary my-2">
   </form>
</div>
</html>
```

로그인 상태가 아닌 경우 textarea 태그에 disabled 속성을 적용하여 사용자가 화면에서 아예 입력하지 못하게 만들었다. 여기서 sec:authorize="isAnonymous( )", sec:authorize="isAuthenticated( )"는 현재 사용자의 로그인 상태를 체크하는 속성으로, sec:authorize="isAnonymous( )"는 현재 로그아웃 상태임을 의미하고, sec:authorize="isAuthenticated( )"는 현재 로그인 상태임을 의미한다.

2. 다음은 로그아웃 상태에서 disabled가 적용된 화면이다. 이와 같이 로그아웃 상태에서는 사용자가 답변을 등록할 수 없도록 답변 등록 칸이 회색으로 표시되고, 키보드를 눌러도 아무런 내용이 입력되지 않는다.

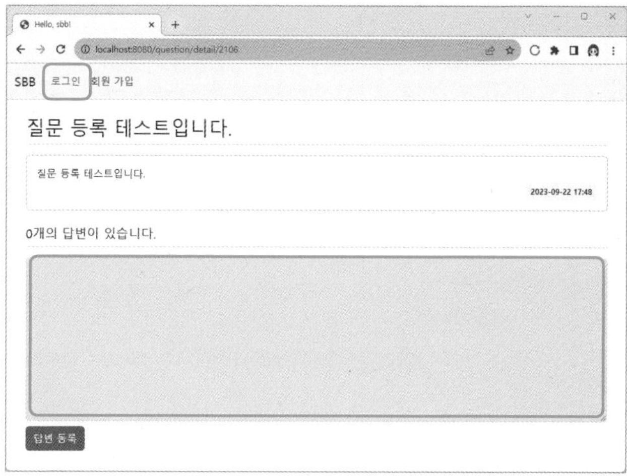

고급 기능 익히기

Do it! 실습 화면에 글쓴이 나타내기

이제 질문 목록과 질문 상세 화면에 글쓴이를 표시해 보자. 앞서 Question 엔티티와 Answer 엔티티에 auther 속성을 추가했다. 이를 이용하여 질문 목록, 질문 상세 화면에 글쓴이를 표시해 보자.

질문 목록에 글쓴이 표시하기

1. 질문 목록 템플릿인 question_html에 글쓴이를 추가해 보자. 그 전에 다음과 같이 테이블 헤더를 수정해 보자.

• /templates/question_list.html

```
<html layout:decorate="~{layout}">
<div layout:fragment="content" class="container my-3">
    <table class="table">
        <thead class="table-dark>
            <tr class="text-center">
                <th>번호</th>
                <th style="width:50%">제목</th>
                <th>글쓴이</th>
                <th>작성 일시</th>
            </tr>
        </thead>
```

<th>글쓴이</th>를 추가했다. 그리고 각 th 요소들(번호, 제목, 글쓴이, 작성 일시)을 가운데 정렬하도록 tr 태그에 text-center 클래스를 추가하고, <th>제목</th>에서는 너비가 전체에서 50%를 차지하도록 style="width:50%"로 작성하여 너비를 지정했다.

2. '글쓴이'가 화면에 보이도록 틀을 마련했으니 글쓴이가 표시되도록 이어서 for 문에도 다음과 같이 추가해 보자.

• /templates/question_list.html

```
(... 생략 ...)
        <tbody>
            <tr class="text-center" th:each="question, loop : ${paging}">
```

```
            <td th:text="${paging.getTotalElements - (paging.number * paging.
size) - loop.index}"></td>
            <td class="text-start">
                <a th:href="@{|/question/detail/${question.id}|}"
                th:text="${question.subject}"></a>
                <span class="text-danger small ms-2"
                    th:if="${#lists.size(question.answerList) > 0}"
                    th:text="${#lists.size(question.answerList)}">
                </span>
            </td>
            <td><span th:if="${question.author != null}"
            th:text="${question.author.username}"></span></td>
            <td th:text="${#temporals.format(question.createDate, 'yyyy-MM-dd
HH:mm')}"></td>
        </tr>
    </tbody>
(... 생략 ...)
```

글쓴이를 표시하기 위해 작성한다.

〈td〉 ... 〈/td〉 요소를 삽입하여 질문의 글쓴이를 표시했다. 글쓴이 정보 없이 저장된 기존의 질문들은 author 속성에 해당하는 데이터가 없으므로(author 속성의 값으로 null을 가지고 있으므로) author 속성의 값이 null이 아닌 경우만 글쓴이를 표시하도록 했다. 그리고 여기서도 표시되는 항목을 모두 가운데 정렬하도록 tr 요소에 text-center 클래스를 추가하고, 제목 항목의 값들만 왼쪽 정렬하도록 text-start 클래스를 추가했다.

3. 다시 질문 목록 화면으로 돌아가면 오른쪽과 같이 글쓴이 항목이 추가된 것을 확인할 수가 있다.

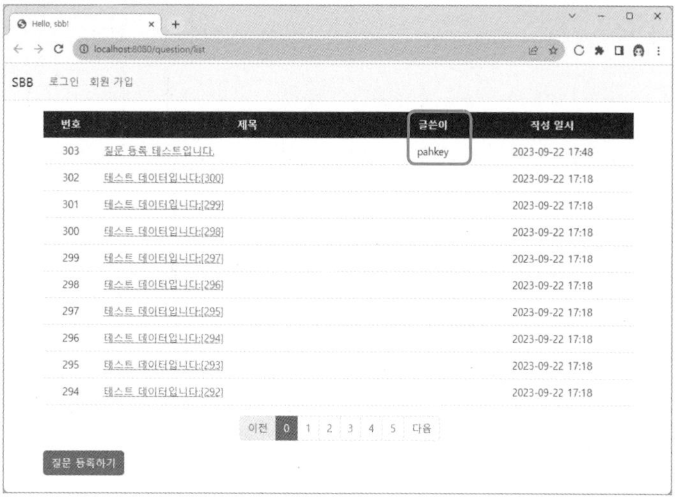

질문 상세에 글쓴이 표시하기

1. 질문 상세 템플릿인 question_detail.html을 수정하여 질문 상세 화면에서도 글쓴이 항목이 노출되도록 만들어 보자.

• /templates/question_detail.html

```
(... 생략 ...)
<!-- 질문 -->
<h2 class="border-bottom py-2" th:text="${question.subject}"></h2>
<div class="card my-3">
    <div class="card-body">
        <div class="card-text" style="white-space: pre-line;" th:text="${question.
content}"></div>
        <div class="d-flex justify-content-end">
            <div class="badge bg-light text-dark p-2 text-start">
                <div class="mb-2">
                    <span th:if="${question.author != null}"
                    th:text="${question.author.username}"></span>
                </div>
                <div th:text="${#temporals.format(question.createDate, 'yyyy-MM-
dd HH:mm')}"></div>
            </div>
        </div>
    </div>
</div>
(... 생략 ...)
```

글쓴이를 표시하기 위해 작성한다.

글쓴이와 작성 일시가 나란히 보이도록 수정했다.

2. 그다음 답변 부분에도 글쓴이 항목이 노출되도록 다음과 같이 내용을 추가하자.

• /templates/question_detail.html

```
(... 생략 ...)
<!-- 답변 반복 시작 -->
<div class="card my-3" th:each="answer : ${question.answerList}">
    <div class="card-body">
        <div class="card-text" style="white-space: pre-line;"
```

```
        th:text="${answer.content}"></div>
        <div class="d-flex justify-content-end">
            <div class="badge bg-light text-dark p-2 text-start">
                <div class="mb-2">
                    <span th:if="${answer.author != null}"
                    th:text="${answer.author.username}"></span>
                </div>
                <div th:text="${#temporals.format(answer.createDate, 'yyyy-MM-dd HH:mm')}"></div>
            </div>
        </div>
    </div>
</div>
<!-- 답변 반복 끝  -->
(... 생략 ...)
```

글쓴이를 표시하기 위해 작성한다.

마찬가지로 글쓴이와 작성 일시가 나란히 보이도록 수정했다.

3. 로컬 서버를 재시작하여 오른쪽과 같이 질문 상세 화면에서 답변을 입력한 후, 답변의 글쓴이가 노출되는지 확인해 보자.

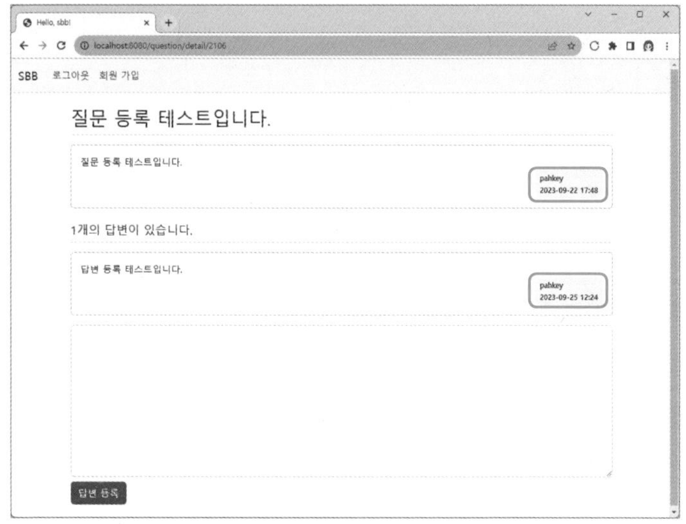

이와 같이 질문을 등록하는 글쓴이와 답변을 등록한 글쓴이 모두 작성 일시와 함께 노출된 것을 확인할 수 있다.

3-09
수정과 삭제 기능 추가하기

질문 또는 답변을 작성한 후 이 글들을 수정하거나 삭제할 수 있어야 한다. 이번 절에서는 앞서 작성한 질문 또는 답변을 수정하거나 삭제하는 기능을 추가해 보자. 그동안 배운 내용을 바탕으로 비슷한 기능을 반복해 구현하므로 조금 지루할 수 있다. 하지만 스프링 부트 프로그램의 전형적인 패턴에 익숙해질 수 있는 좋은 기회라고 생각하고 따라해 보자.

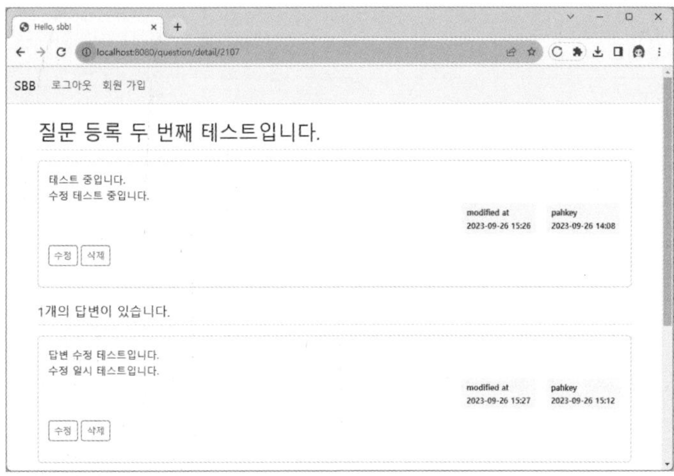

Do it! 실습 수정 일시 추가하기

SBB에 질문 또는 답변을 수정하거나 삭제하는 기능을 추가하기 전에 질문이나 답변이 언제 수정되었는지 확인할 수 있도록 Question 엔티티와 Answer 엔티티에 수정 일시를 의미하는 modifyDate 속성을 추가해 보자.

1. Question.java와 Answer.java에 각각 다음과 같이 한 줄의 코드를 추가하면 간단히 해결된다.

• /question/Question.java

```
(... 생략 ...)
public class Question {
    (... 생략 ...)

    @ManyToOne
    private SiteUser author;

    private LocalDateTime modifyDate;
}
```

• /answer/Answer.java

```
(... 생략 ...)
public class Answer {
    (... 생략 ...)

    @ManyToOne
    private SiteUser author;

    private LocalDateTime modifyDate;
}
```

2. 이와 같이 수정한 뒤, 다시 H2 콘솔에 접속해 보자. 다음과 같이 Answer와 Question 테이블에 각각 modify_date 열이 추가된 것을 확인할 수 있다.

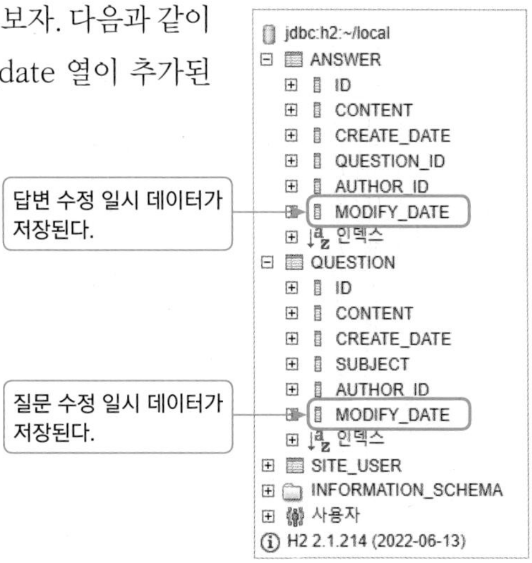

Do it! 실습 질문 수정 기능 생성하기

질문 수정 버튼 만들기

사용자가 질문 상세 화면에서 [수정] 버튼을 클릭하면 수정할 수 있는 화면으로 진입할 수 있도록 다음과 같이 질문 상세 화면에 질문 수정 버튼을 추가해 보자.

• /templates/question_detail.html

```
(... 생략 ...)
<!-- 질문 -->
<h2 class="border-bottom py-2" th:text="${question.subject}"></h2>
<div class="card my-3">
    <div class="card-body">
        <div class="card-text" style="white-space: pre-line;" th:text="${question.
content}"></div>
        <div class="d-flex justify-content-end">
            <div class="badge bg-light text-dark p-2 text-start">
                <div class="mb-2">
                    <span th:if="${question.author != null}" th:text="${question.
author.username}"></span>
                </div>
                <div th:text="${#temporals.format(question.createDate, 'yyyy-MM-
dd HH:mm')}"></div>
            </div>
        </div>
        <div class="my-3">
            <a th:href="@{|/question/modify/${question.id}|}" class="btn btn-sm
btn-outline-secondary"
                sec:authorize="isAuthenticated()"
                th:if="${question.author != null and #authentication.
getPrincipal().getUsername() == question.author.username}"
                th:text="수정"></a>
        </div>
    </div>
</div>
(... 생략 ...)
```

[수정] 버튼이 로그인한 사용자와 글쓴이가 동일할 경우에만 노출되도록 #authentication.getPrincipal( ).getUsername( ) == question.author.username을 적용했다. #authentication.getPrincipal( )은 타임리프에서 스프링 시큐리티와 함께 사용하는 표현식으로, 이를 통해 현재 사용자가 인증되었다면 사용자 이름(사용자 ID)을 알 수 있다. 만약 로그인한 사용자와 글쓴이가 다르다면 이 [수정] 버튼은 보이지 않을 것이다.

질문 컨트롤러 수정하기 1

앞서 작성한 [수정] 버튼에 GET 방식의 @{|/question/modify/${question.id}|} 링크가 추가되었으므로 이 링크가 동작할 수 있도록 질문 컨트롤러를 다음과 같이 수정해 보자.

• /question/QuestionController.java

```
(... 생략 ...)
import org.springframework.security.access.prepost.PreAuthorize;
import org.springframework.http.HttpStatus;
import org.springframework.web.server.ResponseStatusException;
(... 생략 ...)
public class QuestionController {

    (... 생략 ...)

    @PreAuthorize("isAuthenticated()")
    @GetMapping("/modify/{id}")
    public String questionModify(QuestionForm questionForm, @PathVariable("id")
Integer id, Principal principal) {
        Question question = this.questionService.getQuestion(id);
        if(!question.getAuthor().getUsername().equals(principal.getName())) {
            throw new ResponseStatusException(HttpStatus.BAD_REQUEST, "수정 권한이
없습니다.");
        }
        questionForm.setSubject(question.getSubject());
        questionForm.setContent(question.getContent());
        return "question_form";
    }
}
```

이와 같이 questionModify 메서드를 추가했다. 만약 현재 로그인한 사용자와 질문의 작성자가 동일하지 않을 경우에는 '수정 권한이 없습니다.'라는 오류가 발생하도록 했다. 그리고 수정할 질문의 제목과 내용을 화면에 보여 주기 위해 questionForm 객체에 id값으로 조회한 질문의 제목(subject)과 내용(object)의 값을 담아서 템플릿으로 전달했다. 이 과정이 없다면 질문 수정 화면에 '제목', '내용'의 값이 채워지지 않아 비워져 보일 것이다. 그런데 여기서 한 가지 짚고 넘어가야 할 것이 있다. 질문을 수정할 수 있는 새로운 템플릿을 만들지 않고 질문을 등록했을 때 사용한 question_form.html 템플릿을 사용한다는 점이다.

질문 등록 템플릿 수정하기

질문을 수정하기 위한 템플릿을 새로 작성해도 문제는 없지만 제목과 내용을 기입하는 화면의 모양이 동일하므로 여기서는 굳이 새로 만들지 않고 같은 템플릿을 사용하려고 한다. 그런데 question_form.html은 질문 등록을 위해 만든 템플릿이어서 조금 수정해야 질문 등록과 수정 기능을 함께 사용할 수 있다. 템플릿을 수정하면서 더 자세히 살펴보자.

다음과 같이 질문 등록 템플릿인 question_form.html을 수정해 보자.

• /templates/question_form.html

```
<html layout:decorate="~{layout}">
<div layout:fragment="content" class="container">
    <h5 class="my-3 border-bottom pb-2">질문 등록</h5>
    <form th:object="${questionForm}" method="post">
        <input type="hidden" th:name="${_csrf.parameterName}" th:value="${_csrf.
token}" />
        <div th:replace="~{form_errors :: formErrorsFragment}"></div>
        <div class="mb-3">
            <label for="subject" class="form-label">제목</label>
            <input type="text" th:field="*{subject}" class="form-control">
        </div>
        <div class="mb-3">
            <label for="content" class="form-label">내용</label>
            <textarea th:field="*{content}" class="form-control" rows="10"></textarea>
        </div>
        <input type="submit" value="저장하기" class="btn btn-primary my-2">
```

```
    </form>
</div>
</html>
```

먼저 기존에 있던 〈form〉 태그의 th:action 속성을 삭제해야 한다. 단, th:action 속성을 삭제하면 CSRF값이 자동으로 생성되지 않아서 CSRF값을 설정하기 위해 hidden 형태로 input 요소를 이와 같이 작성하여 추가해야 한다.

CSRF값을 수동으로라도 추가해야 되는 이유는 스프링 시큐리티를 사용할 때 CSRF 값이 반드시 필요하기 때문이다.

〈form〉 태그의 action 속성 없이 폼을 전송(submit)하면 action 속성이 없더라도 자동으로 현재 URL(여기서는 웹 브라우저에 표시되는 URL 주소)을 기준으로 전송되는 규칙이 있다. 즉, 질문 등록 시에 브라우저에 표시되는 URL은 /question/create이어서 action 속성이 지정되지 않더라도 POST로 폼 전송할 때 action 속성으로 /question/create가 자동 설정되고, 질문 수정 시에 브라우저에 표시되는 URL은 /question/modify/2와 같은 URL이기 때문에 POST로 폼 전송할 때 action 속성에 /question/modify/2와 같은 URL이 설정되는 것이다.

질문 서비스 수정하기

수정된 질문이 서비스를 통해 처리될 수 있도록 QuestionService를 다음과 같이 수정해 보자.

• /question/QuestionService.java

```
(... 생략 ...)
public class QuestionService {

    (... 생략 ...)

    public void modify(Question question, String subject, String content) {
        question.setSubject(subject);
        question.setContent(content);
        question.setModifyDate(LocalDateTime.now());
        this.questionRepository.save(question);
    }
}
```

이와 같이 질문 제목과 내용을 수정할 수 있는 modify 메서드를 추가했다.

질문 컨트롤러 수정하기 2

다시 질문 컨트롤러로 돌아와 질문을 수정하는 화면에서 질문 제목이나 내용을 변경하고 [저장하기] 버튼을 누르면 호출되는 POST 요청을 처리하기 위해 다음과 같은 메서드를 추가해 보자.

• /question/QuestionController.java

```
(... 생략 ...)
public class QuestionController {

    (... 생략 ...)
    @PreAuthorize("isAuthenticated()")
    @GetMapping("/modify/{id}")
    public String questionModify(@Valid QuestionForm questionForm, @PathVari
able("id") Integer id, Principal principal) {
        (... 생략 ...)
    }

    @PreAuthorize("isAuthenticated()")
    @PostMapping("/modify/{id}")
    public String questionModify(@Valid QuestionForm questionForm, BindingResult
bindingResult, Principal principal, @PathVariable("id") Integer id) {
        if (bindingResult.hasErrors()) {
            return "question_form";
        }
        Question question = this.questionService.getQuestion(id);
        if (!question.getAuthor().getUsername().equals(principal.getName())) {
            throw new ResponseStatusException(HttpStatus.BAD_REQUEST, "수정 권한이
없습니다.");
        }
        this.questionService.modify(question, questionForm.getSubject(), ques-
tionForm.getContent());
        return String.format("redirect:/question/detail/%s", id);
    }
}
```

POST 형식의 /question/modify/{id} 요청을 처리하기 위해 이와 같이 questionModify 메서드를 추가했다. questionModify 메서드는 questionForm의 데이터를 검증하고 로그인한 사용자와 수정하려는 질문의 작성자가 동일한지도 검증한다. 검증이 통과되면 QuestionService에서 작성한 modify 메서드를 호출하여 질문 데이터를 수정한다. 그리고 수정이 완료되면 질문 상세 화면(/question/detail/(숫자))으로 리다이렉트한다.

수정 기능 확인하기

로컬 서버를 재시작한 뒤, 브라우저에서 질문 상세 페이지를 확인해 보자.

1. 로그인한 사용자와 글쓴이가 같으면 질문 상세 화면에 [수정] 버튼이 보일 것이다.

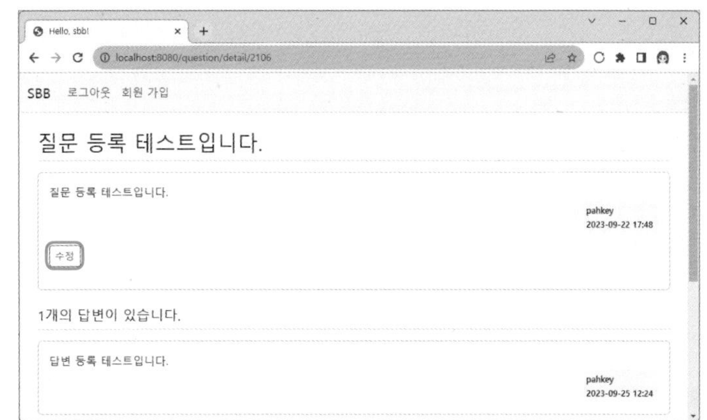

2. [수정] 버튼을 클릭하여 수정 페이지로 이동하면 /question/modifiy/(질문 ID) URL로 넘어가고, 제목과 내용을 수정할 수 있다. 제목 또는 내용을 수정한 후, [저장하기] 버튼을 클릭해 기능이 잘 동작하는지 확인해 보자.

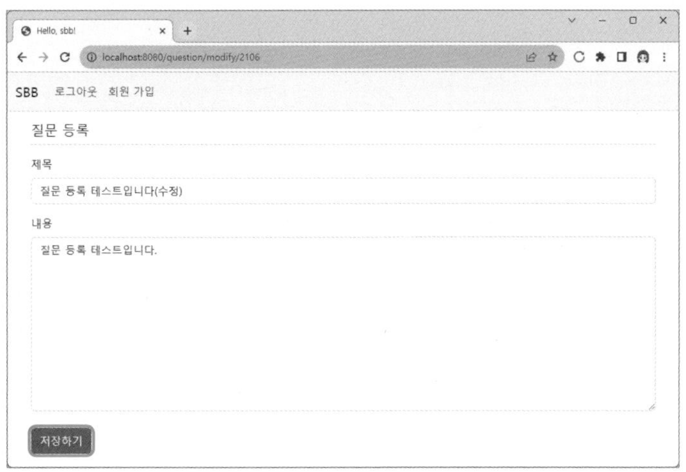

Do it! 실습 질문 삭제 기능 생성하기

질문 삭제 버튼 만들기

이번에는 질문을 삭제하는 기능을 추가해 보자. 질문 수정과 마찬가지로 질문 상세 화면에 [삭제] 버튼을 추가하여 삭제할 수 있게 하려고 한다.

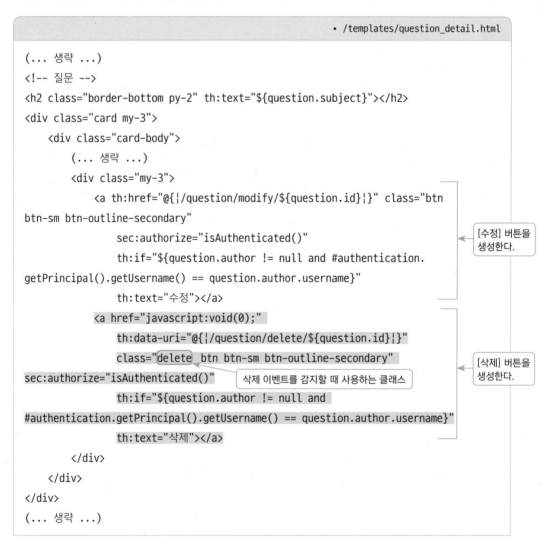

• /templates/question_detail.html

```
(... 생략 ...)
<!-- 질문 -->
<h2 class="border-bottom py-2" th:text="${question.subject}"></h2>
<div class="card my-3">
    <div class="card-body">
        (... 생략 ...)
        <div class="my-3">
            <a th:href="@{|/question/modify/${question.id}|}" class="btn
btn-sm btn-outline-secondary"
                sec:authorize="isAuthenticated()"
                th:if="${question.author != null and #authentication.
getPrincipal().getUsername() == question.author.username}"
                th:text="수정"></a>
            <a href="javascript:void(0);"
                th:data-uri="@{|/question/delete/${question.id}|}"
                class="delete btn btn-sm btn-outline-secondary"
sec:authorize="isAuthenticated()"
                th:if="${question.author != null and
#authentication.getPrincipal().getUsername() == question.author.username}"
                th:text="삭제"></a>
        </div>
    </div>
</div>
(... 생략 ...)
```

[수정] 버튼을 생성한다.

[삭제] 버튼을 생성한다.

삭제 이벤트를 감지할 때 사용하는 클래스

로그인한 사용자가 자신이 작성한 질문을 삭제할 수 있도록 [삭제] 버튼을 클릭하면 자바스크립트 코드가 실행되도록 구현했다. [삭제] 버튼은 [수정] 버튼과는 달리 href 속성값을 javascript:void(0)로 설정하고 삭제를 실행할 URL을 얻기 위해 th:data-uri 속성을 추가한 뒤, [삭제] 버튼을 클릭하는 이벤트를 확인하기 위해 class 속성에 delete 항목을 추가했다.

href에 삭제를 위한 URL을 직접 사용하지 않고 이러한 방식을 사용한 이유는 [삭제] 버튼을 클릭했을 때 '정말로 삭제하시겠습니까?'와 같은 메시지와 함께 별도의 확인 절차를 중간에 끼워 넣기 위해서이다. 만약 href에 삭제를 위한 URL을 직접 사용한다면 삭제를 확인하는 과정을 거치지 않고 질문이 삭제되어 버릴 것이다. 아직 이해되지 않더라도 다음 실습을 이어 나가 보자.

data-uri 속성에 설정한 값은 클릭 이벤트 발생 시 별도의 자바스크립트 코드에서 this.dataset.uri를 사용하여 그 값을 얻어 실행할 수 있다.

삭제를 위한 자바스크립트 작성하기

자바스크립트는 HTML, CSS와 함께 사용하며 웹 페이지에 동적인 기능을 추가할 때 사용하는 스크립트 언어이다. 여기서는 이러한 자바스크립트를 활용해 [삭제] 버튼을 클릭했을 때 '정말로 삭제하시겠습니까?'와 같은 메시지를 담은 확인 창을 호출하려고 한다.

1. 그러기 위해 다음과 같은 자바스크립트 코드가 필요하다.

```
<script type='text/javascript'>
const delete_elements = document.getElementsByClassName("delete");
Array.from(delete_elements).forEach(function(element) {
    element.addEventListener('click', function() {
        if(confirm("정말로 삭제하시겠습니까?")) {
            location.href = this.dataset.uri;
        };
    });
});
</script>
```

[확인]을 클릭했을 경우 삭제를 위한 URL을 호출하기 위해 작성한다.

지금은 이 코드를 눈으로만 확인하자.

이 자바스크립트 코드의 의미는 delete라는 클래스를 포함하는 컴포넌트(예를 들어 버튼이나 링크 등)를 클릭하면 '정말로 삭제하시겠습니까?'라고 질문하고 [확인]을 클릭했을 때 해당 컴포넌트에 속성으로 지정된 data-uri값으로 URL을 호출하라는 의미이다. [확인] 대신 [취소]를 선택하면 아무런 일도 발생하지 않을 것이다. 따라서 이와 같은 스크립트를 추가하면 [삭제] 버튼을 클릭하고 [확인]을 선택하면 data-uri 속성에 해당하는 @{|/question/delete/${question.id}|} URL이 호출될 것이다.

2. 앞서 살펴본 자바스크립트 코드는 질문 상세 템플릿에 추가하면 된다. 그 전에 템플릿에 자바스크립트를 포함하는 방법을 먼저 알아보자. 자바스크립트는 HTML 구조에서 다음과 같이 〈/body〉 태그 바로 위에 삽입하는 것을 추천한다.

```
<html>
<head>
(... 생략 ...)
</head>
<body>
(... 생략 ...)
<!-- 이곳에 추가 -->
</body>
</html>
```

왜냐하면 화면 출력이 완료된 후에 자바스크립트가 실행되는 것이 좋기 때문이다. 화면 출력이 완료되지 않은 상태에서 자바스크립트를 실행하면 오류가 발생할 수도 있고 화면 로딩이 지연될 수도 있다. 따라서 각 템플릿에서 자바스크립트를 〈/body〉 태그 바로 위에 삽입하고, 상속할 수 있도록 다음과 같이 layout.html을 수정해 보자.

• /templates/layout.html

```
<!doctype html>
<html lang="ko">
<head>
    <!-- Required meta tags -->
    <meta charset="utf-8">
    <meta name="viewport" content="width=device-width, initial-scale=1, shrink-to-
fit=no">
    <!-- Bootstrap CSS -->
    <link rel="stylesheet" type="text/css" th:href="@{/bootstrap.min.css}">
    <!-- sbb CSS -->
    <link rel="stylesheet" type="text/css" th:href="@{/style.css}">
    <title>Hello, sbb!</title>
</head>
<body>
<!-- 내비게이션 바 -->
<nav th:replace="~{navbar :: navbarFragment}"></nav>
```

```
<!-- 기본 템플릿 안에 삽입될 내용 Start -->
<th:block layout:fragment="content"></th:block>
<!-- 기본 템플릿 안에 삽입될 내용 End -->
<!-- Bootstrap JS -->
<script th:src="@{/bootstrap.min.js}"></script>
<!-- 자바스크립트 Start -->
<th:block layout:fragment="script"></th:block>
<!-- 자바스크립트 End -->
</body>
</html>
```

layout.html을 상속하는 템플릿들에서 content 블록을 구현하게 했던 것과 마찬가지 방법으로 script 블록을 구현할 수 있도록 </body> 태그 바로 위에 <th:block layout:fragment="script"></th:block> 블록을 추가했다. 이렇게 하면 이제 layout.html을 상속하는 템플릿은 자바스크립트의 삽입 위치를 신경 쓰지 않아도 되고, 필요할 경우에 스크립트 블록을 구현하여 자바스크립트를 작성할 수 있다.

3. 이제 question_detail.html 하단에 스크립트 블록을 다음과 같이 추가하여 자바스크립트가 실행될 수 있도록 해보자.

• /templates/question_detail.html

```
<html layout:decorate="~{layout}">
<div layout:fragment="content" class="container my-3">
    (... 생략 ...)
    <!-- 답변 작성 -->
    (... 생략 ...)
    </form>
</div>
<script layout:fragment="script" type='text/javascript'>
const delete_elements = document.getElementsByClassName("delete");
Array.from(delete_elements).forEach(function(element) {
    element.addEventListener('click', function() {
        if(confirm("정말로 삭제하시겠습니까?")) {
            location.href = this.dataset.uri;
        };
```

앞서 눈으로만 확인했던 코드를 이렇게 작성한다.

```
    });
});
</script>
</html>
```

스크립트 블록에 질문을 삭제할 수 있는 자바스크립트를 작성했다.

질문 서비스와 컨트롤러 수정하기

1. 먼저 질문 삭제 기능을 QuestionService에 추가해 보자.

• /question/QuestionService.java

```
(... 생략 ...)
public class QuestionService {

    (... 생략 ...)

    public void modify(Question question, String subject, String content) {
        (... 생략 ...)
    }

    public void delete(Question question) {
        this.questionRepository.delete(question);
    }
}
```

이와 같이 질문 데이터를 삭제하는 delete 메서드를 추가했다.

2. 질문 컨트롤러에서는 [삭제] 버튼을 클릭했을 때 @{|/question/delete/${question.id}|} URL을 처리할 수 있도록 QuestionController에 다음과 같은 메서드를 추가하자.

• /question/QuestionController.java

```
(... 생략 ...)
public class QuestionController {

    (... 생략 ...)

    @PreAuthorize("isAuthenticated()")
    @PostMapping("/modify/{id}")
    (... 생략 ...)

    @PreAuthorize("isAuthenticated()")
    @GetMapping("/delete/{id}")
    public String questionDelete(Principal principal, @PathVariable("id") Integer
id) {
        Question question = this.questionService.getQuestion(id);
        if (!question.getAuthor().getUsername().equals(principal.getName())) {
            throw new ResponseStatusException(HttpStatus.BAD_REQUEST, "삭제 권한이
없습니다.");
        }
        this.questionService.delete(question);
        return "redirect:/";
    }
}
```

사용자가 [삭제] 버튼을 클릭했다면 URL로 전달받은 id값을 사용하여 Question 데이터를 조회한 후, 로그인한 사용자와 질문 작성자가 동일할 경우 앞서 작성한 서비스를 이용하여 질문을 삭제하게 했다. 그리고 질문을 삭제한 후에는 질문 목록 화면(/)으로 돌아갈 수 있도록 했다.

3. 로컬 서버를 재시작한 후, 질문 상세 페이지를 확인해 보자. 질문을 작성한 사용자와 로그인한 사용자가 동일하다면 오른쪽과 같이 질문 상세 화면에 [삭제] 버튼이 노출될 것이다.

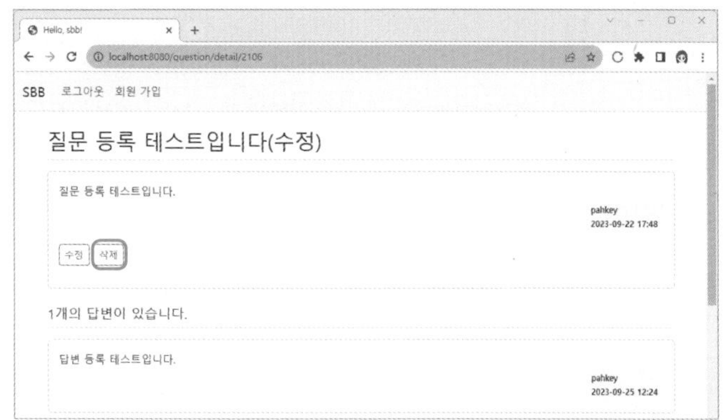

4. [삭제] 버튼을 클릭하면 다음과 같이 메시지가 등장한다. [확인] 버튼을 클릭하면 다시 질문 목록 페이지로 돌아오고 해당 질문이 삭제된 것을 확인할 수 있다. 삭제 기능이 정상적으로 동작한 것이다!

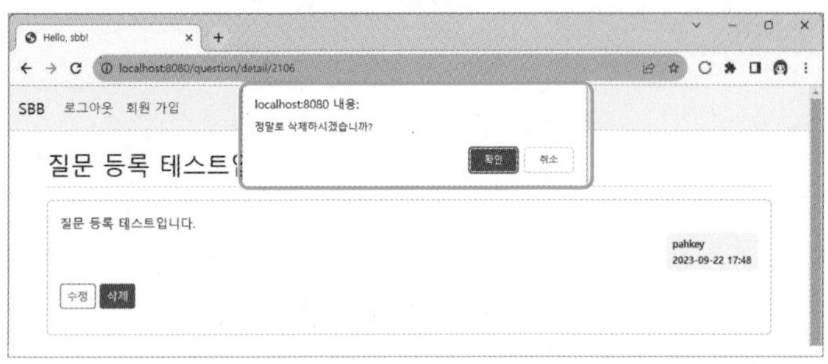

Do it! 실습 답변 수정 기능 추가하기

이번에는 답변 수정 기능을 구현해 보자. 질문 수정 기능과 비슷한 과정으로 진행할 것이다. 다만, 답변 수정 기능을 구현하기 위한 템플릿이 따로 없으므로 답변 수정 시 사용할 템플릿이 추가로 필요하다. 새로 템플릿을 추가하는 내용 외에는 답변 수정 기능은 질문 수정과 크게 차이 나지 않으므로 간단히 설명하고 넘어가겠다.

버튼 추가하고 서비스와 컨트롤러 수정하기

1. 질문 상세 템플릿에서 답변 목록이 출력되는 부분에 답변 수정 버튼을 추가해 보자.

• /templates/question_detail.html

```
(... 생략 ...)
<!-- 답변 반복 시작 -->
<div class="card my-3" th:each="answer : ${question.answerList}">
    <div class="card-body">
        <div class="card-text" style="white-space: pre-line;"
        th:text="${answer.content}"></div>
        <div class="d-flex justify-content-end">
            <div class="badge bg-light text-dark p-2 text-start">
                <div class="mb-2">
                    <span th:if="${answer.author != null}"
                    th:text="${answer.author.username}"></span>
                </div>
                <div th:text="${#temporals.format(answer.createDate, 'yyyy-MM-dd
HH:mm')}"></div>
```

```
            </div>
        </div>
        <div class="my-3">
            <a th:href="@{|/answer/modify/${answer.id}|}" class="btn btn-sm 
btn-outline-secondary"
                sec:authorize="isAuthenticated()"
                th:if="${answer.author != null and #authentication.getPrincipal().
getUsername() == answer.author.username}"
                th:text="수정"></a>
        </div>
    </div>
</div>
<!-- 답변 반복 끝  -->
(... 생략 ...)
```

로그인한 사용자와 답변 작성자가 동일한 경우 답변의 [수정] 버튼이 노출되도록 했다. [답변] 버튼을 누르면 '/answer/modify/ 답변 ID' 형태의 URL이 GET 방식으로 요청될 것이다.

2. 답변을 수정하려면 답변을 먼저 조회해야 하므로 AnswerService에 답변을 조회하는 기능을 추가하고, 답변을 수정할 수 있는 기능도 다음과 같이 추가해 보자.

• /answer/AnswerService.java

```
(... 생략 ...)
import java.util.Optional;
import com.mysite.sbb.DataNotFoundException;
(... 생략 ...)

public class AnswerService {

    (... 생략 ...)


    public void create(Question question, String content, SiteUser author) {
        (... 생략 ...)
    }
```

```
    public Answer getAnswer(Integer id) {
        Optional<Answer> answer = this.answerRepository.findById(id);
        if (answer.isPresent()) {
            return answer.get();
        } else {
            throw new DataNotFoundException("answer not found");
        }
    }

    public void modify(Answer answer, String content) {
        answer.setContent(content);
        answer.setModifyDate(LocalDateTime.now());
        this.answerRepository.save(answer);
    }
}
```

이와 같이 해당 답변을 조회하는 getAnswer 메서드와 답변 내용을 수정하는 modify 메서드를 추가했다.

3. 답변 영역의 [수정] 버튼 클릭 시 GET 방식으로 요청되는 '/answer/modify/답변ID' URL을 처리하기 위해 다음과 같이 AnswerController를 수정해 보자.

• /answer/AnswerController.java

```
(... 생략 ...)
import org.springframework.http.HttpStatus;
import org.springframework.web.bind.annotation.GetMapping;
import org.springframework.web.server.ResponseStatusException;
(... 생략 ...)

public class AnswerController {

    (... 생략 ...)

    @PreAuthorize("isAuthenticated()")
    @PostMapping("/create/{id}")
    (... 생략 ...)
```

```
    @PreAuthorize("isAuthenticated()")
    @GetMapping("/modify/{id}")
    public String answerModify(AnswerForm answerForm, @PathVariable("id") Integer 
id, Principal principal) {
        Answer answer = this.answerService.getAnswer(id);
        if (!answer.getAuthor().getUsername().equals(principal.getName())) {
            throw new ResponseStatusException(HttpStatus.BAD_REQUEST, "수정 권한
이 없습니다.");
        }
        answerForm.setContent(answer.getContent());
        return "answer_form";
    }
}
```


이와 같이 answerModify 메서드를 추가했다. DB에서 답변 ID를 통해 조회한 답변 데이터의 내용(content)을 AnswerForm 객체에 대입하여 answer_form.html 템플릿에서 사용할 수 있도록 했다. 아직 answer_form.html이 존재하지 않으므로 다음 실습에서 해당 템플릿을 만들어 보자.

답변 수정 시 기존의 답변 내용이 필요하므로 AnswerForm 객체에 조회한 값을 저장하여 리턴해야 한다.

답변 수정 템플릿 생성하기

답변을 수정하기 위해 템플릿을 만들어 보자. templates에 answer_form.html 파일을 생성한 뒤, 다음과 같은 내용을 입력해 보자.

• /templates/answer_form.html

```
<html layout:decorate="~{layout}">
<div layout:fragment="content" class="container">
    <h5 class="my-3 border-bottom pb-2">답변 수정</h5>
    <form th:object="${answerForm}" method="post">
        <input type="hidden" th:name="${_csrf.parameterName}" th:value="${_csrf.
token}"/>
        <div th:replace="~{form_errors :: formErrorsFragment}"></div>
        <div class="mb-3">
            <label for="content" class="form-label">내용</label>
            <textarea th:field="*{content}" class="form-control" rows="10"></textarea>
```

```
        </div>
        <input type="submit" value="저장하기" class="btn btn-primary my-2">
    </form>
</div>
</html>
```

답변 작성 시 사용하는 〈form〉 태그에도 역시 action 속성을 사용하지 않았다. 앞서 설명했듯이 action 속성을 생략하면 현재 호출된 URL로 폼이 전송된다. th:action 속성이 없으므로 csrf 항목을 직접 추가했다.

답변 컨트롤러 재수정하기

1. 이제 폼을 통해 POST 방식으로 요청되는 /answer/modify/답변 ID URL을 처리하기 위해 다음과 같이 AnswerController로 돌아가 코드를 추가해 보자.

• /answer/AnswerController.java

```java
(... 생략 ...)
public class AnswerController {

    (... 생략 ...)

    @PreAuthorize("isAuthenticated()")
    @GetMapping("/modify/{id}")
    (... 생략 ...)

    @PreAuthorize("isAuthenticated()")
    @PostMapping("/modify/{id}")
    public String answerModify(@Valid AnswerForm answerForm, BindingResult bind
ingResult,
            @PathVariable("id") Integer id, Principal principal) {
        if (bindingResult.hasErrors()) {
            return "answer_form";
        }
        Answer answer = this.answerService.getAnswer(id);
        if (!answer.getAuthor().getUsername().equals(principal.getName())) {
            throw new ResponseStatusException(HttpStatus.BAD_REQUEST, "수정 권한이
없습니다.");
```

```
        }
        this.answerService.modify(answer, answerForm.getContent());
        return String.format("redirect:/question/detail/%s", answer.getQuestion().
getId());
    }
}
```

POST 방식의 답변 수정을 처리하기 위해 answerModify 메서드를 추가했다. 그리고 답변 수정을 완료한 후에는 질문 상세 페이지로 리다이렉트하도록 했다.

2. 답변 수정도 질문 수정과 마찬가지로 답변 등록 사용자와 로그인 사용자가 동일할 때만 [수정] 버튼이 나타난다. 로컬 서버를 재시작한 후, 질문 상세 페이지에서 확인해 보자.

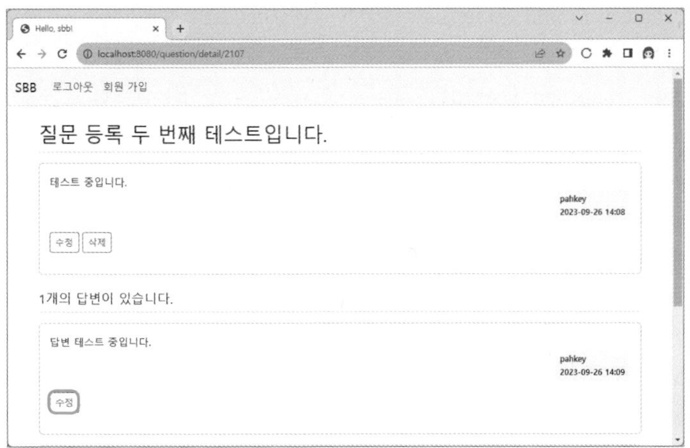

3. [수정] 버튼을 클릭해 답변 내용을 수정한 후, [저장하기] 버튼을 클릭해 답변 수정 기능이 잘 동작하는지 확인해 보자.

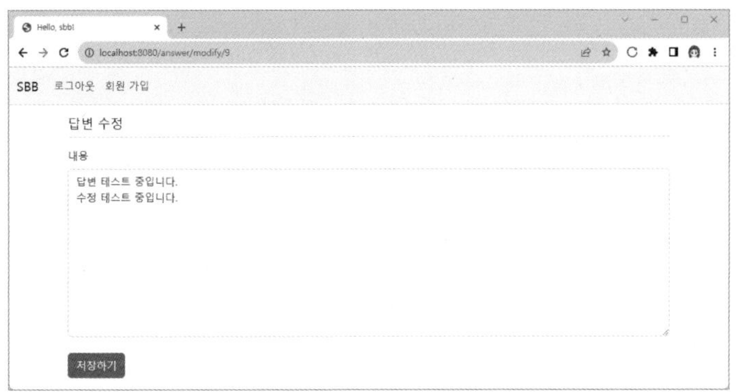

Do it! 실습 답변 삭제 기능 추가하기

수정 기능을 추가하였으니 이번에는 답변을 삭제하는 기능을 추가해 보자. 답변 삭제 기능도 질문 삭제 기능과 동일하므로 빠르게 알아보자.

1. 질문 상세 템플릿에 답변을 삭제할 수 있는 버튼을 다음과 같이 추가하자.

• /templates/question_detail.html

```
(... 생략 ...)
<!-- 답변 반복 시작 -->
<div class="card my-3" th:each="answer : ${question.answerList}">
    <div class="card-body">
        (... 생략 ...)
        <div class="my-3">
            <a th:href="@{|/answer/modify/${answer.id}|}" class="btn
btn-sm btn-outline-secondary"
                sec:authorize="isAuthenticated()"
                th:if="${answer.author != null and
#authentication.getPrincipal().getUsername() == answer.author.username}"
                th:text="수정"></a>
            <a href="javascript:void(0);" th:data-uri="@{|/answer/delete/$
{answer.id}|}"
                class="delete btn btn-sm btn-outline-secondary"
sec:authorize="isAuthenticated()"
                th:if="${answer.author != null and #authentication.
getPrincipal().getUsername() == answer.author.username}"
                th:text="삭제"></a>
        </div>
    </div>
</div>
<!-- 답변 반복 끝  -->
(... 생략 ...)
```

[수정] 버튼을 생성한다.

[삭제] 버튼을 생성한다.

[수정] 버튼 옆에 [삭제] 버튼이 노출되도록 [삭제] 버튼을 생성하는 코드를 추가했다. 질문의 [삭제] 버튼과 마찬가지로 답변의 [삭제] 버튼에 delete 클래스를 적용했으므로 [삭제] 버튼을 누르면 앞서 작성한 자바스크립트에 의해 data-uri 속성에 설정한 url이 실행된다.

여기서는 이미 같은 역할을 담당하는 자바스크립트가 작성되어 있으므로 별도로 스크립트를 추가하지 않는다.

2. 답변을 삭제하기 위해 AnswerService에 다음과 같이 코드를 추가해 보자.

• /answer/AnswerService.java

```
(... 생략 ...)
public class AnswerService {

    (... 생략 ...)

    public void delete(Answer answer) {
        this.answerRepository.delete(answer);
    }
}
```


3. 이제 답변의 [삭제] 버튼을 누르면 GET 방식으로 요청되는 /answer/delete/답변 ID URL을 처리하기 위해 다음과 같이 AnswerController를 수정해 보자.

• /answer/AnswerController.java

```
(... 생략 ...)
public class AnswerController {

    (... 생략 ...)

    @PreAuthorize("isAuthenticated()")
    @GetMapping("/delete/{id}")
    public String answerDelete(Principal principal, @PathVariable("id") Integer 
id) {
        Answer answer = this.answerService.getAnswer(id);
        if (!answer.getAuthor().getUsername().equals(principal.getName())) {
            throw new ResponseStatusException(HttpStatus.BAD_REQUEST, "삭제 권한이 
없습니다.");
        }
        this.answerService.delete(answer);
        return String.format("redirect:/question/detail/%s", answer.getQuestion().
getId());
    }
}
```

답변을 삭제하는 answerDelete 메서드를 추가했다. 답변을 삭제한 후에는 해당 답변이 있던 질문 상세 화면으로 이동할 수 있도록 만들었다.

4. 로컬 서버를 재시작한 후, 질문 상세 페이지를 확인해 보자. 다음과 같이 질문 상세 화면에서 답변을 작성한 사용자와 로그인한 사용자가 같으면 [삭제] 버튼이 나타날 것이다.

5. [삭제] 버튼을 클릭하면 질문을 삭제할 때와 마찬가지로 다음과 같이 메시지가 등장한다. 여기서는 [확인] 버튼을 클릭하면 다시 질문 상세 페이지로 돌아오고 해당 답변이 삭제된 것을 확인할 수 있다.

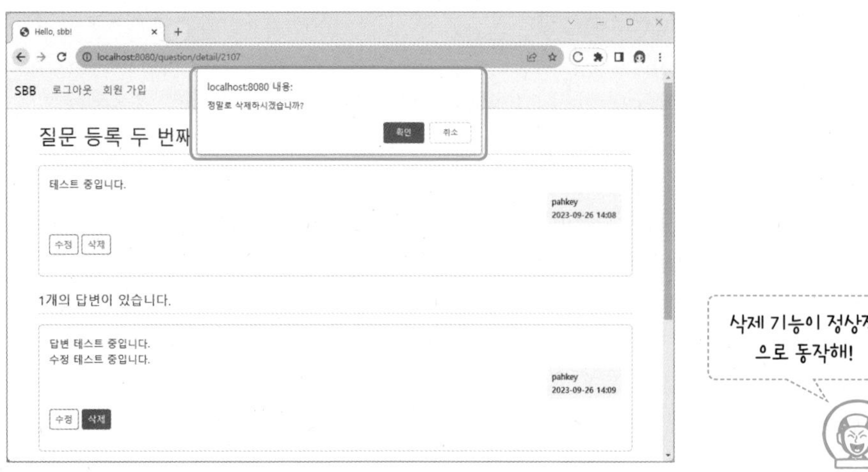

Do it! 실습 수정 일시 표시하기

마지막으로 질문 상세 화면에 수정 일시가 나타나도록 기능을 추가해 보자.

1. 이미 표시된 질문과 답변의 작성 일시 바로 왼쪽에 수정 일시를 다음과 같이 추가해 보자.

• /templates/question_detail.html

```
(... 생략 ...)
<!-- 질문 -->
<h2 class="border-bottom py-2" th:text="${question.subject}"></h2>
<div class="card my-3">
    <div class="card-body">
        <div class="card-text" style="white-space: pre-line;" th:text="${question.
content}"></div>
        <div class="d-flex justify-content-end">
            <div th:if="${question.modifyDate != null}" class="badge bg-light
text-dark p-2 text-start mx-3">
                <div class="mb-2">modified at</div>
                <div th:text="${#temporals.format(question.modifyDate,
'yyyy-MM-dd HH:mm')}"></div>
            </div>
            <div class="badge bg-light text-dark p-2 text-start">
                <div class="mb-2">
                    <span th:if="${question.author != null}"
th:text="${question.author.username}"></span>
                </div>
                <div th:text="${#temporals.format(question.createDate,
'yyyy-MM-dd HH:mm')}"></div>
            </div>
        </div>
        (... 생략 ...)
(... 생략 ...)
<!-- 답변 반복 시작 -->
<div class="card my-3" th:each="answer : ${question.answerList}">
    <div class="card-body">
        <div class="card-text" style="white-space: pre-line;" th:text="${answer.
content}"></div>
        <div class="d-flex justify-content-end">
```

질문의 수정 일시를 추가한다.

질문의 작성 일시를 위해 작성한다.

```
            <div th:if="${answer.modifyDate != null}" class="badge bg-light
text-dark p-2 text-start mx-3">
                <div class="mb-2">modified at</div>
                <div th:text="${#temporals.format(answer.modifyDate,
'yyyy-MM-dd HH:mm')}"></div>
            </div>
            <div class="badge bg-light text-dark p-2 text-start">
                <div class="mb-2">
                    <span th:if="${answer.author != null}" th:text="${answer.
author.username}"></span>
                </div>
                <div th:text="${#temporals.format(answer.createDate,
'yyyy-MM-dd HH:mm')}"></div>
            </div>
        </div>
        (... 생략 ...)
```


2. 로컬 서버를 재시작하고 로그인한 뒤, 질문 내용과 답변 내용을 모두 수정해 보자. 질문이나 답변에 수정 일시가 존재하면(즉, null이 아니면) 다음과 같이 수정 일시가 작성 일시 바로 왼쪽에 표시된다.

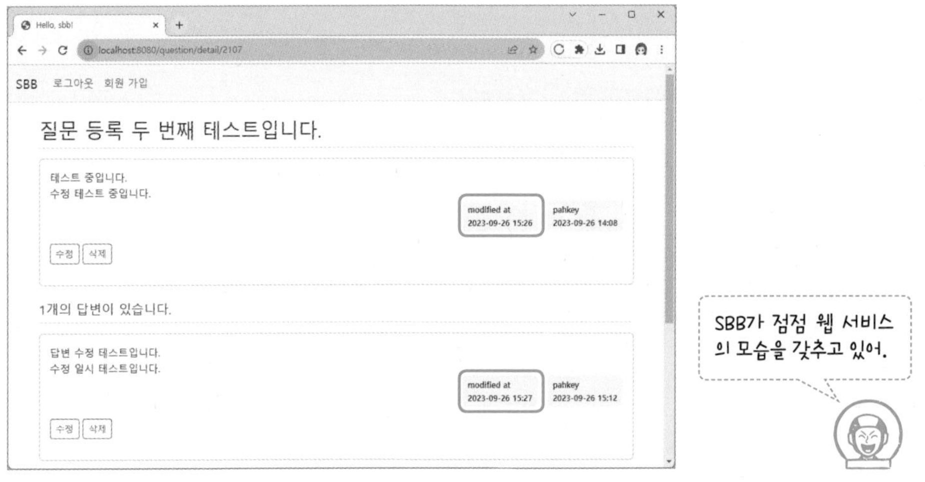

우리는 여기까지 질문과 답변의 수정 및 삭제 기능을 완성해 보았다.

3-10
추천 기능 추가하기

우리는 SNS에서 마음에 드는 게시물이나 콘텐츠에 '좋아요'나 👍, '추천' 등과 같은 표시를 남긴다. SBB 게시판에도 [추천] 버튼을 통해 질문이나 답변을 본 다른 사용자들이 반응을 남길 수 있도록 '추천' 기능을 구현해 보자.

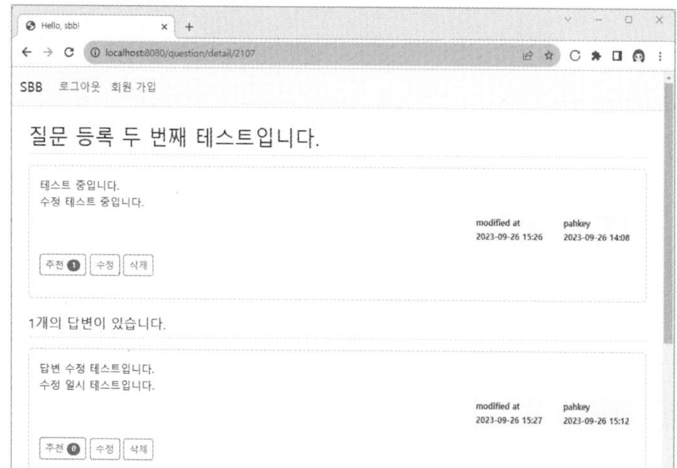

3-08절에서 글쓴이 항목을 추가할 때와 비슷한 실습 과정이 진행된다. 이 점을 참고하자.

Do it! 실습 엔티티에 속성 추가하기

질문 또는 답변의 '추천' 기능을 구현하려면 질문이나 답변을 추천한 사용자(SiteUser)가 DB에 저장될 수 있도록 관련 속성을 질문, 답변 엔티티에 추가해야 한다.

1. 먼저, 질문 엔티티에 추천인([추천] 버튼을 클릭한 사용자)을 저장하기 위한 voter라는 이름의 속성을 추가해 보자. 하나의 질문에 여러 사람이 추천할 수 있고 한 사람이 여러 개의 질문을 추천할 수 있다. 따라서 @ManyToMany 애너테이션을 사용해야 한다.

```
/question/Question.java
```

```java
(... 생략 ...)
import java.util.List;
import java.util.Set;

(... 생략 ...)
import jakarta.persistence.ManyToOne;
import jakarta.persistence.ManyToMany;

(... 생략 ...)
public class Question {
    (... 생략 ...)


    private LocalDateTime modifyDate;

    @ManyToMany
    Set<SiteUser> voter;
}
```

@ManyToMany 애너테이션과 함께 Set<SiteUser> voter를 작성해 voter 속성을 다대다 관계로 설정하여 질문 엔티티에 추가했다. 이때 다른 속성과 달리 Set 자료형으로 작성한 이유는 voter 속성값이 서로 중복되지 않도록 하기 위해서이다. List 자료형과 달리 여기서는 Set 자료형이 voter 속성을 관리하는데 효율적이다.

2. 답변 엔티티에도 같은 방법으로 voter 속성을 추가해 보자.

```
/answer/Answer.java
```

```java
(... 생략 ...)
import java.time.LocalDataTime;
import java.util.Set;

(... 생략 ...)
import jakarta.persistence.ManyToOne;
import jakarta.persistence.ManyToMany;
```

```
(... 생략 ...)
public class Answer {
    (... 생략 ...)

    private LocalDateTime modifyDate;

    @ManyToMany
    Set<SiteUser> voter;
}
```


3. 질문과 답변 엔티티에 voter 속성을 추가하였으니 오른쪽과 같이 H2 콘솔을 확인해 보자.

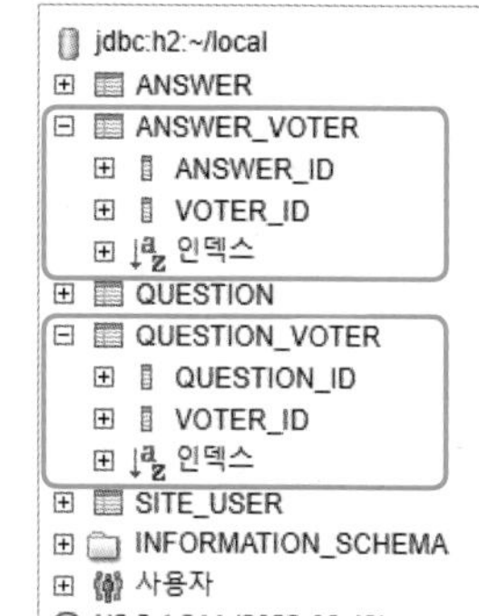

author 속성을 추가할 때와 달리 QUESTION_VOTER, ANSWER_VOTER라는 테이블이 생성된 것을 확인할 수 있다. 이렇게 @ManyToMany 애너테이션을 사용해 다대다 관계로 속성을 생성하면 새로운 테이블을 만들어 관련 데이터를 관리한다. 여기서 생성된 테이블의 인덱스 항목을 펼쳐 보면 서로 연관된 엔티티의 고유 번호(즉, ID)가 기본키로 설정되어 다대다 관계임을 알 수 있다.

Do it! 실습 질문 추천 기능 생성하기

질문 엔티티에 voter 속성을 추가했으니 이번에는 질문 추천 기능을 만들어 보자.

3-09절에서 수정과 삭제 기능을 추가할 때와 비슷한 실습 과정이 진행된다. 이 점을 참고하자.

1. 질문을 추천할 수 있는 버튼 위치는 어디가 좋을까? 질문 상세 화면이 적절할 것이다. 질문 상세 템플릿을 다음과 같이 수정해 보자.

• /templates/question_detail.html

```
(... 생략 ...)
<!-- 질문 -->
<h2 class="border-bottom py-2" th:text="${question.subject}"></h2>
```

```
<div class="card my-3">
    <div class="card-body">
        (... 생략 ...)
        <div class="my-3">
            <a href="javascript:void(0);" class="recommend btn btn-sm
btn-outline-secondary"
                th:data-uri="@{|/question/vote/${question.id}|}">
                추천
                <span class="badge rounded-pill bg-success"
                th:text="${#lists.size(question.voter)}"></span>
            </a>
            <a th:href="@{|/question/modify/${question.id}|}" class="btn
btn-sm btn-outline-secondary"
                sec:authorize="isAuthenticated()"
                th:if="${question.author != null and #authentication.
getPrincipal().getUsername() == question.author.username}"
                th:text="수정"></a>
            <a href="javascript:void(0);"
            th:data-uri="@{|/question/delete/${question.id}|}"
                class="delete btn btn-sm btn-outline-secondary"
sec:authorize="isAuthenticated()"
                th:if="${question.author != null and #authentication.
getPrincipal().getUsername() == question.author.username}"
                th:text="삭제"></a>
        </div>
    </div>
</div>
(... 생략 ...)
```

추천 버튼을 클릭하는 이벤트를 얻기 위한 클래스

[추천] 버튼을 [수정] 버튼 왼쪽에 추가하기 위한 코드를 작성했다. lists.size 메서드에 question.voter를 사용하여 추천 수도 함께 보이도록 했다. [추천] 버튼을 클릭하면 href의 속성이 javascript:void(0)으로 되어 있어서 아무런 동작도 하지 않는다. 하지만 class 속성에 recommend를 적용해 자바스크립트로 data-uri에 정의된 URL이 호출되도록 할 것이다. 따라서 [삭제] 버튼과 마찬가지로 [추천] 버튼을 눌렀을 때 메시지가 적힌 팝업 창을 통해 추천을 진행할 것이다.

2. 이어서 [추천] 버튼을 클릭했을 때 '정말로 추천하시겠습니까?'라는 메시지 창이 나타나도록 다음과 같이 자바스크립트 코드를 추가해 보자.

• /question/question_detail.html

```
(... 생략 ...)
<script layout:fragment="script" type='text/javascript'>
const delete_elements = document.getElementsByClassName("delete");
Array.from(delete_elements).forEach(function(element) {
    element.addEventListener('click', function() {
        if(confirm("정말로 삭제하시겠습니까?")) {
            location.href = this.dataset.uri;
        };
    });
});
const recommend_elements = document.getElementsByClassName("recommend");
Array.from(recommend_elements).forEach(function(element) {
  element.addEventListener('click', function() {
      if(confirm("정말로 추천하시겠습니까?")) {
            location.href = this.dataset.uri;
        };
    });
});
</script>
</html>
```

[추천] 버튼에 recommend 클래스가 적용되어 있으므로 [추천] 버튼을 클릭하면 '정말로 추천하시겠습니까?'라는 메시지가 담긴 팝업 창이 나타나고, [확인]을 선택하면 data-uri 속성에 정의한 URL인 @{|/question/vote/${question.id}|}이 호출될 것이다.

3. 추천인을 저장할 수 있도록 추천 기능을 다음과 같이 QuestionSerivce에 추가해 보자.

• /question/QuestionService.java

```
(... 생략 ...)
public class QuestionService {

    (... 생략 ...)

    public void vote(Question question, SiteUser siteUser) {
        question.getVoter().add(siteUser);
        this.questionRepository.save(question);
    }
}
```

이와 같이 로그인한 사용자를 질문 엔티티에 추천인으로 저장하기 위해 vote 메서드를 추가했다.

4. [추천] 버튼을 눌렀을 때 GET 방식으로 호출되는 @{|/question/vote/${question.id}|} URL을 처리하기 위해 다음과 같이 QuestionController에 코드를 추가해 보자.

• /question/QuestionController.java

```
(... 생략 ...)
public class QuestionController {

    (... 생략 ...)

    @PreAuthorize("isAuthenticated()")
    @GetMapping("/vote/{id}")
    public String questionVote(Principal principal, @PathVariable("id") Integer 
id) {
        Question question = this.questionService.getQuestion(id);
        SiteUser siteUser = this.userService.getUser(principal.getName());
        this.questionService.vote(question, siteUser);
        return String.format("redirect:/question/detail/%s", id);
    }
}
```

이와 같이 questionVote 메서드를 추가했다. 다른 기능과 마찬가지로 추천 기능도 로그인한 사람만 사용할 수 있도록 @PreAuthorize("isAuthenticated( )") 애너테이션을 적용했다. 그리고 앞서 작성한 QuestionService의 vote 메서드를 호출하여 사용자(siteUser)를 추천인(voter)으로 저장했다. 오류가 없다면 추천인을 저장한 후 질문 상세 화면으로 리다이렉트한다.

5. 질문 상세 화면의 질문 내용 부분을 보면 [추천] 버튼이 생겼을 것이다. 이 버튼을 클릭하여 버튼이 잘 작동하는지 확인해 보자.

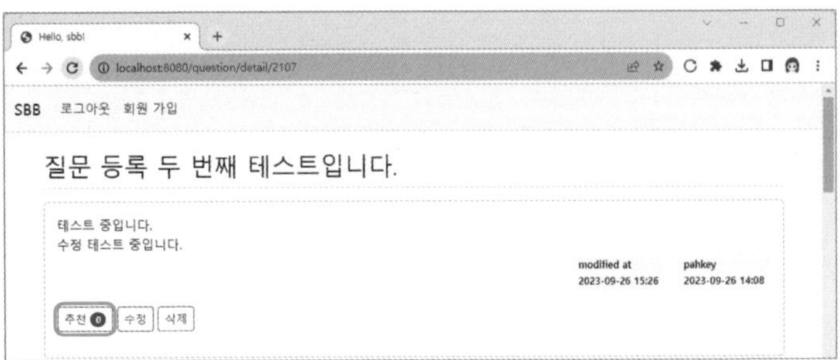

6. [추천] 버튼을 클릭하면 다음과 같이 메시지 창이 등장한다. 메시지 창의 [확인] 버튼을 클릭하면 다시 질문 상세 화면으로 돌아가고 [추천] 버튼에 추천인 숫자가 변경된다.

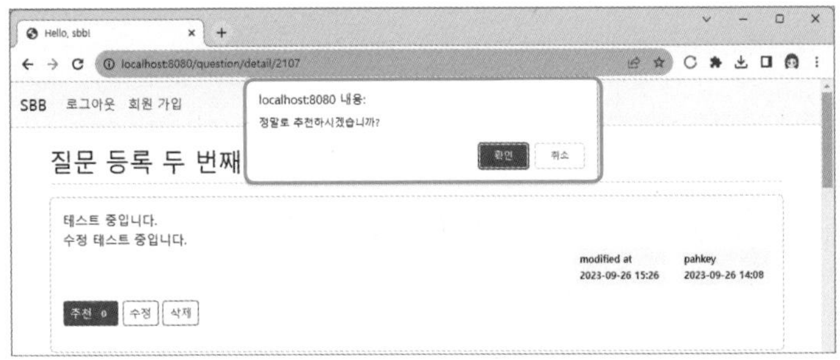

Do it! 실습 답변 추천 기능 생성하기

답변 추천 기능은 질문 추천 기능과 동일하므로 빠르게 작성해 보자.

1. 답변의 추천 수를 표시하고, 답변을 추천할 수 있는 버튼을 질문 상세 템플릿에 다음과 같이 추가해 보자.

• /templates/question_detail.html

```
(... 생략 ...)
<!-- 답변 반복 시작 -->
<div class="card my-3" th:each="answer : ${question.answerList}">
    <div class="card-body">
        (... 생략 ...)
        <div class="my-3">
            <a href="javascript:void(0);" class="recommend btn btn-sm 
btn-outline-secondary"
                th:data-uri="@{|/answer/vote/${answer.id}|}">
                추천
                <span class="badge rounded-pill bg-success"
                th:text="${#lists.size(answer.voter)}"></span>
            </a>
            <a th:href="@{|/answer/modify/${answer.id}|}" class="btn btn-sm 
btn-outline-secondary"
                sec:authorize="isAuthenticated()"
                th:if="${answer.author != null and #authentication.getPrincipal().
getUsername() == answer.author.username}"
                th:text="수정"></a>
            <a href="javascript:void(0);" th:data-uri="@{|/answer/delete/${answer.
id}|}"
                class="delete btn btn-sm btn-outline-secondary"
sec:authorize="isAuthenticated()"
                th:if="${answer.author != null and #authentication.getPrincipal().
getUsername() == answer.author.username}"
                th:text="삭제"></a>
        </div>
    </div>
</div>
<!-- 답변 반복 끝  -->
(... 생략 ...)
```

질문 추천 기능을 만들 때와 마찬가지로 답변 영역의 상단에 답변을 추천할 수 있는 버튼을 생성했다. 이 역시 추천 버튼에 class="recommend"가 적용되어 있으므로 추천 버튼을 클릭하면 '정말로 추천하시겠습니까?'라는 메시지가 적힌 팝업 창이 나타나고 [확인]을 선택하면 data-uri 속성에 정의한 URL이 호출될 것이다.

2. 답변을 추천한 사람을 저장하기 위해 다음과 같이 AnswerService를 수정해 보자.

• /answer/AnswerService.java

```
(... 생략 ...)
public class AnswerService {

    (... 생략 ...)

    public void vote(Answer answer, SiteUser siteUser) {
        answer.getVoter().add(siteUser);
        this.answerRepository.save(answer);
    }
}
```

AnswerService에 추천인을 저장하는 vote 메서드를 추가했다.

3. [추천] 버튼을 눌렀을 때 GET 방식으로 호출되는 @{|/answer/vote/${answer.id}|} URL을 처리하기 위해 다음과 같이 AnswerController에 코드를 추가해 보자.

• /answer/AnswerController.java

```
(... 생략 ...)
public class AnswerController {

    (... 생략 ...)

    @PreAuthorize("isAuthenticated()")
    @GetMapping("/vote/{id}")
    public String answerVote(Principal principal, @PathVariable("id") Integer id)
{
        Answer answer = this.answerService.getAnswer(id);
        SiteUser siteUser = this.userService.getUser(principal.getName());
        this.answerService.vote(answer, siteUser);
        return String.format("redirect:/question/detail/%s", answer.getQuestion().
getId());
    }
}
```

이와 같이 answerVote 메서드를 추가했다. 추천은 로그인한 사람만 가능해야 하므로 @PreAuthorize("isAuthenticated( )") 애너테이션을 적용했다. 그리고 앞서 작성한 AnswerService의 vote 메서드를 호출하여 추천인을 저장한다. 오류가 없다면 추천인을 저장한 후 질문 상세 화면으로 리다이렉트한다.

4. 질문 상세 화면에서 답변 추천 기능도 확인해 보자. 답변의 [추천] 버튼을 누르면 메시지 창이 등장하고, [확인] 버튼을 누르면 [추천] 버튼의 숫자가 변경된다.

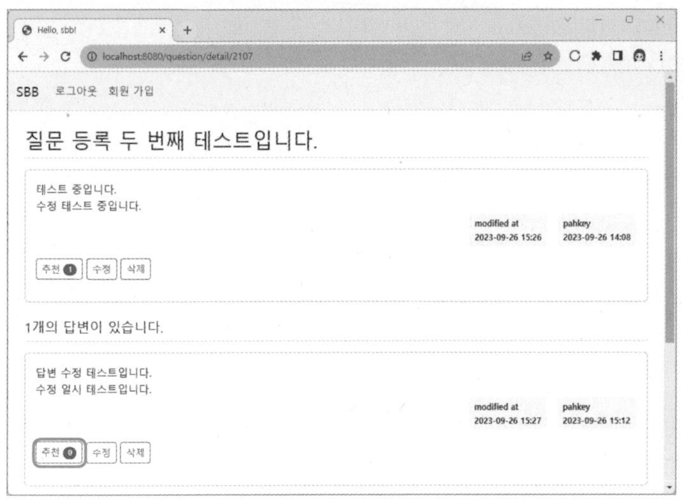

3-11 앵커 기능 추가하기

이번에는 SBB의 문제점을 해결하려고 한다. 발견된 문제점은 답변을 작성하거나 수정하면 페이지 상단으로 스크롤이 이동해서 자신이 작성한 답변을 확인하려면 다시 스크롤을 내려서 확인해야 한다는 점이다. 이 문제는 답변을 추천한 경우에도 동일하게 발생한다. Ajax와 같은 비동기 통신 기술로 이 문제를 해결할 수도 있지만 여기서는 보다 쉬운 방법을 사용하려고 한다. HTML에는 URL 호출 시 원하는 위치로 이동해 주는 앵커anchor 태그 즉, 〈a〉 태그가 있는데, 이를 활용하면 답변 등록, 답변 수정, 답변 추천 시 앵커 태그를 이용하여 원하는 위치로 이동할 수 있다.

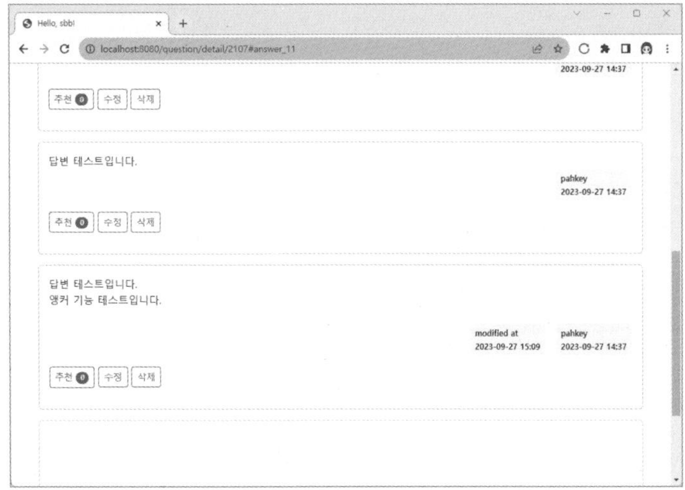

Do it! 실습 답변 앵커 추가하기

앵커 태그인 〈a〉 태그는 이미 우리에게 익숙하다. 이를 활용해 사용자가 다른 웹 페이지로 이동하거나 동일한 페이지 내에서 특정 위치로 스크롤하도록 만들 수 있다. 먼저 답변 작성, 수정 시에 이동해야 할 앵커 태그를 질문 상세 템플릿에 추가해 보자.

• /templates/question_detail.html

```
(... 생략 ...)
<!-- 답변의 개수 표시 -->
<h5 class="border-bottom my-3 py-2"
    th:text="|${#lists.size(question.answerList)}개의 답변이 있습니다.|"></h5>
<!-- 답변 반복 시작 -->
<div class="card my-3" th:each="answer : ${question.answerList}">
    <a th:id="|answer_${answer.id}|"></a>
    <div class="card-body">
(... 생략 ...)
```

답변이 반복되어 표시되도록 하는 th:each 문장 바로 다음에 <a th:id="|answer_${answer.id}|"></a>와 같이 앵커 태그를 추가했다. 앵커 태그의 id 속성은 유일한 값이어야 하므로 답변의 id값을 사용했다.

앵커 태그의 id 속성이 유일하지 않고 중복된 값이 존재한다면 맨 처음 한 개를 제외한 나머지 앵커는 제대로 동작하지 않는다.

리다이렉트 수정하기

이제 답변을 등록하거나 수정할 때 앞서 지정한 앵커 태그를 사용해 원하는 화면 위치로 이동할 수 있도록 코드를 수정하려고 한다.

먼저 답변 컨트롤러에서 답변 등록 또는 답변 수정을 하고 난 뒤, URL을 리다이렉트하는 코드를 살펴보자.

```
return String.format("redirect:/question/detail/%s", answer.getQuestion().getId());
```

이와 같은 코드에 앵커를 포함하여 다음과 같이 수정할 수 있다.

```
return String.format("redirect:/question/detail/%s#answer_%s",
    answer.getQuestion().getId(), answer.getId());
```

리다이렉트되는 질문 상세 페이지 URL에 #answer_%s를 이와 같이 삽입하여 앵커를 추가한 것이다. 이때 수정해야 하는 곳은 총 3곳으로 답변 등록, 수정, 추천 부분에서 리다이렉트와 관련된 코드를 수정하면 된다. 이와 관련된 코드를 수정하기 전에 답변 서비스를 잠시 먼저 수정한 후 진행하도록 하자.

Do it! 실습 답변 서비스 수정하기

답변 컨트롤러에서 답변이 등록된 위치로 이동하려면 반드시 답변 객체, 즉 Answer 객체가 필요하다. 그동안 AnswerService에서는 답변 등록 시 답변 객체를 리턴하지 않으므로 다음과 같이 AnswerService를 먼저 수정해 보자.

• /answer/AnswerService.java

```
(... 생략 ...)
public class AnswerService {

    (... 생략 ...)

    public Answer create(Question question, String content, SiteUser author) {
        Answer answer = new Answer();
        answer.setContent(content);
        answer.setCreateDate(LocalDateTime.now());
        answer.setQuestion(question);
        answer.setAuthor(author);
        this.answerRepository.save(answer);
        return answer;
    }

    (... 생략 ...)
}
```

Do it! 실습 답변 컨트롤러 수정하기

답변 컨트롤러의 리다이렉트와 관련된 코드를 다음과 같이 직접 수정해 보자.

• /answer/AnswerController.java

```
(... 생략 ...)
public class AnswerController {

    (... 생략 ...)

    @PreAuthorize("isAuthenticated()")
    @PostMapping("/create/{id}")
    public String createAnswer(Model model, @PathVariable("id") Integer id,
```

```
            @Valid AnswerForm answerForm, BindingResult bindingResult, Principal
principal) {
        Question question = this.questionService.getQuestion(id);
        SiteUser siteUser = this.userService.getUser(principal.getName());
        if (bindingResult.hasErrors()) {
            model.addAttribute("question", question);
            return "question_detail";
        }
        Answer answer = this.answerService.create(question, answerForm.getCon
tent(), siteUser);
        return String.format("redirect:/question/detail/%s#answer_%s",
                answer.getQuestion().getId(), answer.getId());
    }

    (... 생략 ...)

    @PreAuthorize("isAuthenticated()")
    @PostMapping("/modify/{id}")
    public String answerModify(@Valid AnswerForm answerForm, @PathVariable("id")
Integer id,
            BindingResult bindingResult, Principal principal) {
        if (bindingResult.hasErrors()) {
            return "answer_form";
        }
        Answer answer = this.answerService.getAnswer(id);
        if (!answer.getAuthor().getUsername().equals(principal.getName())) {
            throw new ResponseStatusException(HttpStatus.BAD_REQUEST, "수정 권한이
없습니다.");
        }
        this.answerService.modify(answer, answerForm.getContent());
        return String.format("redirect:/question/detail/%s#answer_%s",
                answer.getQuestion().getId(), answer.getId());
    }

    (... 생략 ...)

    @PreAuthorize("isAuthenticated()")
    @GetMapping("/vote/{id}") ← 답변 추천 부분
```

```
    public String answerVote(Principal principal, @PathVariable("id") Integer id)
{
        Answer answer = this.answerService.getAnswer(id);
        SiteUser siteUser = this.userService.getUser(principal.getName());
        this.answerService.vote(answer, siteUser);
        return String.format("redirect:/question/detail/%s#answer_%s",
                answer.getQuestion().getId(), answer.getId());
    }
}
```

답변을 작성, 수정, 추천한 후에 해당 답변으로 이동할 수 있도록 앵커 태그를 추가했다.

답변 앵커 기능 확인하기

질문 상세 페이지에서 답변을 등록, 수정, 추천을 실행하면 자신이 작업한 답변 부분으로 돌아온다. 즉, 스크롤이 지정한 앵커로 이동함을 확인할 수 있다.

스크롤 이동을 체감하려면 답변 수가 많아야 한다. 앵커 기능을 확인하기 전에 먼저 여러 개의 답변을 등록해 보자.

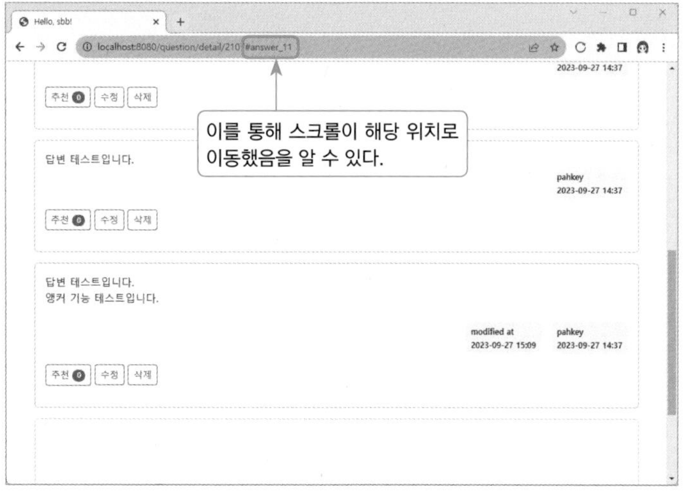

3-12
마크다운 적용하기

깃허브Github, 노션Notion과 같이 우리가 자주 사용하는 서비스에서는 글을 작성할 때 마크다운markdown이라는 도구를 사용한다. 마크다운은 텍스트 기반의 마크업 언어로, HTML과 달리 쉽고 간단한 문법을 사용하며 텍스트 편집기를 통해 웹상에서 글자를 강조하거나 제목, 목록, 이미지, 링크 등을 추가할 때도 유용하게 활용할 수 있다.

SBB 서비스에도 질문이나 답변 등의 글쓰기 작성 도구로 마크다운을 적용해 보자.

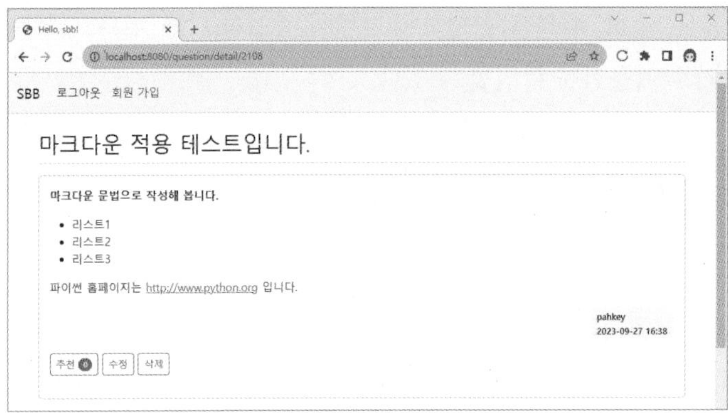

마크다운 문법 살펴보기

SBB에 마크다운을 적용하기 전에 먼저 마크다운의 문법을 몇 가지 알아보자.

목록 표시하기

SBB에서 내용에 여러 내용을 나열한 목록을 표시하기 위해 다음과 같이 작성했다고 가정해 보자.

아직은 SBB에 마크다운을 적용하지 않았으므로 그저 문법을 이해하기 위해 눈으로만 보고 넘어가자.

```
* 자바
* 스프링 부트
* 알고리즘
```

이 문자열을 마크다운 해석기가 HTML로 변환하면 실제 화면에서는 다음과 같이 보인다.

- 자바
- 스프링 부트
- 알고리즘

만약 순서가 있는 목록을 표시하고 싶다면 다음과 같이 작성한다.

```
1. 하나
1. 둘
1. 셋
```

그러면 마크다운 해석기는 다음과 같은 결과를 출력한다.

1. 하나
2. 둘
3. 셋

강조 표시하기

작성한 글자에 강조 표시를 하려면 강조할 텍스트 양쪽에 **를 넣어 감싸 보자.

```
스프링 부트는 **자바**로 만들어진 웹 프레임워크이다.
```

출력 결과는 다음과 같다.

스프링 부트는 **자바**로 만들어진 웹 프레임워크이다.

링크 표시하기

질문이나 답변 내용에 링크를 추가하고 싶다면 다음과 같이 '[링크명](링크주소)' 문법을 적용하여 생성할 수 있다.

```
스프링 홈페이지는 [https://spring.io](https://spring.io) 입니다.
```

출력 결과는 다음과 같다.

> 스프링 홈페이지는 <u>https://spring.io</u>입니다.

소스 코드 표시하기

소스 코드는 백쿼트 ` 3개를 연이어 붙여 위아래로 감싸면 생성할 수 있다.

백쿼트는 백틱이라고도 한다.

````
필요한 소스 코드는 다음과 같다.

```
package com.mysite.sbb;

import org.springframework.stereotype.Controller;
import org.springframework.web.bind.annotation.RequestMapping;
import org.springframework.web.bind.annotation.ResponseBody;

@Controller
public class HelloController {
    @GetMapping("/hello")
    @ResponseBody
    public String hello() {
        return "Hello Spring Boot Board";
    }
}
```
````

출력 결과는 다음과 같다.

```
필요한 소스 코드는 다음과 같다.

package com.mysite.sbb;

import org.springframework.stereotype.Controller;
import org.springframework.web.bind.annotation.RequestMapping;
import org.springframework.web.bind.annotation.ResponseBody;

@Controller
public class HelloController {
    @GetMapping("/hello")
    @ResponseBody
    public String hello() {
        return "Hello Spring Boot Board";
    }
}
```


인용 표시하기

질문이나 답변 내용에서 어떤 문장을 인용했다는 표시를 하려면 다음과 같이 >를 문장 맨 앞에 입력하고 1칸 띄어쓰기를 한 다음 인용구를 입력한다.

```
> 마크다운은 Github에서 사용하는 글쓰기 도구이다.
```

출력 결과는 다음과 같을 것이다.

> 마크다운은 Github에서 사용하는 글쓰기 도구이다.

사용자 입장에서 이와 같이 마크다운 문법을 사용하면 질문이나 답변을 남길 때 간단하면서 가독성 좋은 글을 작성할 수 있다. 이보다 더 많은 마크다운 문법이 있지만 여기서는 이 정도만 알고 넘어가자.

마크다운을 더 자세히 알고 싶다면 https://www.markdownguide.org/getting-started/을 방문해 보자.

Do it! 실습 마크다운 설치하기

SBB에 마크다운 기능을 추가하려면 마크다운 라이브러리를 설치해야 한다. 다른 라이브러리를 설치할 때와 마찬가지로 다음과 같이 build.gradle 파일을 수정하여 마크다운을 설치하자.

• build.gradle

```
(... 생략 ...)

dependencies {
    (... 생략 ...)
    implementation 'org.commonmark:commonmark:0.21.0'
}

(... 생략 ...)
```

[Gradle → Refresh Gradle Project]를 클릭하여 변경 사항을 적용하면 0.21.0 버전의 commonmark 라이브러리가 설치된다. 로컬 서버도 한번 재시작하자.

commonmark는 버전 정보를 왜 입력할까?

지금까지 build.gradle 파일에 필요한 라이브러리를 등록할 때 버전을 명시하지 않았다. 하지만 commonmark는 이와 같이 0.21.0이라는 버전을 지정해야 한다. 왜냐하면 스프링 부트의 라이브러리 관리 방식 때문이다. 스프링 부트가 내부적으로 관리하는 라이브러리에 포함되면 버전 정보가 필요 없고 포함되지 않으면 버전 정보가 필요하다. 즉, commonmark는 스프링 부트가 내부적으로 관리하는 라이브러리가 아니어서 이와 같이 명시하는 것이다. 참고로, 스프링 부트가 관리하는 라이브러리의 경우 버전 정보를 명시하지 않으면 스프링 부트가 가장 궁합이 잘 맞는 버전을 자동으로 선택한다. 따라서 라이브러리들의 호환성을 생각한다면 버전 정보는 따로 입력하지 않는 편이 좋다.

Do it! 실습 마크다운 컴포넌트 작성하기

라이브러리 설치를 마쳤으니 이제 질문이나 답변의 '내용' 부분에 마크다운을 적용해 보자. 사실 컨트롤러에서 질문이나 답변을 조회한 후에 마크다운 라이브러리를 적용하면 변환된 HTML을 얻을 수 있다. 하지만 여기서는 개별적으로 사용하기보다 좀 더 범용적으로 사용할 수 있는 마크다운 컴포넌트를 만들고 타임리프 템플릿에서 작성한 마크다운 컴포넌트를 사용하는 방법을 알아보자.

그러기 위해 먼저 다음과 같이 CommonUtil이라는 이름으로 마크다운 컴포넌트를 작성해 보자. com.mysite.sbb 패키지에 CommonUtil.java를 만들어 보자.

• CommonUtil.java

```
package com.mysite.sbb;

import org.commonmark.node.Node;
import org.commonmark.parser.Parser;
import org.commonmark.renderer.html.HtmlRenderer;
import org.springframework.stereotype.Component;

@Component
public class CommonUtil {
    public String markdown(String markdown) {
        Parser parser = Parser.builder().build();
        Node document = parser.parse(markdown);
        HtmlRenderer renderer = HtmlRenderer.builder().build();
        return renderer.render(document);
    }
}
```

@Component 애너테이션을 사용하여 CommonUtil 클래스를 생성했다. 이렇게 하면 이제 CommonUtil 클래스는 스프링 부트가 관리하는 빈으로 등록된다. 이렇게 빈으로 등록된 컴포넌트는 템플릿에서 사용할 수 있다.

CommonUtil 클래스에는 markdown 메서드를 생성했다. markdown 메서드는 마크다운 텍스트를 HTML 문서로 변환하여 리턴한다. 즉, 마크다운 문법이 적용된 일반 텍스트를 변환된 HTML로 리턴한다.

Do it! 실습 템플릿에 마크다운 적용하기

마크다운 문법은 질문 상세 페이지에서 사용하므로 다음과 같이 question_detail.html에 코드를 추가해 보자.

• /templates/question_detail.html

```
(... 생략 ...)
<!-- 질문 -->
<h2 class="border-bottom py-2" th:text="${question.subject}"></h2>
<div class="card my-3">
    <div class="card-body">
        <div class="card-text" th:utext="${@commonUtil.markdown(question.
content)}"></div>
        <div class="d-flex justify-content-end">
        (... 생략 ...)

<!-- 답변 반복 시작 -->
<div class="card my-3" th:each="answer : ${question.answerList}">
    <a th:id="|answer_${answer.id}|"></a>
    <div class="card-body">
        <div class="card-text" th:utext="${@commonUtil.markdown(answer.
content)}"></div>
        <div class="d-flex justify-content-end">
        (... 생략 ...)
```

질문과 답변 영역에 마크다운을 각각 적용하기 위해 줄 바꿈을 표시하려고 사용한 기존의 style="white-space: pre-line;" 스타일을 삭제하고 ${@commonUtil.markdown(question.content)}와 같이 마크다운 컴포넌트를 적용했다.

이때 th:text가 아닌 th:utext를 사용한 부분에 주의하자. 만약 th:utext 대신 th:text를 사용할 경우 HTML의 태그들이 이스케이프escape처리되어 화면에 그대로 보일 것이다. 마크다운으로 변환된 HTML 문서를 제대로 표시하려면 이스케이프 처리를 하지 않고 출력하는 th:utext를 사용해야 한다.

Do it! 실습 마크다운 확인하기

질문 또는 답변을 마크다운 문법으로 작성하면 브라우저에서 어떻게 보이는지 확인해 보자.

1. 다음과 같이 질문 내용에 마크다운 문법을 적용하여 등록해 보자.

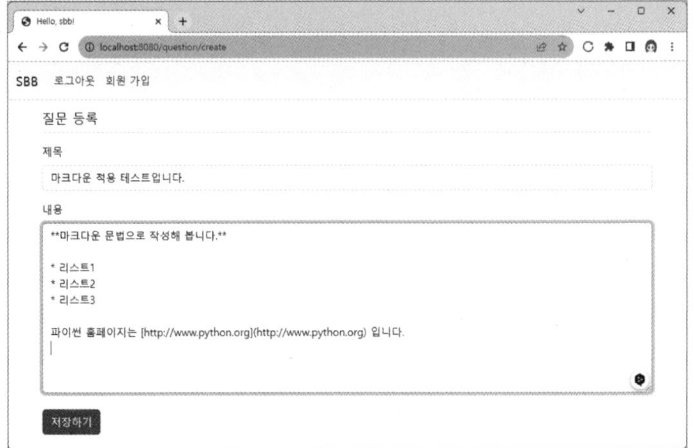

2. 그러면 다음과 같이 마크다운 문법이 적용된 것을 확인할 수 있을 것이다.

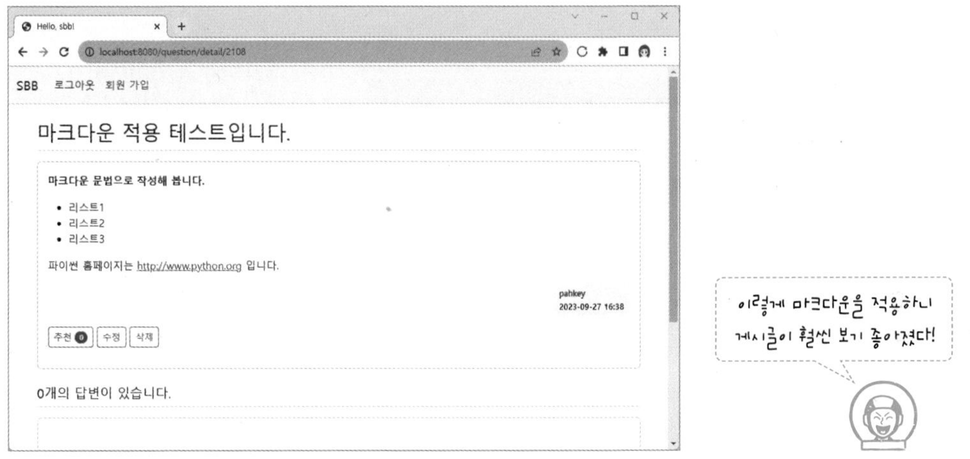

마크다운 문법을 몰라도 simpleMDE(https://simpleMDEcom/)와 같은 마크다운 자바스크립트 라이브러리를 사용하면 마크다운을 보다 쉽게 사용할 수 있다.

3-13
검색 기능 추가하기

SBB의 질문 목록 화면에 찾고자 하는 내용을 키워드로 검색하여 해당 검색어와 관련 있는 질문을 조회할 수 있는 기능을 만들어 보자. 그러기 위해 검색어를 입력할 수 있는 텍스트 창을 만들고 검색어를 입력하여 조회하면 검색어에 해당되는 질문들이 보여야 한다.

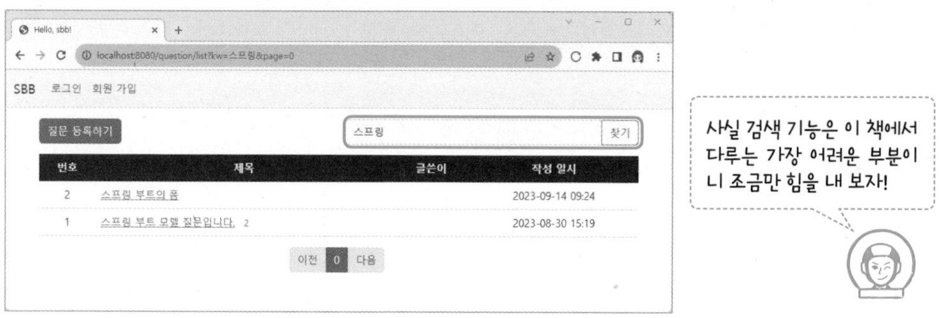

Do it! 실습 검색 기능 구현하기

SBB는 질문과 답변 데이터가 계속 쌓이는 게시판이므로 검색 기능은 필수라고 할 수 있다. 검색 대상으로는 질문 제목, 질문 내용, 질문 작성자, 답변 내용, 답변 작성자 정도로 정하면 좋을 것이다. 예를 들어 '스프링'을 검색하면 '스프링'이라는 문자열이 제목, 내용, 질문 작성자, 답변, 답변 작성자에 존재하는지 찾아보고 그 결과를 화면에 보여 주도록 하자.

이런 조건으로 검색하려면 다음과 같은 SQL 쿼리가 실행되어야 한다.

```
select
    distinct q.id,
    q.author_id,
    q.content,
    q.create_date,
```

```
        q.modify_date,
        q.subject
    from question q
    left outer join site_user u1 on q.author_id=u1.id
    left outer join answer a on q.id=a.question_id
    left outer join site_user u2 on a.author_id=u2.id
    where
        q.subject like '%스프링%'
        or q.content like '%스프링%'
        or u1.username like '%스프링%'
        or a.content like '%스프링%'
        or u2.username like '%스프링%'
```


쿼리에 익숙하지 않으면 이해하기 힘들 수도 있을 테니 잠시 이 쿼리문을 살펴보고 넘어가자. 이 쿼리문은 question, answer, site_user 테이블을 대상으로 '스프링'이라는 문자열이 포함된 데이터를 검색한다. 그리고 question 테이블을 기준으로 answer, site_user 테이블을 아우터 조인(outer join)하여 문자열 '스프링'을 검색한다. 만약 아우터 조인 대신 이너 조인(inner join)을 사용하면 합집합이 아닌 교집합으로 검색되어 데이터 검색 결과가 누락될 수 있다. 그리고 총 3개의 테이블을 대상으로 아우터 조인하여 검색하면 중복된 결과가 나올 수 있어서 select 문에 distinct를 함께 적어 중복을 제거했다. 우리는 이 쿼리문 그대로 사용하지 않고 이전과 마찬가지로 JPA를 사용하여 자바 코드로 만들 것이다. 차근차근 따라해 보자.

JPA의 Specification 인터페이스 사용하기

앞의 쿼리에서 본 것과 같이 여러 테이블에서 데이터를 검색해야 할 경우에는 JPA가 제공하는 Specification 인터페이스를 사용하는 것이 편리하다. 이 인터페이스는 DB 검색을 더 유연하게 다룰 수 있고, 복잡한 검색 조건도 처리할 수 있다.

Specification은 쿼리를 보다 정교하게 작성할 수 있도록 도와주는 JPA의 도구로, 자세한 내용은 https://docs.spring.io/spring data/jpa/reference/jpa/specifications.html을 참고해 보자.

Specification 인터페이스를 어떻게 사용할 수 있는지 예제를 통해서 더 자세히 알아보자.

검색 기능을 구현하기 위해 다음과 같이 QuestionService에 search 메서드를 추가해 보자.

• /question/QuestionService.java

```
(... 생략 ...)
import com.mysite.sbb.answer.Answer;
import jakarta.persistence.criteria.CriteriaBuilder;
import jakarta.persistence.criteria.CriteriaQuery;
import jakarta.persistence.criteria.Join;
import jakarta.persistence.criteria.JoinType;
import jakarta.persistence.criteria.Predicate;
import jakarta.persistence.criteria.Root;
import org.springframework.data.jpa.domain.Specification;
(... 생략 ...)

public class QuestionService {

    private final QuestionRepository questionRepository;

    private Specification<Question> search(String kw) {
        return new Specification<>() {
            private static final long serialVersionUID = 1L;
            @Override
            public Predicate toPredicate(Root<Question> q, CriteriaQuery<?> 
query, CriteriaBuilder cb) {
                query.distinct(true);  // 중복을 제거
                Join<Question, SiteUser> u1 = q.join("author", JoinType.LEFT);
                Join<Question, Answer> a = q.join("answerList", JoinType.LEFT);
                Join<Answer, SiteUser> u2 = a.join("author", JoinType.LEFT);
                return cb.or(cb.like(q.get("subject"), "%" + kw + "%"), // 제목
                        cb.like(q.get("content"), "%" + kw + "%"),   // 내용
                        cb.like(u1.get("username"), "%" + kw + "%"), // 질문 작성자
                        cb.like(a.get("content"), "%" + kw + "%"),   // 답변 내용
                        cb.like(u2.get("username"), "%" + kw + "%")); // 답변 작성자
            }
        };
    }

    (... 생략 ...)
}
```

search 메서드는 검색어를 가리키는 kw를 입력받아 쿼리의 조인문과 where문을 Specification 객체로 생성하여 리턴하는 메서드이다. 코드를 자세히 보면 앞서 살펴본 쿼리를 자바 코드로 그대로 재현한 것임을 알 수 있다. 위 코드에서 사용한 변수들에 대해서 자세히 살펴보자.

- q: Root 자료형으로, 즉 기준이 되는 Question 엔티티의 객체를 의미하며 질문 제목과 내용을 검색하기 위해 필요하다.
- u1: Question 엔티티와 SiteUser 엔티티를 아우터 조인(여기서는 JoinType.LEFT로 아우터 조인을 적용한다.)하여 만든 SiteUser 엔티티의 객체이다. Question 엔티티와 SiteUser 엔티티는 author 속성으로 연결되어 있어서 q.join("author")와 같이 조인해야 한다. u1 객체는 질문 작성자를 검색하기 위해 필요하다.
- a: Question 엔티티와 Answer 엔티티를 아우터 조인하여 만든 Answer 엔티티의 객체이다. Question 엔티티와 Answer 엔티티는 answerList 속성으로 연결되어 있어서 q.join("answerList")와 같이 조인해야 한다. a 객체는 답변 내용을 검색할 때 필요하다.
- u2: 바로 앞에 작성한 a 객체와 다시 한번 SiteUser 엔티티와 아우터 조인하여 만든 SiteUser 엔티티의 객체로 답변 작성자를 검색할 때 필요하다.

그리고 검색어(kw)가 포함되어 있는지를 like 키워드로 검색하기 위해 제목, 내용, 질문 작성자, 답변 내용, 답변 작성자 각각에 cb.like를 사용하고 최종적으로 cb.or로 OR 검색(여러 조건 중 하나라도 만족하는 경우 해당 항목을 반환하는 검색 조건을 말한다.)이 되게 했다. 앞서 살펴본 쿼리문과 비교해 보면 이 JPA 코드가 어떻게 구성되었는지 좀 더 쉽게 이해할 수 있을 것이다.

질문 리포지터리 수정하기

앞서 작성한 Specification을 통해 질문을 조회하려면 QuestionRepository를 다음과 같이 수정해야 한다.

• /question/QuestionRepository.java

```
package com.mysite.sbb.question;

import java.util.List;

import org.springframework.data.domain.Page;
import org.springframework.data.domain.Pageable;
import org.springframework.data.jpa.domain.Specification;
import org.springframework.data.jpa.repository.JpaRepository;
```

```
public interface QuestionRepository extends JpaRepository<Question, Integer> {
    Question findBySubject(String subject);
    Question findBySubjectAndContent(String subject, String content);
    List<Question> findBySubjectLike(String subject);
    Page<Question> findAll(Pageable pageable);
    Page<Question> findAll(Specification<Question> spec, Pageable pageable);
}
```

추가한 findAll 메서드는 Specification과 Pageable 객체를 사용하여 DB에서 Question 엔티티를 조회한 결과를 페이징하여 반환한다.

질문 서비스 수정하기

검색어를 포함하여 질문 목록을 조회하기 위해 다시 QuestionService로 돌아와 getList 메서드를 다음과 같이 수정해 보자.

• /question/QuestionService.java

```
(... 생략 ...)
public class QuestionService {

    (... 생략 ...)

    public Page<Question> getList(int page, String kw) {
        List<Sort.Order> sorts = new ArrayList<>();
        sorts.add(Sort.Order.desc("createDate"));
        Pageable pageable = PageRequest.of(page, 10, Sort.by(sorts));
        Specification<Question> spec = search(kw);
        return this.questionRepository.findAll(spec, pageable);
    }

    (... 생략 ...)
}
```

검색어를 의미하는 매개변수 kw를 getList 메서드에 추가하고 kw값으로 Specification 객체를 생성하여 findAll 메서드 호출 시 전달했다.

질문 컨트롤러 수정하기

QuestionService의 getList 메서드의 입력 항목이 변경되었으므로 QuestionController도 다음과 같이 수정해야 한다.

• /question/QuestionController.java

```
(... 생략 ...)
public class QuestionController {

    (... 생략 ...)

    @GetMapping("/list")
    public String list(Model model, @RequestParam(value = "page", defaultValue =
"0") int page, @RequestParam(value = "kw", defaultValue = "") String kw) {
        Page<Question> paging = this.questionService.getList(page, kw);
        model.addAttribute("paging", paging);
        model.addAttribute("kw", kw);
        return "question_list";
    }

    (... 생략 ...)
}
```

검색어에 해당하는 kw 매개변수를 추가했고 기본값으로 빈 문자열을 설정했다.

검색어가 입력되지 않을 경우 kw값이 null이 되는 것을 방지하기 위해 빈 문자열을 기본값으로 설정한다.

그리고 화면에서 입력한 검색어를 화면에 그대로 유지하기 위해 model.addAttribute("kw", kw)로 kw값을 저장했다. 이제 화면에서 검색어가 입력되면 kw값이 매개변수로 들어오고 해당 값으로 질문 목록이 검색되어 조회될 것이다.

Do it! 실습 검색 화면 구현하기

이제 검색 목록 화면에 사용자가 검색할 수 있도록 기능을 추가해 보자.

검색창 만들기

검색어를 입력할 수 있는 텍스트 창을 다음과 같이 질문 목록 템플릿에 추가해 보자.

• /templates/question_list.html

```
<html layout:decorate="~{layout}">
<div layout:fragment="content" class="container my-3">
    <div class="row my-3">
        <div class="col-6">
            <a th:href="@{/question/create}" class="btn btn-primary">질문 등록하기</a>
        </div>
        <div class="col-6">
            <div class="input-group">
                <input type="text" id="search_kw" class="form-control" 
th:value="${kw}">
                <button class="btn btn-outline-secondary" type="button" 
id="btn_search">찾기</button>
            </div>
        </div>
    </div>
    <table class="table">
        (... 생략 ...)
    </table>
    <!-- 페이징 처리 시작 -->
    (... 생략 ...)
    <!-- 페이징 처리 끝 -->
    <a th:href="@{/question/create}" class="btn btn-primary">질문 등록하기</a>
</div>
</html>
```

기존 코드를 삭제한다.

질문 목록 위에 검색창이 노출되도록 이와 같이 입력하여 <table> 태그 상단 오른쪽에 검색어를 입력할 수 있는 텍스트 창을 생성했다. 이와 더불어 기존에 아래에 있던 [질문 등록하기] 버튼은 검색창의 왼쪽에 배치되도록 수정했다. 그리고 자바스크립트에서 이 검색창에 입력된 값을 읽을 수 있도록 다음과 같이 검색창의 id 속성에 'search_kw'라는 값을 추가한 점을 한번 더 살펴보자.

```
<input type="text" id="search_kw" class="form-control" th:value="${kw}">
```

검색 폼 만들기

page와 kw를 동시에 GET 방식으로 요청하기 위해 searchForm을 앞서 코드를 삭제한 자리에 다음과 같이 추가해 보자.

• /templates/question_list.html

```
(... 생략 ...)
    <!-- 페이징 처리  끝 -->
    <form th:action="@{/question/list}" method="get" id="searchForm">
        <input type="hidden" id="kw" name="kw" th:value="${kw}">
        <input type="hidden" id="page" name="page" th:value="${paging.number}">
    </form>
</div>
</html>
```


GET 방식으로 요청해야 하므로 method 속성에 'get'을 설정했다. kw와 page는 이전에 요청했던 값을 기억하고 있어야 하므로 value에 값을 유지할 수 있도록 했다. 이전에 요청했던 kw와 page의 값은 컨트롤러로부터 다시 전달받는다. 그리고 action 속성에는 폼이 전송되는 URL이므로 질문 목록 URL인 /question/list를 지정했다.

POST 방식이 아니라 왜 GET 방식을 사용할까?

page, kw를 POST 방식으로 전달하는 방법은 추천하고 싶지 않다. 만약 POST 방식으로 검색과 페이징을 처리한다면 웹 브라우저에서 '새로 고침' 또는 '뒤로 가기'를 했을 때 '만료된 페이지입니다.'라는 오류를 만날 것이다.

왜냐하면 브라우저는 동일한 POST 요청이 발생할 경우, 예를 들어 2페이지에서 3페이지로 이동한 후 '뒤로가기'를 통해 2페이지로 이동하는 것과 같은 중복 요청을 방지하기 위해 '만료된 페이지입니다.'라는 오류를 발생시키기 때문이다. 이러한 이유로 여러 매개변수를 조합하여 게시물 목록을 조회할 때는 GET 방식을 사용하는 것을 강력히 권장한다.

페이징 수정하기

페이징을 처리하는 부분도 기존의 ?page=1과 같이 직접 URL을 링크하는 방식이 아니라 값을 읽어 폼에 설정할 수 있도록 다음과 같이 변경해야 한다. 왜냐하면 검색어가 있을 경우 검색어와 페이지 번호를 함께 전송해야 하기 때문이다. 다음과 같이 수정해 보자.

• /templates/question_list.html

```
(... 생략 ...)
<!-- 페이징 처리 시작 -->
<div th:if="${!paging.isEmpty()}">
    <ul class="pagination justify-content-center">
        <li class="page-item" th:classappend="${!paging.hasPrevious} ? 'disabled'">
            <a class="page-link" href="javascript:void(0)"
            th:data-page="${paging.number-1}">
                <span>이전</span>
            </a>
        </li>
        <li th:each="page: ${#numbers.sequence(0, paging.totalPages-1)}"
            th:if="${page >= paging.number-5 and page <= paging.number+5}"
            th:classappend="${page == paging.number} ? 'active'" class="page-item">
            <a th:text="${page}" class="page-link" href="javascript:void(0)"
            th:data-page="${page}"></a>
        </li>
        <li class="page-item" th:classappend="${!paging.hasNext} ? 'disabled'">
            <a class="page-link" href="javascript:void(0)"
            th:data-page="${paging.number+1}">
                <span>다음</span>
            </a>
        </li>
    </ul>
</div>
<!-- 페이징 처리 끝 -->
(... 생략 ...)
```

모든 페이지 링크를 href 속성에 직접 입력하는 대신 data-page 속성으로 값을 읽을 수 있도록 했다.

```
<a class="page-link" th:href="@{|?page=${paging.number-1}|}">
```

이와 같은 형태의 페이지 링크를 다음과 같이 변경했다.

```
<a class="page-link" href="javascript:void(0)" th:data-page="${paging.number-1}">
```

검색 스크립트 추가하기

page, kw 매개변수를 동시에 요청할 수 있는 자바스크립트를 다음과 같이 추가해 보자.

• /templates/question_list.html

```
(... 생략 ...)
    <!-- 페이징 처리 끝 -->
    <form th:action="@{/question/list}" method="get" id="searchForm">
        <input type="hidden" id="kw" name="kw" th:value="${kw}">
        <input type="hidden" id="page" name="page" th:value="${paging.number}">
    </form>
</div>
<script layout:fragment="script" type='text/javascript'>
const page_elements = document.getElementsByClassName("page-link");
Array.from(page_elements).forEach(function(element) {
    element.addEventListener('click', function() {
        document.getElementById('page').value = this.dataset.page;
        document.getElementById('searchForm').submit();
    });
});
const btn_search = document.getElementById("btn_search");
btn_search.addEventListener('click', function() {
    document.getElementById('kw').value = document.getElementById('search_kw').
value;
    document.getElementById('page').value = 0;  // 검색 버튼을 클릭할 경우 0페이지부터 
조회한다.
  document.getElementById('searchForm').submit();
});
</script>
</html>
```

만약 다음과 같이 class 속성값으로 'page-link'라는 값이 있는 페이지 링크를 질문 목록 화면에서 클릭하는 경우를 보자.

```
<a class="page-link" href="javascript:void(0)" th:data-page="${paging.number-1}">
```

이 링크의 data-page 속성값을 읽어 searchForm의 page 필드에 설정하여 searchForm을 요청하기 위해 다음과 같은 스크립트를 추가했다.

```
const page_elements = document.getElementsByClassName("page-link");
Array.from(page_elements).forEach(function(element) {
    element.addEventListener('click', function() {
        document.getElementById('page').value = this.dataset.page;
        document.getElementById('searchForm').submit();
    });
});
```

그리고 [검색] 버튼을 클릭하면 검색창에 입력된 값을 searchForm의 kw 필드에 설정하여 searchForm을 요청하도록 다음과 같은 스크립트를 추가했다.

```
const btn_search = document.getElementById("btn_search");
btn_search.addEventListener('click', function() {
    document.getElementById('kw').value = document.getElementById('search_kw').
value;
    document.getElementById('page').value = 0;  // 검색 버튼을 클릭할 경우 0페이지부
터 조회한다.
    document.getElementById('searchForm').submit();
});
```

그리고 [검색] 버튼을 클릭하는 경우는 새로운 검색에 해당되므로 page에 항상 0을 설정하여 첫 페이지로 요청하도록 했다.

검색 기능 확인하기

이제 질문 목록 화면으로 돌아가 검색창에 '스프링'을 검색어로 조회하면 다음과 같이 해당 검색어가 포함된 게시물만 조회될 것이다.

Do it! 실습 @Query 애너테이션 사용하기

이 내용은 이미 검색 기능을 구현했으므로 중복될 수 있지만, 앞으로 스프링 부트를 활용해 웹 개발을 하려는 여러분에게 도움이 되고자 보충 설명하는 것이다. 꼭 따라 하지 않아도 좋다. 쿼리에 익숙하다면 이와 같이 자바 코드로 쿼리를 생성하는 방식보다 직접 쿼리를 작성하는 게 훨씬 편하게 여겨질 것이다. 이번에는 Specification 대신 쿼리를 직접 작성하여 검색 기능을 구현하는 방법을 간단히 알아보자.

1. QuestionRepository에 다음과 같은 메서드를 추가해 보자.

• /question/QuestionRepository.java

```
(... 생략 ...)
import org.springframework.data.jpa.repository.Query;
import org.springframework.data.repository.query.Param;

public interface QuestionRepository extends JpaRepository<Question, Integer> {
    (... 생략 ...)

    @Query("select "
            + "distinct q "
            + "from Question q "
            + "left outer join SiteUser u1 on q.author=u1 "
            + "left outer join Answer a on a.question=q "
            + "left outer join SiteUser u2 on a.author=u2 "
```

```
            + "where "
            + "   q.subject like %:kw% "
            + "   or q.content like %:kw% "
            + "   or u1.username like %:kw% "
            + "   or a.content like %:kw% "
            + "   or u2.username like %:kw% ")
    Page<Question> findAllByKeyword(@Param("kw") String kw, Pageable pageable);
}
```

여기서는 @Query 애너테이션이 적용된 findAllByKeyword 메서드를 추가했다. 앞에서 살펴본 쿼리를 @Query로 구현한 것이다. 이때 @Query는 반드시 테이블 기준이 아닌 엔티티 기준으로 작성해야 한다. 즉, site_user와 같은 테이블명 대신 SiteUser처럼 엔티티명을 사용해야 하고, 조인문에서 보듯이 q.author_id=u1.id와 같은 컬럼명 대신 q.author=u1처럼 엔티티의 속성명을 사용해야 한다.

그리고 @Query에 매개변수로 전달할 kw 문자열은 메서드의 매개변수에 @Param("kw")처럼 @Param 애너테이션을 사용해야 한다. 검색어를 의미하는 kw 문자열은 @Query 안에서 :kw로 참조된다.

2. 작성한 findAllByKeyword 메서드를 사용하기 위해 QuestionService를 다음과 같이 수정하자.

• /question/QuestionService.java

```
(... 생략 ...)
public class QuestionService {

    (... 생략 ...)

    public Page<Question> getList(int page, String kw) {
        List<Sort.Order> sorts = new ArrayList<>();
        sorts.add(Sort.Order.desc("createDate"));
        Pageable pageable = PageRequest.of(page, 10, Sort.by(sorts));
        return this.questionRepository.findAllByKeyword(kw, pageable);
    }
```

```
    (... 생략 ...)
}
```

Specification 인터페이스를 사용하기 위해 작성했던 내용 대신 이와 같이 작성해도 동일하게 동작할 것이다. 이와 같이 SQL을 알고, @Query 애너테이션을 사용한다면 검색 기능을 좀 더 간단하게 구현할 수 있다.

Do it! 도전

SBB 추가 기능 구현하기

이 책에서 구현할 SBB의 기능은 아쉽지만 여기까지이다. 함께 더 많은 기능을 추가하고 싶지만 이 책은 SBB의 완성이 아니라 SBB를 성장시키는 경험을 전달하는 데 목표를 두고 있다.

이 책에서는 다루지 않았지만 구현하면 좋을 기능이 몇 가지 있어서 간단하게 소개한다. 여기에서 소개하는 기능을 여러분 스스로 하나씩 구현해 가다 보면 스프링 부트를 더 깊이 이해할 수 있을 것이다.

도전 1 답변 페이징과 정렬 기능 추가하기

현재 SBB는 질문 하나에 답변이 무수히 많이 달릴 수 있는 구조이다. 만약 답변이 100개나 된다고 상상해 보자. 성능을 위해서라도 답변 페이징은 반드시 필요하다. 그리고 답변을 최신순, 추천순 등으로 정렬하여 보여 줄 수 있는 기능도 필요하다. 유명한 질문 답변 사이트인 스택오버플로우(stackoverflow.com)나 레딧(reddit.com)을 보아도 항상 추천수가 많은 답변을 먼저 보여 준다. 여러분은 이미 질문 목록에 페이징과 정렬을 적용한 경험이 있으므로 답변에 페이징과 정렬을 적용하는 것이 그리 어렵지는 않을 것이다.

도전 2 댓글 기능 추가하기

질문 또는 답변에 댓글을 달 수 있는 기능을 구현해 보자. Comment라는 엔티티를 생성하고 Question, Answer 엔티티와 연결하면 쉽게 구현할 수 있을 것이다.

도전 3 카테고리 추가하기

현재는 '질문답변'이라는 카테고리로만 게시판을 구성하지만 여기에 '강좌'나 '자유게시판'을 추가로 더 만들고 싶을 수도 있을 것이다. 이런 경우에 Category 엔티티를 추가하고 Question 엔티티에 Category 엔티티를 연결하면 게시판을 분류할 수 있을 것이다.

도전 4 비밀번호 찾기와 변경 기능 추가하기

현재 사용자가 비밀번호를 분실했을 때 조치할 수 있는 방법이 없다. 비밀번호 분실 시 임시 비밀번호를 가입할 때 등록한 이메일 주소로 발송하여 로그인할 수 있도록 조치하는 간단한 기능을 구현해 보자. 그리고 비밀번호 변경 프로그램도 필요하다. 로그인한 후 기존 비밀번호와 새 비밀번호를 입력받아 비밀번호를 변경할 수 있는 프로그램을 만들어 보자.

도전 5 프로필 화면 구현하기

로그인한 사용자의 프로필 화면을 만들어 보자. 이 화면에는 사용자의 기본 정보와 작성한 질문, 답변, 댓글 등을 확인할 수 있도록 하면 좋을 것이다.

도전 6 최근 답변과 최근 댓글 순으로 노출시키기

현재 SBB는 질문 글 위주로 목록을 보여 준다. 하지만 최근에 작성된 답변이나 최근에 작성된 댓글이 궁금할 수도 있을 것이다. 최근 답변과 최근 댓글을 확인할 수 있는 기능을 추가해 보자.

도전 7 조회 수 표시하기

현재 SBB는 답변 수를 표시하고 있지만 조회 수는 표시하지 않는다. 조회 수를 표시해 보자.

도전 8 소셜 미디어 로그인 기능 구현하기

SBB에 구글이나 페이스북, 트위터 등을 경유하여 로그인하는 소셜 로그인 기능을 구현해 보자.

도전 9 마크다운 에디터 적용하기

마크다운 문법을 더 쉽게 입력할 수 있는 마크다운 에디터를 적용해 보자. 인터넷을 찾아보면 추천하는 마크다운 에디터가 몇 가지 있는데, 필자는 그중에서 simpleMDE(simplemde.com)를 추천한다. simpleMDE를 SBB에 적용해 보자.

3장 • 되/새/김/문/제

포기하지 말고 되새김 문제를 풀면서 실력을 점프해 보세요!

3장 정답 및 풀이: 401~403쪽

Q1 회원 가입 기능 업그레이드하기

우리가 작성한 회원 가입 프로그램은 비밀번호의 길이를 제한하지 않았다. 하지만 너무 짧은 비밀번호는 보안에 취약하므로 사용자가 비밀번호의 길이를 최소 8자 이상, 최대 20자 이하로 입력해야만 회원 가입을 할 수 있도록 UserCreateForm.java 파일을 수정해 보자.

• /user/UserCreateForm.java

```
package com.mysite.sbb.user;
import jakarta.validation.constraints.Email;
import jakarta.validation.constraints.NotEmpty;
import jakarta.validation.constraints.Size;
import lombok.Getter;
import lombok.Setter;

@Getter
@Setter
public class UserCreateForm {
    @Size(min = 3, max = 25)
    @NotEmpty(message = "사용자 ID는 필수 항목입니다.")
    private String username;

    @NotEmpty(message = "비밀번호는 필수 항목입니다.")
    private String password1;

    @NotEmpty(message = "비밀번호 확인은 필수 항목입니다.")
    private String password2;

    @NotEmpty(message = "이메일은 필수 항목입니다.")
    @Email
    private String email;
}
```

Q2 권한 변경해 보기

우리가 작성한 로그인 프로그램은 admin이라는 사용자명으로 로그인할 경우에는 UserRole의 'ROLE_ADMIN' 권한이 주어진다. admin으로 로그인한 경우에만 글을 작성할 수 있도록 다음 QuestionController 클래스의 questionCreate 메서드를 수정해 보자.

• /question/QuestionController.java

```
(... 생략 ...)
public class QuestionController {

    (... 생략 ...)

    @PreAuthorize("isAuthenticated()")
    @PostMapping("/create")
    public String questionCreate(@Valid QuestionForm questionForm, BindingResult
bindingResult, Principal principal) {
        if (bindingResult.hasErrors()) {
            return "question_form";
        }
        SiteUser siteUser = this.userService.getUser(principal.getName());
        this.questionService.create(questionForm.getSubject(), questionForm.get
Content(), siteUser);
        return "redirect:/question/list";
    }
    (... 생략 ...)
}
```

Q3 버튼 클릭 막아두기

사용자가 로그인하지 않은 경우에는 질문 상세 화면에서 답변을 작성할 수 없도록, 즉 답변 등록 페이지에서 답변 작성을 하지 못하도록 textarea 태그에 disable 속성을 적용했다. 하지만 [답변 작성] 버튼은 여전히 클릭할 수 있는 상태이다. 이번에는 question_detail.html을 수정하여 [답변 작성] 버튼 클릭도 불가능하도록 만들어 보자.

• /templates/question_detail.html

```
    (... 생략 ...)
    <!-- 답변 작성 -->
    <form th:action="@{|/answer/create/${question.id}|}" th:object="${answerForm}"
method="post" class="my-3">
        <div th:replace="~{form_errors :: formErrorsFragment}"></div>
        <textarea sec:authorize="isAnonymous()" disabled
        th:field="*{content}" class="form-control" rows="10"></textarea>
        <textarea sec:authorize="isAuthenticated()"
        th:field="*{content}" class="form-control" rows="10"></textarea>
        <input type="submit" value="답변 등록" class="btn btn-primary my-2">
    </form>
</div>
</html>
```

04 세상에 선보이는 SBB 서비스!

우리는 3장을 통해 SBB 서비스를 만드는 긴 여정을 마무리했다. 이 장에서는 SBB 서비스를 잘 관리하는 방법과 SBB 서비스를 세상에 선보이는 방법을 알아본다. AWS 클라우드를 이용하여 서버를 생성하는 방법과 운영 환경에서 스프링 부트로 개발한 서비스를 어떻게 하면 효율적으로 관리할 수 있는지 알아본다. 하지만 무엇보다도 여러분이 만든 서비스를 세상에 선보이는 소중한 경험을 만끽해 보자.

- 서비스 배포를 위한 환경을 마련한다.
- AWS 라이트세일로 서비스를 배포한다.
- 내가 만든 서비스를 다른 사람들이 이용할 수 있도록 공유한다.

4-01 이제 서버가 필요하다!

여러분이 제작한 SBB 서비스를 누구나 사용할 수 있도록 하려면 다른 사람이 인터넷으로 SBB 서비스에 접속할 수 있도록 만들어야 한다. 그런데 그렇게 하려면 1년 365일 쉬지 않고 켜져 있는 서버가 필요하다.

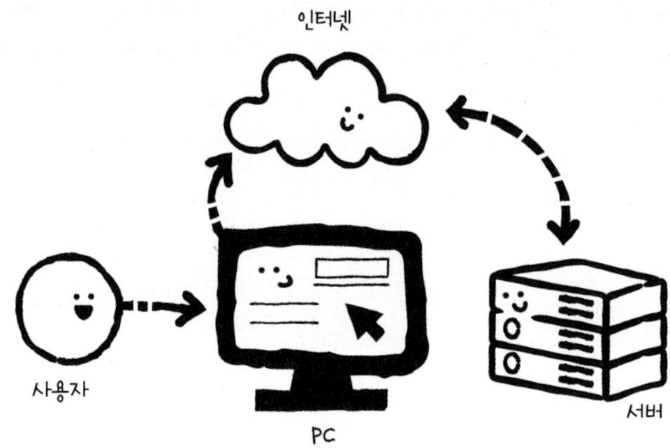

그림에서 보듯 사용자가 SBB 서비스를 사용하려면 항상 켜져 있는 서버가 필요하다. 사용자는 PC 또는 모바일 기기로 SBB 서비스에 접속하고, 서버는 사용자가 사용하는 기기의 화면으로 SBB 서비스를 보여 준다. 아무튼 중요한 것은 우리에게는 서버가 필요하다는 사실이다. 그러면 서버는 무엇이고 어떻게 운영해야 할까?

서버는 여러분이 흔히 볼 수 있는 PC 본체와 비슷하다. 하지만 서버는 보통 PC보다 너비가 더 크고 납작하며 비싸다. 서버를 운영하려면 바로 이 하드웨어를 구매해야 하고, 네트워크 장비를 구축한 IDC Internet Data Center 센터에 서버를 보내 관리해야 한다. 또한 서버에는 운영체제를 설치해야 하며, 서버의 운영체제는 보통 리눅스 계열을 많이 사용한다. 그리고 서버를 운영하려면 데이터베이스 설치, 네임 서버 설치, 도메인 등록, 백업 등 해야 할 일이 정말 많다.

즉, 여러분이 SBB 서비스를 인터넷에 공개하려면 이 모든 것을 해내야 한다. 하지만 혼자서 이 모든 것을 해내기란 정말 어렵다. 아마도 SBB 서비스를 인터넷에 공개하기 전에 서버를 설치하고 관리하는 데 엄청나게 많은 시간을 보내야 할 것이다.

하지만 절망할 필요는 없다. 이 모든 것을 쉽게 할 수 있도록 도와주는 클라우드 시스템이 등장했기 때문이다. 클라우드 시스템을 사용하면 여러분이 서버를 구입할 필요도 없고 운영체제를 설치할 필요도 없다. 물론 데이터베이스나 네임 서버의 설치, 백업 등도 할 필요가 없다. 클라우드 시스템이 이 모든 것을 다 준비해 놓았기 때문이다. 클라우드 시스템은 인터넷 서비스 형태로 서버를 관리할 수 있도록 해준다. 쉽게 말해 여러분은 클릭 몇 번으로 서버, 운영체제, 데이터베이스 등과 같은 서버를 운영하는 데 필요한 모든 것을 선택하여 설치할 수 있다.

개발자에게 정말 좋은 시절이 찾아온 것이다! 우리가 만든 SBB는 클라우드 시스템으로 아마존 웹 서비스Amazon Web Services, 즉 AWS를 사용할 것이다. 왜냐하면 AWS는 가장 잘 만들어진 클라우드 시스템 중 하나이고 개발자라면 한 번쯤 경험해 볼 만한 서비스이기 때문이다.

4-02
AWS 라이트세일 알아보기

개발에 관심이 있다면 'AWS는 어렵고 비싸다'라는 말을 많이 들었을 것이다. 하지만 우리는 AWS 라이트세일AWS Lightsail로 AWS를 비교적 쉽고 저렴하게 사용할 수 있다. AWS 라이트세일을 어떻게 사용하는지 알아보자.

AWS 라이트세일이란?

AWS 라이트세일은 아마존에서 운영하는 웹 서비스에 특화된 클라우드 서비스이다. 사실 AWS를 처음 시작하려면 공부할 내용이 무척 많다. 하지만 AWS 라이트세일은 웹 서비스 운영에 꼭 필요한 기능만 준비되어 있어 비교적 공부할 내용이 적다. 또한 AWS와 비교하면 AWS 라이트세일은 정말 가성비가 좋다. 첫 3달은 무료이며 그 이후에는 매달 5달러씩 사용료를 지불한다. 이렇게 저렴한 비용에 꽤 좋은 서버를 운영할 수 있는 셈이다. 여러분이 사용할 AWS 라이트세일 서버의 사양은 다음과 같다.

무료 기간만 사용하고 삭제한다면 추가 요금은 발생하지 않는다. 만약 AWS 라이트세일을 삭제하고 싶다면 위키독스 페이지 https://wikidocs.net/163575에서 삭제 방법을 알아 보자.

- 메모리: 1GB
- CPU: 2vCPU
- SSD: 40GB
- 트래픽: 2TB

이 정도면 서비스 운영 초기 단계에는 충분하다. 물론 사용자가 늘어나 트래픽이 많아지면 좀 더 좋은 사양으로 업그레이드해야 한다.

Do it! 실습 AWS 가입하기

AWS 라이트세일을 이용하려면 먼저 AWS 계정이 필요하다. AWS에 가입해 보자.

1. 먼저 AWS 공식 홈페이지(https://aws.amazon.com/ko)에 접속한 다음, [AWS 계정 생성]을 클릭한다.

2. 다음과 같은 AWS 계정 생성 화면이 나타난다.

이 화면에서 이메일 주소와 계정 이름을 입력하고 [이메일 주소 확인]을 클릭한다.

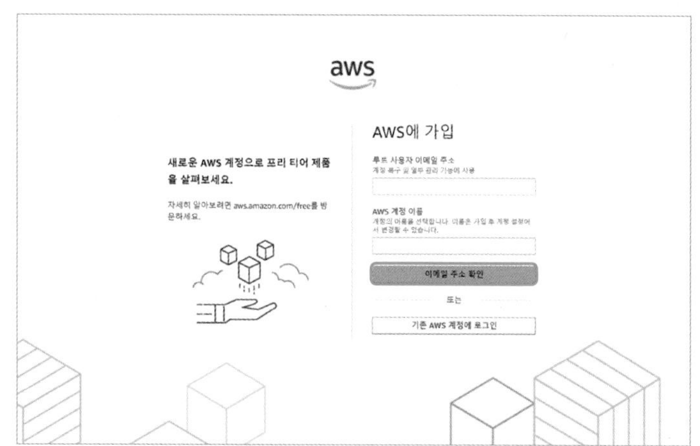

3. 클릭한 후, 다음과 같은 '사용자 확인' 화면이 나타난다. 등록한 이메일로 전달된 확인 코드를 입력한 후 [확인]을 클릭한다.

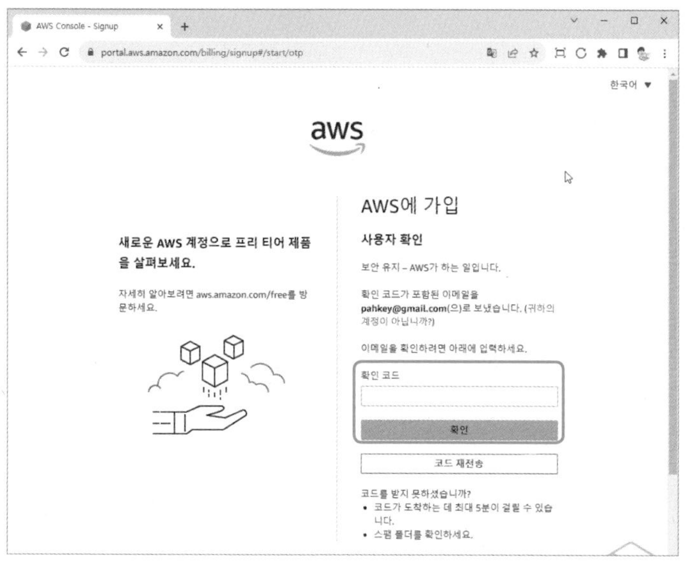

4. 클릭한 후, 다음과 같이 암호를 입력하는 화면이 나타난다. 암호를 입력하고 [계속]을 클릭한다.

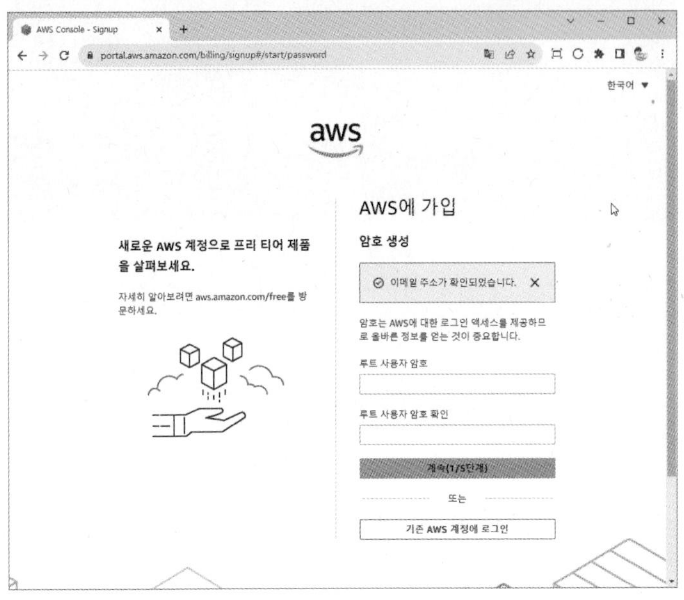

5. 그러면 다음과 같은 '연락처 정보' 화면이 나타난다. 이름, 전화번호, 주소 등을 입력한 후, '동의'에 체크하고 [계속]을 클릭한다. 이때 이름과 주소는 반드시 영문으로 입력해야 한다.

영문 주소를 알고 싶다면 https://juso.go.kr에 접속해 자신의 집 주소를 검색하고 '영문 보기'를 클릭하면 쉽게 알 수 있다.

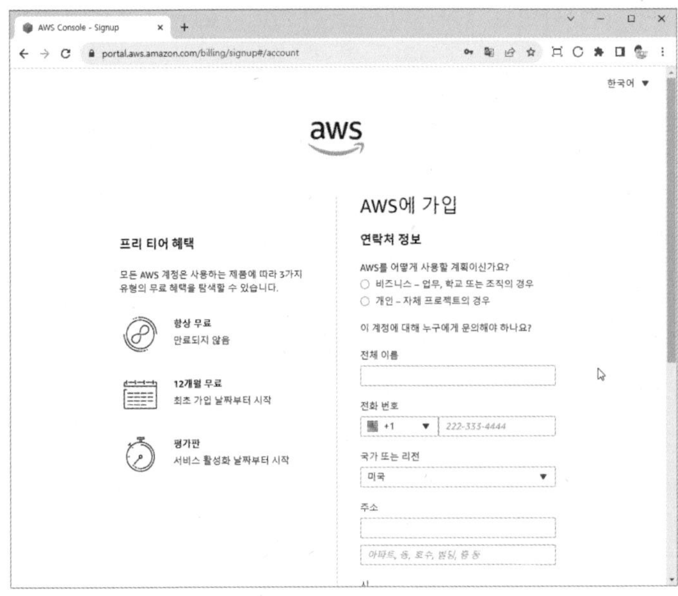

6. 다음과 같은 '결제 정보' 화면이 나타난다. 계정을 생성하려면 해외 결제를 할 수 있는 신용카드 또는 체크카드가 필요하다. 카드 정보를 입력하고 [확인 및 계속]을 클릭한다.

만약 이 과정이 어려운 학생이라면 부모님께 부탁드리자.

7. 다음과 같이 '카드 정보 입력' 화면이 나타난다. 비밀번호와 생년월일을 차례로 입력한 후, '동의'에 체크하고 [다음]을 클릭한다.

결제 정보를 입력할 때 카드 인증을 위해 100원이 자동으로 결제된다. 출금된 100원은 바로 다시 입금되니 걱정하지 않아도 된다.

ENGLISH / HELP

카드 정보입력

카드 인증을 위해 정보를 입력합니다.

카드번호

●●●● ●●●● ●●●● 3069

비밀번호

카드 비밀번호 앞 2자리 숫자

생년월일

법인공용카드

8자리 숫자 입력(ex.19900101)

법인공용카드는 체크 후 사업자번호를 입력해주세요.

서비스 이용에 대한 전체동의

약관보기

* 인증 유효시간 3분 이내로 인증을 완료해주세요.

다음

웹 서비스 운영하기

8. 이제 '자격 증명 확인' 화면이 나타난다. 자격 증명 확인을 위해 자신의 휴대전화 번호를 입력하고 [SMS 전송]을 클릭한다.

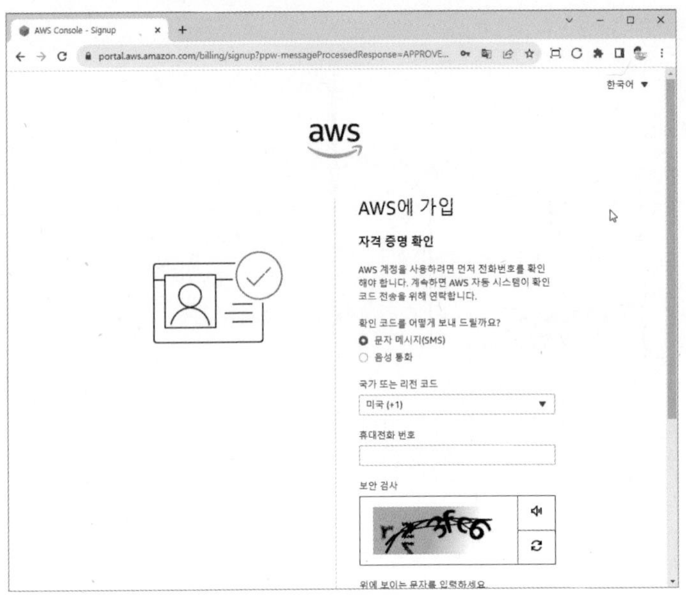

9. 다음과 같은 '코드 확인' 화면이 나타난다. 휴대전화로 전달된 4자리 확인 코드verification code를 입력하고 [계속]을 클릭한다.

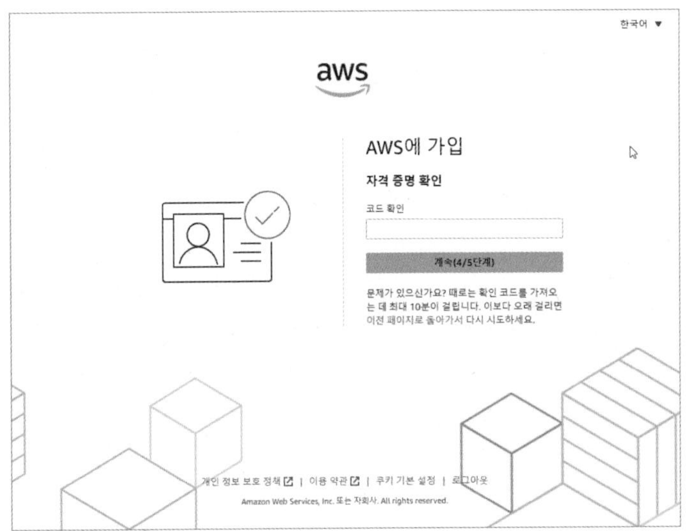

10. 다음과 같은 'Support 플랜 선택' 화면이 나타난다. '기본 지원 - 무료' Support 플랜을 선택하고 [가입 완료]를 클릭한다.

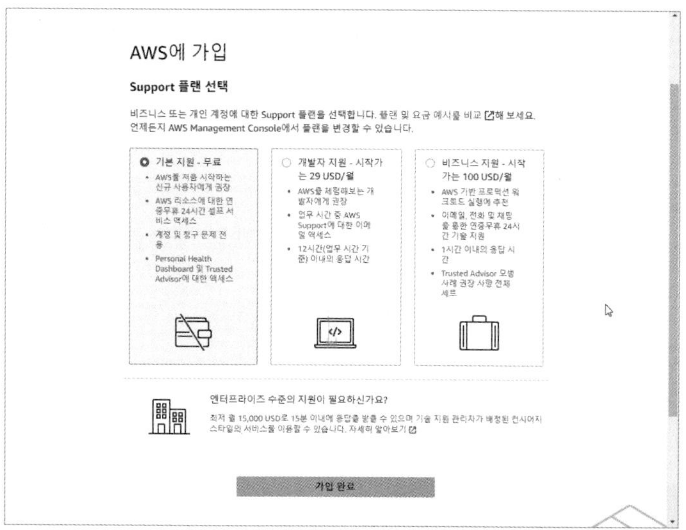

11. 그럼 다음과 같은 가입 완료 화면이 나타난다.

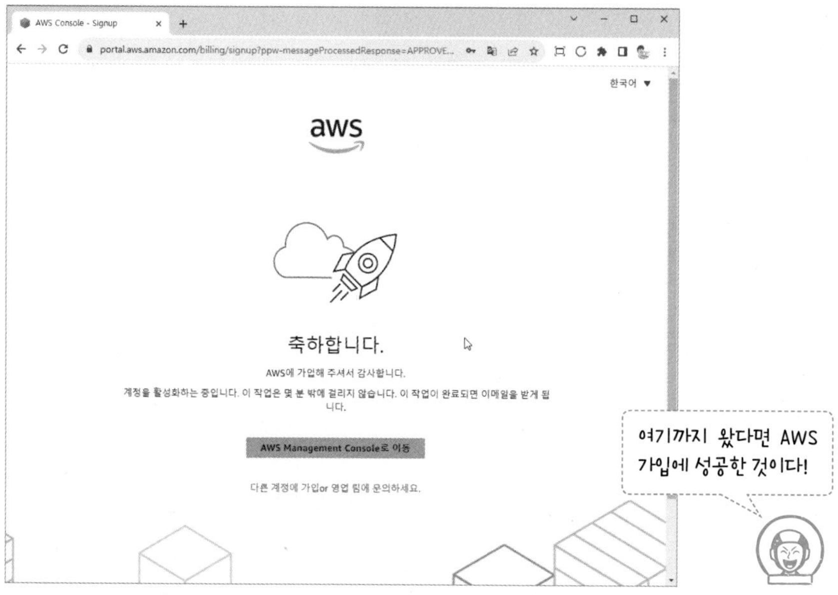

여기까지 왔다면 AWS 가입에 성공한 것이다!

Do it! 실습 AWS 라이트세일 시작하기

AWS 계정 생성을 마쳤다면 이제 AWS 라이트세일을 사용할 수 있다. AWS에 로그인하여 이 책에서 안내하는 순서대로 라이트세일을 시작해 보자.

AWS 라이트세일에 접속하기

1. AWS 라이트세일 홈페이지(https://lightsail.aws.amazon.com)에 접속해 보자. 홈페이지에 접속하면 다음과 같은 로그인 화면이 나타난다. 루트 사용자 이메일 주소를 입력한 후 [다음]을 클릭한다.

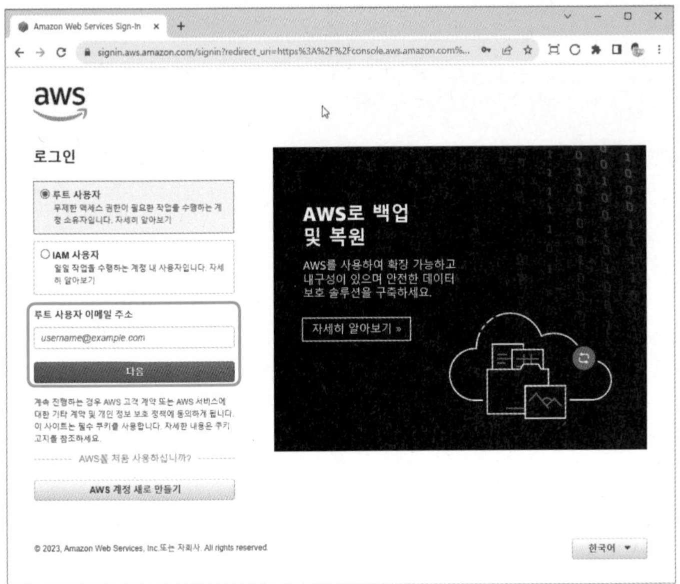

2. 이어서 비밀번호를 입력하고 [로그인]을 클릭한다.

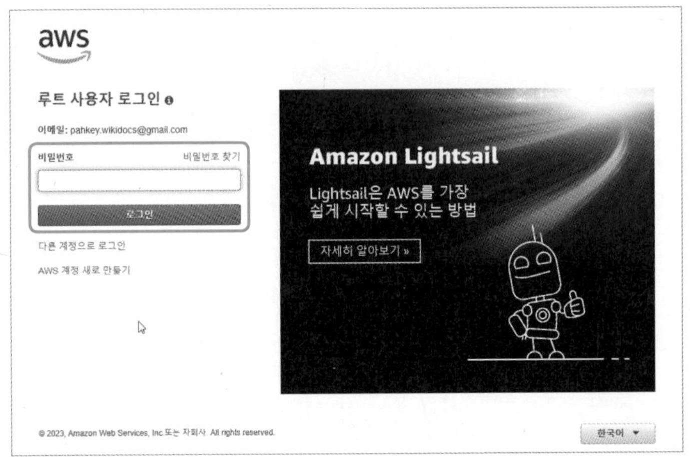

3. 다음과 같이 라이트세일 시작 화면이 나타난다. [Let's get started]를 클릭해 보자.

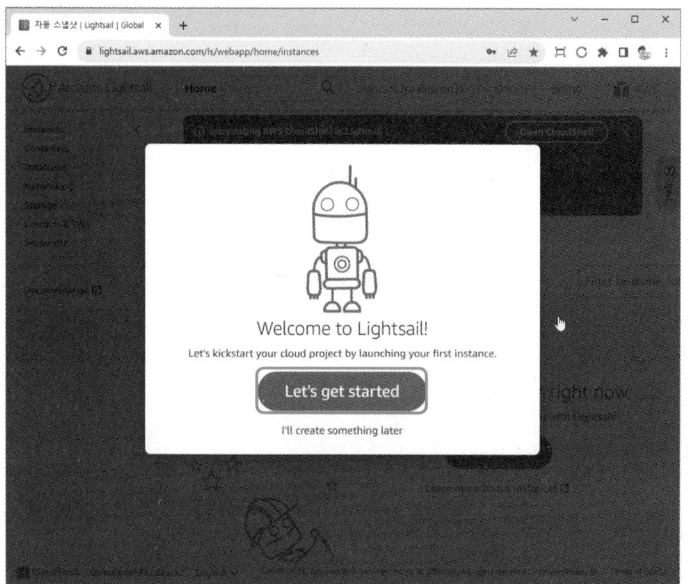

4. [Let's get started]를 클릭하면 다음과 같이 라이트세일 메인 화면이 나타난다.

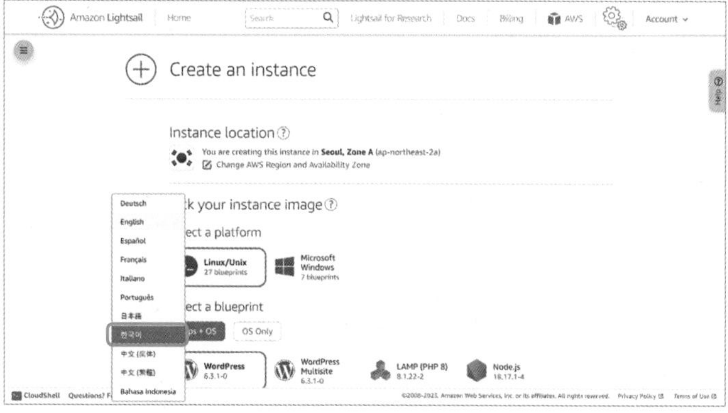

메인 화면은 처음에는 영문으로 구성되어 있다. 한국어로 바꾸려면 왼쪽 하단의 English를 한국어로 변경하자.

5. 한국어로 된 메인 화면으로 변경되고, [시작하기]를 클릭하면 다음과 같은 화면이 표시된다.

인스턴스 생성하기

SBB 서비스를 인터넷상에 공개하기 위해 가장 먼저 할 일은 라이트세일의 인스턴스를 생성하는 것이다. 인스턴스는 앞서 설명한 서버(하드웨어) 역할을 하는 라이트세일의 서비스를 말한다.

1. 라이트세일 메뉴에서 인스턴스를 선택한 후 [인스턴스 생성]을 클릭해 보자.

2. 인스턴스를 생성하기 위해 '인스턴스 이미지 선택'에서 다음 순서로 선택해 보자.

여기서는 인스턴스를 생성하는 데 필요한 여러 옵션을 지정해야 한다. '인스턴스 이미지 선택'에서 플랫폼으로 [Linux/Unix]를 선택하고 블루프린트는 [OS 전용]을 선택한다. 그다음 [Ubuntu 22.04 LTS]를 선택한다. 운영체제는 다양하지만 가장 안정되고 많은 사람이 사용하는 우분투를 설치할 것이다.

플랫폼은 설치할 OS 시스템으로 리눅스 또는 윈도우를 선택할 수 있다. 여기서 블루프린트는 선택한 OS의 배포본과 버전을 의미한다.

우분투는 18.04, 20.04, 22.04 버전이 있는데 우리는 최신 버전인 22.04를 선택하자.

3. 스크롤을 내려 '인스턴스 플랜 선택'에서 [월별 요금]과 [$5 USD]를 선택하자. 더 저렴한 $3.5 인스턴스도 있지만 스프링 부트를 사용하기에는 메모리가 부족하여 적당하지 않다.

월 3.5달러, 5달러, 10달러 이외의 요금제는 첫 3개월 무료 혜택이 적용되지 않는다.

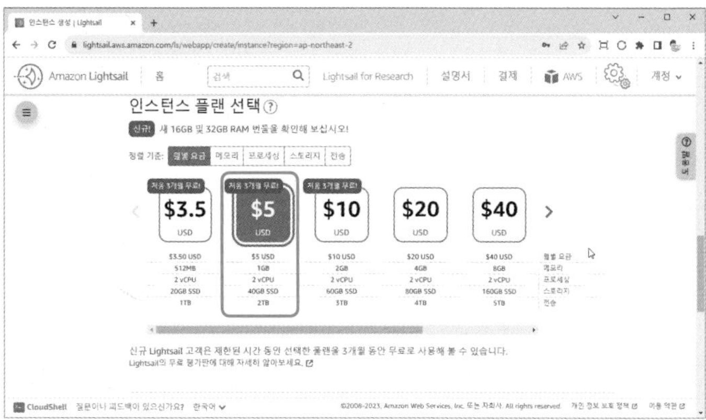

4. 이어서 스크롤을 내려 인스턴스명(Ubuntu-1)을 확인한 뒤, [인스턴스 생성]을 클릭해 보자.

자동으로 'Ubuntu-1'과 같이 표시되는데, 여러분이 원하는 이름으로 바꿔도 된다.

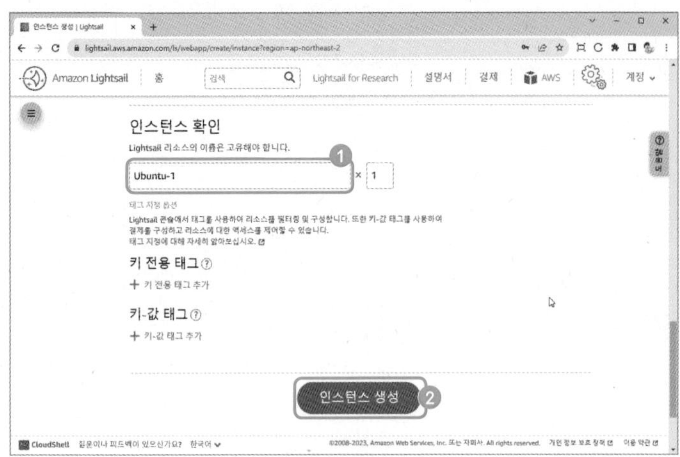

5. [인스턴스 생성]을 클릭하면 오른쪽과 같은 화면이 나타난다. 인스턴스를 생성하는 데 다소 시간이 걸린다. 인스턴스를 생성하는 동안에는 '대기 중'이라는 메시지를 보여 준다.

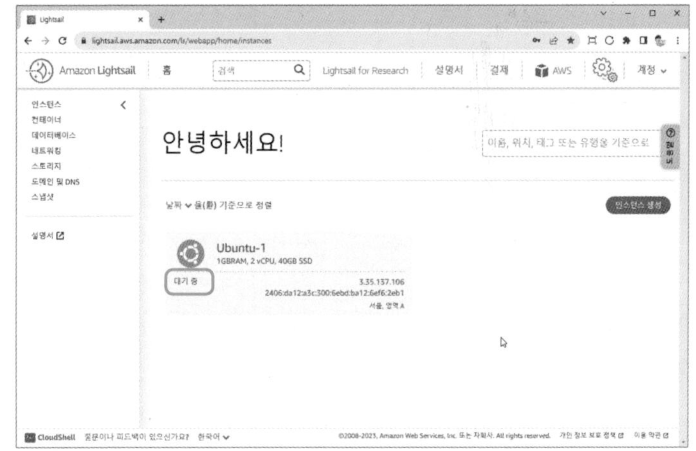

6. 1~2분 지나면 인스턴스가 '대기 중'에서 '실행 중'으로 변경된다. 그럼 이제 여러분의 서버가 생성된 것이다!

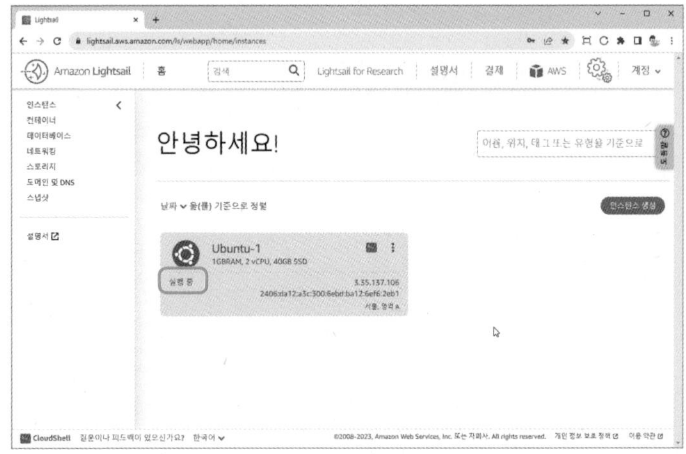

4-03
서버 접속 설정하기

AWS 서버에 접속하려면 고정 IP가 필요하다. 이번 절에서는 고정 IP를 생성하는 방법과 방화벽을 해제하는 방법을 알아보자.

Do it! 실습 고정 IP 생성하기

AWS 서버에 접속하려면 고정 IP가 필요하다. 고정 IP는 말 그대로 IP가 변하지 않고 고정된다. 전 세계에 단 하나밖에 없는 고정 IP를 AWS 라이트세일에서 생성해 보자.

1. AWS 라이트세일의 메인 화면 왼쪽에 있는 [네트워킹] 탭을 선택한 후, [고정 IP 생성]을 클릭한다.

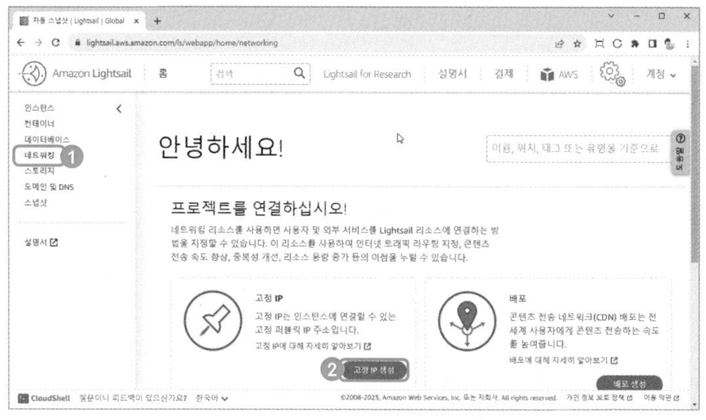

2. 다음과 같은 화면이 등장하고, '인스턴스에 연결'에서 [Ubuntu-1]을 선택하고 고정 IP명을 확인한 후(원하는 이름으로 입력한 후), [생성]을 클릭해 고정 IP를 생성해 보자.

고정 IP명은 원하는 이름으로 설정해도 된다. 여기서는 기본값으로 제시된 StaticIp-1을 사용했다.

3. 다음과 같이 고정 IP 주소를 얻게 되었다. 개인마다 고정 IP 주소는 모두 다르며, 필자의 경우 다음과 같이 '43.202.195.94'라는 고정 IP가 생성되었다.

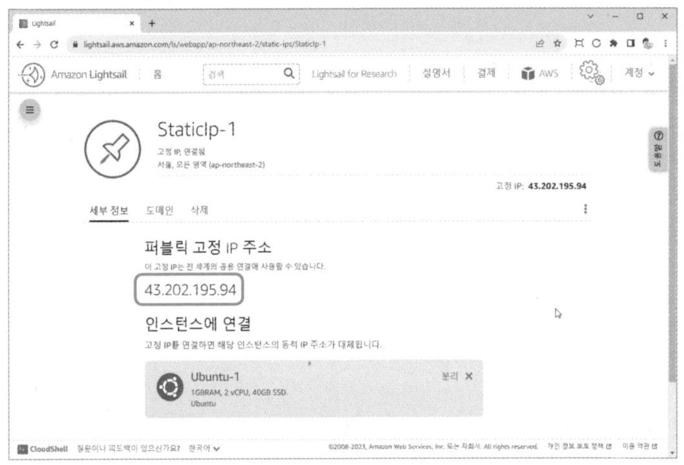

Do it! 실습 방화벽 해제하기

그동안 SBB 서비스를 사용하기 위해 로컬 서버의 8080번 포트를 사용해 왔다. 이제는 AWS에 설치할 SBB 서비스를 외부에서 접속할 수 있어야 하므로 이 8080번 포트의 방화벽을 해제하려고 한다.

방화벽은 서버 보안을 위해 외부의 연결을 허용 또는 차단하는 역할을 한다.

AWS와 같은 클라우드 서비스는 기본 포트인 80번 포트(HTTP 기본 포트로, 웹 브라우징에 사용되는 포트)와 22번 포트(SSH에 사용되는 기본 포트)는 기본적으로 방화벽이 해제되어 있어 별도의 방화벽 설정 과정이 필요 없다.

1. AWS 라이트세일의 메인 화면 왼쪽에 있는 [인스턴스] 탭을 선택한 후, [Ubuntu-1]을 클릭한다.

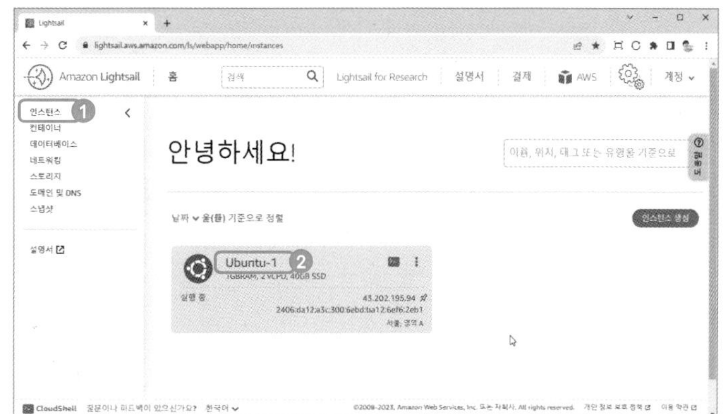

2. 이어서 상단의 [네트워킹] 탭을 선택하고 [+ 규칙 추가]를 클릭한다.

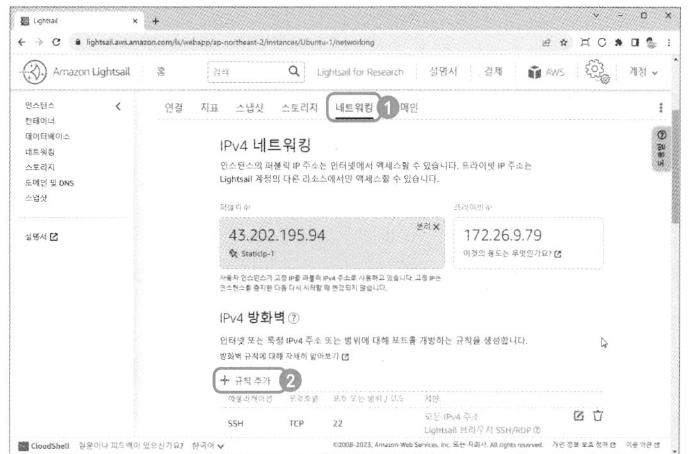

3. 오른쪽과 같이 포트 번호 '8080'을 입력하고 [생성]을 클릭한다.

이렇게 함으로써 8080 포트의 방화벽을 손쉽게 해제했다. 이제 외부에서 고정 IP의 8080 포트로 접속할 수 있다.

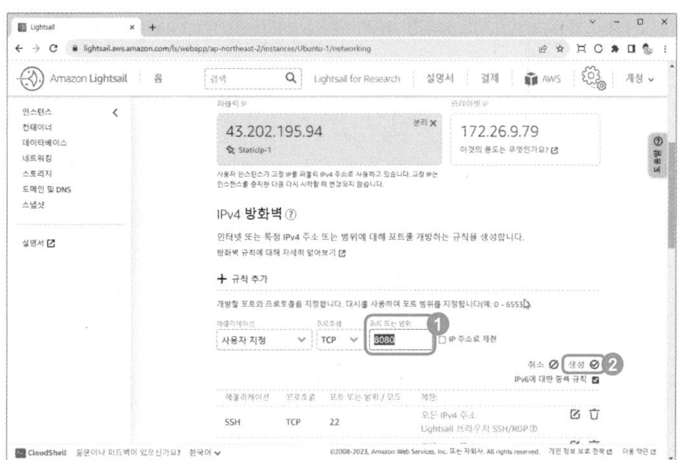

4-04

서버 접속 프로그램 설치하기

SBB 서비스를 서버에 배포하기 위해서는 서버에 접속하기 위한 프로그램을 설치하고 환경 설정을 진행해야 한다. 이번 절에서는 서버와의 연결 작업을 위해 필요한 SSH, SFTP 도구를 설치하고 이를 사용해 보자.

Do it! 실습 프라이빗 키 만들기

SSH 또는 SFTP 프로그램으로 서버에 접속하기 위해서는 AWS 계정의 SSH 키가 필요하다. SSH 키는 프라이빗 키private key로, 서버에 안전하게 접속하기 위해 필요하다.

SSHSecure Shell는 네트워크상의 다른 컴퓨터에 로그인하거나 원격 시스템(서버)의 명령을 수행하는 프로토콜 또는 프로그램을 가리킨다. SFTPSSH File Transfer Protocol는 SSH 프로토콜 위에서 파일을 안전하게 전송하고 관리하는 역할을 한다. 원격 서버 간에 파일을 업로드하거나 내려받을 때 SFTP를 사용하다.

1. SSH 키는 다음과 같이 내려받아 사용할 수 있다. AWS 라이트세일 메인 화면에서 [계정 → 계정]을 선택한다.

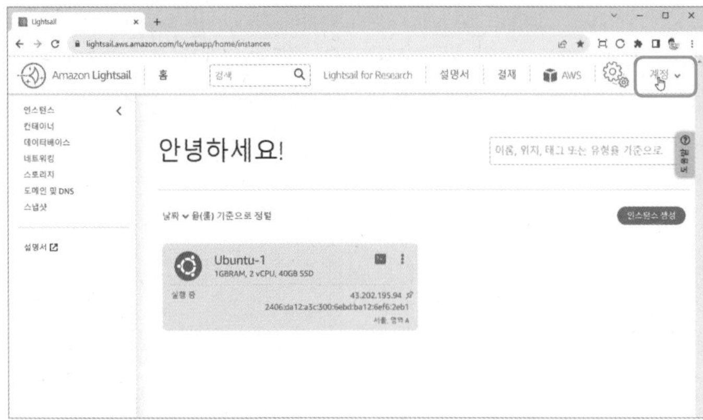

2. 다음과 같은 '계정' 화면에서 [SSH 키] 탭을 선택한 후, [다운로드]를 클릭해 보자.

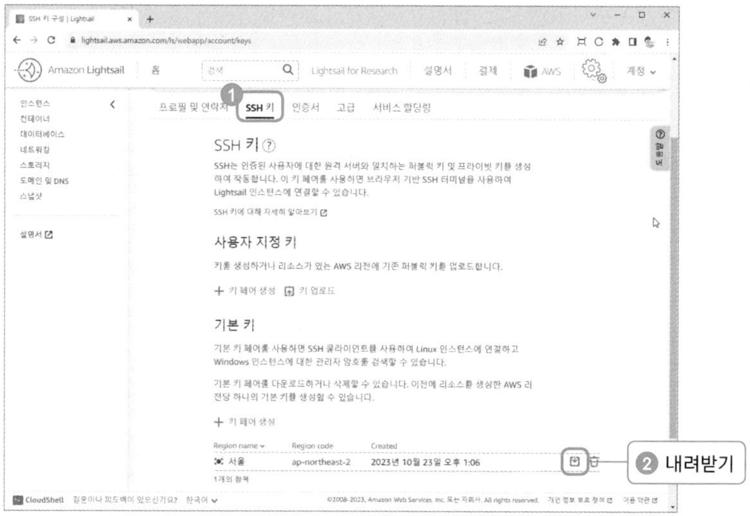

그러면 LightsailDefaultKey-ap-northeast-2.pem라는 SSH 키를 내려받을 수 있다.

3. 내려받은 SSH 키를 컴퓨터의 루트(C:/) 디렉터리에 붙여 넣고 '이름 바꾸기'로 파일명을 mysite.pem으로 변경하자.

관리자 권한이 필요하다는 창이 뜨면 [계속] 버튼을 클릭하자.

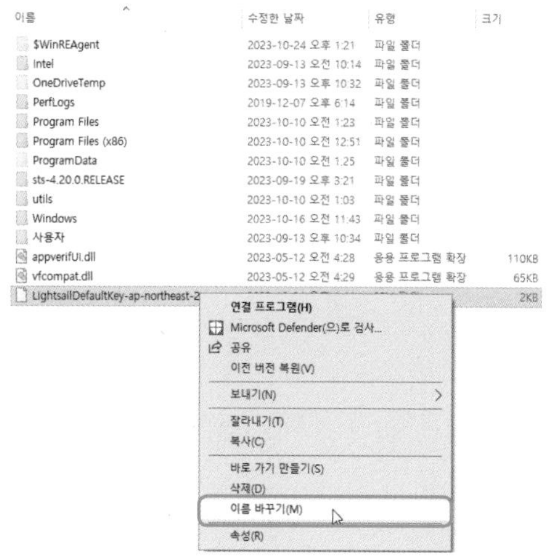

SSH 키를 macOS에서 사용하려면 어떻게 해야 할까?

macOS 사용자라면 SSH 키를 내려받은 후, /Users/<사용자명> 디렉터리에 붙여 넣어 작업하면 된다. 마찬가지로 이름을 변경한 후, mysite.pem을 사용하여 서버에 접속하기 위한 작업으로 맥의 SSH 프로그램을 사용하기 위해서는 mysite.pem 파일의 권한을 파일 소유자만 읽고 쓰기가 가능한 600으로 변경해야 한다. 터미널에서 다음과 같이 입력하여 파일 권한을 수정하자.

```
pahkey@mymac ~ % chmod 600 mysite.pem
```

Do it! 실습 SSH 클라이언트 설치하기

SSH 클라이언트를 먼저 살펴보자. SSH 클라이언트는 SSH 프로토콜을 사용하여 원격 시스템 또는 서버에 접속하여 명령을 실행할 수 있는 프로그램이다. 단말기 역할을 하므로 터미널 프로그램이라고도 한다.

우리는 SSH 키를 준비했으므로 SSH 클라이언트(터미널 프로그램)을 내려받고 설치할 수 있다. 좋은 SSH 터미널 프로그램이 많지만 여기서는 무료로 사용할 수 있고 많은 사람들이 추천하는 MobaXterm을 사용해 보자.

1. MobaXterm 내려받기 주소(mobaxterm.mobatek.net/download.html)에 접속해 무료 버전인 Home Edition 설치 파일을 내려받자.

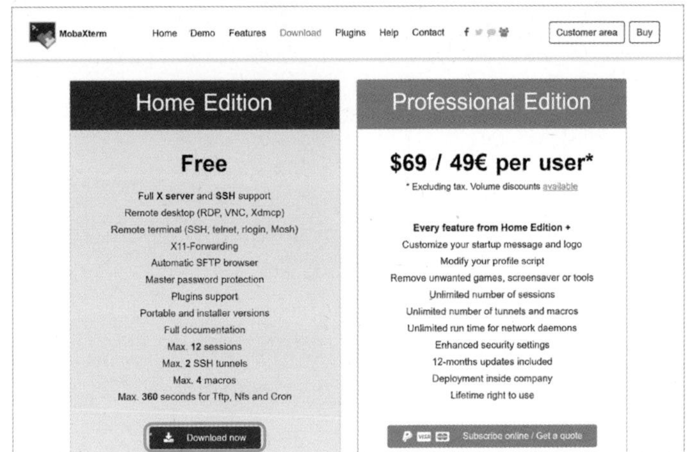

[Download now]를 클릭한 후, 이어지는 화면에서 Installer edition을 선택해 내려받아 설치하자. 이후 과정은 다른 프로그램 설치 과정과 동일하므로 생략한다.

2. 설치를 완료했으면 다음과 같이 MobaXterm을 실행하고 [Session]을 클릭해 보자.

Windows 보안 경고 창이 등장하면 [엑세스 허용]을 클릭하자.

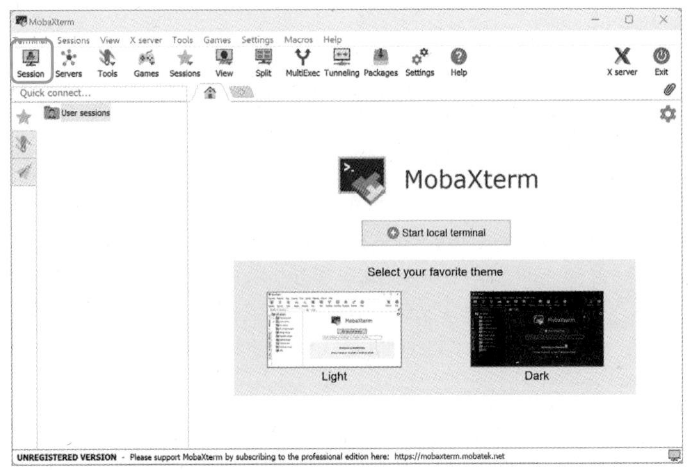

3. Session setting 창에서 [SSH]를 클릭한 후, 다음 순서대로 내용을 입력해 보자.

[OK] 버튼을 클릭한 후, 등장하는 창에서는 [Accept]를 클릭하여 설정을 마무리하자.

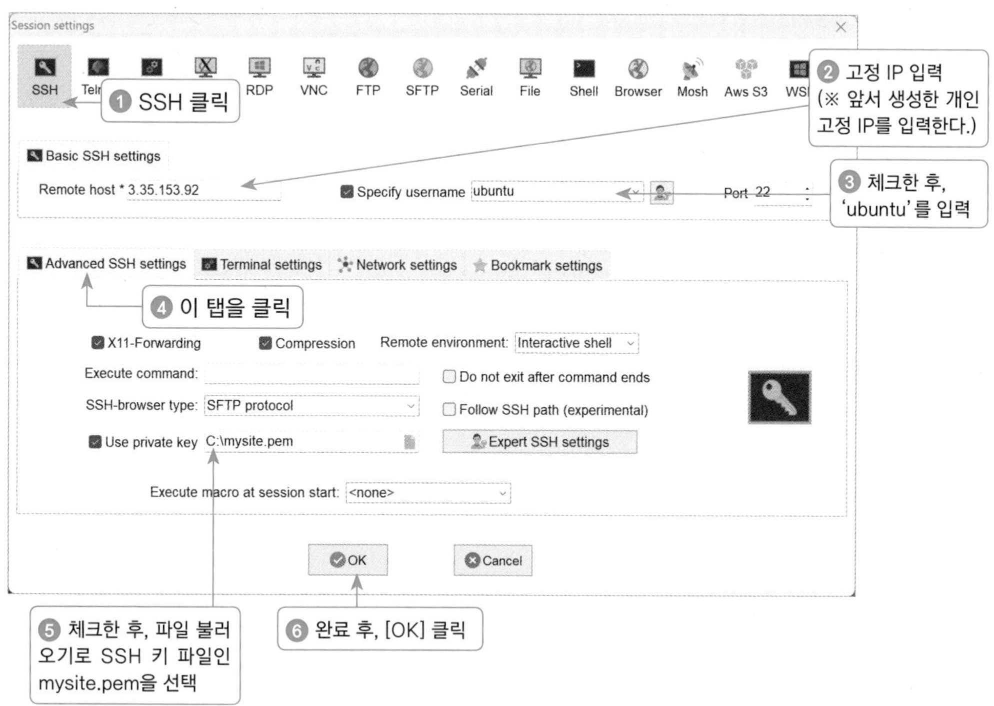

4. 설정값을 모두 입력하면 다음과 같이 MobaXterm으로 AWS에 생성한 인스턴스 서버에 접속할 수 있다.

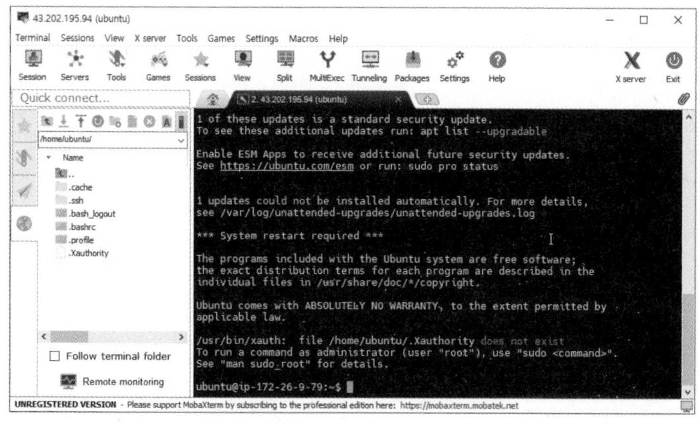

이제 MobaXterm을 이용하여 서버 작업을 할 수 있다.

macOS SSH 터미널 프로그램을 사용해 보자

macOS는 터미널 프로그램을 별도로 사용하지 않고 macOS에서 기본적으로 지원하는 터미널 프로그램을 사용하면 된다.

1. 터미널 프로그램을 실행한 후 다음과 같이 명령어를 입력하자.

```
pahkey@mymac ~ % ssh -i ~/mysite.pem ubuntu@43.202.195.94
```

43.202.195.94 대신 여러분의 고정 IP를 입력해야 한다.

2. 그러면 다음과 같이 서버에 접속할 수 있다. 이제 서버에 접속한 터미널을 이용하여 서버 작업을 할 수 있다.

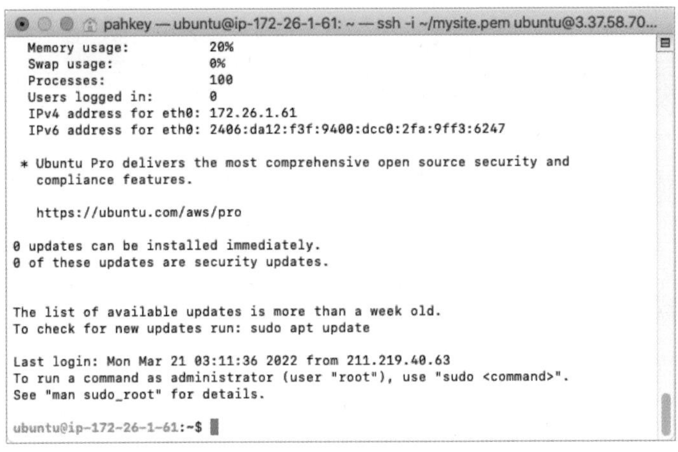

Do it! 실습 SFTP 클라이언트 설치하기

4-05절에서 더 자세히 다루겠지만 SBB 서비스는 JAR(Java ARchive) 형태로 서버에 배포할 것이다. 즉, 배포 파일로 만든 jar 파일을 서버에 전송해야 한다. 이렇게 파일을 서버에 전송하려면 SFTP 클라이언트 프로그램도 별도로 필요하다. 좋은 SFTP 프로그램이 많지만 여기서는 파일질라(FileZilla)를 사용해 보자.

SFTP 클라이언트는 윈도우와 macOS 모두 파일질라를 설치하자.

1. 파일질라 홈페이지(https://filezilla-project.org/)에 접속하여 설치 파일을 내려받아 설치해 보자.

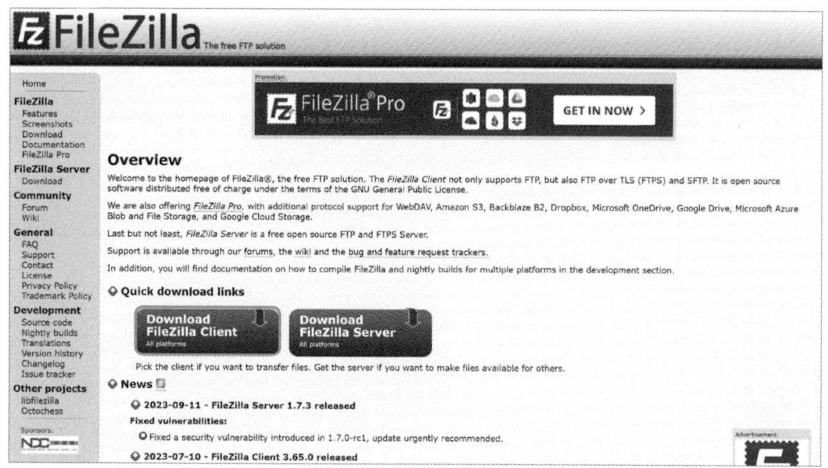

[Download FileZilla Client]를 선택하면, 다운로드 페이지에서 다시 [Download FileZilla Client] 클릭한다.

2. 새로 등장한 창에서 [Download]를 클릭하여 파일질라를 내려받는다.

Please select your edition of FileZilla Client

	FileZilla	FileZilla with manual	FileZilla Pro	FileZilla Pro + CLI
Standard FTP	Yes	Yes	Yes	Yes
FTP over TLS	Yes	Yes	Yes	Yes
SFTP	Yes	Yes	Yes	Yes
Comprehensive PDF manual	-	Yes	Yes	Yes
Amazon S3	-	-	Yes	Yes
Backblaze B2	-	-	Yes	Yes
Dropbox	-	-	Yes	Yes
Microsoft OneDrive	-	-	Yes	Yes
Google Drive	-	-	Yes	Yes
Google Cloud Storage	-	-	Yes	Yes
Microsoft Azure Blob + File Storage	-	-	Yes	Yes
WebDAV	-	-	Yes	Yes
OpenStack Swift	-	-	Yes	Yes
Box	-	-	Yes	Yes
Site Manager synchronization	-	-	Yes	Yes
Command-line interface	-	-	-	Yes
Batch transfers	-	-	-	Yes
	Download	Select	Select	Select

이후 과정은 다른 프로그램 설치 과정과 동일하므로 생략한다.

3. 설치를 완료했으면 파일질라를 실행해 보자. 그다음, 화면 왼쪽 상단의 [사이트 관리자 열기] 아이콘을 클릭해 보자.

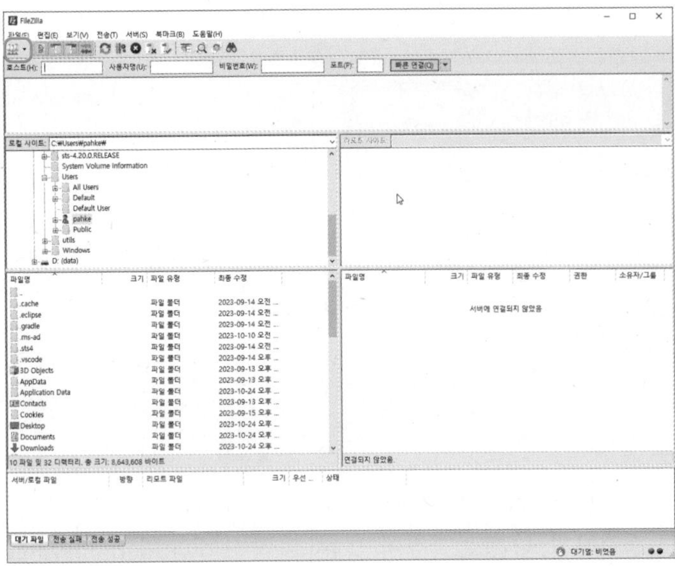

4. 아이콘을 클릭하면 오른쪽과 같이 사이트 관리자 화면이 나타난다. 그다음, [새 사이트] 버튼을 클릭한다.

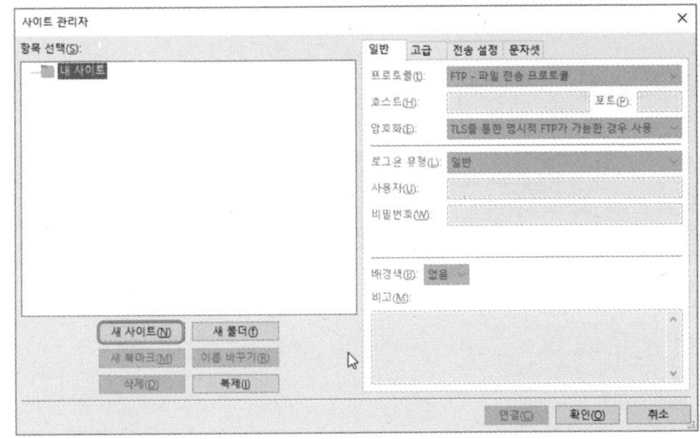

5. 사이트 관리자 창에서 다음 순서대로 내용을 입력해 보자.

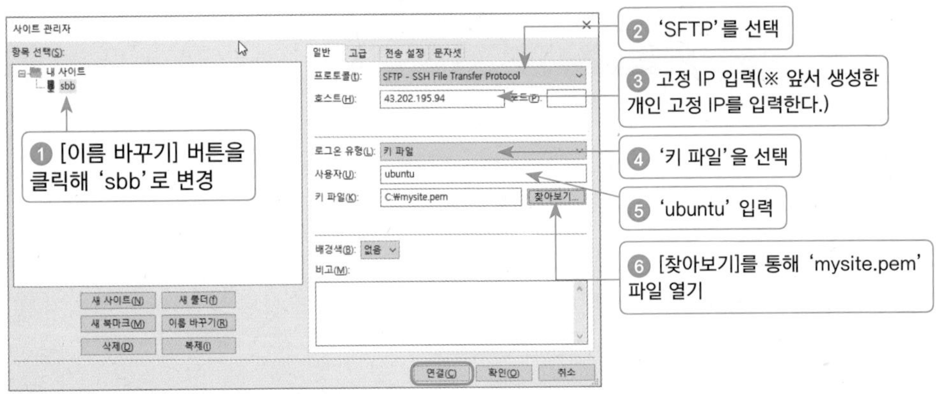

mysite.pem 파일이 보이지 않는다면 화면 오른쪽 하단에서 '모든 파일'을 선택해 보자.

6. 이와 같이 설정값을 모두 입력하고 [연결] 버튼을 누르면 다음과 같이 서버에 접속할 수 있다.

'비밀번호를 기억할까요?' 라는 창이 나올 경우 '비밀번호 저장 안 함'을 선택하고 [확인] 버튼을 클릭하자.

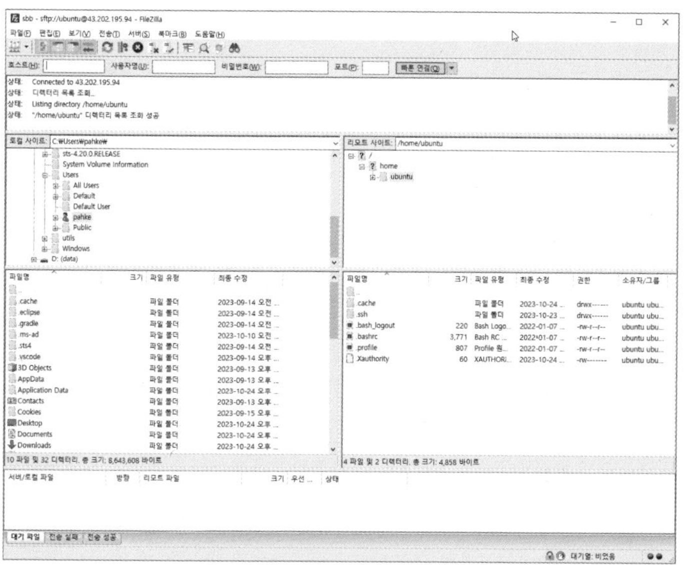

왼쪽의 '로컬 사이트'는 내 컴퓨터를 의미하고, 오른쪽의 '리모트 사이트'는 서버, 즉 AWS 라이트세일의 인스턴스 서버를 의미한다. 이제 파일질라를 통해 특정 파일을 드래그 앤 드롭하거나 마우스 오른쪽 버튼을 눌러 업로드하거나 내려받을 수 있다.

4-05
SBB 배포하기

여러분만의 AWS 서버를 생성했으므로 서버 작업을 할 수 있는 준비가 완료되었다. 이제 서버에 SBB를 설치해 모든 사람이 사용할 수 있도록 만들어 보자.

Do it! 실습 서버 환경 설정하기

먼저 터미널(mobaXterm)을 사용하여 서버에 접속해 보자. 왼쪽 화면의 메뉴에서 등록한 서버를 더블클릭하면 오른쪽과 같은 터미널 창이 등장한다.

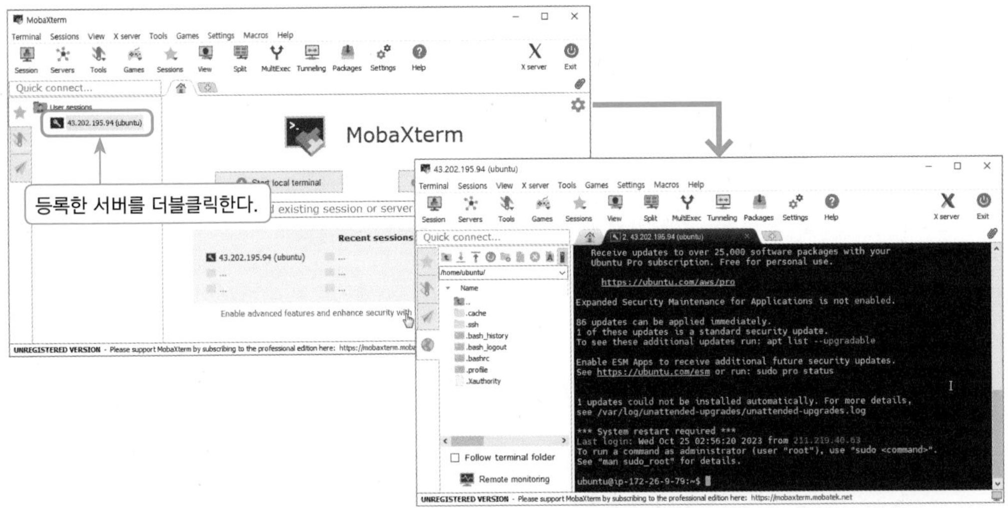

앞으로 서버에 필요한 모든 작업은 여기서 진행된다고 생각하면 된다.

호스트 이름 변경하기

서버에 접속하면 아마 가장 아랫줄에 다음과 비슷한 프롬프트가 보일 것이다.

터미널에서 보이는 ubuntu@(호스트명):~$에서 '~'는 홈 디렉터리인 /home/ubuntu를 의미한다.

```
ubuntu@ip-172-26-1-61:~$
```

여기서 별색으로 표시한 부분이 바로 서버의 호스트 이름이다. 서버의 호스트 이름은 서버를 식별하고 네트워크에서 사용하므로 중요하다. 만약 이와 같은 아이피ip 기준의 호스트명 대신 의미 있는 호스트명으로 바꾸고자 한다면 다음 순서대로 명령한다.

1. 터미널 창에 다음과 같이 'jumpto'로 호스트 이름을 바꿔 보자.

```
ubuntu@ip-172-26-1-61:~$ sudo hostnamectl set-hostname jumpto
```

sudo는 리눅스 기반 운영체제에서 사용하는 명령어 중 하나로, Superuser Do의 약어이다. 이 명령어는 슈퍼 유저, 즉 관리자 권한으로 명령을 실행할 수 있게 한다.

2. 호스트명을 바꾼 후에는 서버를 다시 시작해야 적용된다.

```
ubuntu@ip-172-26-1-61:~$ sudo reboot
```

3. sudo reboot 명령을 수행하면 서버가 재시작되므로 연결된 접속이 끊어진다. 잠시 후에 다시 접속하면 다음과 같이 변경된 프롬프트를 확인할 수 있다.

서버 재시작 후에 다시 접속하려면 약 30초 정도 걸린다.

```
ubuntu@jumpto:~$
```

4. hostname 명령을 수행하면 다음과 같이 변경된 호스트명이 출력된다.

```
ubuntu@jumpto:~$ hostname
jumpto
```

서버 시간 설정하기

1. 서버 시간을 설정하기 위해 터미널에서 date 명령을 실행해 보자. 그러면 다음과 같이 우리나라 시간이 아닌 UTC 시간이 출력될 것이다.

```
ubuntu@jumpto:~$ date
Mon Mar 21 03:32:36 UTC 2022
```

UTC 시간은 국제 표준 시간이므로, SBB에서 게시물의 등록 시간을 우리나라 시간으로 맞추려면 서버 시간 설정을 바꿔야 한다.

2. 한국 시간(KST)으로 설정하기 위해 다음 명령을 입력해 보자.

```
ubuntu@jumpto:~$ sudo ln -sf /usr/share/zoneinfo/Asia/Seoul /etc/localtime
```

명령 입력 시 띄어쓰기에 유의하자!

3. 다시 date 명령을 수행하면 우리나라 시간으로 출력된다. 여러분의 시계와 비교하여 맞는지 확인해 보자.

```
ubuntu@jumpto:~$ date
Mon Mar 21 12:33:30 KST 2022
```

서버에 자바 설치하기

스프링 부트를 사용하려면 서버에도 자바가 반드시 설치되어 있어야 한다.

1. 서버에 자바가 설치되어 있는지를 확인하기 위해 다음과 같이 java 명령을 입력해 보자.

```
ubuntu@jumpto:~$ java

Command 'java' not found, but can be installed with:    ← 자바가 설치되지 않았다는 메시지를 출력한다.
sudo apt install openjdk-11-jre-headless  # version 11.0.20.1+1-0ubuntu1~22.04, or
sudo apt install default-jre              # version 2:1.11-72build2
```

```
sudo apt install openjdk-17-jre-headless  # version 17.0.8.1+1~us1-0ubun
tu1~22.04
sudo apt install openjdk-18-jre-headless  # version 18.0.2+9-2~22.04

sudo apt install openjdk-19-jre-headless  # version 19.0.2+7-0ubuntu3~22.04
sudo apt install openjdk-8-jre-headless   # version 8u382-ga-1~22.04.1
```

자바를 미리 설치하지 않았다면 이와 같이 자바가 설치되지 않았다는 메시지가 출력될 것이다.

2. 자바를 설치하기 전에 먼저 sudo apt update 명령을 수행하여 우분투 패키지를 최신으로 업그레이드해야 한다.

SW 패키지를 설치, 업데이트, 제거 등 관리를 위한 명령어이다.

```
ubuntu@jumpto:~$ sudo apt update
Hit:1 http://ap-northeast-2.ec2.archive.ubuntu.com/ubuntu focal InRelease
Get:2 http://ap-northeast-2.ec2.archive.ubuntu.com/ubuntu focal-updates InRe
lease [114 kB]
Get:3 http://ap-northeast-2.ec2.archive.ubuntu.com/ubuntu focal-backports InRe
lease [108 kB]
Get:4 http://ap-northeast-2.ec2.archive.ubuntu.com/ubuntu focal/universe amd64
Packages [8628 kB]
Get:5 http://security.ubuntu.com/ubuntu focal-security InRelease [114 kB]
(... 생략 ...)
```

3. 이어서 다음과 같이 자바를 설치해 보자.

```
ubuntu@jumpto:~$ sudo apt install openjdk-19 -jdk
Reading package lists... Done
Building dependency tree
Reading state information... Done
(... 생략 ...)
```

설치 중간에 'Do you want to continue? [y/n]' 이라는 메시지가 등장한다면 yes를 뜻하는 'y'를 입력해 설치를 계속 이어 가도록 하자.

개발 과정에서는 jdk 20 이상의 버전을 내려받아 사용했지만 AWS 서버에서는 현재 우분투 22.04에서 지원하는 최신 버전인 jdk 19 버전을 설치하자. 우리가 만든 SBB 서비스는 jdk 19 버전에서 문제없이 잘 동작한다.

4. 설치를 완료했다. 다음과 같이 java -version을 실행해 보자.

```
ubuntu@jumpto:~$ java -version
openjdk version "19.0.2" 2023-01-17
OpenJDK Runtime Environment (build 19.0.2+7-Ubuntu-0ubuntu322.04)
OpenJDK 64-Bit Server VM (build 19.0.2+7-Ubuntu-0ubuntu322.04, mixed mode, shar
ing)
```

이를 통해 자바 19 버전이 정상적으로 설치된 것을 확인할 수 있다.

프로젝트 디렉터리 생성하기

서버에 SBB 서비스를 적용하기 위해 다음과 같이 홈 디렉터리(/home/ubuntu) 하위에 sbb 라는 디렉터리를 생성해야 한다. mkdir sbb라는 명령어를 입력해 보자.

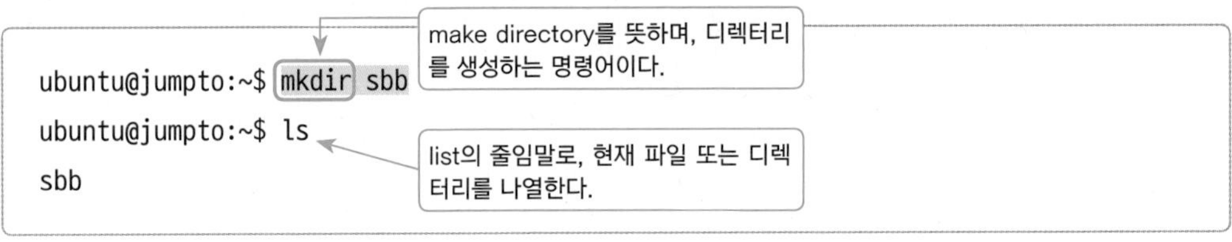

ubuntu@jumpto:~$ mkdir sbb
ubuntu@jumpto:~$ ls
sbb
make directory를 뜻하며, 디렉터리를 생성하는 명령어이다.
list의 줄임말로, 현재 파일 또는 디렉터리를 나열한다.

Do it! 실습 STS에서 SBB 배포 파일 생성하기

이제 서버에 적용할 SBB 배포 파일을 만들어 보자. SBB 배포 파일은 단 하나의 jar 파일로, 서버에서는 이 jar 파일을 실행하여 SBB 서비스를 구동한다.

jar 파일 안에는 SBB 관련 클래스와 스프링 부트 애플리케이션을 동작시키는 라이브러리들이 포함되어 있어!

1. jar 파일은 Gradle을 사용하여 생성한다. jar 파일을 생성하기 전에 Gradle에 JDK 설정을 먼저 해야 한다. 그러기 위해서 다음과 같이 [Window → Preferences → Gradle]를 선택한다. 그러면 다음과 같은 화면이 나타난다 .

'Advanced Options'의 'Java home' 항목에 이와 같이 설치한 JDK의 디렉터리(예: C:\Program Files\Java\jdk-21)를 입력한다.

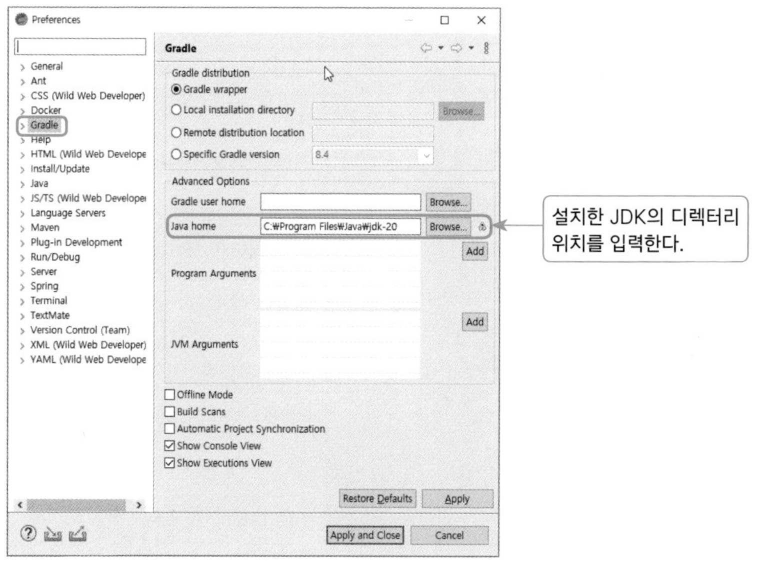

설치한 JDK의 디렉터리 위치를 입력한다.

2. AWS 서버에는 JDK 19 버전을 설치했으므로 build.gradle의 java 항목을 다음과 같이 수정하자.

• build.gradle

```
(... 생략 ...)
java {
    sourceCompatibility = '19'
}
(... 생략 ...)
```

sourceCompatibility를 19로 설정하여 JDK 19에서 동작할 수 있게 설정했다.

3. 서버에 적용할 SBB 배포 파일(jar 파일)을 만들기 위해 다시 STS로 돌아가 메뉴에서 [Run → Run Configurations]을 선택해 보자. 그러면 오른쪽과 같은 화면이 나타난다.

'Gradle Task'를 선택하고 마우스 오른쪽 버튼을 눌러 [New Configuration]을 클릭하자.

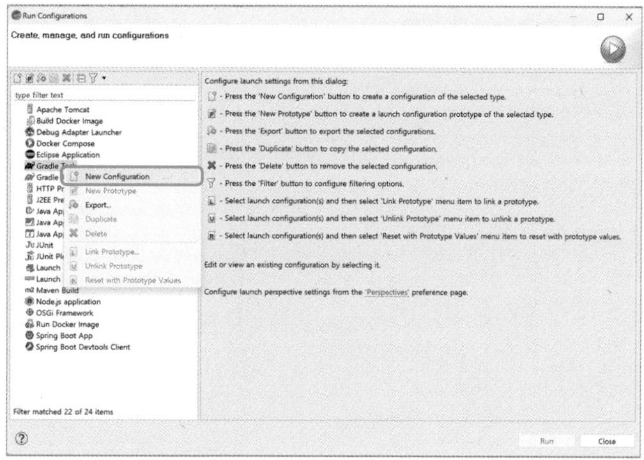

4. 다음과 같은 화면이 나타나면 순서대로 각 항목에 다음과 같이 입력해 보자.

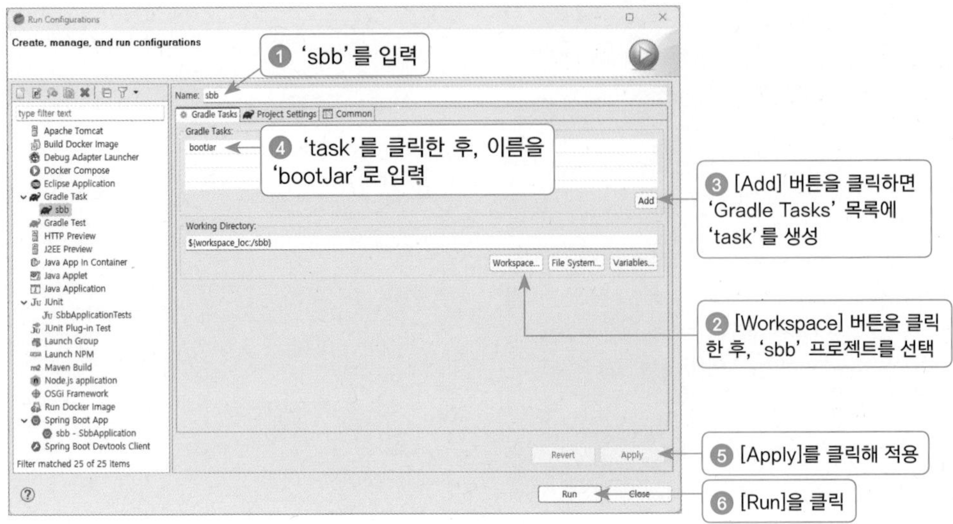

'bootJar'는 명령어이므로 다른 이름으로 입력하면 안된다. bootJar는 스프링 부트 프로젝트를 빌드하고 실행할 수 있는 jar 파일을 생성하는 Gradle 빌드 도구의 명령어이다.

여기까지 진행하면 왼쪽에 있는 'Gradle Task'에 'sbb' 항목이 추가된다. 항목을 확인한 후, 화면에서 [Run] 버튼을 눌러 배포 파일을 만들어 보자.

5. 배포 파일을 완성했다면 STS 화면 하단에 다음과 같이 Gradle Executions 창이 나타나고 배포 파일이 생성됨을 표시하는 진행 결과가 나타날 것이다.

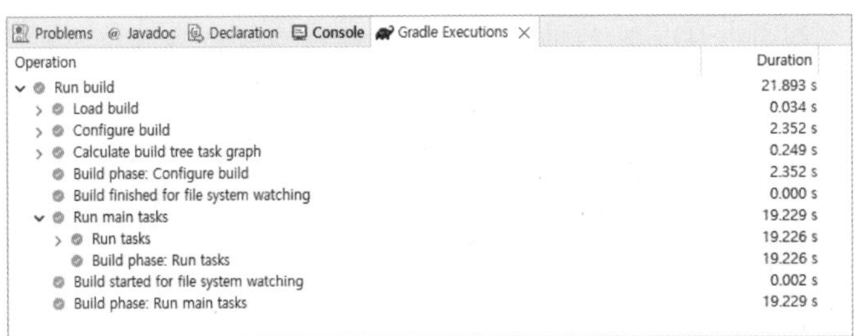

6. 여기까지 오류 없이 잘 실행되었다면 SBB 프로젝트 디렉터리의 하위에 build 디렉터리가 생기고 다음과 같은 파일이 생성된 것을 확인할 수 있다.

```
workspace/sbb/build/libs/sbb-0.0.1-SNAPSHOT.jar
```

workspace는 STS 실행 시 설정했던 작업 공간 디렉터리이다. 잘 기억나지 않는다면 1-02절을 참고하자.

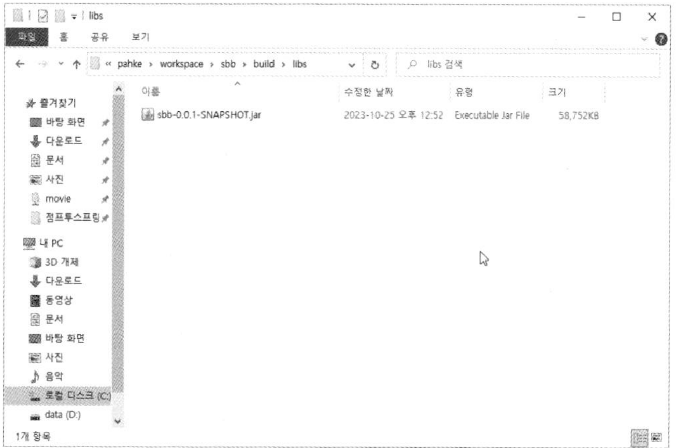

이때 생성되는 sbb-0.0.1-SNAPSHOT.jar라는 파일 이름은 프로젝트명 sbb와 build.gradle 파일의 version 항목값을 조합해 만든다.

• build.gradle

```
(... 생략 ...)

group = 'com.mysite'
version = '0.0.1-SNAPSHOT'

(... 생략 ...)
```

version은 프로그램이 변경되어 새로 배포해야 할 때 값을 매번 증가하는 것이 좋다.

Do it! 실습 SFTP로 SBB 배포 파일 전송하기

이제 생성한 sbb-0.0.1-SNAPSHOT.jar 파일을 파일질라를 이용해 서버에 전송해 보자.

1. 다음과 같이 sbb-0.0.1-SNAPSHOT.jar 파일을 찾아 서버의 /home/ubuntu/sbb 디렉터리로 드래그 앤 드롭해 보자.

jar 파일의 위치는 workspace/sbb/build/libs/이다.

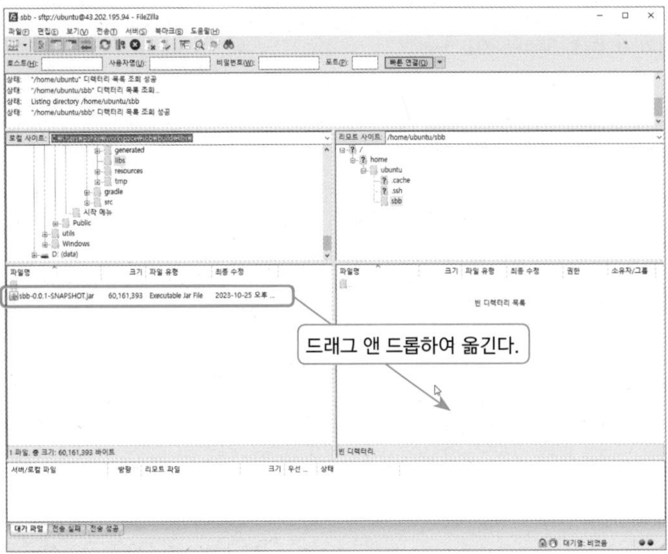

2. 터미널 프로그램인 MobaXterm을 사용하여 다시 서버에 접속한 후, 다음과 같이 입력하여 배포 파일을 실행해 보자.

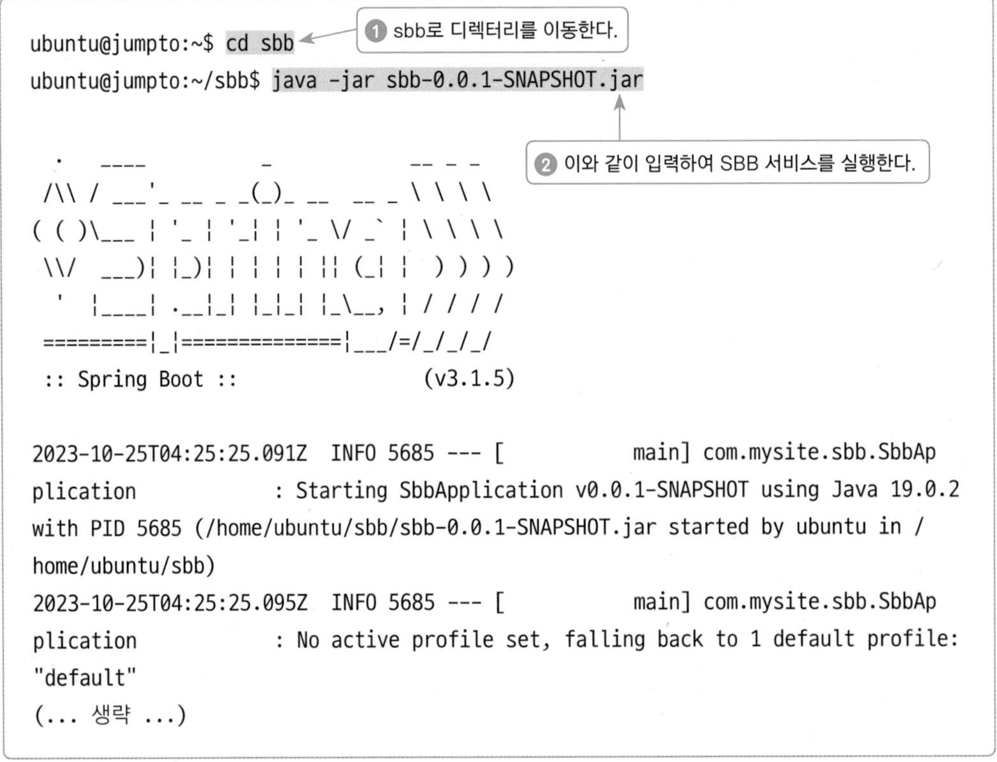


```
ubuntu@jumpto:~$ cd sbb
ubuntu@jumpto:~/sbb$ java -jar sbb-0.0.1-SNAPSHOT.jar

  .   ____          _            __ _ _
 /\\ / ___'_ __ _ _(_)_ __  __ _ \ \ \ \
( ( )\___ | '_ | '_| | '_ \/ _` | \ \ \ \
 \\/  ___)| |_)| | | | | || (_| |  ) ) ) )
  '  |____| .__|_| |_|_| |_\__, | / / / /
 =========|_|==============|___/=/_/_/_/
 :: Spring Boot ::                (v3.1.5)

2023-10-25T04:25:25.091Z  INFO 5685 --- [           main] com.mysite.sbb.SbbAp
plication            : Starting SbbApplication v0.0.1-SNAPSHOT using Java 19.0.2
with PID 5685 (/home/ubuntu/sbb/sbb-0.0.1-SNAPSHOT.jar started by ubuntu in /
home/ubuntu/sbb)
2023-10-25T04:25:25.095Z  INFO 5685 --- [           main] com.mysite.sbb.SbbAp
plication            : No active profile set, falling back to 1 default profile:
"default"
(... 생략 ...)
```

'change directory'를 의미하는 cd 명령어를 사용하여 sbb-0.0.1-SNAPSHOT.jar 파일이 있는 디렉터리로 이동한 후, 다음 명령을 입력하면 SBB 서비스가 실행된다.

```
java -jar sbb-0.0.1-SNAPSHOT.jar
```

실행된 SBB 서비스를 종료하려면 Ctrl+C를 누른다.

3. 웹 브라우저를 실행하고 앞서 설정한 고정 IP에 포트 번호 8080을 붙여 접속해 보자. 예를 들어, http://43.202.195.94:8080과 같이 입력하면 다음 화면을 볼 수 있다.

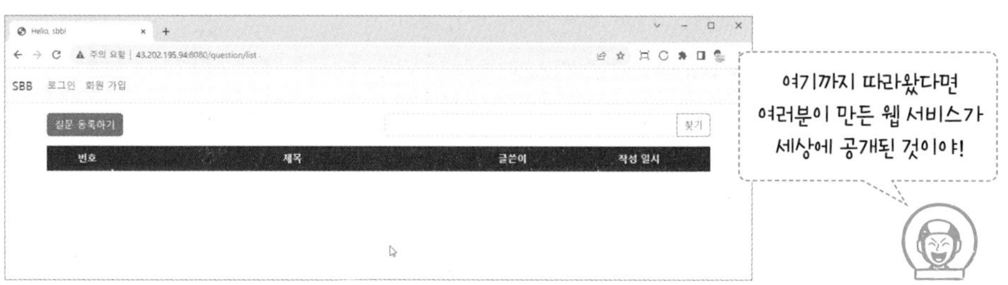

이제 웹 브라우저에서 http://43.202.195.94:8080와 같은 형식의 URL을 입력하면 여러분이 만든 SBB 서비스를 누구나 사용할 수 있다.

이전 데이터들이 사라졌다!

로컬 컴퓨터에서 생성했던 데이터는 더 이상 보이지 않는다. 왜냐하면 서버에서도 H2 데이터베이스의 데이터 파일인 local.mv.db 파일이 새로 만들어지기 때문이다. 서버에도 다음과 같이 홈 디렉터리에 local.mv.db 파일이 생성된 것을 확인할 수 있다.

```
ubuntu@jumpto:~$ ls
local.mv.db  sbb
```

4-06 서버 스크립트 생성하기

4-05절에서 다음 명령을 입력하여 SBB 서비스를 실행했다.

```
ubuntu@jumpto:~/sbb$ java -jar sbb-0.0.1-SNAPSHOT.jar
```

하지만 이같이 실행하면 서버에 접속한 터미널 프로그램을 종료할 경우 SBB 서비스도 중단된다. 따라서 이를 방지하기 위해서는 백그라운드로 서비스를 실행해야 한다. 백그라운드background란 실행되는 프로그램이나 프로세스가 현재 프로세스와 별개로 실행되는 것을 의미한다.

이번 절에서는 백그라운드로 SBB 서비스를 시작하는 스크립트와 서비스를 중지하는 스크립트를 만들어 보자.

Do it! 실습 SBB 시작 스크립트 작성하기

백그라운드에서 SBB 서비스를 실행하려면 시작 스크립트를 작성해야 한다. 이때 서버에서는 STS와 같은 IDE를 사용할 수 없으므로 나노nano 편집기를 사용해야 한다. 나노 편집기란 리눅스 기반 OS에서 사용할 수 있는 간단한 터미널 텍스트 편집기이다.

1. MobaXterm에서 sbb 디렉터리로 이동한 다음, nano start.sh 명령을 입력해 보자.

```
ubuntu@jumpto:~$ cd sbb   ← 이미 sbb 디렉터리로 이동했다면 이 명령은 생략한다.
ubuntu@jumpto:~/sbb$ nano start.sh
```

여기서 nano start.sh는 나노 편집기를 통해 start.sh라는 스크립트 파일을 생성 또는 편집하라는 명령문이다.

2. 명령을 실행하면 다음과 같은 화면이 나타난다. 이 화면이 바로 나노 편집기이다. 아쉽게도 나노 편집기에서는 마우스를 사용할 수 없다. 하지만 화살표 키로 커서를 움직이며 편집할 수 있으므로 그다지 어렵지 않다. 그리고 편집기 아래에는 여러 단축키 기능이 표시되어 있다.

> ^는 Ctrl 키를 의미한다. 예를 들어 ^X는 Ctrl과 X를 동시에 누르라는 뜻이다.

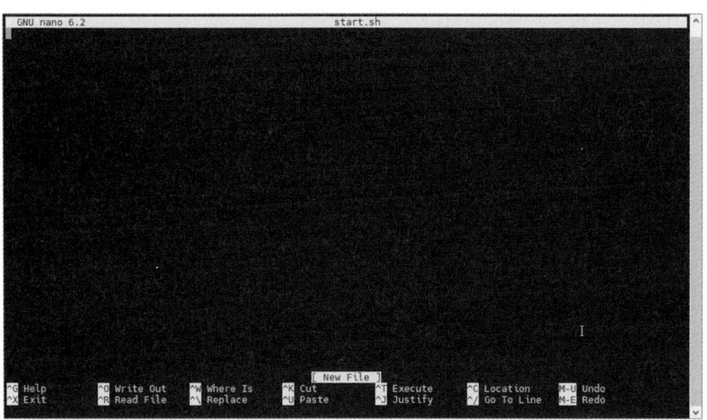

3. 나노 편집기에서 다음 내용을 입력해 보자.

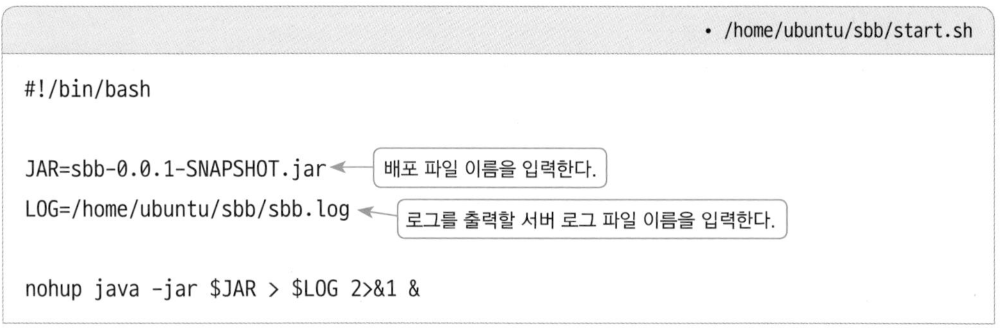

• /home/ubuntu/sbb/start.sh

```
#!/bin/bash

JAR=sbb-0.0.1-SNAPSHOT.jar
LOG=/home/ubuntu/sbb/sbb.log

nohup java -jar $JAR > $LOG 2>&1 &
```


이때 JAR 변수는 배포 파일 이름이고, LOG 변수는 로그를 출력할 파일 이름이다. start.sh에서 nohup는 프로세스를 실행한 터미널의 연결이 끊어지더라도 프로세스가 지속적으로 동작할 수 있게 해주는 명령어이고, 이어서 java -jar $JAR는 JAR 변수에 저장된 JAR 파일을 실행하라는 명령어이다. 명령어 > $LOG는 자바로 실행된 프로세스의 출력을 로그 파일에 저장하라는 의미이다. 2>&1은 오류 출력(stderr)을 일반 출력(stdout)으로 전달하라는 의미이다. 따라서 일반 로그와 오류 로그가 모두 sbb.log 파일에 저장될 것이다. 그리고 마지막의 & 기호는 백그라운드로 명령을 실행하라는 의미이다.

> 오류 출력을 지정하지 않으면 오류의 내용이 sbb.log 파일에 저장되지 않는다.

Ctrl+O를 누른 후, 화면 아래에 'File Name to Write: '이라는 프롬프트가 등장하면 Enter를 눌러 start.sh 파일을 저장한다. 그다음 Ctrl+X를 눌러서 편집기를 종료하자.

로그 파일에는 STS에서 로컬 서버 실행 시 콘솔 창에 표시되던 것과 동일한 로그들이 출력된다. 로그와 관련해서는 4-09절에서 더 자세히 다룬다.

4. 편집기를 빠져나와 다음과 같이 start.sh이라는 스크립트명만 입력하더라도 실행될 수 있도록 실행 권한을 부여하자.

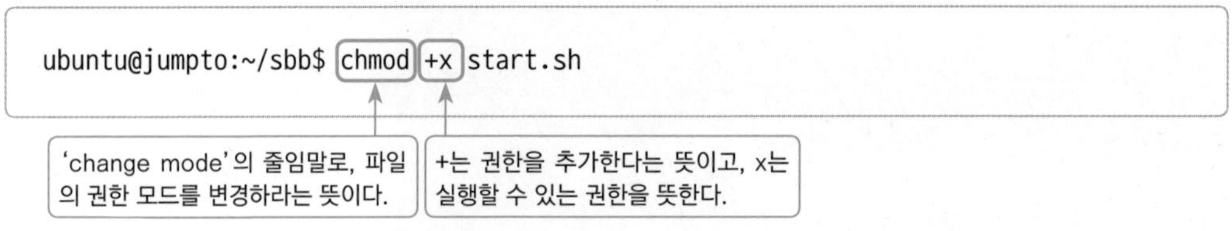

ubuntu@jumpto:~/sbb$ chmod +x start.sh
'change mode'의 줄임말로, 파일의 권한 모드를 변경하라는 뜻이다.
+는 권한을 추가한다는 뜻이고, x는 실행할 수 있는 권한을 뜻한다.

5. 다음과 같이 start.sh 파일을 실행하여 백그라운드로 서버를 실행해 보자.

```
ubuntu@jumpto:~/sbb$ ./start.sh
ubuntu@jumpto:~/sbb$
```

./는 현재 디렉터리를 뜻한다.

Do it! 실습 SBB 중지 스크립트 작성하기

이번에는 백그라운드에서 실행 중인 SBB 서비스를 중지하는 스크립트를 만들어 보자.

1. start.sh를 만들었을 때와 마찬가지로 nano 편집기를 통해 stop.sh 파일을 생성한 후, stop.sh 스크립트를 다음과 같이 작성해 보자.

• /home/ubuntu/sbb/stop.sh

```
#!/bin/bash

SBB_PID=$(ps -ef | grep java | grep sbb | awk '{print $2}')

if [ -z "$SBB_PID" ];
then
    echo "SBB is not running"
```

```
else
    kill -9 $SBB_PID
    echo "SBB stopped"
fi
```

SBB_PID는 현재 실행 중인 SBB 서비스의 프로세스 아이디이다. 프로세스 아이디는 이와 같이 ps 명령어와 grep 그리고 awk 명령어를 조합하여 찾을 수 있다. 조금 더 자세히 알아보면 ps -ef 명령은 현재 실행 중인 프로세스를 출력하고 grep java ¦ grep sbb 명령은 출력된 문자열에서 java와 sbb라는 문장이 포함된 프로세스만 필터링하여 출력한다. 그리고 awk '{print $2}' 명령은 출력 문자열의 2번째 항목인 프로세스 아이디만 뽑아내는 역할을 한다. 이러한 과정을 통해 SBB_PID값을 구할 수 있다. 만약 SBB 서비스의 프로세스가 없다면 'SBB is not running'이라는 메시지를 출력하고, 프로세스가 있다면 kill -9이라는 명령문으로 해당 프로세스를 강제로 종료한다.

2. 편집기를 빠져나와 다음과 같이 스크립트명만 입력하더라도 실행될 수 있게 실행 권한을 부여하자.

```
ubuntu@jumpto:~/sbb$ chmod +x stop.sh
```

3. 다음과 같이 stop.sh 파일을 실행하여 SBB 서비스를 중지해 보자.

```
ubuntu@jumpto:~/sbb$ ./stop.sh
```

4. 만약 SBB 프로그램이 변경되어 jar 파일을 새로 업로드했다면 변경된 내용을 적용하기 위해 stop.sh와 start.sh를 순서대로 실행하면 된다.

```
ubuntu@jumpto:~/sbb$ ./stop.sh
ubuntu@jumpto:~/sbb$ ./start.sh
```

4-07
서버 환경으로 분리하기

SBB 서비스는 DB로 H2 데이터베이스를 사용해 왔다. 우리는 그동안 좀 더 편리하게 개발하기 위해 H2 데이터베이스의 사용자명은 sa, 비밀번호는 빈값('')으로 설정했지만 실제 운영 환경, 특히 AWS와 같은 클라우드 서버에서는 이와 같은 설정은 보안상 매우 위험하다. 기본 사용자명과 비밀번호를 그대로 사용하면 누구나 H2 데이터베이스 콘솔에 로그인할 수 있기 때문이다. 따라서 서버 환경과 개발 환경을 분리하고, 서버 환경에서는 보안을 위해 DB에 비밀번호를 설정하는 것이 필요하다.

이번 절에서는 개발 환경과 서버 환경을 분리하고, 서버 환경에서 H2 데이터베이스의 비밀번호를 설정하는 방법을 알아보자.

Do it! 실습 서버 환경 파일 생성하기

사실 H2 데이터베이스에 비밀번호를 설정하는 방법은 매우 간단하다. STS에서 src/main/resource 디렉터리의 application.properties 파일을 열어 '1234'와 같이 비밀번호를 입력하기만 하면 된다.

```
spring.datasource.password=1234
```

하지만 우리는 개발 편의를 위해 로컬 환경은 여전히 비밀번호 없이 사용하고 서버 환경에만 비밀번호를 설정하고 싶다. 어떻게 하면 될까?

스프링 부트는 시작 옵션으로 다음과 같이 spring.profiles.active 항목을 전달할 수 있다.

```
java -Dspring.profiles.active=prod -jar sbb-0.0.1-SNAPSHOT.jar
```

이처럼 -Dspring.profiles.active=prod 옵션을 주어 실행하면 스프링 부트는 application.properties 파일 대신 application-prod.properties을 사용한다. 만약 -Dspring.profiles.active=abc 옵션을 주어 실행하면 서버 환경 파일로 application-abc.properties 파일을 사용하게 된다.

STS에서 src/main/resources 디렉터리에 application.properties 파일을 클릭해 마우스 오른쪽 버튼을 누른 후 [Copy → Paste]하여 application-prod.properties 파일을 생성해 보자. 그다음 서버에서 H2 데이터베이스를 사용하기 위해 application-prod.properties 파일을 다음과 같이 작성해 보자.

src/main/resources 디렉터리를 클릭해 마우스 오른쪽 버튼을 눌러 [New → File]을 클릭해 파일을 생성해도 좋다.

• application-prod.properties

```
# DATABASE
spring.h2.console.enabled=true
spring.h2.console.path=/h2-console
spring.h2.console.settings.web-allow-others=true
spring.datasource.url=jdbc:h2:~/local
spring.datasource.driverClassName=org.h2.Driver
spring.datasource.username=sa
spring.datasource.password=1234

# JPA
spring.jpa.properties.hibernate.dialect=org.hibernate.dialect.H2Dialect
spring.jpa.hibernate.ddl-auto=update
spring.jpa.properties.hibernate.format_sql=true
spring.jpa.properties.hibernate.show_sql=true
```

application.properties와 달리 여기서는 spring.datasource.password에 비밀번호를 설정하고 외부에서도 H2 콘솔에 접근할 수 있도록 spring.h2.console.settings.web-allow-others=true로 설정했다.

Do it! 실습 빌드 버전 변경하여 배포 파일 생성하기

환경 파일을 생성했으므로 SBB가 업데이트되었다. build.gradle 파일의 빌드 버전도 다음과 같이 변경해 주자. 빌드 버전을 바꾸지 않으면 이전 배포 파일과 동일한 jar 파일명으로 생성되므로 새로운 배포 파일을 생성할 때는 빌드 버전을 변경하는 것이 좋다.

• build.gradle

```
(... 생략 ...)

group = 'com.mysite'
version = '0.0.2'

(... 생략 ...)
```

이와 같이 수정한 후 다음과 같이 Run Configuration 창에서 Gradle Task의 sbb를 선택하고 [Run] 버튼을 클릭하여 배포 파일을 새로 만들자.

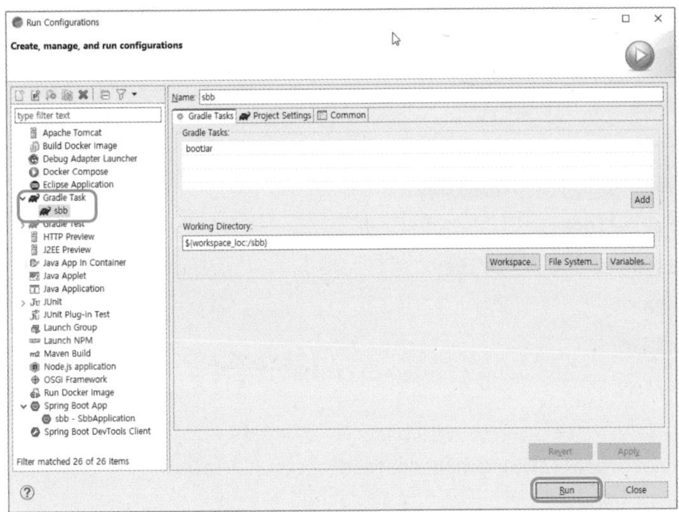

그러면 다음과 같은 배포 파일이 생성된다.

```
workspace/sbb/build/libs/sbb-0.0.2.jar
```

배포 파일을 생성했으니 sbb-0.0.2.jar 파일도 파일질라를 사용하여 서버의 sbb 디렉터리에 업로드하자.

파일질라를 통해 배포 파일을 업로드하는 방법이 기억나지 않는다면 4-05절의 'SFTP로 SBB 배포 파일 전송하기'를 참고해 보자.

Do it! 실습 서버에 변경 내용 적용하기

1. 데이터베이스에 비밀번호를 설정했기 때문에 기존에 있던 데이터베이스 파일을 지워야 한다. 왜냐하면 기존에 생성된 데이터베이스의 비밀번호와 현재 접속하려는 데이터베이스의 비밀번호가 다르기 때문이다.

만약 기존의 데이터를 유지하고 싶다면 서버에 변경 내용을 적용하기 전에 H2 콘솔에 접속하여 비밀번호를 변경하는 쿼리를 실행(쿼리의 예: ALTER USER sa SET PASSWORD '1234';)해야 한다.

먼저, MobaXterm으로 돌아가 다음과 같이 차례로 입력하여 기존의 데이터베이스 파일을 삭제하자.

터미널 창에서 사용자 홈 디렉터리로 이동하려면 cd 명령어만 입력해 보자.

```
ubuntu@jumpto:~$ ls
local.mv.db   sbb
ubuntu@jumpto:~$ rm local.mv.db
```

remove를 뜻하는 리눅스 명령어이다.

2. 다시 sbb 디렉터리로 이동한 후, 나노 편집기에서 서버의 start.sh 파일도 다음과 같이 수정하자.

앞서 언급했지만 나노 편집기는 마우스를 인식하지 않는다. 그러므로 커서를 확인하고 수정 위치까지 키보드로 이동하여 내용을 수정하자. 수정한 후에는 Ctrl+O → Enter → Ctrl+X 순으로 눌러 편집기를 빠져나오자.

• /home/ubuntu/sbb/start.sh

```
#!/bin/bash

JAR=sbb-0.0.2.jar
LOG=/home/ubuntu/sbb/sbb.log

nohup java -Dspring.profiles.active=prod -jar $JAR > $LOG 2>&1 &
```

새로 업로드한 sbb-0.0.2.jar를 적용하고 -Dspring.profiles.active=prod 옵션을 주어 스프링 부트가 실행되도록 설정했다.

3. 수정을 완료하면 다음과 같이 입력하여 SBB 서비스를 재시작하자.

```
ubuntu@jumpto:~/sbb$ ./stop.sh
SBB stopped.
 ubuntu@jumpto:~/sbb$ ./start.sh
```

spring_profiles_active 환경 변수를 사용할 수도 있다

-Dspring.profiles.active=prod 옵션 대신 spring_profiles_active 환경 변수를 설정하는 방법도 있다. spring_profiles_active 환경 변수를 사용하려면 start.sh를 다음과 같이 수정하면 된다.

```
#!/bin/bash

JAR=sbb-0.0.2.jar
LOG=/home/ubuntu/sbb/sbb.log
export spring_profiles_active=prod

nohup java -Dspring.profiles.active=prod -jar $JAR > $LOG 2>&1 &
```

export 명령으로 spring_profiles_active 환경 변수를 설정하고 기존의 -Dspring.profiles.active 항목은 삭제한다.

Do it! 실습 서버의 H2 콘솔 접속하기

1. 서버의 H2 콘솔에 접속하여 다음과 같이 비밀번호 없이 접속을 시도해 보자.

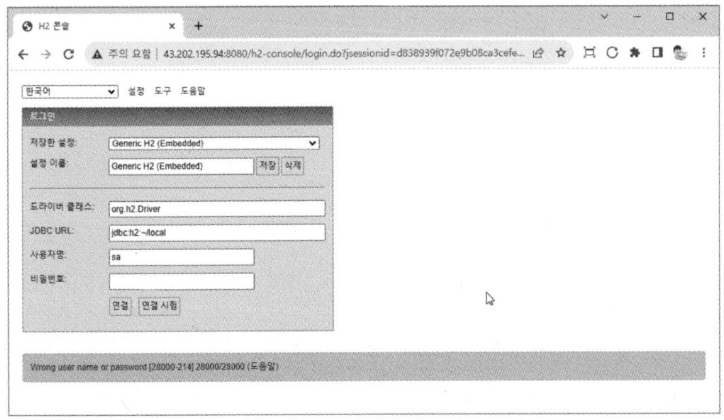

JDBC URL명을 jdbc:h2:~/local로 설정하는 것도 잊지 말자. H2 콘솔은 기본값으로 jdbc:h2:~/test로 되어 있다.

이와 같이 비밀번호가 잘못되었다는 오류 메시지를 확인할 수 있을 것이다.

2. 다시 서버 환경 파일에 설정한 비밀번호를 입력하여 로그인을 다시 시도해 보자. 로그인이 잘 수행되어 우리가 만든 테이블을 확인할 수 있을 것이다.

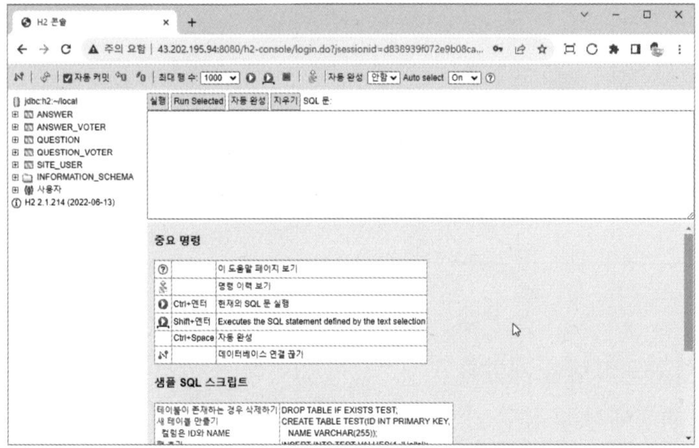

기존에 있던 데이터베이스 파일이 지워졌으므로 SELECT 문으로 테이블을 조회하면 모두 비어 있을 것이다.

개발 환경과 서버 환경을 다르게 설정해야 할 때 이와 같이 환경 파일을 분리하여 사용할 수 있다.

4-08
80번 포트로 웹 서비스 운영하기

우리는 그동안 개발 단계에서 웹 프로그램을 개발하고 테스트하기 위해 로컬 서버의 8080번 포트를 사용했다. 하지만 운영 환경에서는 실제 가장 많이 사용하는 80번 포트를 사용해야 한다.

사실 다음과 같이 -Dserver.port=80와 같은 옵션을 추가하여 스프링 부트 서비스를 실행하면 80번 포트로 서비스를 운영할 수 있다. 즉, 다음과 같이 실행하면 80번 포트로 서비스할 수 있다.

```
$ sudo java -Dserver.port=80 -jar sbb-0.0.2.jar
```

하지만 이와 같이 80번 포트를 직접 지정해 사용하는 방법은 추천하지 않는다. 80번 포트로 서버를 실행하려면 루트 권한이 필요하다는 단점도 있고, SSL을 적용한 HTTPS 서비스를 운영하기가 쉽지 않기 때문이다.

SSL을 적용하려면 도메인이 필요하다. SSL을 적용하는 방법은 4-10절에서 더 자세히 알아보자.

이러한 이유로 우리는 엔진엑스Nginx나 아파치Apache와 같은 웹 서버를 사용해 80번 포트로 웹 서비스를 제공하려고 한다. 그중에서도 엔진엑스는 높은 성능을 위해서 개발된 웹 서버로, 설정이 간단하고 쉽게 사용할 수 있다. 이번 절에서는 엔진엑스와 스프링 부트를 연동하여 80번 포트로 우리가 만든 SBB 서비스를 운영하는 방법을 알아보자.

Do it! 실습 엔진엑스 설치 및 설정하기

1. MobaXterm에서 다음과 같이 입력하여 루트 권한으로 엔진엑스를 설치해 보자.

```
ubuntu@jumpto:~$ sudo apt install nginx
```

엔진엑스 설치 시 등장하는 질문에는 'Yes'를 선택한 후, 다음 화면에서는 [OK]를 선택하자.

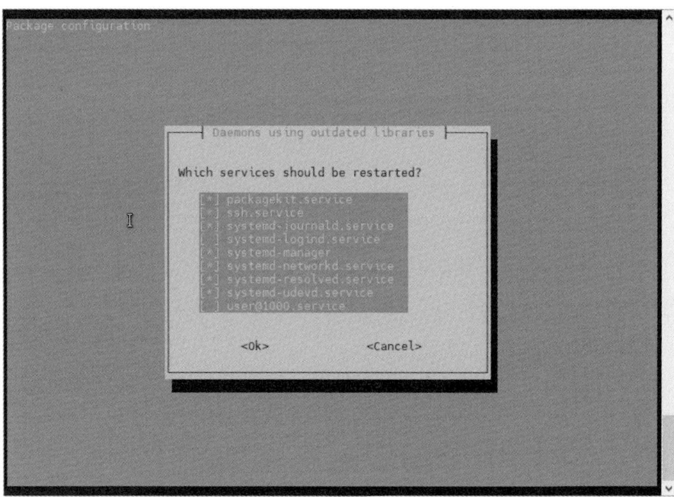

이 화면에서 Tab 키를 누르면 [Ok]를 선택할 수 있다.

2. 설치를 완료한 후, /etc/nginx/sites-available 디렉터리로 이동해 보자.

```
ubuntu@jumpto:~$ cd /etc/nginx/sites-available
```

/etc/nginx/sites-available 디렉터리는 엔진엑스의 설정 파일이 위치한 디렉터리이다. 처음 설치했을 때는 이 디렉터리 안에 'deafult'라는 설정 파일만 존재한다.

3. SBB 서비스의 엔진엑스 설정 파일을 다음과 같이 루트 권한으로 생성해 보자.

```
ubuntu@jumpto:/etc/nginx/sites-available$ sudo nano sbb
```

나노 편집기에서 sbb 파일의 내용을 다음과 같이 작성해 보자.

• /etc/nginx/sites-available/sbb

```
server {
        listen 80;
        server_name localhost;

        location / {
                proxy_pass http://localhost:8080;
                proxy_set_header X-Real-IP $remote_addr;
                proxy_set_header X-Forwarded-For $proxy_add_x_forwarded_for;
                proxy_set_header Host $http_host;
        }
}
```

이 코드 블록 안에 웹 서버의 설정을 정의한다.

작성한 내용을 살펴보면 listen 80은 웹 서버를 80번 포트로 서비스한다는 의미이다. 이제 http://43.202.195.94:8080/와 같은 URL에서 포트 번호를 생략하고 http://43.202.195.94와 같이 입력하여 웹 브라우저에서 접속할 수 있다. 아직은 우리가 ip와 연결된 도메인을 구입하지 않았으므로 server_name에는 localhost를 입력했다.

도메인과 관련해서는 4-10절에서 더 자세히 다룰 예정이다. 만약 도메인을 구입했다면 localhost 대신 해당 도메인명을 server_name으로 적어 주면 된다.

location / { … }은 /로 시작되는 모든 URL, 즉 모든 클라이언트 요청에 대한 설정을 담당하는 영역이다. 여기서 작성한 세부 설정의 내용은 다음과 같다.

- proxy_pass: 엔진엑스 웹 서버가 받은 모든 클라이언트 요청을 http://localhost:8080으로 리다이렉트한다.
- proxy_set_header: 브라우저에서 SBB 서비스를 호출하면 엔진엑스를 통해서 스프링 부트의 톰캣 서버로 요청이 전달된다. proxy_set_header 설정은 이 과정에서 클라이언트의 주소가 실제 IP 주소가 아닌 엔진엑스가 설치된 서버의 주소로 톰캣 서버에 전달되는 것을 방지하기 위해 사용한다.

4. 이제 작성한 sbb 파일을 엔진엑스가 SBB 서비스의 설정 파일로 읽을 수 있도록 sbb 파일을 /etc/nginx/sites-enabled 디렉터리에 링크해야 한다.

먼저 파일을 저장한 후, 나노 편집기를 빠져나와 site-enabled 디렉터리로 이동해 보자.

```
ubuntu@jumpto:/etc/nginx/sites-available$ cd /etc/nginx/sites-enabled/
ubuntu@jumpto:/etc/nginx/sites-enabled$
```

sites-enabled 디렉터리는 site-available 디렉터리에 있는 설정 파일 중에서 활성화하고 싶은 것을 링크로 관리하는 디렉터리이다.

5. ls 명령을 수행하면 현재 default 설정 파일만 링크되어 있음을 확인할 수 있다.

```
ubuntu@jumpto:/etc/nginx/sites-enabled$ ls
default
```

6. site-enabled 디렉터리의 default 링크는 다음과 같이 삭제하자.

default 링크는 동일한 80번 포트를 사용하도록 설정되어 있으므로 반드시 삭제해야 한다.

```
ubuntu@jumpto:/etc/nginx/sites-enabled$ sudo rm default
```

7. 그리고 다음과 같이 /etc/nginx/sites-available/sbb 파일을 /etc/nginx/sites-enabled/sbb 파일로 링크하자.

```
ubuntu@jumpto:/etc/nginx/sites-enabled$ sudo ln -s /etc/nginx/sites-available/sbb
```

8. 다시 ls 명령을 수행하면 default는 사라지고 sbb 링크만 남는 것을 확인할 수 있다.

```
ubuntu@jumpto:/etc/nginx/sites-enabled$ ls
sbb
```

Do it! 실습 엔진엑스 실행 및 적용하기

1. 엔진엑스를 설치할 때 엔진엑스가 자동으로 실행됐으므로 엔진엑스 설정을 적용하려면 다음과 같이 입력하여 엔진엑스를 다시 시작해야 한다.

```
ubuntu@jumpto:/etc/nginx/sites-enabled$ sudo systemctl restart nginx
```

엔진엑스 명령어를 살펴보자

1. Nginx의 설정 파일에 오류가 있는지 확인하는 방법은 다음과 같다.

```
ubuntu@jumpto:/etc/nginx/sites-enabled$ sudo nginx -t
nginx: the configuration file /etc/nginx/nginx.conf syntax is ok
nginx: configuration file /etc/nginx/nginx.conf test is successful
```

sudo nginx -t를 입력하고 이와 같이 터미널 창에 출력된다면 문제가 없다. 만약 nginx -t 명령 수행 시 오류가 발생한다면 설정이 올바르지 않은 경우이므로 엔진엑스 웹 서버가 정상적으로 실행되지 않을 것이다. 오류가 발생한다면 sbb 파일에 입력한 문장에 문제가 없는지 잘 살펴보자.

2. 엔진엑스를 중지하는 명령은 다음과 같다.

```
ubuntu@jumpto:/etc/nginx/sites-enabled$ sudo systemctl stop nginx
```

3. 엔진엑스를 시작하는 명령은 다음과 같다.

```
ubuntu@jumpto:/etc/nginx/sites-enabled$ sudo systemctl start nginx
```

2. 엔진엑스 웹 서버를 적용했으니 웹 브라우저에서 다음과 같은 URL로 접속해 보자. 이때 여러분의 고정 IP를 사용하도록 하자.

```
http://43.202.195.94
```

웹 서버(엔진엑스)를 사용하기 때문에 이전과 달리 :8080과 같은 포트 번호를 사용할 필요가 없으며 HTTP 기본 포트인 80 포트를 사용할 수 있다. 80번 포트는 http://43.202.195.94:80과 같이 사용해도 되지만 :80을 생략할 수 있다. 다음처럼 완벽하게 실행되는 SBB를 확인할 수 있다.

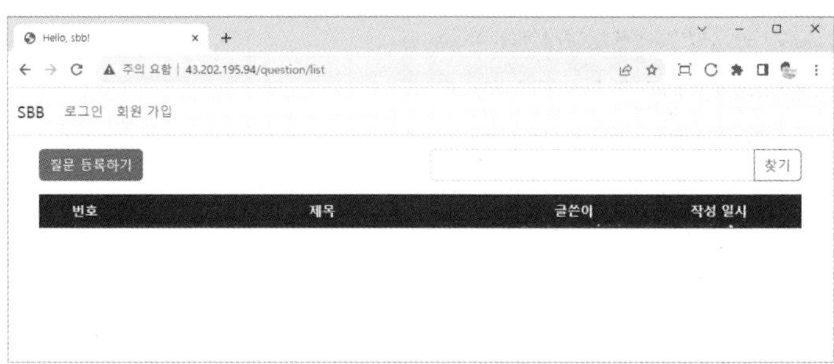

502 오류가 발생했다!

다음은 502 오류가 발생한 화면이다.

만약 80번 포트로 접속 시 다음과 같이 502 오류가 발생한다면 엔진엑스는 실행되었는데 스프링 부트 서비스가 실행되지 않은 경우이므로 터미널 창에 다음과 같이 start.sh를 입력하여 스프링 부트 서비스를 실행해 보자.

```
ubuntu@jumpto:~/sbb$ ./start.sh
```

4-09 로그 관리하기

로그log란 프로그램 또는 시스템에서 발생하는 이벤트, 정보, 상태, 오류 등을 기록한 것을 말하고, 이러한 로그를 생성하고 저장하는 것을 로깅logging이라 한다. 로그는 기록된 데이터인 반면, 로깅은 생성하고 저장하는 프로세스와 도구를 모두 아우르는 말이다. 로그는 프로그램의 동작을 추적해 문제를 해결하거나 성능을 분석하기 위한 목적으로 활용된다. 이 때문에 로그 관리는 프로그램 개발과 운영에서 아주 중요한 역할을 한다.

스프링 부트는 기본적으로 로그백logback이라는 로깅 도구를 사용하여 로그를 관리한다. STS의 콘솔 창에 출력되는 내용과 서버에서 sbb.log 파일에 출력되는 내용 모두 이 로그백에 의해 출력되는 로그이다. 그런데 현재 서버에 생성되는 로그 파일(sbb.log)에는 다음과 같은 몇 가지 문제가 있다.

- SBB 서비스를 다시 실행할 경우(즉, stop.sh를 하고 start.sh를 실행할 경우) 이전 로그가 삭제된다.
- 로그가 쌓일수록 로그 파일의 용량이 커지며 무한대로 증가할 수 있다.
- 로그 시간이 시스템 시간이 아닌 UTC 시간으로 출력된다.

이 문제를 어떻게 해야 해결할 수 있을까?

Do it! 실습 서버 로그 분리하기

앞서 말한 서버 로그의 문제점을 해결하려면 개발 환경의 로그와 서버 환경의 로그를 분리해서 관리해야 한다. 그러기 위해 4-07절에서 서버 환경으로 분리한 것처럼 다음과 같이 application-prod.properties 파일에 로깅 설정을 추가해 서버 로그를 분리해 보자.

• application-prod.properties

```
# DATABASE
(... 생략 ...)

# JPA
```

```
(... 생략 ...)

# logging
logging.logback.rollingpolicy.max-history=30
logging.logback.rollingpolicy.max-file-size=100MB
logging.file.name=logs/sbb.log
logging.logback.rollingpolicy.file-name-pattern=${LOG_FILE}.%d{yyyy-MM-dd}-%i.log
logging.pattern.dateformat=yyyy-MM-dd HH:mm:ss.SSS,Asia/Seoul
```

application-prod.properties 파일에 이와 같이 logging 설정을 추가했다. 각각의 항목을 알아보자.

- logging.logback.rollingpolicy.max-history: 로그 파일을 유지할 기간(일수)을 설정한다. 여기서는 30일 간의 로그만 유지하도록 했다.
- logging.logback.rollingpolicy.max-file-size: 로그 파일 1개의 최대 용량(size)를 설정한다. 여기서는 100MB로 설정했다.
- logging.file.name: 로그 파일의 이름을 설정한다. 여기서 logs/sbb.log는 logs 디렉터리의 하위에 sbb.log라는 이름으로 로그 파일을 생성하라는 의미이다.
- logging.logback.rollingpolicy.file-name-pattern: 로그 파일의 용량이 설정한 용량을 초과하거나 날짜가 변경될 경우 새로이 만들어질 로그 파일의 이름에 관한 규칙(pattern)을 설정한다.
- logging.pattern.dateformat: 로그 출력 시 출력하는 날짜와 시간의 형식과 타임존timezone을 설정한다. 여기서는 Asia/Seoul로 설정했다. 만약 타임존을 설정하지 않을 경우 UTC 시간을 기준으로 출력한다.

이와 같이 수정하고 빌드 버전을 변경하여 배포 파일(sbb-0.0.3.jar)을 새로 작성하여 서버에 업로드하자.

이 과정이 기억나지 않는다면 4-07절의 '빌드 버전 변경하여 배포 파일 생성하기'를 다시 복습하고 돌아오자.

Do it! 실습 서버에서 start.sh 변경하기

1. 로깅 설정을 변경했으므로 서버에 변경 내용을 적용하기 위해 mobaXterm으로 돌아가 start.sh 파일도 다음과 같이 수정해 보자.

이 과정도 기억나지 않는다면 4-07절의 '서버에 변경 내용 적용하기'를 복습하고 돌아오자.

```
• /home/ubuntu/sbb/start.sh

#!/bin/bash

JAR=sbb-0.0.3.jar
LOG=/dev/null
export spring_profiles_active=prod

nohup java -jar $JAR > $LOG 2>&1 &
```

start.sh 실행 시 생성되는 로그 파일을 sbb.log에서 /dev/null로 변경했다. 왜냐하면 앞서 로깅 설정을 통해 logs 디렉터리 하위에 로그 파일(sbb.log)이 생성되도록 설정했기 때문이다. 자바 프로그램의 출력을 /dev/null로 지정하면 콘솔 출력이 무시된다.

2. 기존의 로그는 더 이상 필요하지 않으므로 다음과 같이 삭제하자.

```
ubuntu@jumpto:~/sbb$ rm sbb.log
```

3. SBB 서비스를 다음과 같이 재시작하자.

```
ubuntu@jumpto:~/sbb$ ./ stop.sh
SBB stopped
ubuntu@jumpto:~/sbb$ ./start.sh
```

4. 재시작하면 다음과 같이 logs 디렉터리가 생성되고, logs 디렉터리 밑에 sbb.log 파일이 생성되는 것을 확인할 수 있다.

```
ubuntu@jumpto:~/sbb$ cd logs
ubuntu@jumpto:~/sbb/logs$ ls
sbb.log
```

이제 기존 로그도 사라지지 않고 30일 간 날짜별(용량별)로 유지되며, 우리나라 시각을 기준으로 잘 출력될 것이다.

Do it! 실습 사용자 로그 작성하기

지금까지는 스프링 부트 프레임워크가 출력하는 로그들을 관리하는 방법을 알아보았다. 한편 사용자, 즉 개발자가 코드를 직접 작성하여 로그를 출력할 수도 있다. 프로그램에 문제가 발생했을 때 로그를 추가해 원인을 파악하고 해결할 수 있다. 여기서는 사용자가 로그를 작성하는 방법을 알아보자.

질문 목록 조회 시 GET 방식으로 요청되는 page, kw 매개변수의 입력값을 로그로 출력해 보자. STS로 돌아가 src/main/java 디렉터리의 com.mysite.sbb.question 패키지에 QustionController.java 파일을 다음과 같이 수정해 보자.

• QuestionController.java

```
package com.mysite.sbb.question;

(... 생략 ...)
import lombok.RequiredArgsConstructor;
import lombok.extern.slf4j.Slf4j;

@Slf4j
@RequiredArgsConstructor
@Controller
@RequestMapping("/question")
public class QuestionController {

    (... 생략 ...)

    @GetMapping("/list")
    public String list(Model model, @RequestParam(value = "page", defaultValue =
"0") int page, @RequestParam(value = "kw", defaultValue = "") String kw) {
        log.info("page:{}, kw:{}", page, kw);
        Page<Question> paging = this.questionService.getList(page, kw);
        model.addAttribute("paging", paging);
        model.addAttribute("kw", kw);
        return "question_list";
    }

    (... 생략 ...)
}
```

롬복이 제공하는 @Slf4 애너테이션을 사용하면 log 객체를 사용할 수 있다. 그리고 log 객체를 사용하여 debug, error 등의 로그 레벨로 로그를 출력할 수 있다. 로그 레벨log level은 다음과 같이 6단계로 구성되며, 각 단계의 로그는 log.trace, log.debug, log.info, log.warn, log.error, log.fatal과 같이 출력할 수 있다.

- **trace(1단계)**: 가장 낮은 로그 레벨이며, debug보다 정보를 훨씬 상세하게 기록할 경우에 사용한다.
- **debug(2단계)**: 디버깅 목적으로 사용한다.
- **info(3단계)**: 주요 이벤트나 상태 등의 일반 정보를 출력할 목적으로 사용한다.
- **warn(4단계)**: 문제가 발생할 가능성이 있는 상태나 상황 등(비교적 작은 문제)에 관한 경고 정보를 출력할 목적으로 사용한다.
- **error(5단계)**: 심각한 문제나 예외 상황 등(비교적 큰 문제)에 대한 오류 정보를 출력할 목적으로 사용한다.
- **fatal(6단계)**: 가장 높은 로그 레벨이며, 프로그램 기능의 일부가 실패하거나 오류가 발생하는 등 아주 심각한 문제에 관한 정보를 출력할 목적으로 사용한다.

설명에서 짐작할 수 있듯이 로그 레벨의 순서는 다음과 같다.

```
TRACE < DEBUG < INFO < WARN < ERROR < FATAL
```

만약 application-prod.properties 파일에 logging.level.root=info로 설정하면 TRACE, DEBUG 로그는 출력되지 않고 INFO 이상의 로그만 출력된다. 즉, log.trace 또는 log.debug로 출력하는 로그는 출력되지 않고 logging.info, logging.warn, logging.error, logging.fatal로 출력한 로그만 출력된다는 뜻이다.

logging.level.root의 기본값은 info이다. 특별히 설정하지 않으면 info로 설정된다.

이와 같이 QuestionController에 로그를 추가하고 새로운 배포 파일을 작성해 서버에 적용하면 추가한 로그가 sbb.log에 출력되는 것을 확인할 수 있다.

4-10
도메인 사용하기

지금까지 SBB 서비스에 접속하려면 브라우저 주소 창에 다음과 같이 고정 IP를 입력해 왔다.

```
http://43.202.195.94
```

잘 알다시피 웹 사이트 대부분은 이런 식으로 IP를 입력해 접속하지 않는다. 고정 IP는 외우기 어려워서 보통 다음과 같이 기억하기 쉬운 도메인을 사용한다.

```
http://pybo.kr
```

우리도 고정 IP 대신 도메인을 사용하는 방법을 알아보자.

미리 말하자면 도메인을 사용하려면 비용이 연간 1~3만원 든다는 점을 알아 두자.

Do it! 실습 도메인 구입하기

1. 도메인을 사용하기에 앞서 가장 먼저 사용할 수 있는 도메인인지 확인해야 한다. 다음 URL(https://whois.kr)에서 사용할 수 있는 도메인을 검색해 보자. 예를 들어 'pahkey.co.kr'을 검색하면 다음과 같이 등록되지 않은 도메인이라 나온다.

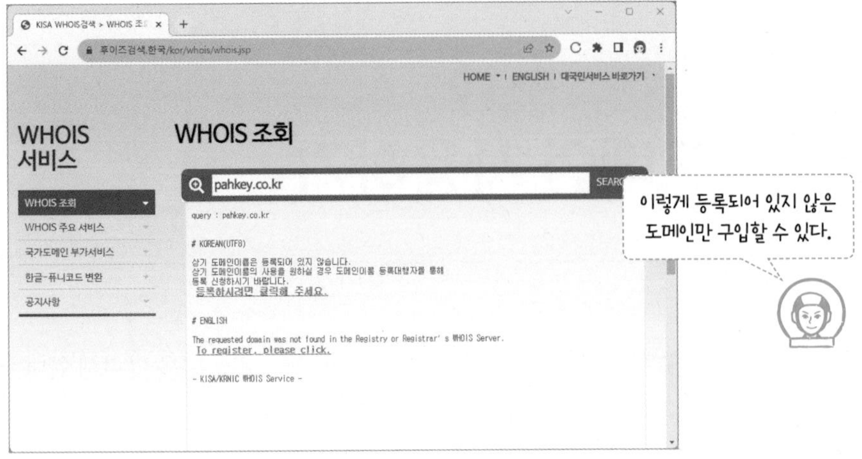

2. 구매할 수 있는 도메인을 찾았다면 이를 구매해 보자. AWS에서도 도메인을 판매한다. AWS에서 도메인을 구매한다면 AWS Route 53(https://console.aws.amazon.com/route53/home)에 접속하면 된다. 하지만 AWS Route 53은 pybo.kr과 같이 .kr 또는 .co.kr과 같은 도메인은 취급하지 않는다. 만약 .kr과 같은 국내 도메인을 구매하고 싶다면 다른 도메인 업체를 알아봐야 하는데, 구매 방법은 도메인 업체마다 다르므로 여기서는 다루지 않는다.

필자는 가비아에서 pybo.kr 도메인을 구매했다.

3. 도메인 구입 시에 네임 서버 주소를 설정하는 항목이 있는데 일단 해당 업체의 네임 서버 주소를 사용하는 것으로 설정하자. 네임 서버 주소는 고정 IP와 도메인을 연결하는 역할을 하므로 중요하다. 도메인에 등록된 네임 서버 주소는 언제든지 수정할 수 있으니 걱정하지 말자.

도메인에 등록된 네임 서버 주소는 AWS Lightsail에서 제공하는 네임 서버 주소로 곧 변경할 것이다.

네임 서버^name server^는 고정 IP 주소를 기억하고 있다가 문자로 된 도메인 이름이 입력되면 웹 페이지나 프로그램 접속에 필요한 IP로 바꾸어 주는 역할을 하는 서버이다.

Do it! 실습 도메인 연결하기

도메인을 구입했다면 이제 도메인과 AWS에 등록된 고정 IP를 연결해 보자. 그래야만 고정 IP 대신 도메인 주소를 사용할 수 있다.

1. https://lightsail.aws.amazon.com에 접속해 로그인한 뒤, [도메인 및 DNS] 메뉴를 선택하고 [DNS 영역 생성]을 선택한다.

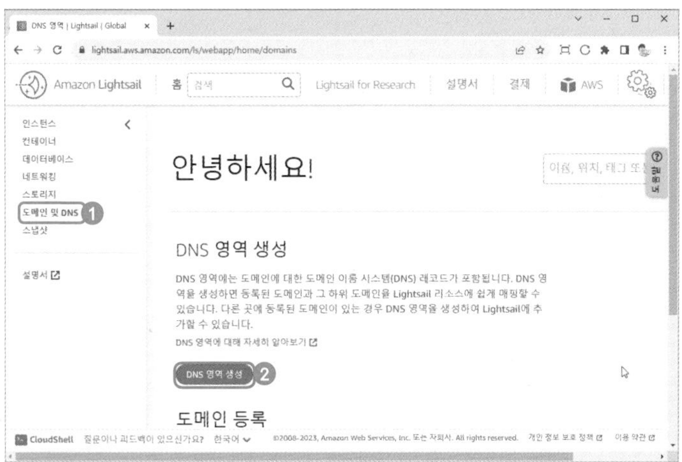

2. 구매한 도메인(예: pybo.kr)을 입력하고 [DNS 영역 생성] 버튼을 클릭한다.

3. [DNS 영역 생성] 버튼을 클릭하면 다음과 같이 pybo.kr DNS 영역이 생성된다.

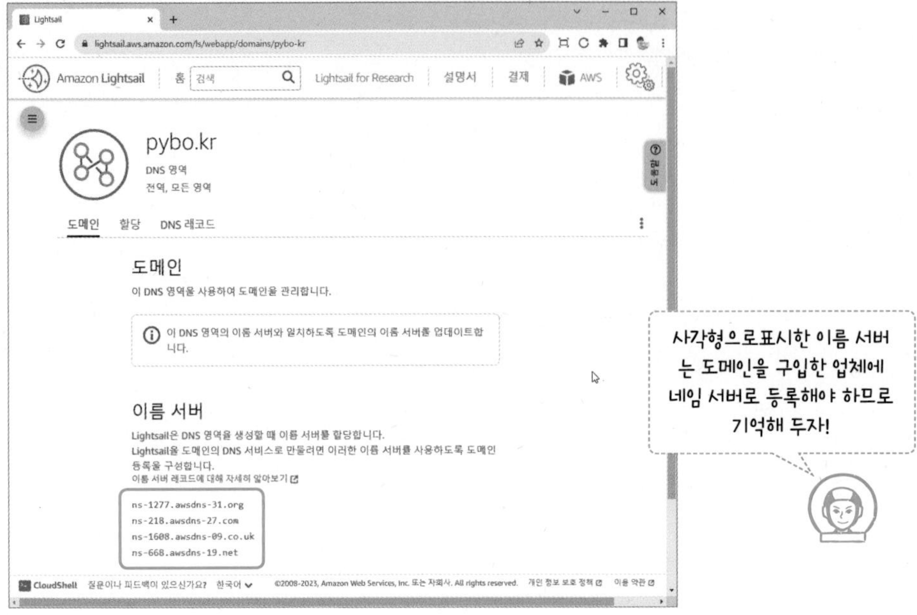

4. [할당] 탭을 선택한 후 [+할당 추가]를 선택한다.

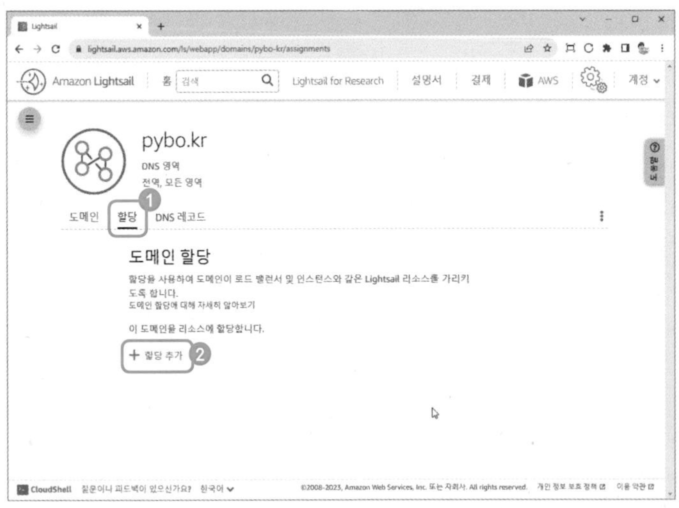

5. [도메인 이름 선택]에서 pybo.kr와 같이 여러분이 등록한 도메인명을 선택하고, [리소스 선택]에서 StaticIp-1과 같이 이전에 등록한 고정 IP를 선택한다. 마지막으로 오른쪽 하단의 [할당]을 클릭한다.

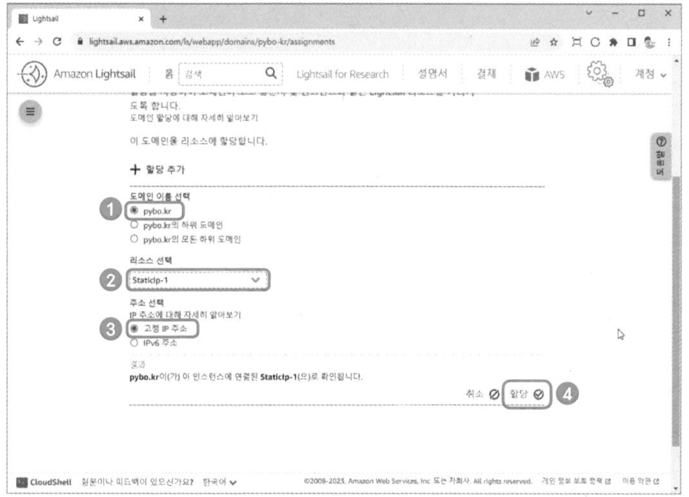

6. 그러면 다음 화면을 볼 수 있다.

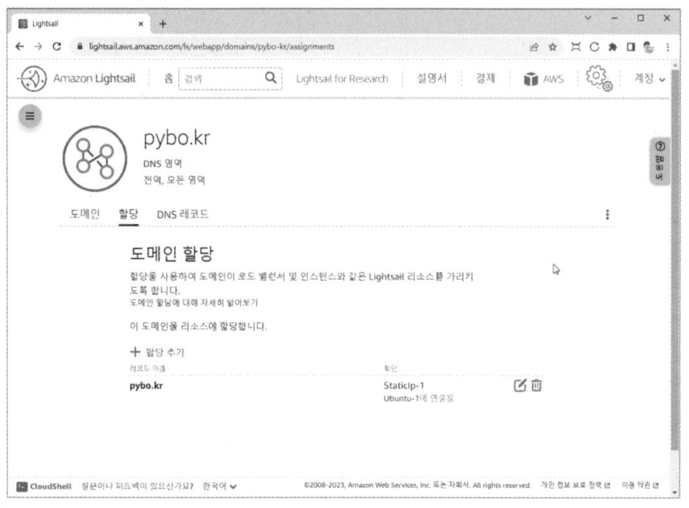

7. 이제 AWS 라이트세일에서 네임 서버 주소를 생성했으므로 다시 도메인을 구매한 업체 URL에 접속하여 구매한 도메인과 연결된 네임 서버 주소를 변경해야 한다. 다음은 필자가 구입한 pybo.kr의 네임 서버 주소를 등록하는 화면이다. 업체마다 차이는 있겠지만 다음과 같이 AWS Lightsail의 이름 서버(네임 서버) 주소 4개를 차례로 등록하면 된다.

AWS Lightsail의 이름 서버 주소는 [도메인] 탭을 클릭하면 다시 볼 수 있다.

네임 서버 적용은 상황에 따라 다르지만 보통 1~2일이 걸린다.

Do it! 실습 도메인 적용하기

1. 도메인이 생성되었으므로 웹 서버의 설정을 변경해야 한다. mobaXterm으로 돌아가 나노 편집기를 통해 다음과 같이 엔진엑스의 설정을 변경해 보자.

• /etc/nginx/sites-available/sbb

```
server {
        listen 80;
        server_name pybo.kr;

        location / {
                proxy_pass http://localhost:8080;
                proxy_set_header X-Real-IP $remote_addr;
                proxy_set_header X-Forwarded-For $proxy_add_x_forwarded_for;
                proxy_set_header Host $http_host;
        }
}
```

server_name을 localhost에서 pybo.kr로 변경했다.

2. server_name을 수정했으므로 나노 편집기에서 수정 내용을 저장한 후 빠져나와, 다음과 같이 엔진엑스를 다시 시작해 보자.

```
ubuntu@jumpto:/etc/nginx/sites-enabled$ sudo systemctl restart nginx
```

3. 이제 고정 IP 대신 여러분의 도메인으로 SBB 서비스에 접속할 수 있다!

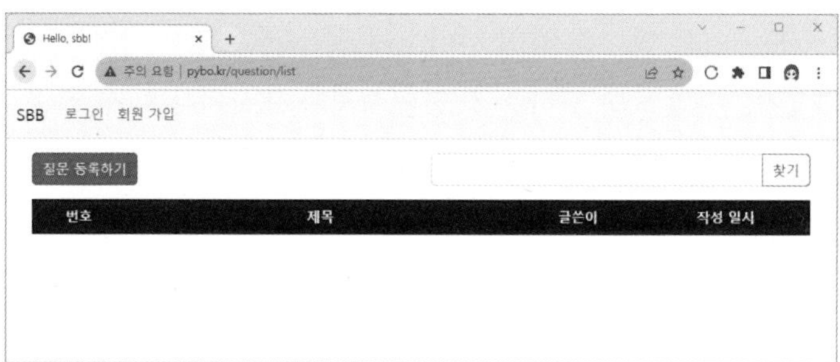

4-11 HTTPS로 전환하기

이제 브라우저에서 고정 IP 대신 도메인을 입력해 SBB 서비스에 접속할 수 있다. 하지만 브라우저의 주소 창을 보면 다음과 같이 '주의 요함'이라는 경고 메시지가 표시된다.

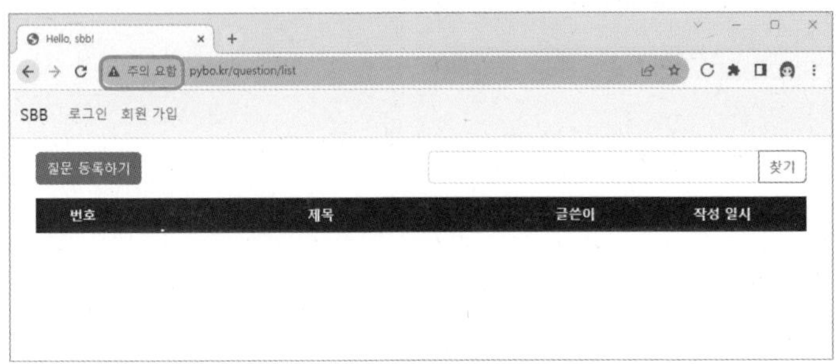

이러한 경고 메시지가 보이는 이유는 https://이 아닌 주소를 사용하기 때문이다. 즉, https가 아닌 http 프로토콜을 사용했기 때문이다. 브라우저는 HTTPS가 아닌 HTTP 사용 시 항상 이러한 경고 메시지를 보여 준다.

HTTPS가 필요한 이유

HTTPS가 아닌 HTTP 프로토콜을 사용하면 웹 서버와 웹 브라우저 사이에 주고받는 데이터가 암호화되지 않으므로 이 과정에서 누군가가 데이터를 훔쳐볼 수도 있다. 이 말은 SBB 서비스의 보안이나 개인 정보가 보호되지 않는다는 의미이다. 따라서 웹 브라우저와 SBB 서비스 사이의 네트워크 구간에서 주고받는 데이터는 반드시 암호화하여 데이터가 노출되더라도 무슨 내용인지 알 수 없도록 해야 한다. 이러한 역할을 하는 것이 바로 HTTP에 SSL Secured Socket Layer 기능을 더한 HTTPS 프로토콜이다. 우리가 만든 SBB 서비스에 HTTPS 프로토콜을 제공하려면 SSL 인증서가 필요하다. SSL 인증서를 발급받아 엔진엑스에 적용하여 HTTPS 프로토콜로 서비스를 제공해 보자.

SSL은 4-08절에서 잠깐 언급했지만 웹 서버와 웹 브라우저 사이의 데이터 통신을 공개키 방식으로 암호화하여 보안을 제공하는 프로토콜이자 기술이다. 여기서는 SSL 자체를 설명하는 것이 중요하지 않으므로 이 정도만 이해하자.

Do it! 실습 SSL 인증서를 발급받아 HTTPS로 접속하기

SSL 인증서는 인증 기관으로부터 발급받아야 한다. 대표적인 인증 기관으로는 Comodo, Thawte, GeoTrust, DigiCert 등이 있다. 사실 도메인 구입과 마찬가지로 이러한 인증 기관에서 발급받는 SSL 인증서는 유료이다(인증서의 가격은 인증 기관별로 다르다.). 하지만 우리는 무료로 SSL 인증서를 발급해 주는 Let's Encrypt 서비스를 사용해 보자.

유료 인증서는 보안 사고 시 인증서에 따라 배상금을 인증 기관에서 지급한다. 이러한 이유로 대기업이나 금융 기관에서는 유료 인증서를 사용한다.

1. 터미널 프로그램에서 다음과 같이 certbot과 python3-certbot-nginx를 설치해 보자. 이는 각각 Let's Encrypt SSL 인증서를 쉽게 생성하고 관리할 수 있는 도구와 라이브러리이다.

```
ubuntu@jumpto:~$ sudo apt install certbot
ubuntu@jumpto:~$ sudo apt install python3-certbot-nginx
```

설치 시 등장하는 질문에는 [Ok]를 선택하자.

certbot은 SSL 인증서를 생성, 발급, 갱신, 관리하는 데 사용한다. python3-certbot-nginx는 certbot을 엔진엑스 웹 서버와 함께 사용하려면 필요하다.

2. 설치를 완료했다면 다음과 같이 엔진엑스 웹 서버에서 사용할 Let's Encrypt의 인증서를 발급하자.

```
ubuntu@jumpto:~$ sudo certbot certonly --nginx
Saving debug log to /var/log/letsencrypt/letsencrypt.log
Enter email address (used for urgent renewal and security notices)
 (Enter 'c' to cancel): pahkey@gmail.com

- - - - - - - - - - - - - - - - - - - - - - - - - - - - - - - - - - - - - - - -
Please read the Terms of Service at
https://letsencrypt.org/documents/LE-SA-v1.2-November-15-2017.pdf. You must
agree in order to register with the ACME server. Do you agree?
- - - - - - - - - - - - - - - - - - - - - - - - - - - - - - - - - - - - - - - -
(Y)es/(N)o: y
```

```
- - - - - - - - - - - - - - - - - - - - - - - - - - - - - - - - - - - - - - -
Would you be willing, once your first certificate is successfully issue,   to
share your email address with the Electronic Frontier Foundation, a founding
partner of the Let's Encrypt project and the non-profit organization that deve
lops Certbot? We'd like to send you email about our work encrypting the web, EFF
news, campaigns, and ways to support digital freedom.
- - - - - - - - - - - - - - - - - - - - - - - - - - - - - - - - - - - - - - -
(Y)es/(N)o: y
Account registered.
Please enter in your domain name(s) (comma and/or space separated) (Enter 'c' to
cancel): pybo.kr  ← 도메인 입력
Obtaining a new certificate
Performing the following challenges:
http-01 challenge for pybo.kr
Using default address 80 for authentication.
Waiting for verification...

(... 생략 ...)
```

이와 같이 순서대로 내용을 입력하면 다음과 같은 위치에 인증서가 생성된다.

```
/etc/letsencrypt/live/pybo.kr/fullchain.pem
/etc/letsencrypt/live/pybo.kr/privkey.pem
```

반드시 여러분의 도메인을 입력해야 한다.

3. 이제 생성한 SSL 인증서를 엔진엑스에 적용하기 위해 나노 편집기에서 다음과 같이 sbb 파일을 수정해 보자.

• /etc/nginx/sites-available/sbb

```
server {
        listen 80;
        server_name pybo.kr;
        rewrite        ^ https://$server_name$request_uri? permanent;
}
```

```
server {
        listen 443 ssl;
        server_name pybo.kr;

        ssl_certificate /etc/letsencrypt/live/pybo.kr/fullchain.pem;
        ssl_certificate_key /etc/letsencrypt/live/pybo.kr/privkey.pem;
        include /etc/letsencrypt/options-ssl-nginx.conf;

        location / {
                proxy_pass http://localhost:8080;
                proxy_set_header X-Real-IP $remote_addr;
                proxy_set_header X-Forwarded-For $proxy_add_x_forwarded_for;
                proxy_set_header Host $http_host;
        }
}
```

SSL과 관련된 설정을 적용한다.

HTTP 요청을 받는 80번 포트를 HTTPS 요청을 받는 443번 포트로 리다이렉트하도록 설정했다. 그리고 설치한 SSL 인증서를 적용하기 위해 SSL 관련 설정을 적용했다.

4. 이와 같이 엔진엑스의 설정을 바꿨으므로 다음과 같이 엔진엑스를 재시작해 보자.

```
ubuntu@jumpto:~$ sudo systemctl restart nginx.service
```

5. 엔진엑스에 SSL을 적용하면 443번 포트의 방화벽을 해제해야 한다. 4-03절에서 우리는 방화벽을 해제해 보았다. 같은 과정을 거쳐 443번 포트의 방화벽도 해제해 보자.

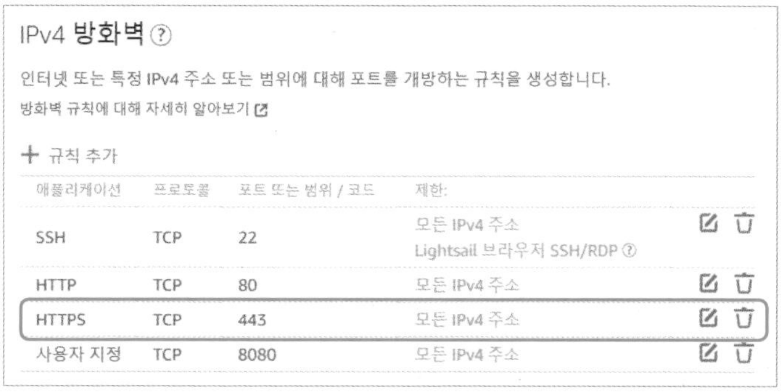

IPv4 **방화벽** ⓘ

인터넷 또는 특정 IPv4 주소 또는 범위에 대해 포트를 개방하는 규칙을 생성합니다.
방화벽 규칙에 대해 자세히 알아보기

+ 규칙 추가

애플리케이션	프로토콜	포트 또는 범위 / 코드	제한:
SSH	TCP	22	모든 IPv4 주소 Lightsail 브라우저 SSH/RDP
HTTP	TCP	80	모든 IPv4 주소
HTTPS	TCP	443	모든 IPv4 주소
사용자 지정	TCP	8080	모든 IPv4 주소

6. 이제 브라우저에서 http://pybo.kr 대신 https://pybo.kr로 접속할 수 있다. 그리고 이전에 표시되던 '주의 요함' 경고 메시지도 사라지고 SSL 인증이 되었음을 의미하는 자물쇠 모양의 아이콘도 표시될 것이다.

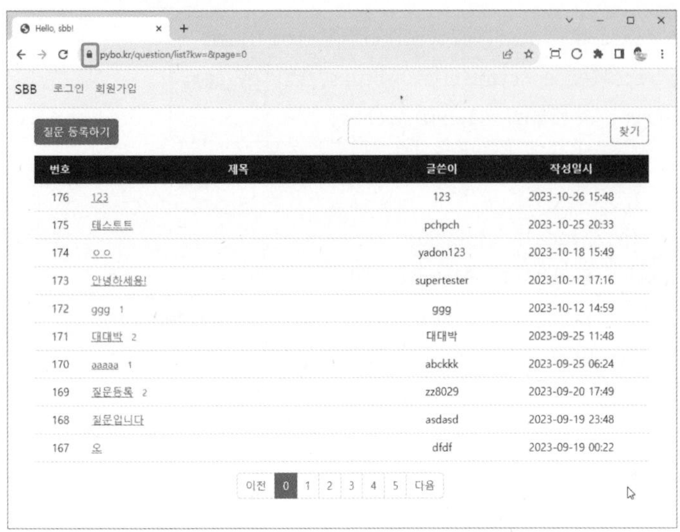

4-12
PostgreSQL로 전환하기

앞서 얘기했듯이 H2 데이터베이스는 웹 프로그램이나 서비스 개발 단계에서는 유용하지만 실제 운영 환경에서 사용하기에는 많이 부족한 DBMS이다. 따라서 웹 프로그램이나 서비스를 본격적으로 운영하기로 마음먹었다면 H2보다 성능이 좋은 DBMS를 고려해야 한다. 오라클과 같은 상용 DBMS도 있지만 규모가 작은 웹 서비스는 대체로 PostgreSQL이나 MySQL 등의 무료 DBMS를 주로 사용한다.

이번 절에서는 그중에서도 점유율이 점점 높아지는 PostgreSQL을 사용하는 방법을 알아보자.

PostgreSQL과 MySQL 모두 훌륭한 DBMS이다. 반드시 PostgreSQL을 선택할 필요는 없다. 다만 이 책에서는 PostgreSQL을 기준으로 설명한다.

Do it! 실습 PostgreSQL 설치하기

PostgreSQL을 사용하는 방법에는 두 가지가 있다. 하나는 AWS 서버에 PostgreSQL을 직접 설치해 사용하는 방법이고, 다른 하나는 AWS가 제공하는 데이터베이스 인스턴스를 사용하는 방법이다. 하지만 DB를 공부할 목적이 아니라면 PostgreSQL을 직접 설치하는 것은 권장하고 싶지 않다. 데이터베이스를 직접 설치하고 상황에 맞게 환경을 설정하는 것이 결코 쉬운 일이 아니기 때문이다. 그러므로 이 책에서는 두 번째 방법으로 PostgreSQL을 설치해 보자.

AWS 라이트세일을 이용하여 PostgreSQL 데이터베이스를 운영하려면 한 달에 추가 비용이 약 15달러 발생한다. 첫 세 달은 무료로 사용할 수 있다.

1. https://lightsail.aws.amazon.com에 접속해 로그인한 뒤, [데이터베이스] 탭을 선택하고 [데이터베이스 생성] 버튼을 클릭한다.

2. 'AWS 리전 및 가용 영역 변경'을 클릭한다.

3. 리전으로 다음과 같이 '서울'을 선택한다.

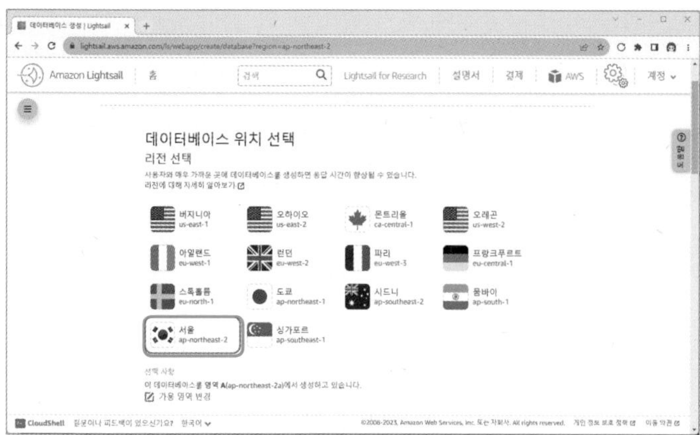

4. 스크롤을 내려 다음과 같이 'PostgreSQL'을 선택한다.

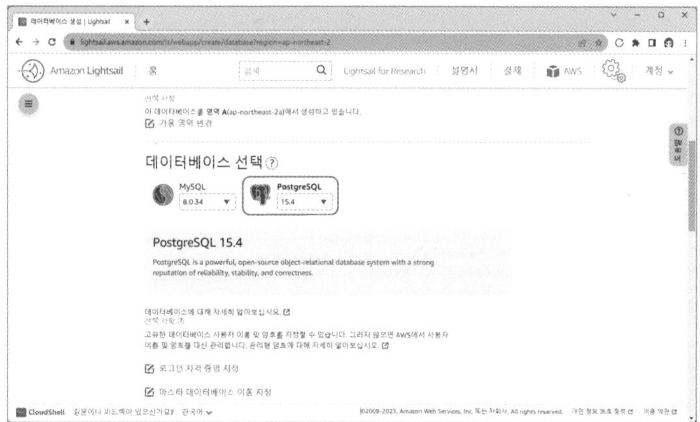

이 책을 집필하는 시점의 PostgreSQL 최신 버전은 15.4이다.

5. 스크롤을 내려 다음과 같이 $15 플랜을 선택한다.

$15 플랜은 첫 세 달은 무료로 사용할 수 있다.

6. 리소스 이름에 'Database-1'을 입력하고 [데이터베이스 생성] 버튼을 클릭한다.

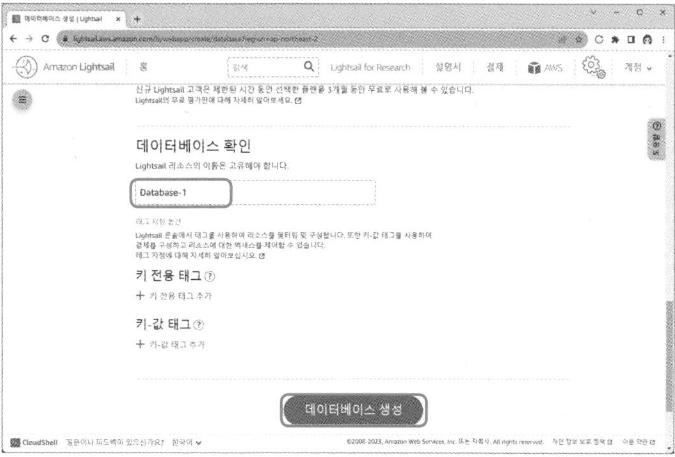

7. 그러면 다음과 같이 데이터베이스가 생성된다.

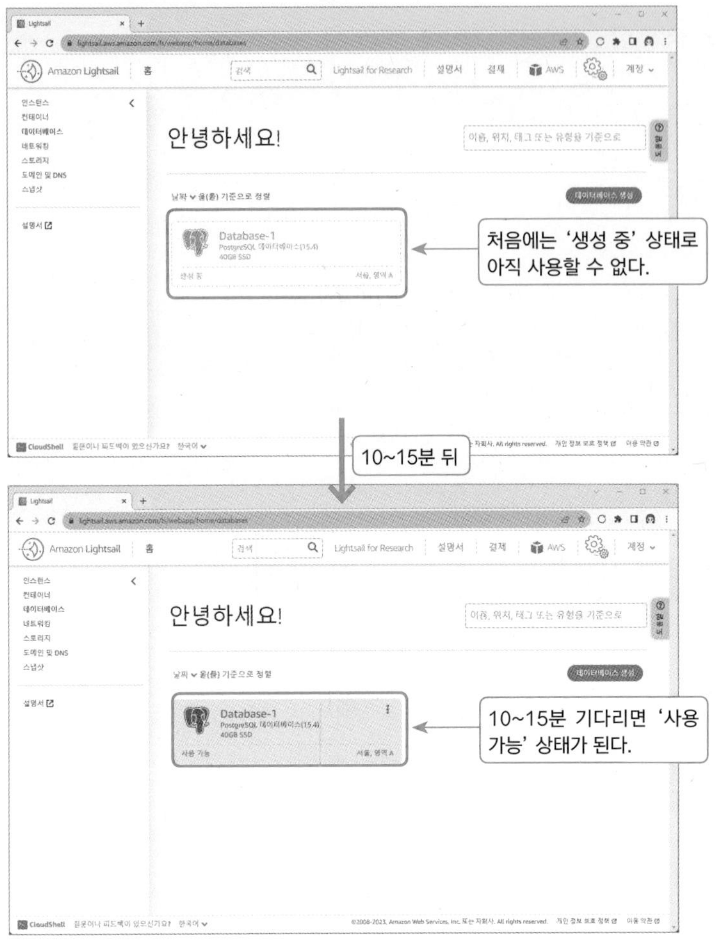

8. 사용 가능한 상태가 되면 'Database-1'을 선택해 보자. 그러면 다음과 같은 '연결 세부 정보'를 확인할 수 있는 화면이 나타난다.

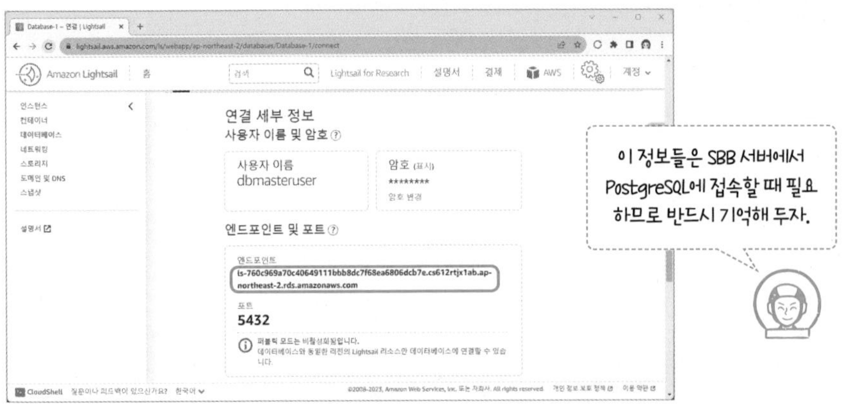

'연결 세부 정보'에서는 중요한 정보 3가지를 확인할 수 있다.

- **사용자 이름**: 사용자 이름으로 dbmasteruser를 확인할 수 있다.
- **암호**: '표시'를 클릭하면 암호를 볼 수 있다.
- **데이터베이스 주소**: '엔드포인트'로 데이터베이스의 도메인 주소가 적혀 있다.

Do it! 실습 데이터베이스 생성하기

AWS의 PostgreSQL 인스턴스를 생성했다. 이제 생성된 PostgreSQL 인스턴스에 SBB 서비스에 사용할 sbb 데이터베이스를 생성해 보자.

1. PostgreSQL에 접속하려면 다음과 같이 PostgreSQL 클라이언트를 먼저 설치해야 한다. PostgreSQL 클라이언트는 PostgreSQL 데이터베이스 서버와 상호 작용을 하는 소프트웨어 또는 도구라고 생각하면 된다.

```
ubuntu@jumpto:~$ sudo apt install postgresql-client
```

postgresql-client 패키지를 설치하면 postgreSQL에서 새로운 DB를 생성할 때 사용하는 createdb나 DB를 연결하고 DB와 상호 작용 할 때 사용하는 psql 등의 명령어를 터미널에서 사용할 수 있다.

2. 설치를 완료한 후, 다음과 같이 createdb 명령을 실행하여 sbb 데이터베이스를 생성해 보자.

```
ubuntu@jumpto:~ $ createdb sbb --username=dbmasteruser -h ls-
be78fd2c2exxxxxxxxxxxxxxxx2c9.cqlcyugj7ibs.ap-northeast-2.rds.amazonaws.com
```

강조한 부분이 엔드포인트에 해당하는 DB 주소이다.

createdb 명령을 실행하면 암호를 물어보는데 '연결 세부 정보'의 암호를 입력하면 된다.

엔드포인트나 암호 등 '연결 세부 정보'가 기억나지 않는다면 4-12절의 'PostrgreSQL 설치하기'에서 한 번 더 살펴보고 오자.

Do it! 실습 데이터베이스 변경하기

이제 우리가 만든 SBB 서비스에 앞에서 생성한 sbb 데이터베이스를 적용해 보자. STS로 돌아가 몇 가지 코드를 입력하면 된다.

1. SBB가 PostgreSQL 서버에 접속하려면 PostgreSQL 라이브러리가 필요하다. 다음과 같이 H2 데이터베이스를 설치할 때와 마찬가지로 build.gradle 파일을 수정하여 PostgreSQL 라이브러리를 설치해 보자.

• build.gradle

```
(... 생략 ...)

dependencies {
    (... 생략 ...)
    implementation 'org.commonmark:commonmark:0.21.0'
    runtimeOnly 'org.postgresql:postgresql'
}

(... 생략 ...)
```

그다음 build.gradle 파일을 선택한 후 마우스 오른쪽 버튼을 눌러 [Gradle → Refresh Gradle Project]를 클릭하여 필요한 라이브러리를 설치하자.

2. 로컬 서버는 기존의 H2 데이터베이스를 그대로 사용하고 운영 서버만 PostgreSQL 데이터베이스를 사용해야 하므로 src/main/resources 디렉터리의 application-prod.properties 파일을 다음과 같이 수정해 보자.

• application-prod.properties

```
# DATABASE
spring.datasource.url=jdbc:postgresql://<데이터 베이스 주소>:5432/sbb
spring.datasource.driverClassName=org.postgresql.Driver
spring.datasource.username=dbmasteruser
spring.datasource.password=<암호>

# JPA
```

```
spring.jpa.properties.hibernate.dialect=org.hibernate.dialect.PostgreSQLDialect
spring.jpa.hibernate.ddl-auto=update
spring.jpa.properties.hibernate.format_sql=true
spring.jpa.properties.hibernate.show_sql=true

# logging
(... 생략 ...)
```

〈데이터베이스 주소〉와 〈암호〉는 터미널 프로그램에서 입력했던 것과 마찬가지로 엔드포인트에 해당했던 DB 주소와 암호를 입력한다.

〈, 〉는 설명을 위해 추가한 기호이므로 삭제하고 DB 주소와 암호를 입력해야 한다.

3. 과정을 모두 마쳤다면 새로운 배포 파일을 생성하여 서버에 적용하고 stop.sh, start.sh를 실행하여 SBB 서비스를 재시작하자. 데이터베이스가 변경되었으므로 기존 데이터는 보이지 않을 것이다.

이 과정이 기억나지 않는다면 4-07절을 복습하고 돌아오자.

spring.jpa.hibernate.ddl-auto를 알아보자

현재 application-prod.properties 파일의 spring.jpa.hibernate.ddl-auto값은 update로 되어 있다. update의 경우 엔티티가 변경될 때마다 테이블 변경 쿼리문(DDL 문)이 자동으로 실행된다. 하지만 운영 환경에서는 조금 위험한 방법이므로 테이블 변경 쿼리를 수동으로 실행하는 것이 안전하다. 따라서 위의 항목도 update 대신 none 또는 validate로 설정하기를 추천한다. none과 validate는 다음과 같은 의미를 지닌다.

- **none**: 엔티티가 변경되더라도 데이터베이스를 변경하지 않는다.
- **validate**: 변경 사항이 있는지 검사만 한다.

다만 none 또는 validate로 변경하면 테이블 변경 쿼리를 직접 작성하여 수행해야 한다.

Do it! 실습 PostgreSQL 접속하기

H2 데이터베이스의 GUI 도구로 H2 Console이 있다면 PostgreSQL에는 pgAdmin이 있다. 로컬 PC에 pgAdmin을 설치하여 PostgreSQL 서버에 접속해 보자.

1. 외부에서 PostgreSQL 서버에 접속해야 하므로 AWS 데이터베이스의 네트워크를 퍼블릭 모드로 변경해야 한다. 다음과 같이 [네트워킹] 탭을 선택하고 '퍼블릭 모드' 옵션을 활성화해 보자. 퍼블릭 모드를 활성화할 경우 사용자 이름과 암호만 알면 누구나 접속할 수 있으므로 주의해야 한다.

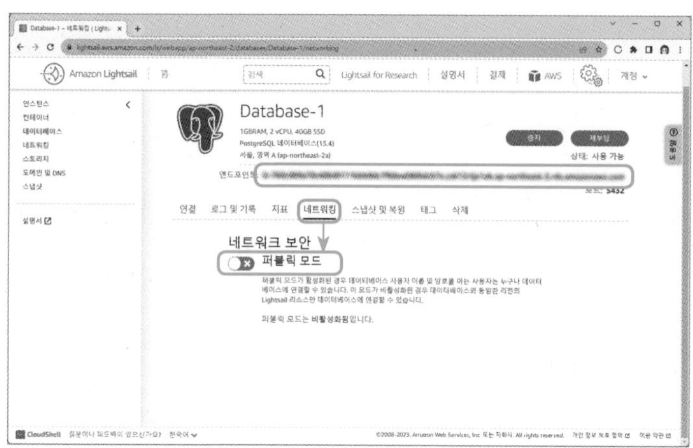

2. 이어서 데이터베이스를 관리하는 GUI 도구인 pgAdmin을 https://www.pgadmin.org/download에서 pgAdmin을 내려받아 설치해 보자. 여러분의 운영체제에 해당하는 아이콘을 클릭해 보자.

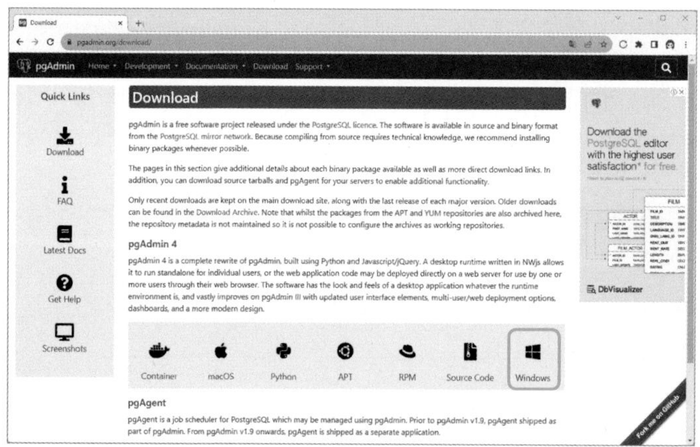

3. 연결된 내려받기 페이지에서 가장 최신 버전인 pgAdmin 4를 선택한 후, 'Files'에서 pgadmin4.x-x64.exe를 클릭해 파일을 내려받아 설치하자. 이후 과정은 다른 프로그램 설치 과정과 동일하므로 생략한다.

참고로 이 책을 집필할 당시에는 pgAdmin 4 v7.7이 가장 최신 버전이었다. 다른 버전을 받아도 문제없다.

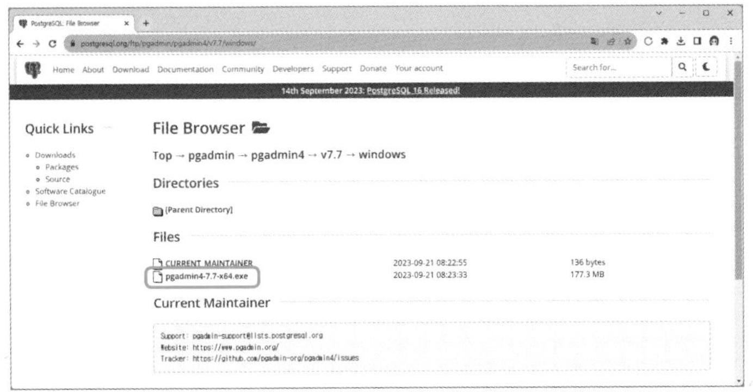

4. 메인 화면에서 'Add New Server'를 클릭하면 다음 화면이 등장한다. [General] 탭의 'Name' 항목에 'sbb'를 입력한다.

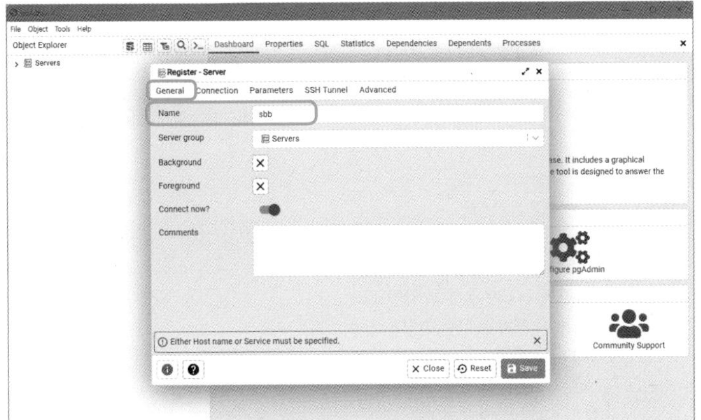

왼쪽에서 Servers를 선택하고 마우스 오른쪽 버튼을 눌러 [Register → Server]를 클릭해도 같은 화면이 등장한다.

5. [Connection] 탭을 선택하고 데이터베이스 주소, 포트 번호, 데이터베이스명, 사용자 이름, 암호를 순서대로 입력하고 [Save] 버튼을 눌러 저장해 보자.

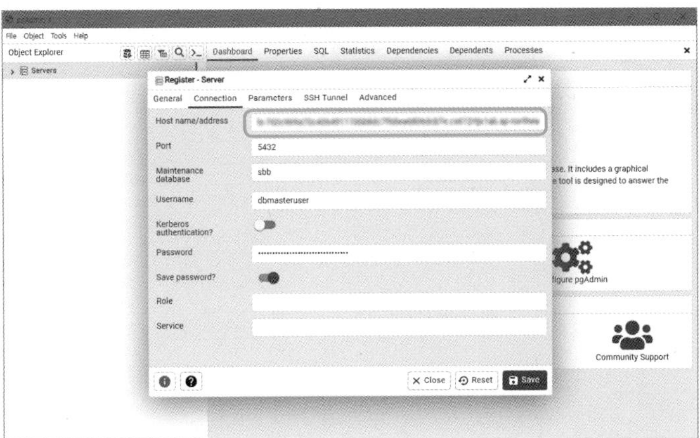

6. 다음은 생성한 SBB 데이터베이스에 접속한 모습이다.

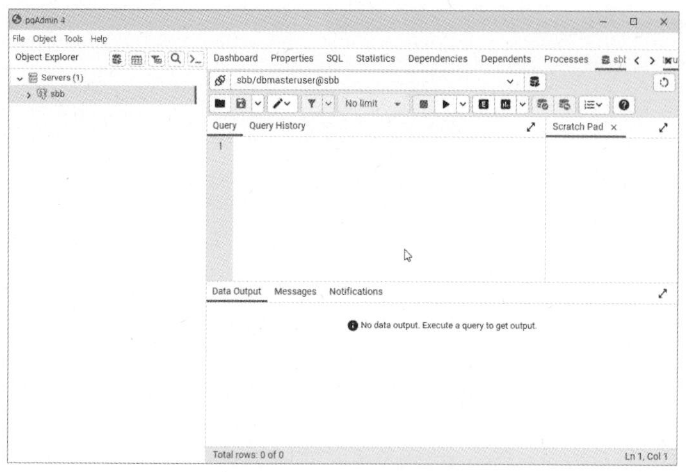

그동안 우리가 H2 데이터베이스와 H2 콘솔에서 했던 작업을 PostgreSQL과 pgAdmin에서 할 수 있다. Query Editor에서 쿼리문을 작성하면 아래 Data Output을 통해 원하는 데이터나 결과가 출력될 것이다.

'점프 투 스프링 부트' 졸업을 축하해!
웹 개발을 위한 필수 내용은 모두 알았으니,
이제부터 여러분이 진짜로 만들고 싶은 것을
찾아서 지금 당장 시작해 보자!

4장 • 되/새/김/문/제

포기하지 말고 되새김 문제를 풀면서
실력을 점프해 보세요!

4장 정답 및 풀이: 403~404쪽

Q1 개발 환경과 서버 환경 분리하기

개발 환경에서는 데이터베이스에서 실행되는 SQL 문장을 출력하고 서버 환경에서는 SQL 문장을 출력하지 않도록 설정해 보자. 이때 서버 환경을 설정하는 application-prod.propertis 파일을 수정해 보자.

application-prod.properties

```
# DATABASE
(... 생략 ...)

# JPA
spring.jpa.properties.hibernate.dialect=org.hibernate.dialect.H2Dialect
spring.jpa.hibernate.ddl-auto=update
spring.jpa.properties.hibernate.format_sql=true
spring.jpa.properties.hibernate.show_sql=true

(... 생략 ...)
```

Q2 서버 로그 관리하기

서버 환경에서 log.debug, log.info 레벨로 출력하는 로그는 로그 파일에 기록하지 않고, log.error 레벨 이상의 로그만 출력하도록 설정해 보자. 이때, application-prod.propertis 파일을 수정해 보자.

application-prod.properties

```
# DATABASE
(... 생략 ...)

# JPA
(... 생략 ...)

# logging
logging.logback.rollingpolicy.max-history=30
logging.logback.rollingpolicy.max-file-size=100MB
logging.file.name=logs/sbb.log
logging.logback.rollingpolicy.file-name-pattern=${LOG_FILE}.%d{yyyy-MM-dd}-%i.log
logging.pattern.dateformat=yyyy-MM-dd HH:mm:ss.SSS,Asia/Seoul
```

되새김 문제 | 정답 및 풀이

1장

49~50쪽

Q1 1장에서 작성한 HelloController 클래스에 다음과 같이 jump 메서드를 작성한다.

HelloController.java

```
(... 생략 ...)

@Controller
public class HelloController {
    (... 생략 ...)
     @GetMapping("/jump")
     @ResponseBody
     public String jump() {
     return "점프 투 스프링 부트";
     }
}
```

이와 같이 메서드를 추가한 후 브라우저에서 http://localhost:8080/jump를 실행하면 화면에 '점프 투 스프링 부트'가 출력된다.

Q2 롬복의 Getter와 Setter 애너테이션을 사용하여 다음과 같이 작성할 수 있다. 다음 코드는 롬복을 사용하지 않은 코드와 완전히 동일하게 동작한다.

Book.java

```
package com.mysite.sbb;

import lombok.Getter;
import lombok.Setter;

@Getter
@Setter
public class Book {
    private String title;
    private String author;
}
```

2장

172~173쪽

Q1 H2 DBMS의 데이터베이스 파일을 변경하려면 먼저 홈 디렉터리에 test.mv.db라는 파일을 생성한 후, application.properties 파일의 spring.datasource.url 항목을 다음과 같이 변경하면 된다.

application.properties

```
# DATABASE
spring.h2.console.enabled=true
spring.h2.console.path=/h2-console
spring.datasource.url=jdbc:h2:~/test
spring.datasource.driverClassName=org.h2.Driver
spring.datasource.username=sa
spring.datasource.password=

(... 생략 ...)
```

이와 같이 수정하고 로컬 서버를 다시 시작하면 local.mv.db 대신 test.mv.db 파일이 생성되는 것을 확인할 수 있다. H2 콘솔에 접속할 때에도 local 대신 test로 접속해야 한다.

Q2 SampleController 클래스에는 /sample로 시작하는 URL 매핑이 클래스 단위의 RequestMapping과 hello 메서드에 GetMapping이 동시에 존재한다. 따라서 hello 메서드의 GetMapping에서 /sample을 제거하여 다음과 같이 고쳐야 한다.

SampleController.java

```
(... 생략 ...)
@RequestMapping("/sample")
@Controller
public class SampleController {

    @GetMapping("/hello")
    @ResponseBody
    public String hello() {
        return "Hello Sample";
    }
}
```

3장

316~318쪽

Q1 회원 가입에 사용하는 UserCreateForm 클래스의 password1, password2 속성에 @Size 애너테이션을 사용하여 다음과 같이 비밀번호의 길이를 최소 8자, 최대 20자로 설정한다.

user/UserCreateForm.java

```
(... 생략 ...)

@Getter
@Setter
public class UserCreateForm {
    @Size(min = 3, max = 25)
    @NotEmpty(message = "사용자 ID는 필수 항목입니다.")
    private String username;

    @Size(min = 8, max = 20)
```

```java
    @NotEmpty(message = "비밀번호는 필수 항목입니다.")
    private String password1;

    @Size(min = 8, max = 20)
    @NotEmpty(message = "비밀번호 확인은 필수 항목입니다.")
    private String password2;

    @NotEmpty(message = "이메일은 필수 항목입니다.")
    @Email
    private String email;
}
```

Q2 questionCreate 메서드의 @PreAuthorize 애너테이션을 사용하여 다음과 같이 수정하면 'ROLE_ADMIN' 권한이 있는 사용자만 questionCreate 메서드를 사용할 수 있어서 admin으로 로그인한 경우에만 게시판 글을 작성할 수 있다.

/question/QuestionController.java

```java
(... 생략 ...)
public class QuestionController {

    (... 생략 ...)
    @PreAuthorize("hasRole('ROLE_ADMIN')")
    @PostMapping("/create")
    public String questionCreate(@Valid QuestionForm questionForm, BindingResult
bindingResult, Principal principal) {
        if (bindingResult.hasErrors()) {
            return "question_form";
        }
        SiteUser siteUser = this.userService.getUser(principal.getName());
        this.questionService.create(questionForm.getSubject(), questionForm.get-
Content(), siteUser);
        return "redirect:/question/list";
    }
    (... 생략 ...)
```

Q3 질문 상세 템플릿 파일인 question_detail.html의 답변 작성 버튼 부분을 다음과 같이 수정하자. 답변 내용을 입력하는 textarea 창에 적용한 것과 동일한 방법을 사용하여 로그인하지 않았을 경우 [답변 등록] 버튼에 disable을 적용하게 했다.

/templates/question_detail.html

```
(... 생략 ...)
    <!-- 답변 작성 -->
    <form th:action="@{|/answer/create/${question.id}|}" th:object="${answerForm}"
method="post" class="my-3">
        <div th:replace="~{form_errors :: formErrorsFragment}"></div>
        <textarea sec:authorize="isAnonymous()" disabled
        th:field="*{content}" class="form-control" rows="10"></textarea>
        <textarea sec:authorize="isAuthenticated()"
        th:field="*{content}" class="form-control" rows="10"></textarea>
        <input sec:authorize="isAnonymous()" disabled type="submit" value="답변 등
록" class="btn btn-primary my-2">
        <input sec:authorize="isAuthenticated()" type="submit" value="답변 등록"
class="btn btn-primary my-2">
    </form>
(... 생략 ...)
```

4장

397~398쪽

Q1 서버의 환경을 설정하는 application-prod.propertis 파일을 다음과 같이 변경하자. 다음과 같이 두 속성을 true에서 false로 변경하면 서버 환경에서 SQL 문으로 로그로 출력하지 않는다.

application-prod.properties

```
# DATABASE
(... 생략 ...)

# JPA
spring.jpa.properties.hibernate.dialect=org.hibernate.dialect.H2Dialect
spring.jpa.hibernate.ddl-auto=update
```

```
spring.jpa.properties.hibernate.format_sql=false
spring.jpa.properties.hibernate.show_sql=false

(... 생략 ...)
```

Q2 서버 환경을 설정하는 application-prod.propertis 파일을 다음과 같이 변경해 보자. logging.level.root 항목에 error를 설정하면 log.error 레벨 이상의 로그만 기록된다.

application-prod.properties

```
# DATABASE
(... 생략 ...)

# JPA
(... 생략 ...)

# logging
logging.logback.rollingpolicy.max-history=30
logging.logback.rollingpolicy.max-file-size=100MB
logging.file.name=logs/sbb.log
logging.logback.rollingpolicy.file-name-pattern=${LOG_FILE}.%d{yyyy-MM-dd}-%i.log
logging.pattern.dateformat=yyyy-MM-dd HH:mm:ss.SSS,Asia/Seoul
logging.level.root=error
```

한글

영문

Application Programming Course
앱 프로그래밍 코스

자바, 코틀린, 스위프트로 시작하는 앱 프로그래밍!
나만의 앱을 만들어 보세요!

기초 단계

김동형 | 856쪽

황영덕 | 680쪽

송호정, 이범근 | 696쪽

정재곤 | 800쪽

강성윤 | 720쪽

강성윤 | 712쪽

응용 단계

조준수 | 500쪽

전예홍 | 856쪽

김응석 | 576쪽

나는 어떤 코스가 적합할까?

A 빠르게 앱을 만들고 싶은 사람

- Do it! 안드로이드 앱 프로그래밍 — 개정 8판
- Do it! 깡샘의 안드로이드 앱 프로그래밍 with 코틀린 — 개정 2판
- Do it! 스위프트로 아이폰 앱 만들기 입문 — 개정 7판
- Do it! 플러터 앱 프로그래밍 — 개정판

B 앱 개발 실력을 더 키우고 싶은 사람

- Do it! 자바 완전 정복
- Do it! 코틀린 프로그래밍
- Do it! 리액트 네이티브 앱 프로그래밍
- Do it! 프로그레시브 웹앱 만들기
- Do it! 깡샘의 플러터&다트 프로그래밍